家 庭 系 统 治 疗 经 典 译 丛

Family Evaluation

[美]

迈克尔·E.科尔（Michael E.Kerr）

默里·鲍文（Murray Bowen）

著

/

王瑾一

王继堃

赵旭东

译

机械工业出版社

CHINA MACHINE PRESS

图书在版编目（CIP）数据

家庭评估 /（美）迈克尔·E. 科尔（Michael E. Kerr），（美）默里·鲍文（Murray Bowen）著；王瑾一，王继堃，赵旭东译 . —北京：机械工业出版社，2022.9（2023.8 重印）

书名原文：Family Evaluation

ISBN 978-7-111-71597-9

Ⅰ. ①家… Ⅱ. ①迈… ②默… ③王… ④王… ⑤赵… Ⅲ. ①家庭关系 - 评估 Ⅳ. ① C913.11

中国版本图书馆 CIP 数据核字（2022）第 196053 号

北京市版权局著作权合同登记 图字：01-2021-2317 号。

家庭评估

出版发行：机械工业出版社（北京市西城区百万庄大街 22 号　邮政编码：100037）

责任编辑：胡晓阳　　　　　　　　　　　　责任校对：李小宝　　李　杉

印　　刷：固安县铭成印刷有限公司　　　　版　　次：2023 年 8 月第 1 版第 2 次印刷

开　　本：170mm×230mm　1/16　　　　　印　　张：25.75

书　　号：ISBN 978-7-111-71597-9　　　　定　　价：139.00 元

客服电话：（010）88361066　68326294

我们为什么要学习鲍文理论

家庭治疗在 20 世纪五六十年代兴起之时，有几个重要的源头，鲍文的"家庭系统理论"是分量很重的一个。他以扎实的实践经验和多个实证研究项目为基础，提出了内容丰富、逻辑严密且能够有效指导临床工作的庞大理论体系。本书英文版于 1988 年出版，是对鲍文几十年的研究和实践经验进行总结、升华的大作。两年后的 1990 年，鲍文去世，终年 77 岁。在乔治敦大学期间，鲍文成立了一个非营利性的家庭中心来进行他的研究。他去世后，该中心更名为鲍文家庭研究中心，以继承他的学术遗产。

本人大约在 30 年前读了此书，受益匪浅，并在当年的博士学位论文里引用了一些内容。令我印象最深的是，他在美国国立精神卫生研究所（NIMH）的资助下，在医院里专门建盖了一批房屋，让精神分裂症患者与家庭成员一起入住，以家庭为单位对他们进行了长达数月的直接观察。这项研究验证了他先前提出的一些理论假说，鲍文基于这些观察提出了"母子共生"等有精神病理性意义的现象，对家庭作为一个情绪系统的运作模式进行了富于系统性思维的描述和阐释。后来，本人对他关于家庭成员之间的分化的理论尤其感兴趣，因为心理动力和家庭动力的代际传递机制是我当年学习家庭治疗时最着迷的内容之一，能很好地解释本土临床上一些常见而当时无法解释的现象。我的德国导师史第尔林也是被归于"家庭治疗跨代理论"一类的家庭治疗师，提出过著名的"派遣论"，于是我常常将他们的理论和相应的临床方法进行融合式的理解和应用。我在临床实践活动中，常常用到从他们的丰厚遗产里得到的远见卓识和有用的方法；在教学培训中，我也非常喜欢讲授他们的"法宝"。

经过几十年相对独立的发展，家庭治疗的几大流派联系越来越紧密，融合为一个被统称为"系统式治疗"的共同体。以前看上去互相竞争甚至对立的说法、做法，在面对五花八门的临床问题和各种各样的服务对象时都各得其所，有各自的适应证；治疗师的"工具箱"琳琅满目，从各个流派发展来的方法都有用武之地。在这个历史进程中，鲍文及其团队在理论和技术方面的贡献都是非常大的，我们这一代及下一代治疗师注定要享用他的遗产。例如，他的得意门生莫妮卡·麦戈德里克（Monica McGoldrick）等人系统阐述了"家庭生命周期理论"，让它成为有跨文化普适性的理论框架，可以拿来分析中国人的家庭发展问题。她还完善了鲍文的家谱图技术，使之成为大多数家庭治疗师必用的顺手工具。

家庭系统理论还有诸多值得广泛、深入了解和应用的内容，以上只是我不假思索就可以介绍给大家的要点。如果要举一点跟大多数人有关的、比较通俗的应用，我可以这样对读者说：您如果热衷于求偶和家庭关系的心理动力学及人际系统动力学，那就应该了解鲍文理论。

这样的话，您对为什么找对象要"门当户对"，为什么有些家族"富不过三代"这样的问题就会有比较深刻的理解。

作为偏好家庭治疗的精神科医生，本人行医近 40 年，非常认同鲍文的同事、弟子们的看法——他们形容他有一个坚定的信念，即理论是精神病学、家庭理论和其他实践领域最重要的基础。家庭治疗需要治疗师利用好在自己成长历程中积累的常识和智慧，但更需要高于生活、横跨多种学术领域的理论概念。我们学习了策略治疗、结构式家庭治疗、萨提亚家庭治疗、后现代叙事治疗等以系统思想为指导的不同流派，还应该学习和应用好鲍文的家庭系统理论。

赵旭东

同济大学医学院教授、主任医师

前　言　Family Evaluation

　　临床家庭评估，虽然是一项极其复杂的工作，但也充满了秩序性，因为这个过程中的每个部分都有其相应的理论基础。我们希望通过描述如何对一个家庭进行评估，以及如何对这个过程中收集到的具体资料进行解释，帮助临床医生更好地理解理论与实践之间的关系。

　　当医生开始处理某个临床问题时，第一步势必是评估该问题的性质，这几乎是一种共识，但仍有许多的治疗失败源于不充分的前期评估，尤其是对那些影响特定临床情况的重要变量的评估不充分，这的确出人意料。治疗的有效性取决于前期的评估，如果评估的视角太过局限，那么治疗很可能是无效的。类似的例子比比皆是，例如，一位内科医生可能反复地给某个下肢水肿的患者使用利尿剂，却未能识别出患者的慢性心力衰竭，导致患者的水肿问题不断复发。又如，一位精神科医生可能将精神分裂症患者收治入院，但由于没有重视患者与父母间的关系问题在促成这次入院中的作用，导致这位患者可能会在出院数月后，再次入院。再如，一位家庭治疗师可能会接诊一对父母与他们患有精神分裂症的儿子，但忽略了这对父母与各自原生家庭之间的情绪阻断（emotional cutoff）。恰恰是父母从原生家庭带来的这种情绪阻断，让他们过度聚焦孩子的问题，使得治疗也以无效告终。

如果临床医生在对以上问题进行评估时能够纳入更多的变量，使得评估更为全面，那么上述每个家庭的治疗均会更有成效。不过，让临床医生发展并保持一种全面的视角来看待临床问题，并不是一件容易的事情。主要的阻碍在于，临床医生被狭隘的概念框架限制住了。他看到的，仅仅是他理解问题的观念允许他所看到的部分。例如，如果医生认为细菌是感染的原因，他就会把治疗重点放在杀菌上。如果患者是复发性感染，医生就会使用更多的抗生素。总之，临床医生的治疗方案是由他的概念框架指导的。一位医生的想法可能是"如果我可以控制这些细菌的活动，那么我就可以解决这个患者的问题"。而另一位医生可能有不同的概念模型，认为患者的人际关系是使他易受感染的一个因素。如果他的患者出现了复发性感染，他在重新评估其生理指标的同时，也会考虑并询问患者的婚姻、家庭和其他亲密关系的情况。

许多临床医生虽然早已认识到基于多级观察而进行评估的重要性，但在缺乏一个综合理论的情况下，这种评估很难操作。综合理论可以提供一个系统性的方法，指导人们收集、组织和整合从多个层面观察到的信息。然而，当这样一种理论尚未成形时，所有临床医生都倾向于将知识割裂开来，并将治疗重点放在某个特定的部分上。医生们成了某个特定领域的专家，并在某个特定领域的基础上发展其专业技能，对其他领域的知识则不够重视。

尽管目前仍然没有一个令人满意的综合理论，但在 20 世纪 50 年代至 60 年代初，默里·鲍文博士（Dr. Murray Bowen）的家庭系统理论（family system theory）的发展使得精神病学朝着这个目标（发展出一个综合理论）迈出了重要的一步。该理论十分重要，原因有二：其一，它定义了一组对患者的躯体疾病、情绪障碍和社会行为问题有着重大影响的变量；其二，它论证了这些新变量间的相互关系可以通过系统思维来理解。

家庭系统理论将家庭作为情绪单元，它从根本上区别于人类情绪功能的早期理论。以精神分析理论为例，它是通过研究个体而发展起来的理论，仅把家庭看作几个相对独立自主的人的集合。换言之，每位家庭成员都受到自身独特心理机制和冲突的支配。虽然精神分析理论中的确存在客体关系的概念，有时这个概念会被用来解释关系中发生了什么，但是它并非一个真正的关系概念，归根结底，它还是一个建立在个体心理之上的概念。而家庭系统理论将家庭视为一个单元，一个包含许多连锁关系的网络，它对家庭成员的思想、感受和行为有着巨大的影响。假定这些连锁关系受控于相同的、能够互相制衡的生命力，并且这些生命力在所有自然系统中运作，那么每个人都不是完全独立自主的心理实体，他们都会受到家庭关系系统的巨大影响。这些家庭概念，从对关系的研究中发展而来并且从属于这些关系。其中，个体的心理并没有被忽视，而是被放置在了一个更大的背景中。传统的心理学概念被认为是用来描述而不是解释人类功能的。

通过定义那些对所有临床症状的发生和发展有重要影响的新变量，家庭系统理论向综合理论迈出了重要的一步。本书致力于定义这些新变量，并向人们提供用来收集、组织和解释它们的方法。临床医生对医学和精神病学长久以来所面对的谜团的重要性的认识，影响着其对家庭变量重要性的认识。通过对大量临床案例进行描述和分类发现，当今医学已经发展到了相当高的水平，大量关于这些疾病进程的机制也得以阐明。但无法解释的是，几乎每种诊断都可能产生各式各样的临床结果。比如，有些患者是在 20 岁出头时患上了严重的多发性硬化症，但他们在之后很长一段时间里都没有出现其他的症状；还有一些多发性硬化症患者可能在首次发病后 5 年内就成了严重残疾者。又如，有些患者被诊断为双相情感障碍，他们在一生中仅有两次发作，但也有一些双相情感障碍的患者在不到 5 年的时间里经历了 5 次住院治疗。再如，两个人可能均携带亨廷顿舞蹈病相关的基因，其中一人可能在 40 岁时就成了严重残疾者，而另一人可能仅在 80 岁时表现出轻微的亨廷顿舞蹈病症状。有时，人们会用诸如"抵抗力较弱"或"压力"等概念来解释临床变异，但这些概念的定义过于模糊，用它们来解释临床变异的意义不大。

并不是每个人都能接受"家庭关系系统的因素会影响临床疗效"的说法。接受这种说法意味着要先承认一个更为基本的假设，即在生物、心理和社会层面观察到的现象是相互关联的。以癌症为例，恶性肿瘤的活性与患者的心理状态及其家庭关系相互影响。这并不是说，家庭中发生的事会导致癌症以某种特定的方式表现，而是说癌症的生物学过程和家庭的情绪过程在某种程度上是互相影响的。即便支持这种假设的证据不胜枚举，它也仍未被视为一个已被确证的事实。然而，如果进一步的研究能够证明生物、心理和社会之间的相互关系，那么，我们终将发展出一个综合理论，其中与家庭系统相关的因素会是该理论重要的组成部分。

家庭系统理论向综合理论迈出了重要一步，还因为该理论论证了这些新变量之间的相互关系可以用系统思维来理解。这一突破性的影响可能比大多数人所意识到的更加深远。以往也有许多用系统思维来更好地理解生命系统的活动的尝试，可大多遭到了科学界的质疑，因为这些尝试多是基于生物组织和取自物理科学中的系统模型的类比。然而，类比法并不是建构一套理论的可靠基础。尽管其中也有一些开创性的尝试，比如使用一般系统理论（general system theory）来整合生物学、心理学和社会学的信息，但是一般系统理论并不是一个令人满意的综合理论。某种程度上来说，它是一种"万金油"理论，被强行应用于各种自然系统中。目前看来，采用这种生搬硬套的方法很难发展出一种全面的自然系统理论。尝试用一般系统理论的观点去创建综合理论似乎是一种本末倒置。更可能建立综合理论的方式是：直接研究某些特定的自然系统，发展各自的系统理论，进而将这些理论合并为一个更全面的理论。

家庭系统理论之所以重要，是因为它源于对人类家庭这一自然系统的直接研究。它既不是建立在类比法之上的，也不是从一般系统理论中衍生出来的。鲍文试图使该理论的概念与其他的生命科学知识保持一致，他坚信，人们终将发现：家庭中已被界定的内容和其他领域中将会逐渐被界定的内容具有一致性。鲍文可能是首位建立关于生命系统的系统理论的学者。他的做法表明，可以在不同的生命系统（例如，细胞、遗传物质、蚁群等）中发展系统理论，当诸如此类的理论都发展起来的时候，我们就有可能将它们整合为一个综合的自然系统理论。

前言部分的重点是，介绍家庭系统理论作为一种关于人类功能的新理论的重要性，以及这一理论发展对整体科学的意义。人们重视理论的原因在于理论的实用性，这固然没有问题，但前提是要充分理解理论与应用之间的关系。尽管本书围绕的是家庭系统理论的具体应用，即临床家庭评估，但它并不像"食谱"一样只是列举步骤。家庭评估访谈中收集的具体资料和呈现在家庭关系图上的细节数据，都是基于相关理论而进行询问和记录的。呈现在家庭关系图上的信息可以用来解释潜藏在这个家庭几代人之间的情绪过程。可是，如何解释完全取决于治疗师对于该理论的理解。如果他的理解不到位，就可能会被评估中收集到的大量细节信息淹没，那么这些信息就几乎毫无用处了。

换句话说，理论使得治疗师在临床上评估家庭的时候能够区分内容和过程。内容是指各种各样的信息，过程是指这些信息相互关联的方式。在家庭中，这些信息都是通过家人的情绪过程联系起来的。治疗师必须集中注意力，保持对情绪过程的觉察，因为正是这些情绪过程在指导治疗走向。

家庭评估并不是在治疗一开始做了就"大功告成"的事情。评估不是一成不变的，而是需要随着新信息的出现不断修正。不管怎样，评估时都应当收集大量重要的信息，它们对治疗的方向和要点有重要影响。治疗师要根据评估过程中所收集到的信息确定治疗方案，比如，要安排夫妻一起治疗还是分开治疗，要聚焦原生家庭还是夫妻关系，要更关注工作系统还是家庭系统等。因此，对于评估过程中信息收集的重要性，无论如何强调都不为过。

通常，当一个家庭来就诊时，相关的成员看待某个问题的视角是相当狭窄的，在治疗过程中，治疗师的职责是对其提供支持，使他们能够开阔视野，并且据此进行决策，而不是被卷入家庭的情绪旋涡或钻牛角尖。最后，希望本书能给大家的家庭评估工作提供一些帮助。

目 录 Family Evaluation

第 1 章

自然系统理论

在这一章中，我们试图将鲍文的家庭系统理论置于自然系统的背景中来阐述。获得这种系统理论的视角是十分困难的，因为在整个人类历史中，我们在大多数情况下都教导自己，要将人类视为地球上与众不同的生物，理由是人类控制行为的过程与其他物种控制行为的过程几乎完全不同。除了将自己从自然中分离出来，我们还习惯于把人类看作地球上最重要的生物，是造物主的最高成就。通过这种方式夸大人类的重要性，很可能进一步妨碍了我们去了解人类和其他生物之间相互关联的程度。

家庭系统理论的基本假设是：人类是进化的产物，与其他生物一样，其行为也显著地受到自然进程的调控。因此，我们必然可以假设：各种临床疾病是人类与低等动物共同之处的产物。发达的大脑皮层和复杂的心理造就了人类某些方面的独特性。然而，系统理论认为，除去这些独特性，智人与其他生物更相似，而不是更不同。虽然家庭系统理论的发展建立在人与自然相互联系的假设之上，但也只是向着将人类置于自然系统背景中去理解的目标迈进了一小步。我们其实还未触及那些终将被知晓的能够调控所有生物行为的力量。

当我们开始把家庭当作一个系统时，必要的是在心理上退后一步，以避免被家庭成员的言行的诸多细节淹没。当一个人可以退后一步，他就有可能观察到所有家庭暗中运作的根本关系模式。事实上，绝大多数人非常容易淹没在家庭互动的细枝末节之中，以至于认为不太可能找得到这些细节背后有序的互动模式。然而，家庭理论的发展源于一种能力，这种能力使人们在看似随机甚至混乱的家庭互动中识别出互动模式。默里·鲍文就是一位拥有这种能力的研究者，他可以做到退后一步，发现人类家庭关系中确实存在一种秩序和可预测性。[○]

鲍文的早期研究

鲍文对于家庭的专业兴趣始于 20 世纪 40 年代末期，那时他是门宁格诊所（Menninger Clinic）的一名精神科医生。在此期间，鲍文在门诊和住院部治疗各种各样的临床问题，包括精神分裂症、原发性酒精中毒和抑郁症等。与许多同事不同的是，鲍文与他的患者的家庭有相当多的接触。精神分析治疗的原则是不鼓励治疗师与患者家庭成员之间的接触，以防治疗师与患者之间的移情关系受到污染，但是鲍文对患者的家庭关系非常感兴趣，并开始研究它们。由于许多精神分裂症患者都是住院病人，所以治疗师可以很方便地对他们开展研究。因此，精神分裂症患者及其家庭成了鲍文家庭研究的焦点。然而，要切记的是，任何一个有严重临床问题的家庭都可能具备和精神分裂患者家庭相同的研究价值，在精神分裂症患者的家庭中所能观察到的现象并非他们独有。

○ 默里·鲍文是家庭研究领域的几位先驱之一，他的研究始于 20 世纪 40 年代末或 50 年代初。虽然其他研究人员的贡献也相当重要，但鉴于篇幅有限，本书暂不赘述。

一项有关患者与家庭互动的观察尤其令鲍文着迷，鲍文发现每当患者与亲属（尤其是母亲）打交道时，他们会对彼此产生巨大的情绪影响。患者与母亲（某种程度上还包括其他亲属）之间，呈现出某种非常强大的情绪联结。在 20 世纪 40 年代末 50 年代初，其他的研究者也观察到了精神分裂症患者与其母亲之间的这种紧密关系，并将其描述为自然界中的"共生"现象。这些研究者大多是以精神分析理论为背景的，也就是说，他们会以患者与母亲之间的无意识冲突和动机为基础来解释共生现象。然而，鲍文多年来在自然科学领域的广泛阅读深深地影响了他，他试图用不同的方式解释共生关系的存在。

鲍文阅读的内容主要集中于生物学和进化论。因此，他将共生关系理解为一种自然现象，而且这种关系显然具有重要的进化功能。鲍文认为，在精神分裂症患者中观察到的母子共生关系，其基础是深层的（在进化意义上）生物学过程和各种较明显的心理过程。他提出，临床观察到的各种现象不过是某种自然过程的放大。没有必要用诸如"无意识动机"之类的概念去解释它。在孩子幼年，母亲与孩子的亲密关系是哺乳动物的普遍特征，在大多数情况下，年幼的哺乳动物逐渐长大，远离母亲，成长为独立的成年动物。然而，在人类的精神分裂症中，母子关系要比其他人际关系紧密得多，并且这种关系的亲密将一直持续到孩子成年。[⊖]

鲍文关于共生的思考，暗示着那些影响其他生命形态的自然规则也明显地影响着人类。对人类行为的理论解释，必须基于某些观念，即人类行为与其他所有物种的行为具有一致性。这种一致性在精神分析理论中没有

　⊖　尽管鲍文在这一点上的思想在门宁格期间没有得到很好的发展，但他最终对这种共生依恋的强度进行了解释。鲍文认为这种强度是共生关系在多代间逐渐积累的结果。换言之，对于一个精神分裂症患者来说，母亲与外祖母之间的共生关系比母亲与患者之间的共生关系稍弱一些，外祖母与外祖母的母亲之间的共生关系也比外祖母与母亲间稍弱一些……这种共生关系越紧密，每一个个体的功能就越容易被关系中出现的情绪影响。在这种代际传递中，当这个过程达到精神分裂症程度的共生强度时，它就阻止了母亲和孩子各自实现真正的情绪自主。

得到体现，因此，精神分析没有成为一门公认的科学。当鲍文还在门宁格诊所的时候，他就断定，人类行为可以成为一门公认的科学。要做到这一点，必须以生物学、进化论和其他有关自然进程的知识为基础。但在20世纪40年代，鲍文并没有意识到，将系统思维应用于人类行为能够推进精神病学成为一门公认的科学。

作为单元的家庭

1954年，鲍文离开门宁格诊所，来到了美国国立精神卫生研究所（National Institute of Mental Health）。在此，他发起了一个项目，对精神分裂症患者及其整个家庭开展住院治疗。这个项目对他关于家庭的理论性思考产生了巨大影响。鲍文在该项目上的收获，堪比达尔文在比格尔号上为期5年的航行中的收获：两次"航行"都是极不寻常的"研究"[○]经历，都为研究人员带来了理论上的重大转向。达尔文"突然"看到了进化论，鲍文"突然"[○]把家庭视作一个情绪单元。

美国国立精神卫生研究所的这个项目持续了5年，精神分裂症患者及其核心家庭成员都生活在住院部的研究病房中，患者的住院时间从几个月到1年多不等。该项目在精神病学研究中是独一无二的。虽然鲍文发起该项目的初衷是延续他在门宁格诊所的工作，更深入地研究精神分裂症患者和母亲之间的互动，而纳入整个家庭，恰巧给研究者提供了一个观察他们的好机会，这远远超过了鲍文最初的预期。通过对整个家庭的长期观察，鲍文及其研究团队采用"退后一步"的观察视角，以看到那些原先未被界

○　"研究"一词之所以加引号，是因为鲍文和达尔文都不是传统意义上的研究者。他们的研究并没有以旧有的基本假设为基础来推断新的结论，而是允许发展新的基本假设。

○　"突然"一词加引号的原因显而易见，这种看待家庭的全新视角，虽然看似是在相对较短的时间内产生的，但实际上是鲍文多年思考的结果。

定的家庭互动的各个层面。

在项目开展的前 6 个月左右，鲍文及其研究团队就有两个特别重要的新发现。其一，精神分裂症患者和母亲之间关系的情绪强度远比以往所认为的更大。成年精神分裂症"孩子"和母亲彼此纠缠，相互影响，很难将他们视为两个独立的个体。其二，母子关系的强烈程度与整个核心家庭成员彼此间关系互动的情绪强度并没有特别的差别，这点或许比第一点更重要。也就是说，这个"共生"过程涉及整个家庭。最初，人们认为问题只存在于母子之间，但实际上父亲和患者的兄弟姐妹都有可能放大和强化原有的问题。因此，人们不仅很难将母亲和患者视为独立的个体，也很难将家庭视为是由独立个体组成的。家庭成员的情绪功能高度相互依赖，因此将整个家庭称作一个情绪单元更为精确。[○]

家庭成员之间情绪上的相互依赖有许多不同的形式，这促使鲍文及其团队得出了这样的结论：可以把家庭准确地概念化为一个情绪单元。一个常见的模式是，家庭成员以一种彼此互补的关系来执行功能。例如，精神分裂症的孩子表现得"软弱"或无助，父母可能会表现得"强大"。反过来，精神分裂症的孩子真的感到无助并且表现得软弱，以回应父母的强大。就好像关系中的一方会从另一方丢失或放弃的力量中获得或"借用"力量似的。因此，如果将一个人从与之关系密切的人际背景中剥离出来，我们将很难充分理解这个人的功能。

这种互补关系的常见形式是，一名家庭成员为另一名成员感到非常焦虑或担心，因为他认为后者身上存在问题或者有潜在的问题。当这名"焦虑成员"（在幻想层面、言语层面等）过于关注"问题成员"的外表和行为时，那名"问题成员"就会放大"焦虑成员"所担心的特定行为、态度或

○ 此处使用"情绪"一词，来囊括受情绪反应、各种情感和主观性调控的功能。之所以包含主观性，是因为个体的各种情感对想法的影响要比想法本身大得多。

外表。这种对"问题"的放大显然会增加"焦虑成员"的焦虑，随之而来的"焦虑－问题行为"循环会逐渐升级，最终导致事与愿违："焦虑成员"更有可能成为一个照顾者的角色，"问题成员"更有可能成为一个患者或孩童的角色。

每个人都成了对方执行功能的方式的情感俘虏，并且谁也不能改变自己执行功能的方式去打破这种循环。通过这样的相互作用，家庭功能可能会为患者或"问题成员"制造出很多问题，和患者给家庭制造出的问题一样多。然而，家庭成员们通常会认为，他们的焦虑是由患者的态度和行为"引发"的，几乎不会将患者的行为看作是对家人们焦虑状态的一种反应。反过来，患者也往往认为自己是能力不足的或有缺陷的人，的确是家庭问题的"始作俑者"。

鲍文及其研究团队在临床家庭中还观察到其他几种互补关系，比如，全能的与无能的（一个人可以做好所有的事情且应付自如，另一个人会把所有事情搞砸且束手无策），坚决果断的与犹豫不决的（一个人可以做出所有决定，另一个人感到难以做出任何决定），主导的和服从的（一个人带领，另一个人跟随），歇斯底里的和强迫性的（一个人情绪丰富，另一个人内在情绪受阻）。家庭成员将彼此的差异定义为一个问题，而他们专注于"纠正"这些差异的焦虑程度，会影响交互关系中相反特征的两极分化程度。在这种专注的状态下，每个人都会被迫以某种方式与另一个人互动，这种方式不同于他与家庭以外的人的互动方式。

这种互补作用可能会非常精确，以至于每当发现一个家庭成员的重要人格特征时，就可以预测另外一个家庭成员具有与之相反的镜像特征。这两种截然相反的特征会相互强化，因此，要想充分理解一个人身上某一特定特征的强度，就不可能不去理解另一个人身上的镜像特征的强度。换句话说，当一个人表现出主动性时，另一个人就会表现出被动性，反之

亦然。[⊖]

　　另一个支持家庭作为一个单元概念的现象，是疏离和亲密之间的循环，家庭成员像手风琴一样分分合合。事实上，并没有任何一位家庭成员"引发"了这些循环，但总有人会因此受到指责。这些循环不是由某个家庭成员创造的，而是在每位家庭成员的功能作用下得以延续。在不同的家庭关系中，这些周期如此精确和可预测，任何基于个别家庭成员心理构成的解释都显得笨拙和不充分。这个现象引发了一种解释，其基础是将家庭视为一个独立实体，视为一个存在特定关系过程的单元，并且这种关系过程存在于每一个家庭之中。

　　将家庭看作一个情绪单元（一个独立实体）具有相当深远的意义。其中最主要的意义可能在于，人们在情绪功能上的自主性比通常认为的要少。弗洛伊德强调，人类往往受到无意识力量的驱动，而不是理性思考的驱动。从这个意义上说，人类缺乏从内在自我中获得的自主性。如果家庭是一个情绪单元，人们的表现往往就是对他们身边发生之事的反应，他们对所处的环境几乎没有什么自主性。也就是说，不仅家庭成员的想法、情绪和行为会影响整个家庭，整个家庭发生的变化也会反映出家庭成员的所思所感所为。

　　为了观察这一过程，人们需要在观念上做出相应的调整。通常，它不是立即可见的，但一旦被看到就令人很难视而不见。"它"指的是关系过程，而不是每位家庭成员脑袋里的动静。虽然，觉察一个人的想法、情绪变化，与觉察关系过程一样重要，但是后者似乎更难被觉察。人们通常认为，自己的想法和情绪，以及他们眼中的其他人的想法和情绪，均独立于

　　⊖　通过对精神分裂症患者家庭的研究，鲍文发现了互补关系的极端形态。正是这些关系的极端使得它们如此显眼。后来，鲍文发展出自我分化的概念，这个概念用于解释：即便文中描述的过程在所有家庭中都会出现，但它不会以相同的强度和可预测性运作。

他们之间正在发生的互动。这一现象似乎使人们很难摆脱自我反刍的限制，去观察一个更大的过程。

正是因为有了这种"跳出自己"的能力，人们才能够将家庭视为一个情绪单元。当然，这绝不是一件容易的事情。当一个人能够同时关注每个家庭成员的想法、情绪和行为对家庭"氛围"的影响，以及家庭"氛围"对每个家庭成员的想法、情绪和行为的影响时，他就获得了或者重新获得了一个"外部"视角。如果有人只强调这个等式的一侧，他就失掉了系统思维。这就好像只记住重力取决于质量，而忘记了质量也取决于重力一样。

将家庭概念化为一个独立的实体，其含义极其深刻，有时甚至被认为是一种思辨哲学。诚然，当一个人把注意力从各个部分（个人）转移到各个部分之间的关系（人与人之间的互动）时，很难将自己的思维局限在科学领域之内。例如，许多生物学家和社会理论家都相信，各个部分（细胞、人类、其他生物或是他们碰巧正在研究的任何东西）之间的相互影响如此强烈，以至于以"整体"存在的东西（身体、家庭或其他任何东西）必须被理解为以自己的方式独立存在的实体。"整体"的概念意味着，存在一个实体，它拥有调节实体各部分功能运作的原则。然而，许多理论家的观点存在一个问题，那就是他们缺少对各部分是如何相互影响来创造这个"整体"的描述。如果不清楚"如何"的部分，那便很容易从科学领域转移到整体论哲学领域。

鲍文认为，将家庭概念化为一个单元是有科学依据的。他和他的研究团队发现，在每一个家庭中，都有一些相同的基本关系过程。尽管家庭之间存在巨大的心理差异，但这种一致性仍然存在。换句话说，尽管家庭成员有着截然不同的价值观、态度、人格等，但他们在人际关系中仍然表现出相同的基本模式。这种跨越家庭的一致性表明，尽管这些过程有心理学的成分，但它们都根植于比人类心理学更深层、更古老、更基本的事物之中。鲍文的假设是，家庭关系过程是由进化模式创造的，它们对生物彼此关系的重要性可能早在智人出现之前就已经确立。鲍文相信，对这些自然过程的精确定义（美国国立精神卫生研究所的项目只是一个简单的开端），以及对它们如何被调节的解读，将推动人类行为形成一门科学。

在美国国立精神卫生研究所做研究期间，鲍文并没有使用"系统"一词来描述家庭，但实际上他界定了这样一个事实，即家庭的运作方式与其作为一个系统的运作方式是如出一辙的。家庭以一个系统的方式运作，它是一个单元。一个家庭成员回应着另一个家庭成员，另一个家庭成员又回应着第三个家庭成员，第三个家庭成员又回应着第一个家庭成员，第一个成员的回应又来自其他家庭成员对其的回应。这些反应大部分是通过视听觉两种渠道进行调节的：人们会对声调、面部表情、身体姿势等做出反应。令人难以置信的是，家庭系统在同一时刻既简单又复杂——简单的是，人们可以预见事情是按先后顺序发生的，复杂的是，在许多层面上存在大量杂乱的相关变量。

系统是一个描述性的术语，它并不解释正在发生的事情，也不解释是什么"驱动"了这个过程。最终，鲍文通过区分家庭关系系统和家庭情绪系统解决了这个问题。家庭关系系统是对所发生事情的描述，而家庭情绪系统是对所发生事情的解释。"人与人之间是相互作用的互补关系"，这种说法是对现象的一种描述，而不是一种解释。这种对现象的描述是家庭关系系统中的概念。人际关系的过程根植于各种本能，这种说法与其他生物的情况有很多共同之处。从进化的角度来看，它能够朝着解释所发生的事情迈进一步。家庭情绪系统的概念中包含了对"诱发"这些现象的原因的思考。"描述"现象与"解释"现象之间的区别似乎是理论性的，但它在心理治疗实践中也相当重要。对于是什么诱发或驱动了这些能够被观察到的家庭现象，治疗师的思考方式将决定他在治疗中的干预策略。例如，许多家庭治疗师都说家庭是一个"系统"，但使家庭成为一个系统的原因，他们有许多不同的解释，这些解释决定了治疗师在心理治疗中要解决的问题。从鲍文家庭理论演变而来的治疗方法，受到将家庭概念化为"情绪"系统的思想的指导。从其他治疗师的家庭观念演变而来的治疗方法，受到不同概念的指导。事实上，区别家庭治疗师最有效的方法是看他们如何看待家庭，而不是看他们在治疗中所做的事情。

功能的连续体

1959 年，美国国立精神卫生研究所的项目结束。随后，鲍文转到了乔治敦大学精神病学学院。在乔治敦大学，他的研究都是在门诊设置下进行的，其中大部分家庭面临的是比精神分裂症更轻的问题。研究范围扩大到了神经症和其他精神障碍，这为研究家庭提供了另一个重要优势。逐渐清晰的是，那些最先在严重功能障碍的家庭（精神分裂症患者的家庭）中被观察到的关系过程在所有家庭中均有呈现，只是这些关系过程在有严重功能障碍的家庭中表现得更明显。

不同家庭处在从"几乎没有出现临床问题"到"出现严重的临床问题"的连续体的不同位置。这个连续体的存在基础是一种情绪过程，情绪越强烈，人们越是高度依赖彼此，并且相互反应。随着情绪强度的进一步增加，这种功能上的互补会变得更加严重，功能障碍也更加明显。在极端情况下，人们会变得极度纠缠，甚至会出现跷跷板效应：一个人的功能水平随着另一人功能的上升而下降，反之亦然。在连续体的另一端，跷跷板效应仍然存在，不过人们的情绪功能具有更多的自主性。

鲍文对于连续体的观察，是发展出自我分化概念和自我分化"量尺"的基础。自我分化"量尺"旨在传达这样一个事实：并非所有家庭在情绪功能的运作方面都是相同的。有严重临床问题患者的家庭与有较轻临床问题患者的家庭之间存在量上的差异而非质上的差异。

另一种理解上述差异的方式，是承认"我们所有人都有轻微的精神分裂症"，这是鲍文经常观察到的。精神分裂症患者的表现是对所有人类共有之处的一种夸张表现。他们的精神病性思维很容易被贴上"疯子"的标签，但其实这只是其情绪功能表现的某种形式。与大多数人相比，精神分裂症患者更像是其内在情绪反应和所处环境情绪方面的囚徒，但这同样是一个量上的差异，而非质上的差异。

除了我们每个人都有轻微的精神分裂症这一点，我们每个人的行为方式都会促进他人精神分裂症的发展。精神分裂症并不是一个诸如缺陷基因或侵入性病毒强加给我们的外来过程，我们创造了身边能够看到的那些精神分裂症。我们通过每天的活动方式来创造它，比如，不断地做出一些决定，并做出一些会损害或促进他人功能的事情。团体中每个人执行功能的方式均会使某些团体成员更难执行功能。这一过程在家庭中最为明显，但也可能发生在其他群体中。当这个过程达到特定量级的情绪强度（已经丧失足够的自主性）时，就会出现精神分裂症或其他严重问题。⊖从这个角度看，精神分裂症不是一个生物学"缺陷"的产物，也不是某个"突然"出问题的东西的产物。准确地说，它是一个根植于生物学过程的结果。这个过程包含许多参与者，并且是在很长一段时间内逐步建立起来的。一个家庭不会在一代人的时间内，就从功能很好变到功能很差。

如果从功能连续体这个角度来思考，很难准确地给"正常家庭"下一个定义。"正常"家庭、"异常"或称"病态"家庭之间并没有一个绝对的

⊖　"是否出现严重的临床问题"取决于比家庭关系系统相关变量更多的变量。如果一个几乎没有情绪自主性的人生活在一个理想的生活环境之中，他可能永远也不会表现出任何与精神分裂症相关的明显症状。比如，他可能拥有一个对他十分有用的支持系统，而且这一系统不会给他压力。虽然，这样可能会导致他一生都处在一个孩童的角色，但较低的压力水平可使许多明显的精神分裂症的临床指征和症状几乎不表现出来。如果另外一个缺乏情绪自主性的人出现了严重的酗酒或饮食问题，那么这些问题的出现可能"保护"他不患上其他临床疾病。

界限，它们之间仅仅存在渐变的差异，共同点远多于不同点。我们往往想要看到精神分裂症患者和有精神分裂症患者的家庭，用某种方式与我们自己区分开来。建立起一个将"精神分裂症患者"和"正常人"分在两边的屏障，似乎只是一种安慰。"正常人"常常是"精神分裂症患者"的协助者，他们为提供帮助所做出的努力，往往会使这道屏障变得更加坚实，进一步孤立了精神分裂症患者及其家人。这道屏障是人为修葺的，而不是自然形成的。

到 20 世纪 60 年代初，鲍文在门宁格诊所、美国国立精神卫生研究所和乔治敦大学进行的家庭研究，加上他在生命科学研究中获得的知识，为家庭系统理论最初概念的发展奠定了基础。当时，鲍文精炼出了该理论最初的六个概念，他尽可能小心地使这些概念与自然科学知识保持一致，没有一个概念是从心理学理论中借用的。1966 年，最初的这六个概念发表，它们分别是：自我分化、三角关系、核心家庭情绪过程、家庭投射过程、跨代传递过程和同胞位置。20 世纪 70 年代又增加了另外两个概念：情绪阻断和社会情绪过程（Bowen，1976）。

家庭系统理论对人类情绪功能的研究视角与以往任何理论都有很大的不同。然而，当我们最初接触这个新理论时，所有人都试图使它与我们已知的内容相匹配。人的大脑似乎往往只关注观察结果或理论观点中与自己现存认识中的相似之处，哪怕这些相似之处可能只是基于对相关观察或观点的表面解释。然后，大脑常常根据这些表面上的相似点把观察或观点联系在一起。⊖这就好像大脑在面对"应该"匹配却不匹配的观点或观察结果时会经历某种"认知紧张"。对于差异多于共性的两类事物，我们似乎需要一个稍显迟钝的大脑，一个不会自动对各种想法做出反应的大脑，来

⊖　类比的基础就是把观察到的现象与某种思维方式联系起来，这种思维方式的基础是某些特定现象之间的相似性。虽然类比有一定的价值，但它并不是将理论整合在一起的坚实基础。

避免过早终止这样的思维活动。这种思维终止在减少"认知紧张"的同时，也扼杀了学习的机会。人们塑造新的观察和信息，以使之更符合固有的关于世界的假设，而不是将这种新信息看成对验证基本假设的激励。

系统思维的发展史

为了更好地理解系统思维对于人类情绪功能的意义，也为了避免认知模式阻碍系统思维，我们有必要追溯系统思维发展和应用的历史。虽然，系统思维在人类行为中的应用很新，但它本身非常古老。事实上，如果把系统思维等同于意识到自然"过程"的能力，而不仅仅是意识到自然"内容"的能力，那么有证据表明，系统思维至少可以追溯到 2 500年前。⊖卡尔·萨根（Carl Sagan）描述了，公元前 6 世纪生活在伊奥尼亚的希腊人的思想，表明当时已存在相当复杂的系统思维。

> 突然间，人们相信所有一切都是由原子构成的；人类和其他动物是由更简单的形式产生的；疾病不是恶魔或神灵造成的；地球只是一颗围绕太阳转的行星；星星离我们很远很远。⊜

虽然，在伊奥尼亚出现的这些观念，反映了人类在那个古老的时代似乎是参照自然世界来思考"系统"或"过程"的，但在接下来的 2 000 年里，系统思维在很大程度上被忽略了。在公元前 2 世纪，托勒密（Ptolemy）提出了极具影响力的行星运动模型，该模型强化了前伊奥尼亚人的观念，即地球是宇宙的中心，太阳围绕地球运转。这种观念压倒了伊奥尼亚的思想并且持续影响了 1 700 多年！此外，人类一直相信自己是被创造为当前

⊖ "过程"一词是指一系列连续行动或变化，且它们会导致一系列特定的环境或现象；"内容"一词是指脱离那些行动或变化情境的环境或现象。这类似于将电影等价于过程，将电影中的每个画面等价于内容。例如，达尔文的进化论关注的是自然界的过程，因此，属于系统思维的普遍定义。

⊜ Carl Sagan, *Cosmos*, New York, Random House, 1980, p. 174.

的样子的，疾病也是恶魔造成的。

不难理解为什么人类会坚持认为自己是这一切的中心，似乎一切都确实是围绕我们（地球）运转的。甚至早在 17 世纪初，望远镜被发明之前，我们就已经可以仰望星空，看到许多迷人的天体围绕我们旋转，月球、水星、金星、火星、木星、土星以及无数星都是肉眼可见的。看起来我们是静止的，而其他一切都在运动。我们把行星的个别特征归因于它们的运动。因为我们并不了解行星之间的相互关系，所以很自然地用我们投射到每个行星上的特征来解释它们在夜空中的旅程：火星是战神，金星是爱与美的女神，水星是信使，土星是农神，木星是众神之王……对于我们不了解的事物，我们常常会向它们投射内心的恐惧与希望，而这些行星就是一些现成的客体。

一系列事件使我们重回系统思维，至少就太阳系而言是这样的，从 1543 年尼古拉斯·哥白尼（Nicholas Copernicus）提出日心说开始。他提出，太阳系的中心是太阳，行星围绕太阳做圆周运动。虽然，哥白尼模型基本上是准确的，但他定义的行星轨道并不完全正确。约翰尼斯·开普勒（Johannes Kepler）很快证明这个轨道是椭圆的，但是哥白尼迈出的勇敢一步，永久地改变了人们对自己在宇宙中的地位的看法。

开普勒是一位训练有素的科学家，主要从事第谷·布拉赫（Tycho Brahe）的观测工作。他孜孜不倦地追求一种太阳系模型，一种与目前每一个可观测行星的运动结果相符的模型。科学的任务始终是修正理论和模型以使其适应观测结果，而不是修改或忽略观测结果以维持现有理论。虽然，开普勒常常为观测结果与他的模型不太相符而沮丧，但他坚持不懈，最终收获了一个能精确描述所有行星运动的数学模型。开普勒确信，他所描述的精确行星运动，其基础是某种力，它维系着行星运动，但是他并不知道这种力可能是什么。他定义了这部分运动，并且说明它们各自的运动在某种程度上是相互关联的，但是他不知道这种悬浮的相互关系的基础是什么。虽然，在开普勒 1630 年去世时，这个问题仍未解决，但他精密的研究已经将我们带入第一个全面的具有高度预测性的科学理论的边缘。

1666 年，随着万有引力定律的发展，艾萨克·牛顿（Isaac Newton）成功地解决了开普勒难题。萨根对于牛顿的伟大理论概括如下。

> 从一开始，事情就走上了下坡路，人类历史上一直相信月球围绕地球转动。牛顿是有史以来的第一人，他发现这些现象是由同样的力引发的，这就是"万有"一词应用于牛顿引力的意义。同样地，万有引力定律适用于宇宙中的任何地方。[一]

正如所有伟大的科学家一样，牛顿看到的是简单，其他人看到的是混乱和细节。牛顿看到的是过程，其他人仅仅看到了内容。引力是行星运动的原因，行星并没有自己的思想，但因其自身质量而构成了一个引力场，而正是这个"场"控制着每一个行星的速度和路径，这是一个完美的平衡系统。伯克森（Berkson）用以下方式描述了牛顿理论的重要性。

> ……牛顿能够非常精确地推导出行星的运动，并以正确的形式推导出开普勒和伽利略（Galileo）曾经发现的一些定律。牛顿定律在预测新结果方面比人类历史上任何理论都要有力得多，并且它的预测非常成功，或将成为未来的理论努力的新标准。[二]

随着伊奥尼亚式的精确，哥白尼、开普勒和牛顿将我们带回了系统思维的领域，至少在物理学界是这样的。[三]

[一]　Carl Sagan, *Cosmos*, New York, Random House, 1980, p. 174.

[二]　William Berkson, *Fields of Force*, New York, John Wiley & Sons, 1974, p.2.

[三]　一些人把牛顿定律称为因果理论，因为它假定物体，如行星，是由相互作用的远距离微粒组成的。它在这里被称为"系统理论"，因为它处理的是过程并定义了一个组织原则，即引力。

自牛顿以来，物理科学在发展系统理论方面不断取得进展。当然，爱因斯坦在其中做出了不朽的贡献。现在，一些物理学家认为我们处在统一场论的边缘，这是一种基于四种力的相互关系来解释所有物理现象的理论。这四种力分别是：重力、电磁力、强力、弱力。也许物理学家们并不像有些人想的那样全面细致，但很明显，物理科学的理论发展远远领先于生命科学。

物理科学及其系统理论的发展到了相当成熟的水平，可以带我们在地月间穿梭。与之形成鲜明对比的是，生命科学的发展仍处在初期阶段。生物学在很大程度上还是一门描述性科学，它对于所观察到的现象只有有限的解释方法。虽然已经有了一些重要的生物学理论，例如达尔文的自然选择理论，但是生命过程的复杂性使得理论的发展极为困难。尽管许多生物系统已被描述，可是没有发展出与物理科学同等复杂的系统理论。对生命过程的描述常常达到一种令人印象深刻的高雅境地，但无论它们的复杂程度如何，描述仍然将我们限制在生命科学中相当于前牛顿时代的世界。当生命科学领域缺乏综合理论时，有太多关于生命的东西是无法被解释或预测的。

人类行为的主观性和概念化

与所有生命科学一样，有关人类行为的概念大部分也是描述性的。此外，当研究对象是人类的时候，还有另一个难题，即我们自己有相当多的情绪卷入（这似乎是问题的根源），很难对人的情绪功能和行为进行合理、客观的观察。这些观察常被观察者的主观偏见蒙蔽。在解释人类行为和发展实际理论的过程中，主观性的影响可能更大。虽然，我们总会考虑到那些放置在我们与世界间的"屏障"，可无论我们在观察什么，这个"屏障"似乎会随着我们越来越近地观察自己，而变得"更厚"。我们离自己越近，就越有压力去看到我们想要看见的东西，或者至少可以说是看到我们一直在看的东西。

我们对人类行为的客观理解存在局限性，除此之外，从我们愿意热切地坚持某些有关人类问题本质观点的角度来说，我们并没有遭受特别的限制。我们声称反对战争，仿佛我们明白战争的缘由。我们也可以简单地宣称反对精神分裂症，但我们对这个现象的了解与我们对战争的理解一样有限。我们持续地告诫自己做什么或不做什么，并不断地要求对方改变。似乎有无数的人可以告诉我们"正确"的思考方式和"正确"的行为方式。我们周围充斥的大量告诫与指示，无可救药地陷入主观性的困境之中。根据所考虑的现象，我们将责任推脱给某些事、某些人、某些群体或任何可能的原因。对于某些出了问题的事情，我们去责怪基因、化学物质、父母、学校、许多"坏的"影响因素及某些政客。[⊖]

就观察人类行为来说，"难以看到自己在他人生活中所扮演的角色"可能是主观决定的障碍中影响最大的部分。我们曾经对人类行为的概念化，弱化了对人与人之间的过程的关注，而是聚焦于人的内部过程。人类的看法充斥着主观性，认为情绪自主性更多来自同伴而不是"天生的自然规律"。以往那些有关人类行为的理论反映了对个体的强调，因为它们通常认为行为和临床问题的"原因"存在于个体内部。这些基于个体的概念经常涵盖了一种可能性，即最初认为"原因"是外部因素强加于个体的，但最终发现主要问题是个体自身造成的。

⊖　对人类行为的看法有主观和客观之分，需要进一步澄清和强调这种区分的原因。客观，是指所界定的事物属于知觉或想法的对象，不受个人情感或偏见的影响。主观，是指所界定的事物属于思维主体而非思维对象，它取决于一个人的情感或观点。这个区分并不意味着力求客观并最小化主观影响的人类行为理论才是揭示世界真实状态的理论。虽然我们可以试图发展与所有可观察的自然现象相一致的理论，但我们永远无法确定自然究竟是怎样的。我们只能够说，对于大自然的运行，某个理论"好像"是正确的。再者，主客观的区分也不意味着一个是"好的"，另一个是"坏的"。它仅仅意味着识别出两者间的差别十分重要。

纵观历史，人们对该"原因"的本质有几种不同的看法。有的尝试通过生理的角度（一种生物学的方法）来解释精神疾病，有的尝试通过心理的角度解释精神障碍，有的尝试通过神秘现象来处理无法解释的事件（Alexander & Selesnick，1966）。在所有试图解释人类行为的原因的各种理论中，无论是生物学的、心理学的，还是神秘现象的视角，西格蒙德·弗洛伊德（Sigmund Freud）的精神分析理论可能是最有影响力的，至少对西方文化来说是如此。

19 世纪晚期，弗洛伊德提出了他非凡的理论，当时的氛围并不强调用神秘现象解释人类行为，而是强调生物学角度的解释。精神疾病通常被认为是患者大脑结构缺陷的产物。弗洛伊德假设，人类行为是由无意识冲突推动的，这种冲突受到童年经历的影响。该假设大胆地向前迈了一步，为人类行为提供了更清晰连贯的心理学解释。弗洛伊德提出，大多数神经症和精神障碍的基础是大脑的功能紊乱而非结构紊乱。他还详细描述了分析师与患者间的关系，并表明这种关系的许多方面都反映了某些特征的转移，包括患者早年与父母的关系特征的转移（移情）、分析师早年与父母的关系特征的转移（反移情）。对移情和反移情的理解为精神分析治疗提供了依据。弗洛伊德的概念已被证实对理解人类行为和治疗情绪问题都有巨大贡献。

弗洛伊德的理论与家庭系统理论有两个重要的不同。第一，精神分析理论是从个体治疗的研究中发展起来的，所以它是一种有关个体的理论。尽管，精神分析中客体关系学派的概念的确描述了关系，但它的基本参照框架仍是个体。相反，家庭系统理论是从家庭研究中发展起来的，它属于关系系统。认识到关系概念的必要性源于一项研究，该研究证实了不同家庭成员之间的情绪功能是显著相关的（功能互补）。一旦认识到情绪功能缺乏自主性，我们就不能用一种将个体作为参照框架的思维方式来看待家庭系统理论的发展。

第二，许多精神分析概念的发展，似乎是基于一种思维方式，强调人作为一种生命形态的独特性。相反，家庭系统的概念是基于一种假设，即许多人类的能力和功能不良的行为，都是人类与低等动物共同之处的产物。精神分析思维强调人的独特性，这是亚历山大和塞勒斯尼克（Alexander & Selesnick）在一篇对精神分析基本思想的总结中提出的（不一定完全准确地描述了弗洛伊德的思想）。

> 精神障碍的本质是，这个人无法面对自己，无法认识到他意识层面拒绝接受的情绪和动机……人类将无法接受的情绪和冲动排除在意识之外，但它们不会消失，并且仍会影响行为。在精神障碍中，这些情绪和冲动会引起非理性的神经症性和精神病性症状，而在正常人中，它们则形成梦的意象。尽管现代人有道德和宗教信仰，但在文明的外表下，他们仍然怀有野蛮祖先所具有的那种未被驯服的、原始的性冲动和敌对冲动，承认这一点需要极大的真诚和道德勇气。[⊖]

一方面，精神分析思想将人视为所有生命的组成部分；另一方面，该理论（在解释精神疾病的起源时）所强调的内容似乎存在一个冲突，那就是人类与众不同的意识与人类作为动物的本能冲动之间的冲突。虽然，这种思维方式在解释情绪症状的某些方面是有效的（比如，人类特有的心理机制决定了一个问题是被表现出来还是被内化），但它强调了近期发展的（进化意义上的）心理机制在解释精神疾病上的作用。如果人类精神疾病的本质是"无法面对自己"，那么黑猩猩、长臂猿、鲸鱼的精神障碍的本质是什么？是不是黑猩猩也压抑了无法接受的情绪和冲动而出现了神经症性的症状？[⊖]一个强调人类独特性的行为模型，最终有可能会被证明是对人类

⊖　Franz G. Alexander and Sheldon T. Selesnick, *The History of Psychiatry*, New York, Harper & Row, 1966, p.12.

⊖　很明显，这里有一个假设是"精神疾病"出现在非人类动物身上。虽然对于这部分内容我们显然有许多需要学习的东西，但许多研究动物行为的学生的工作都指向一个事实，即人类的"精神疾病"在许多动物身上都有出现。我们先入为主的对于"精神疾病"的心理或认知表现的观念可能会让我们无视人类和非人类动物情绪功能障碍之间的共同特征。

的最佳解释。鲍文并不这么想，他试图发展一个能够与地球上所有生命过程相一致的模型。鲍文的理论承认人的独特性，但是这种独特性并不是该理论的基石。

人类作为所有生命的一部分

在考虑人类行为与动物行为的关系时，无疑会有许多陷阱。人们很容易将动物人格化，这是对动物的一种伤害，人们也很容易将人类的行为简化。在试图解释人类行为的历史中，充满了这样的事例：一方面，我们在给动物赋予人类"理性思维"的道路上走得太远；另一方面，我们又在将人类行为简化为动植物所共有的简单反射行为的道路上走得太远。

除此之外，理解人与动物之间的相互关系还有另一个障碍。纵观历史，我们往往认为动物是野蛮的。事实上，"牲畜"一词指的就是低于人类的生物。与此同时，我们还认为，人类至少具有成为有德之人的潜力。这种美德是文明和文化意识的产物。按照这种思维方式，把人类看作动物就是专注于其残忍的和自私的品质，而把动物比作人类就是要把它们想象得更善良，更关心他人。这种对动物世界的野蛮看法与我们所观察到的情况并不矛盾。正如 E. O. 威尔逊（E. O. Wilson）所说：

> 按照人类的标准，鱼群或狒狒群体的生活是紧张而残酷的。它们日常的进食、休息和交配毫无间歇，病患和伤员通常就被留在它们倒下的地方。[⊖]

然而，当我们深入探究动物世界时，我们同样可以看到它们做出无私行为的非凡能力。群居无脊椎动物和昆虫利用自身的合作能力、凝

⊖　Edward O.Wilson, *Sociobiology: The New Synthesis*, Cambridge, Mass., The Belknap Press of Harvard University Press, 1975, p.380.

聚力和利他精神形成了近乎完美的社会组织（Wilson，1975）。这些行为并不局限于这些小动物，威尔逊在有关非洲象的研究综述中对此有所说明。

> 这种陆地上体积最大的哺乳动物，构成了首屈一指的先进社会组织。非洲象在如下方面引人注目：雌象彼此亲密无间的关系、统治家族的雌性首领的权力、这些个体关系持续的时间……家族中所展现的合作与利他的程度非比寻常。雌雄幼崽都能受到平等对待，而且每只都可以在族群中任何一名哺乳妈妈那里吃奶。青年非洲象担任"阿姨"的角色，它们制止幼崽跑到前面，也会把幼崽们从午睡中推醒。当道格拉斯－汉密尔顿（Douglas-Hamilton）用麻醉枪放倒一头小雄象时，成年象冲向小象并试图把它扶起来……雌性首领更是分外无私，在保护族群时，它时刻准备着将自己暴露在危险中。当群体聚集成典型的圆形防御阵型时，它也是最勇敢的一个。[⊖]

威尔逊还描述了非洲野狗和黑猩猩的行为，它们的本性与大象的十分相似。无论以何种标准衡量，这样的行为都是相当"高尚的"。为了从自然系统的角度理解人类行为，有必要摆脱这种"动物是野蛮的"和"人类是善良的"二分法。尽管，人人都知道人类经常是不善良的，但我们对人类的思考往往会把这种不善良归咎于不适当的或不充分的社会化。也就是说，他的动物性冲动未得到充分抑制。如果说人类是所有生命的一个部分，那就意味着，人类很幸运，因为人类是这个指导所有生物的和谐系统的一个部分。人类的许多美德，与其混乱的行为一样，均根植于进化进程之中。这个观点并非要把对人类行为的理解还原为一种"基因决定论"，把人类美德完全归结于基因，而是在"人类美德只能来自文明和文化意识"的框架

⊖ Edward O.Wilson, *Sociobiology: The New Synthesis*, Cambridge, Mass., The Belknap Press of Harvard University Press, 1975, p.491, 494.

外提供另一种思路。

如此一来，当人们采取暴力和野蛮行为时，我们常说他们的行为"像一群动物"，他们已经抛弃了理性而沉迷于"动物冲动"。也许更准确的说法是，人类野蛮自我的周期性出现，反映了人类从一个平静、有序的状态向一个焦虑、无序的状态的转变。同样的事情也发生在黑猩猩族群中，它们也可以从平静、有序的状态转变为一种焦虑状态，其特征是冷漠无情、野蛮粗鲁。许多动物在一定条件下会残害同类，当黑猩猩和其他动物这样做时，我们很少会说"它们已经失去理性了"。因此，一个更准确的二分法可能是将人分为"焦虑的"与"冷静的"，而不是"理性的"与"动物性的"。显然，这并不是一个非此即彼的二分法，因为焦虑有不同的程度，由不同程度的焦虑导致的行为也有所不同。

自从鲍文假设，人类精神疾病的起源更多来自人与所有生物的共同之处，而不是人类独特之处，鲍文就摒弃了精神障碍这个术语，而以情绪障碍代之。精神（mental）是指"心理上的"，但是鲍文希望有一个术语可以表达"精神障碍"更为深层的进化根源。他认为，没有必要在人类文明的自我和野性的冲动之间制造冲突，以解释精神障碍和神经症。导致精神障碍、神经症和其他问题发展的基本情绪过程，存在于许多生命形态之中。人类复杂的心理或许会为情绪问题带来一些独特的转变，但是，该问题的起源要比心理冲突概念所阐述的更为根本。

鲍文的理论与自然系统

在一种假定精神疾病具有生物学病因的氛围中，弗洛伊德应运而生；在一种假定精神疾病的起源植根于个体心理的氛围中，鲍文应运而生。这种从生物学解释到心理学解释的转变，显然是受弗洛伊德及其后继者影响的结果。考虑到个体心理学对行为解释的强大影响力，鲍文的家庭系统理论的发展，至少与 60 年前弗洛伊德的理论一样，是一次大胆的概念飞跃。

鲍文背离了 20 世纪四五十年代的主流精神病学思考，这突出表现在两个方面：首先，其理论立足的假设是，要理解人的情绪功能，必须超越心理学的解释去识别人类与所有生命的关系；其次，他的理论假设，对人类行为的充分了解，必须建立在超越个案研究的基础之上，要包括其关系系统。从本质上来说，鲍文提出的家庭运作方式与系统观是一致的，并且家庭系统运作的原则源于大自然。

1966 年，鲍文首次发表了他的理论，"家庭系统"一词开始被精神健康的专业人员广泛使用。在接下来的十年间，对这个词语的使用进一步增加，并开始对不同人产生不同的意义。为了区分他的家庭系统概念和其他人的概念，鲍文将他的"家庭系统理论"改名为"鲍文理论"。目前，这两个名字都是指鲍文发展的理论。

鲍文的家庭系统理论并没有建立在一般系统论的基础之上。一般系统论的假设是：相似的数学表达式与模型可用于生物学、行为与社会科学和物理学（von Bertalanffy，1968）。这些模型的发展受到人造系统（诸如简易的家用恒温机、蒸汽和电气化机器、火箭和计算机）的巨大影响。据我们所知，任何一种对一般系统概念在家庭和人类行为上的拓展应用，都必然会受限制于一种说法，即家庭运作方式往往与物理系统的动力相似。创造相似性不是一般系统论的一部分，家庭理论的大多数基本概念也不在一般系统中。

鲍文认为，家庭是一个自然形成的系统，而不是把一般系统论的概念套用在家庭当中才形成的系统。"自然"一词是指有关自然界的，不受人类干预而自然形成的东西。换言之，自然系统这一概念假设，系统独立于人类的创造而存在于自然之中。支配自然系统的规则蕴藏在自然界中，而不是由人脑创造的。太阳系、蚁群、潮汐、细胞和直立猿人家族都是自然系统。人类的家庭系统源于进化过程，也不是由人脑创造的。我们没有设计人际关系，就像大象和长臂猿没有设计它们的家庭关系一样。家庭系统理论认为，支配这些事情的原则存在于大自然之中，有待我们去探索发现。

为了更好地理解自然系统这个概念，牢记"人类才是宇宙历史上真正的后来者"是很有帮助的。宇宙从"大爆炸"开始，有100亿～200亿年的历史。在"大爆炸"后的50亿～100亿年里，随着宇宙的逐渐冷却，智人出现。这种冷却使宇宙中更多层级的组织结构得以显现，有大约一千亿个星系形成。有一个特别的星系，现在被称为银河系，里面形成了一颗恒星，它是银河系中千亿颗恒星之一。这颗特殊的恒星变成了太阳系中的太阳，而太阳系包含了行星地球。

大约在46亿年前，太阳系形成（Sagan，1980）。在35亿～40亿年前，生命出现在原始地球的池塘和海洋之中，这些生命"迅速"以细菌的形式出现。30亿年前，第一个多细胞生物已经进化出来了。又过了10亿年，两性出现，进化缓慢地进行。

自生命起源以来的40亿年来，绝大多数主导生物是覆盖并充满海洋的微型蓝藻。在超过30亿年的时间里，除了蓝藻以外，生命没有发生太大的进化，但随后，情况开始迅速变化，大约6亿年前，新生命大量繁殖。

5亿年前，体形优美的动物在海洋中遨游，第一批鱼类和脊椎动物很快出现，植物开始在陆地繁殖。然后是昆虫、两栖动物、树木、爬行动物、恐龙、哺乳动物、鸟类和花朵，恐龙来了又去，哺乳动物逐渐增多，并进化出灵长类动物。在"近代"，猴子、类人猿和人类出现了。

人类的起源可以追溯到几百万年前。著名的考古发现——阿法南方古猿（Australopithecus afarensis）"露西"大约有 350 万年的历史（Konner，1982），她显然是直立行走的，而且是一个工具使用者。然而，还要再过 100 万年，人类大脑的进化才开始，这条通往克鲁马努人的线路经过了能人（有能力之人）、直立人（爪哇猿人和北京猿人）。最后，大约 20 万年前开始，出现了多种形式的智人。

直立人在 50 万年前就开始使用火，在 40 万年前就有了火炉和房子。在 10 万年前，尼安德特人出现，他们使用更复杂的工具、举行仪式、埋葬死者，这是仪式进入人类文化的第一个证据（Konner，1982）。

在过去的几百万年间，大脑的尺寸"迅速"增加（大概在一百万年前，大脑达到了现在的大小），文化复杂性也逐渐增加，石器工业的文化复杂性明显增加（Konner，1982）。随着脑容量的增加，大脑复杂性也增加，久而久之，诸如问题解决、信息存储、认知功能、语言功能、一般智力和抽象思维等关键的脑功能出现并得到完善。

大约在 3 万年前，尼安德特人从地球上消失，取代他们的是克鲁马努人及其先进的技术。最早的骨雕、壁画和图纸都可以被归功于这种"生物"，他们也被称作智人（Burian & Wolf，1978）。最终，智人发明了弓箭，驯化了狗，开始捕鱼与务农，制作陶器，把石料用于纪念性建筑，学会使用铜、青铜和铁，点燃了文明的火苗。人类开始试图理解距今 100 亿～200 亿年的历史并尝试解释自己的行为。

如果按照宇宙"大爆炸"以来的 150 亿年和克鲁马努人出现在地球上以来的 3.5 万年做比较，克鲁马努人的存在只占据了宇宙时间的 0.000 2%，如果将"大爆炸"以来的时间以一年为标尺，克鲁马努人只存在了一分钟多一点。很明显，早在我们认识人类之前，甚至在进化论的视野中出现一个小小的闪光之前，就有很多"自然规律"了。不管我们有没有能力定义这些"自然规律"，它们的存在都独立于我们所知或所说的任何东西，它们并不由人类大脑创造，也不会因为我们的想象而改变。理论是把人类头脑中创造的内容写进书里，但只有当科学理论与"自然规律"理论相一致时，它们才有效。

鲍文的理论假设："自然规律"驱动和指导着人类和人类家庭。从这个意义上来说，人类家庭是一个自然系统，一个特殊的自然系统，可被称为情绪系统。鲍文认为情绪系统是在进化过程中形成和塑造的，正是进化过程引出了智人。自地球上出现生命以来，尽管进化过程塑造并增加了情绪系统的复杂性，但情绪系统最基本的特征可能从未改变。

第 2 章

情 绪 系 统

情绪系统（emotional system）是家庭系统理论中最为重要的概念之一。它不仅提供了对人类家庭的全新理解，而且很可能终将增加我们对进化过程和自然界其他方面的知识。这个概念的潜在重要性堪比达尔文的自然选择进化论。劳伦·艾斯利（Loren Eiseley）将达尔文思想的影响总结如下。

> ……人类曾经维持的自我遭受了打击，而达尔文策划了最可怕的打击之一：他证明人类与低等动物之间存在生理上的联系。⊖

达尔文在人类与低等动物之间建立了这种生理上的联系，而鲍文情绪系统的概念则为在二者之间建立行为上的联系提供了基础。虽然关于情绪系统还有很多人们需要了解的内容，但是随着知识的进步，这一概念很可能为科学地理解包括人类在内的所有动物行为，提供了一个极其重要的理论基础。

考虑到目前生命系统知识的局限，也许只能以一种笼统的方式来定义

⊖　Loren Eiseley, *The Immense Journey*, Vintage Books, New York, 1957, p.157.

情绪系统。从广义上来说，这个概念假定：在所有生命形态中都存在一个天然的系统，该系统使生物能够接受信息（来自自身的和环境的）、整合信息，并在此基础上做出反应。情绪系统包含一些机制，诸如那些涉及寻找和获得食物、繁殖、逃离敌人、哺育后代以及社会关系其他方面的机制。它包括从最自动的本能反应到包含了自动与习得的混合反应。在情绪系统的指引下，生物的反应有时候基于自身利益，有时候基于群体利益。

情绪系统目前的定义包括了所有驱动和引导功能的生物机制。这个概念可能显得过于宽泛，类似于将一辆汽车说成一个"汽车系统"，而这个系统包括了使一辆汽车成为汽车的所有东西。尽管如此，情绪系统这个概念仍具有几个重要的意义。

第一，情绪系统提出了一种假设，即所有生命形态的行为都受相同的根本"生命力"⊖的驱动和调控，这是家庭系统理论的基础。由于所有生命形态都拥有类似的情绪系统，人类的大多数行为是由先于复杂大脑皮层形成的过程控制的。虽然人类很快就为自己的作为与不作为给出了"理由"，但大多数的所作所为并不受这些"理由"的妨碍，而是由其他生命形态完成的。例如，人类相互吸引、交配、繁衍、养育后代、互相帮助、竞争、战斗、逃跑、支配他人、捕食动物等。我们以"爱"之名结合，以"理想"之名战斗，以"美德"之名互助，以"责任"之名养育后代。然而，通过观察自然界的其他动物，我们发现人类所做的许多事情可能都与上述理由无关。这种观点并没有否定人类高级大脑中枢对其行为的影响，只是强调了基础机制的重要性，人脑高级活动依赖于这种基础生理机制。

第二，情绪系统提供了一种思维方式，这可能有助于链接目前被划分成各类理论的生物学进程。这种划分体现在生物学与医学理论中持续存在的二分法，例如，导致疾病的精神与躯体原因，以及由来已久的先天与后

⊖ "生命力"一词是指推动草生长、熊冬眠、新生袋鼠爬到妈妈的育儿袋、座头鲸迁徙的力量。

天的争论，还体现在我们在解释病理过程上的无力。免疫学家、内分泌学家、病毒学家、遗传学家和其他专家，都可以在他们研究的系统中描述病理过程，但无法对其进行充分解释，无法交代是什么驱动了这个过程。情绪系统的概念有可能链接这种划分，并为观察到的现象提供一个解释。之所以有这种可能，是因为它假设：一个有机体的各种生理系统都是更大系统的一个部分，且作用于这个系统的工作原理调控着该系统的每一个组成部分，这些工作原理又与存在于所有自然系统中的原理息息相关。

比如，将身体视为一个情绪系统可能会加深我们对诸如癌症等临床疾病的理解。如果身体能够被准确地概念化为情绪系统，那么癌症或许反映了该系统在平衡过程中的紊乱，这种对癌症的思考方式与以往大多数癌症研究所基于的思考方式截然不同。一般来说，寻找癌症病因的研究往往集中于癌细胞内部发生的情况，研究的问题通常是"这个细胞出现了什么问题，导致了它的表现异常"，如果基于"癌症是由于细胞内的缺陷或紊乱而引起的"这个假设，我们可能最终会得到一个恰当的解释。但是，如果将身体概念化为生物集群，例如一个细胞群，我们可能会得到一个更恰当的解释。癌症也许反映了这个集群整体的紊乱，细胞内观察到的紊乱反映的是包含癌变器官在内的更大系统中的紊乱。

诚然，这种看待癌症的方式具有很强的思辨性。家庭研究起码已经确定了一些控制家庭情绪系统的重要原则，但对于控制生物个体的原则还知之甚少。此时，将情绪系统概念应用于个体的建议，只是为进一步研究指出了一个可能的方向，这个方向由如下假设引导：既然有一些系统原则适用于作为一个单元的家庭，那么也应有一些系统原则适用于作为一个单元的个体。

第三，情绪系统的概念可以很容易地扩展到个体之外，从而包括关系系统。这点之所以重要，是因为尽管情绪的解剖基质和生理基础都不超出生物个体的身体边界，但有机体大部分的情绪功能受到其他生物和所处环境的调节。事实上，如果离开个体与群体的关系这一背景，个体功能就会变得不可理解。

第 1 章已经讨论了家庭作为一个单元的部分，展现了情绪系统在不同个体间运作的例子。自然界仍有许多这样的例子，在讨论它们和它们的理论影响之前，让我们看看情绪系统与另外两个重要系统（情感系统和理智系统）之间的相互关系。

情绪系统、情感系统与理智系统

家庭系统理论将除情绪系统之外的两个系统，即情感系统（feeling system）和理智系统（intellectual system），进行了概念化，认为它们对人类的功能和行为有重要影响。在系统理论中，"情绪"（emotion）和"情感"（feeling）这两个术语的使用经常会引起混淆。如果不区分情绪和情感，就很难将"情绪化"（emotional）一词应用于所有生物。下面的表述就体现了将情绪等同于情感的用法，比如"鸟、鱼和昆虫没有情绪（emotions）"。这种表述通常想表达的是低等动物没有情感（feelings），对于大多数物种来说，这或许是正确的，但是系统理论要区分情绪与情感，从而使"情绪化"一词可用于所有生物。

举一个低等动物的情绪决定其行为的例子：一群被高度刺激的行军蚁对入侵者会做出强烈的反应。这些蚂蚁既不思考自身行为的意义，也没有强烈的民族主义情感，它们只是行动。再如雄狒狒对陌生人露出牙齿。植物、藤壶或飞蛾自动地朝光源移动是另一种情绪反应。

更复杂的情绪反应在一只小海豚身上表现得很明显：如果它的驯兽师给它施加的压力太大，它就会表现出退缩和拒绝进食。当诸如此类的现象出现在青少年女性身上时，她们退缩和拒绝进食的原因通常被解释为心理冲突，但在海豚的例子中，人们很容易认识到，除了心理因素以外，生物或情绪因素也构成了海豚反应的基础。或许，识别海豚的生物因素要比识别人的生物因素容易得多，因为我们不能去询问海豚为什么不吃东西。可是当我们询问人类为什么要做他们所做之事时，我们会期待一个心理层面的解释。当我们关注心理层面的种种解释时，很容易忘记，人类做很多事情的动机在比想法和情感更深的（从进化意义上说是更为古老的）层面，就如同行军蚁和藤壶一样。

在动物向智人进化的过程中，情感系统和理智系统是较晚出现的。当它们在人类逐步进化的过程中出现并发展得更好时，它们并没有完全取代情绪系统的功能。情绪系统仍是人类行为的主要影响因素，而这些新出现的系统则是次要影响因素。

人类活动受情感系统的影响颇深，这点毋庸置疑。实际上，与理智相比，情感对社会进程的影响可能更大。人们可以借由感受来觉察情感，但情绪并不伴随感受。情绪的影响必须通过观察人们和其他生物在特定情况下做什么和不做什么来推断。而情感似乎是对情绪系统较表层的方面在理智或认知层面的觉察，人们会感到内疚、羞耻、反对、愤怒、焦虑、嫉妒、狂喜、同情、拒绝等。许多其他动物常常表现得好像它们体验着类似的各种情感，但几乎没有证据证实这一假设，它们只是情绪上的反应。假设人类也会有情绪反应，但总伴随着在情绪之上的情感层面。我们所意识到的是情感的组成部分，但人们还有更多情感以外的反应。

理智系统是指人类神经系统的部分，这是在进化晚期形成的，通常被称作"理智脑"。这个系统包括了人类认识和理解的能力，正因如此，人类与其他生命形态有所不同。人类独有的认识、理解和沟通复杂思想的能力，远远超过任何的其他动物。这样的思考能力使人们能够观察和抽象化自然世界的过程，几乎没有证据表明其他物种可能拥有这种能力。

然而，受情绪和情感过程影响的想法与不受之影响的想法之间有一个重要的区别。这个区别已经在前面客观性和主观性的部分讨论过了。很明显，人的理智在很大程度上是为情绪和情感过程服务的，例如，当一个人的想象力失控到了扭曲现实的地步，当一个人计划一场谋杀，或者当一群人试图用"正确"的政治或宗教观为他们控制别人的企图辩护时，理智就在为情绪和情感服务。根据对世界和人类的主观评估，这些观点和行动就合乎情理了。

大自然是中立的，没有好坏对错之分，它只是由一系列相互关联的事件组成的过程。然而，情感系统和人类的主观性参与到了自然之中，并将"应该是什么"强加于大自然。当人类的想法相对不受主观影响时，两极化的内容就会显现出来：比如被盛怒、自私、防御、教条主义、自以为是所激发的观点。虽然两极化的观点是人类功能模式的一贯特征，但是它们不是对自然和人类过程的准确描述。人类的理智有能力客观地观察自然，但它又很容易丧失客观性。尽管理论上客观能力总是存在的，但情绪和情感过程经常极为迅速地把它压倒，有时甚至是缓慢地把它压倒。

当人们对内部和外部的刺激产生情绪上的反应⊖时，会表现在情绪、情感和理智层面。理智层面的表现是指受到情绪和情感（主观性）强烈影响所产生的想法。虽然情感反应可能最为明显，并且最可能被当作是"无意识的"，但是受情绪支配的思维反应和行为反应同样也是无意识的。例如，像"膝跳反应"一样的价值观、信仰和态度，这些也是无意识的、由情绪决定的"思维"反应。如果有人通过贬低别人的想法或人身攻击来回应他人，这就是一个源自回应者主观性的意见或态度，这个回应也许听起来"理智"，但它主要是由情绪和情感控制的。

情绪、情感和理智系统可以同时出现情绪反应，例如，一个人对"反对意见"的反应是退缩（这是一个在所有生命形态中都能观察到的情绪反

⊖ "情绪上的反应"指包含情绪的生理成分和行为表现。

应）、感到悲伤（一种只有高级生命形态才能体验到的情感）和伴有无力感
的先入为主（一个对自我的主观态度，这无疑是人类特有的）。又如，另一
个人对"反对"的反应为攻击性的面部表情（情绪上）、愤怒（情感上）和
对"正确的"观点的自以为是的判断（主观上）。

由此看来，情绪系统、情感系统和理智系统是相互影响的，情绪反应
能够引发情感反应，而情感反应能够引发受这些情感影响的想法。反向的
过程同样会发生：主观的想法能够引发情感反应，这些情感能够引发情绪
反应。把这些系统中的任何一个分支看作是"优于"其他部分都是不对的。
它们都是进化的产物，并在进化过程中被保留下来，每个系统都具有十分
重要的功能。

当鲍文基于大量的临床观察而发展出这三个系统的概念时，研究大脑
的保罗·麦克莱恩（Paul MacLean）基于神经解剖学和神经生理学的研究，
提出了一个极其相似的模型。麦克莱恩的核心概念是"三位一体的大脑"
（the triune brain）。对大脑在思维、情感和情绪中的角色的探讨中发现，不
应该认为大脑就是情绪系统的所在地。在人类和非人类物种中，情绪系统
包括了贯穿整个有机体的各个过程，而不仅仅涵盖了中枢神经系统中的过
程。大脑活动可以反映整个机体的活动过程，甚至是细胞层面的活动过程，
而整个机体活动也可以反映大脑的活动过程。情绪系统的概念往往涵盖了
有机体内部的所有过程。

三位一体的大脑

通过对爬行动物、低等哺乳动物和高等哺乳动物的大脑的广泛对比，
麦克莱恩得出结论：尽管人类的大脑已经扩展到了相当大的尺寸，但是它
仍然保留了爬行动物、早期哺乳动物和近期哺乳动物等祖先们的基本特征，

人们可以通过这些基本特征来区分大脑的三种形态。事实上，这些差异的本质是大脑结构和化学成分上的不同，它们共同构成了一个三位一体的层级结构，麦克莱恩称之为"三位一体的大脑"。

麦克莱恩所描述的这三种形态的大脑是：爬行动物脑（R－复合体），古哺乳动物脑（边缘系统）和新哺乳动物脑（大脑皮层）。这些形态并不完全等同于家庭理论所描述的情绪、情感和理智系统。虽然这些系统与功能和相互关系有关，但可能永远无法在功能、相互关系与解剖结构中建立一种一一对应的关系，强行建立这种对应关系的尝试常常会导致还原论。虽然如此，麦克莱恩的神经系统构成及概念与家庭系统理论的概念之间有明显的相似之处。

从进化角度看，R－复合体是三个大脑中最古老的一个。从解剖上看，它位于前额底端一个巨大的拳头形的神经节中。要了解爬行动物脑对我们行为的影响，就必须了解爬行动物的行为的复杂性。蜥蜴和其他爬行动物展示出包括人类在内的哺乳动物中常见的复杂行为。这些行为包括模仿行为（该行为对人类的影响力可能远比我们意识到的大得多）、例行惯例的倾向（这在人类行为中显然十分重要）、置换行为（当一个动物处于压力之下，对既定情况表现出的不恰当行为）、欺诈行为（麦克莱恩提醒我们，阿瑟·布雷默（Arthur Bremer）曾一连几天跟踪他的受害者乔治·华莱士[一]）以及趋向性行为（对部分或全部的生命或无生命物体做出的积极或消极的反应）。趋向性行为可能与模仿行为有一定的重叠，例如，对时装和时尚的反应。通过一系列复杂的实验，麦克莱恩证明了这些行为在哺乳动物中的神经基础是 R－复合体，这一发现在爬行动物和哺乳动物间建立了结构与行为两个层面的联结。

○ 乔治·华莱士（George Wallace，1919—1998），美国政治家、律师，曾三次出任亚拉巴马州长，并四次参选美国总统。于1972年5月15日在竞选民主党总统候选人提名时，被阿瑟·布雷默刺杀后受伤，腰部以下永久瘫痪。——译者注

麦克莱恩相信，确立 R – 复合体对哺乳动物行为的影响，挑战了有关人类行为起源的主流观点，这一观点很大程度上可以归因于约翰·洛克（John Locke）的"白板说"（Locke，1894），麦克莱恩写道：

> ……人们普遍认为，大脑是一块白板，所有经验都可以在上面书写、记忆和交流。巴甫洛夫有关条件反射的研究强化了这一信念，因为他主要强调"新"皮层。因此，有一种流行观点认为，除了基本的生物功能，人类的行为依赖于知识和习俗的代代相传，几乎所有的重点都在学习和语言交流上面……那么，如果所有人类行为都是习得的，除了所有知识和文化决定的行为以外，为什么我们仍要继续做动物们日常会做的所有行为呢？[一]

虽然，爬行动物们能够完美复刻其祖先已经学会的东西，但麦克莱恩认为，那是因为爬行动物只有一个基本的皮层，它们在学习应对新情况方面的能力很差。但是，随着早期哺乳动物的进化，一个更加精细的皮层形成了。这种原始皮层为哺乳动物提供了观察环境和学习生存的方法，在所有现存的哺乳动物中，这个原始皮层都处在边缘叶。1952 年，麦克莱恩提出"边缘系统"一词，用来描述边缘叶及与其有主要联系的脑干结构，他将边缘系统的一些独到之处描述如下。

由于边缘系统与下丘脑的紧密联系，它对内脏和内分泌功能的影响比新皮层要直接得多。过去四十年的临床和实验结果表明，边缘系统从情绪情感上获取信息，引导自我保护和物种保护所需的行为。[一]

[一]　Paul D. MacLean, A mind of three minds: Educating the triune brain. In Education and the Brain 1978, The National Society for the Study of Education, University of Chicago Press, Chicago, p.319.

[一]　Paul D. MacLean, A mind of three minds: Educating the triune brain. In Education and the Brain 1978, The National Society for the Study of Education, University of Chicago Press, Chicago, p.326.

边缘系统有三个分支，第一部分是杏仁核，执行进食、战斗和自我保护功能；第二部分是隔区，具有生殖所需的原始功能，对这个区域进行实验刺激会引发性唤起和亲昵行为；第三部分以乳头体为中心，与哺乳和母性行为有关，在爬行动物的大脑中并没有这些对应的分支（爬行动物很少表现出父母关怀）。

边缘系统还具有重要的全局功能，其中之一与情绪体验和情绪表达有关。从"恐惧"到"狂喜"再到"确信的感觉"都是从人类前脑的这部分脑区产生的。精神运动性癫痫患者的报告证实了，边缘系统对这些情绪产生作用——精神运动性癫痫源于边缘系统硬化。麦克莱恩认为：

> 一场风暴可能会引发一些与探索相关的顿悟，就像那些对实际、真实和重要的事物深信不疑的自由浮动的情感。当我们思考如何评价事物的重要性时，最核心的是认识到原始边缘系统能够让我们产生一种强烈的确信的感觉，它将我们与信念联系在一起，无论这些信念是对是错。[⊖]

随着更高级哺乳动物的进化，前额叶的容量剧增，最终形成了一个大容量的新皮层，这个新皮层和与其相连的脑干结构被称为"新哺乳动物大脑"。麦克莱恩写道：

> 新皮层的发展在人类大脑中达到顶峰，在那里孕育了大量神经细胞，专门负责创造符号语言，并且与阅读、写作和算数等功能相关。作为发明之母和抽象思维之父，大脑新皮层促进了思想的保存与传承。[⊖]

⊖ Paul D. MacLean, A mind of three minds: Educating the triune brain. In Education and the Brain 1978, The National Society for the Study of Education, University of Chicago Press, Chicago, p.331.

⊖ Paul D. MacLean, A mind of three minds: Educating the triune brain. In Education and the Brain 1978, The National Society for the Study of Education, University of Chicago Press, Chicago, p.332.

新皮层是为解决外部世界出现的情况而设计的，它主要接收来自眼睛、耳朵和体表的信号。

尽管新皮层很重要，但它在动物的社会功能的许多方面都不重要。一些有趣的实验证明了这一点。拉克尔（Laqueur）和同事们在大鼠上做了一个实验，由于大鼠在临近出生时接受过一些特殊处理，它们没有形成新皮层（Haddad，Rabe，& Laqueur，1969）。研究发现，尽管没有新皮层，这些动物仍能够交配、哺育和抚养幼崽，在各种心理测试中，研究者几乎无法把这些动物与正常鼠区分出来。麦克莱恩后来用同样没有新皮层的仓鼠证实了这些发现，这些动物都自然表现出典型的仓鼠行为。

麦克莱恩在猴子身上进行了一系列其他的实验，这些猴子的新皮层是完整的，但 R - 复合体与边缘系统之间的主要联结被破坏了。在这种情况下，尽管它们看起来是猴子，还能够四处走动和觅食，但它们不再像猴子一样表现了，几乎所有典型的类人猿行为都消失了。

麦克莱恩的研究清楚地表明，高等哺乳动物的许多最为重要的行为，都受到它与低等动物和爬行动物相同脑区的显著影响。然而，新皮层的进化发展为哺乳动物提供了独特的选择权，这在后续麦克莱恩的评论中显而易见。

> 虽然两种较古老的进化形态为大多数自然发生的行为提供了基础，但这并不意味着可以低估新皮层的重要性。举个例子，从神经学角度来说，没有什么比新皮层对语言和言语的必要性更为确定的了。也正是因为它，我们才能够以各种各样的方式表达自己。⊖

⊖　Paul D. MacLean, A mind of three minds: Educating the triune brain. In Education and the Brain 1978, The National Society for the Study of Education, University of Chicago Press, Chicago, p.334.

新皮层最新进化的部分是前额叶皮层。在尼安德特人向克鲁马努人进化的过程中，人类的前额从低到高发展。前额叶位于前额的最高点，尽管这部分新皮层在智力活动中基本不起任何作用，但它是唯一朝里看向内部世界的新皮层。前额叶皮层也在为我们和他人的计划提供预见性方面扮演重要角色，或许正是前额叶皮层让人类变得独一无二。我们是唯一能够观察内在情绪、情感和主观状态的动物吗？我们是唯一能够在一定程度上了解这些状态是否影响行为的动物吗？此外，是前额叶皮层让我们能够区分客观性与主观性吗？

R–复合体、边缘系统和大脑皮层间存在着复杂的相互关系。科学作家安妮·罗森菲尔德（Anne Rosenfeld）在下面这个假设的例子中完美地描述了这种相互关系。

让我们举个简单的例子（给自己一点猜测的空间），因为事实上我们都不确定这三个大脑中的任何一个在正在进行的人类复杂行为中所扮演的角色。三位一体的大脑的每个组成部分似乎对相同的感官刺激有着不同的反应。例如，我们偶然间撞见了旧"情人"。我们的大脑新皮层可能会精心设计出客套话，叫出对方的名字，询问对方的近况如何，保持聊天，同时获取面前之人的无数信息，或许还试图告诉我们的边缘系统保持平静。然而，边缘系统被来自四面八方的信息所淹没，被记忆、旧时的欲望和恐惧所缠绕，它并不平静。边缘系统的信息，通过其他低级脑传送到身体。即使我们尝试给大脑皮层降温，它仍可能使心跳加速、双手冰冷、反胃、面颊潮红、性反应激活。或者，我们被愤怒的感受和想要逃避这种令人不安的欲望撕扯，但仍能继续愉快地聊天。同时，我们的爬行动物脑也在活跃，让我们的身体完成一系列习惯性的姿势和"肢体语言"。这些肢体语言可能是我们内心

矛盾的信号——也许我们持续握手的时间过长或我们觉得有必要挠一下发痒的耳朵。⊖

从这个例子中可以看出，在某些时刻，我们在主观上体验了那些看似相互矛盾的情感、姿势和理智活动。但在有些时刻，这三个部分之间似乎更为和谐。

在研究了情绪系统的一些可能的解剖学和生理学基础之后，探索情绪在自然系统内的表现方式是很有意义的。

大自然中的情绪系统

正如我们在谈到人类家庭时所讨论的那样，当一个人审视关系过程时，他会从一个相对自主的个体式思维转向一个作为情绪单元的集体式思维。在生物学长久的历史之中，一组生物个体可被看作是在"超个体"标签下的独立实体。虽然在生物学文献中这一说法很常见，但"超个体"概念的科学基础被很多生物学家诟病。人们无疑已经意识到生物经常生活在紧密联系的群体之中，但在发展属于整个群体的理论原则方面，却存在相当大的困难。由于缺少有关群体组织方式的概念，"超个体"的概念没有根据。

当单个有机体在身体上彼此相连时，它们就像群居的无脊椎动物和某些昆虫群落，不难看出，有机体的各个部分是由群体来调控的。即使有机体之间的连接较为松散（像大多数群居昆虫那样），"超个体"的概念似乎仍然值得探索。当然，单个蚂蚁似乎并不是很自主，尤其是在它们被化学物质连接在一起的时候。此外，由于蚂蚁在其功能和身体结构上如此专门

⊖ Anne Rosenfeld, *The Archaeology of Affect*, DHEW Publication No.（ADM）76-395, Printed 1976, pp.5-6.

化，人们自然而然地会更多考虑个体功能与整体的关系，而不是每个个体的自主"动机"。然而，当有机体之间的关系更加松散时，比如哺乳动物，人们往往认为个体是相对自主的，是作为个体而不是作为团体成员做出的反应。"超个体"的概念在应用到哺乳动物这样的独立动物身上时，似乎有些牵强。

对人类家庭研究的一个重要启示是，人际关系对个体功能（包括内在心理、生理和行为功能）的调控，比先前所认为的要多得多。人们发现，个体的情绪功能并不具备那么多先前理论所赋予的自主性。或许，这种发现所带来的最重要的发展，就是形成了一套有关高影响力关系过程的清晰理论。这是第一次在生命科学领域发展关系理论，为了理解该理论的重要性，检验关系过程对非人类动物的影响很有价值。

非人类动物中的情绪系统

关于将系统思维、过程思维或关系思维应用于动物行为的价值，行军蚁是最好的范例之一。20 世纪三四十年代，T. C. 施奈尔拉（T. C. Schneirla，1971）对行军蚁进行了大量开创性的研究。像许多群居昆虫一样，行军蚁分化为蚁后、工蚁和兵蚁。由于这种群居动物的循环迁徙，科学家一直对它们很感兴趣。大量蚁群会周期性地长距离"行军"到新的宿营地。人们对支配这些大规模迁徙的因素的理解过程，与人们对太阳系和人类行为的理解过程极其相似。在每个例子中，人们的理解都有一个逐渐的转变，即从关注个体到关注各个个体间的运作过程。

曾几何时，人们对行军蚁间的相互关系知之甚少。因此，一些科学家往往将个体动机和个性特征归因于每只蚂蚁。例如，保罗·格里斯沃尔德·豪斯（Paul Grisswold Howes，1919）就谈到了蚂蚁个体的服从性和责任感。兵蚁们维持秩序，把蚁后藏起来，不让普通部落发现。不知何故，它们计划并组织了迁徙。

相反，施奈尔拉的结论是：群体行为的组织并非源于个体的动机，而是源于一系列相互关联的行为序列的等级结构（Schneirla，1957）。蚁后的排卵期并不是一个内源性时间机制的产物，而是受到了幼蚁成熟的影响。当幼蚁即将蛹化并减少进食需求时，蚁后便会享有更多的食物与对工蚁活动的支配权。蚁后的疯狂进食刺激了下一轮排卵。与蚁后和工蚁活动变化一致的是，蚁群停止了迁徙。从本质上来说，蚁群的循环模式建立在重新自我唤醒的反馈系统之上，是蚁后和种群功能间交互关系的产物。施奈尔拉发现，如果将蚁族看作一个情绪单元而不是个体的集合，那么就能够更好地理解蚁群。这样的情绪单元是由可预测的关系过程构成的。

1967 年，丹尼尔·莱尔曼（Daniel Lehrman）做了大量有关关系过程对雌雄环鸽繁殖行为的影响的研究。他的研究有两个重要发现，与行为的系统观相一致。首先，单只环鸽的心理和生理之间存在微妙的相互作用。其次，个体内部发生的事情与个体间发生的事情也存在相互作用。

在罗格斯大学动物行为研究所，莱尔曼一步步仔细研究了环鸽从求偶、交配、筑巢、产卵、孵化到喂食，以及保护幼儿一系列阶段中生理和行为上的变换。当一只雄鸽和一只雌鸽被放在一个装有空玻璃碗和一些筑巢材料的笼子里时，这对环鸽总是进入它们的正常行为周期，遵循一个可预测的过程和相当规律的时间表。整个周期大约持续六到七周，从雄鸽对雌鸽昂首阔步、鞠躬、咕咕哝哝开始，一直延续到幼鸟在笼子里的地板上啄食谷物。

鸟类在整个周期中的行为变化都遵循着一个精确的顺序。例如，鸟儿不会仅仅因为笼中有现成的材料就去筑巢。筑巢行为仅仅发生在周期中的特定阶段。同样，它们对鸟蛋和幼鸟的反应也仅发生在对应阶段。行为的这种循环变化，不仅反映了外界情况的变化，也反映了动物内部的变化。这些行为变化和鸟类的解剖和生理状态显著相关，包括卵巢情况、睾丸重量、肠道长度、肝脏重量、脑垂体微观结构和其他与行为循环有关的生理指标。

虽然这些解剖的、生理的和行为的变化在每只鸟的循环中平行出现。但如果将雄鸽或雌鸽单独放置在有筑巢材料的笼子中，这些变化的循环就不会出现了。因此，心身变化的循环只发生在一起生活的一对鸽子身上，而非单独生活的鸽子身上。每只鸽子身上发生的变化都由与配偶交往产生的刺激引起。例如，与配偶的交往逐渐使雌鸽进入准备孵蛋的状态，且筑巢材料的存在大大增强了这种效果。由雄鸽提供的刺激，加上巢碗和筑巢材料的存在，诱导雌鸽分泌促性腺激素，最终准备孵化。总之，激素调节行为，又反过来受到行为和其他刺激的影响；同时，环鸽的行为影响了其激素以及其伴侣的行为。这是一个精心安排的系统。莱尔曼的结束语如下。

在一定程度上，环鸽的繁殖周期似乎依赖于（至少是部分依赖于）一套互惠关系的调控。首先，激素对行为的影响和外部刺激对激素分泌的影响（包括了那些动物及其配偶行为所引发的刺激）之间的交互作用。其次，伴侣的表现和行为与对方内分泌系统的相互影响，与后者的表现与行为（包括那些由内分泌引发的行为）对前者内分泌系统的影响之间，有复杂的交互作用。无论是在孤鸟身上未出现的周期现象，还是在一对鸟身上同步出现的周期现象，在将它们作为内外环境交互作用的产物时，就很容易理解了。⊖

1963 年，约翰·B. 卡尔宏（John B. Calhoun）在对挪威大鼠群体社会

⊖ Daniel S. Lehrman, "The Reproductive Behavior of Ring Doves," in Psychobiology, W. H. Freeman and Co., San Francisco, 1967, p.88.

分层过程的研究中，定义了另一些重要的关系参数。他发现，在将这些大鼠置于群体之中时，即使它们的基因几乎相同，也会由于其活动水平及与其他大鼠互动的程度而产生分化。这种分化现象是所有种群中恒定的特征。卡尔宏甚至使用了近亲繁殖的大鼠，该种群仍会形成主动的统治阶层和被动的服从阶层。如果一组大鼠都处于各自原来鼠群的统治阶层，那么这个新鼠群会让其中一部分转为被动服从阶层。出于同样的原因，如果一组大鼠都处于各自原来鼠群的服从阶层，那么后续在新鼠群中也会出现统治阶层。

换句话说，对统治和服从、主动和被动功能的培养，可能是现有关系过程的产物而不是大鼠特定个性特征的产物。似乎没有必要为这种关系过程来培养这种特征，这些关系过程也不可能脱离大鼠存在。无论是哪种培养方式，这种关系过程都不断发生，这似乎表明它要么根植于比基因更本质的东西，要么根植于基因组中永不改变的部分。

卡尔宏提出，社会分层过程可能具备一种功能。由于越活跃、越有支配性的大鼠越有可能交配和繁殖，这一过程也许提供了一种便于进行自然选择的结构。然而，伯纳德·格林伯格（Bernard Greenberg）于 1946 年关于蓝太阳鱼的研究得出，社会分层过程可能具备的另一种功能。蓝太阳鱼们把它们自己组织成一个社会等级。格林伯格发现，当外来的、从属的蓝太阳鱼从水族馆中被移走时，留下的那些原住民变得对彼此更有攻击性。当有新鱼加入时，它就会成为新的攻击目标，其中的这些个体就好像充当了一个"攻击水池"。

另一个有趣的系统是热带裂唇鱼，它展示了解剖学、生理学、行为和关系过程间的相互作用。它们的社会由一个雄性及其眷群组成，共同占据一片领地。1972 年，罗伯森（Robertson）的研究表明，雄性会通过侵略性地控制，去抑制雌性改变性别的倾向。它一旦死去，群体中占统治地位的雌性就会立马变性并成为新的眷群之主。

E. O. 威尔逊（1985）对社会性昆虫的关系过程进行了大量研究。这些研究似乎引领他触及非人类动物系统论的边缘，他开始定义一些调节昆虫群体功能的关系过程。当施奈尔拉还在通过一个生物行为导致另一生物行为来研究特定行为的序列时，威尔逊已经在尝试定义一些能够调控这些行为序列的原则了。昆虫群体在控制成员数量、等级比例和巢室环境方面均有值得注意的稳态系统。威尔逊已经洞察了关于族群作为整体的调控机制，这种机制可以调控每一个成员的功能。他将昆虫族群称为"超个体"，并指出必须把整个族群当作一个独立实体去理解。

种群水平上的关系机制对个体的调控，也体现在蚂蚁幼虫分化到特定社会等级的例子当中。个体的社会等级很大程度上是由环境因素决定的。每只蚂蚁在出生时都带着几乎相同的基因，但是决定它长成工蚁、兵蚁或蚁后的特定基因的表达是由环境因素决定的。换句话说，幼蚁长成何种类型并不是在它生命初期就编好的程序。当幼蚁出现时，它们是蚁群当前所需的"原始材料"。这个蚁群具有必须履行的职能，并且有能力在特定时间将"年轻人"引向对整个群体最有益的"职位"。当蚁群的需求发生变化时（这种变化可能是由环境造成的），蚁群具有的调节机制能够识别新环境，并改变成长中的幼蚁所接收到的刺激。

幼蚁分化到特定职位的方式与多细胞动物中细胞分化的方式相似。昆虫个体和细胞都有潜力进行更多种类的活动，并且其动作的速度比平常的更快。一般情况下，细胞和蚂蚁体内的大部分潜能处于休眠状态，这些潜能受限于蚂蚁和细胞所要完成的专门化的任务。一旦紧急情况发生，一个更大的程序就被迅速调动。因此，特定等级的蚂蚁会开始做更多不同的任务，并以比紧急情况出现前更快的速度工作。并不是每只蚂蚁都会"意识到"这个问题并且"决定"伸出援手。相反，群体"系统"具有诊断紧急情况并激活特定成员产生补偿性改变的机制，该机制部分基于反馈回路，并对每只蚂蚁进行调控。

理论议题

在上述示例中，关系过程对动物内在生理功能和行为调节的重要性显而易见。事实上，与人类自身相比，人们对许多动物的关系系统的描述都要更加精确、详细。然而，尽管这些动物研究者提供了详细的描述，有关动物的系统理论却没有像有关人类行为的系统理论一样发展起来。社会生物学家解释动物行为的理论，与解释人类行为的家庭系统理论之间存在差异，为了更好地理解这种差异，有必要先总结一下社会生物学的相关理论原则。这种比较可能使人们更多地认识到，家庭理论对所有生命科学的潜在意义。

社会生物学理论的核心假设是自然选择，这是查尔斯·达尔文提出的基本机制，是行为进化的主要指导力量。自然选择是指，所有生物的生理结构和行为都是在成百上千代人中逐渐形成的，这是因为适应性较差的结构和行为都被"选择性淘汰"了，取而代之的是适应性较强的结构。"选择性淘汰"是指，与适应性较好的生物相比，那些表现出较差身体特征和行为的生物更不可能交配和繁殖。如果适应性差的生物难以繁殖，它们特定的身体特征和行为就可能从种群中消失。大自然以这样的方式进行选择。由于亲代生物无法繁殖出完全相同的后代，因此，一些子代会偶然地表现出某些特征，使它们比其他同类更具适应性。这种差异性的繁殖持续给自然提供"新的"生物去选择。

1859 年，达尔文的第一版《物种起源》（*On the Origin of Species*）出版。7 年后，格雷戈尔·孟德尔（Gregor Mendel）在遗传原理方面的研究得以发表。40多年后，孟德尔工作的重要性才获得了科学界的赞誉。在20世纪20年代，所谓的新达尔文主义诞生了，它源于对孟德尔工作的迟来的认可，是对达尔文自然选择理论和种族遗传学的综合。这种综合最终演化为现代综合论：每一个植物或动物所展示出来的特征都要根据其适应性来衡量，并且与种族遗传学的基本原则相关联。

目前的进化理论以基因的重要性为基础。基因是唯一已知的信息传递机制，它将信息从一代传向另一代，并且能够解释差异繁殖。[⊖]生物的每个组件都必须促进个体生存、照顾后代。对于诸如利他之类的复杂社会行为的评估，根据的是它在下一代中插入更高比例基因的能力。如果这个组件确实插入了更多基因，它就会成为这个物种的特征。生物表现出好像它们"知道"自己在这方面做什么，但显然它们不知道。威尔逊将这一过程概括如下。

> 高度社会化的物种（例如人类），其下丘脑－边缘系统的复杂度，"知道"或更准确地说是被设定为"仿佛知道"，只有在对个体的生存、繁殖和利他会产生精密的反应时，某些基因才会最大限度地扩增。因此，当有机体遇到压力情境时，复杂的大脑构造让意识产生矛盾——爱与恨、攻击与回避、前进与撤退等，这种混合不是为了促进个人的幸福与生存，而是为了最大化地传播那些起支配作用的基因。[⊜]

生物学家还区分了两种因果关系——近因和终因。近因是指引发生物反应的环境因素或内部生理状态。莱尔曼对环鸽的各种触发机制的描述"解释"了它们的繁殖行为，这是近因的例子。它在描述层面"解释"事物

⊖　差异繁殖：所有后代事实上都不完全相同，这源于有性繁殖和基因突变造成的基因混合。

⊜　E. O. Wilson, *Sociobiology: The New Synthesis*, Cambridge, The Belknap Press of Harvard University Press, 1975, p.4.

如何运作，但是它不涉及如此运作的原因。终因尝试对后者进行解释，它是指环境条件使得某些性状具有适应性，而另外的性状则不具有。因此，适应性性状得以在物种中保存，并在根本上"发挥作用"。换言之，如果上述环鸽的特定交配过程，比其他交配过程更可能使后代存活并得到很好的照料，那么，它会变得更具适应性，从而最终被选择。

最初，达尔文将自然选择视为一个个体的运作过程，并预计个体总是做一些有利于自身生存的事情。如果某个物种的个体不这样做，至少在大多数时间都不这样做，这个物种就会灭绝。有人可能认为，如果个体倾向于帮助同类，也会促进该物种存活。但其中有一个悖论，如果个体在交配和繁殖活动中舍己为人，这种无私倾向何以传递给下一代呢？

在对社会性昆虫中不育等级进化的观察中，达尔文面临一个难题。这个等级的昆虫为了整个种群无私地工作，而且没有后代。如果自然选择在个体层面运作，一个不能生育的个体何以持续存在于该物种之中呢？E. O. 威尔逊将这种现象称为社会生物学的核心理论问题：利他主义是如何通过自然选择演化的？

达尔文提出，自然选择可能发生在家庭或群体层面，并尝试以此解释利他主义。如果一个家庭或群体能够产生不育但利他的亲属，作为一个群体，它将比其他群体更具适应性。然而，经过数百年的等待，科学界才等到威廉·D. 汉密尔顿（William D. Hamilton）于 1964 年提出的包含无私和自私两种行为进化的现代遗传学理论。他提出内含适应性（inclusive fitness）的概念，并用详细的数学来证明它。汉密尔顿假设，利他、自私甚至恶意的行为均有遗传基础，如果社会网络中的个体表现出这些行为的平均内含适应性高于没有表现出这些行为个体，这些行为就会得以进化。

内含适应性的概念与群体层面的自然选择相关，也就是所谓的亲缘选择（kin selection）。虽然一个无私的行为可能会危及自己的交配和繁殖能力，但如果这种行为能够促进近亲生育后代，就传递基因给下一代而言，它的效果几乎一样。因此，通过这种方式来拓展个体自然选择的概念，便能够将社会行为（比如利他等）的进化，整合到以基因为基础的理论之中。例如，昆虫中的不育等级为生育等级提供服务，两者具有极高比例的相同基因。这些基因（比如利他基因）便能够通过近亲间接地传递给下一代。根据当前的理论，如果该基因存活，那么对应的性状就继续存在。

前文已描述了 E. O. 威尔逊的工作，他定义了社会性昆虫群体层面的调节机制，这些机制引出了有关自然选择理论的更重要的问题——如何在解释利他行为的进化的同时，解释这些调控机制的存在？尽管这些机制适合于将群体视为整体的情况，但也必须由携带基因的个体来表现。为了解释这一点，威尔逊在群体层面调用了自然选择机制。由于群体作为整体而互相竞争，那么具备最佳内在调控系统的种群，即确保社会安排使自身对环境的适应性达到最大化的种群，更可能存活和繁殖。但这也许对种群中个体的命运太过忽视。个体存活和繁殖的机会与种群整体的成功和特有的繁殖能力均有关联。因此，让个体适应群体并为群体出力的基因，至少应该和增强个体适应性的基因同等重要。

总之，用于解释关系过程的进化生物学理论的基础在于：理解关系过程的存在如何使个体参与者携带的基因，比不参与这一过程的同类个体的基因，更有可能在下一代中得到延续。如果关系过程使得个体比其他同类更适应环境，那么这些被认为能够控制关系过程的基因，将在自然选择的基础上被保存下来。另外，如果关系过程降低了个体适应性，控制该过程的基因将会消失，因此，这种关系过程也会消失。

系统与社会生物学

进化生物学家为解释社会行为而发展出的这些概念，并没有形成一个被证实的理论，也没有被普遍接受。尽管这些概念有局限性，但仍在此呈现这些观点的原因是，社会生物学的一些基本假设为家庭系统理论的基本假设提供了一个有用的对比。讨论这些差异不是为了弱化两种理论中共同假设的重要性，而是要在进化论背景下，以一种客观的视角观察人类与非人类动物的所有行为。

社会生物学与家庭理论间的一个重要差别，是社会生物学对特定行为与特定基因做出的联结。例如，自私、无私和恶意行为被解释为群体中存有支配这些行为的基因。[⊖]人类功能的某些方面有时也以类似的方式加以解释，例如，同性恋、随大流、个体主义、部落主义、易受教化。内含适应性、亲缘选择、群体选择和个体选择的概念均在解释"因果"基因传递给后代的方式。

相反，家庭理论认为，所有有机体的功能和行为都受到情绪系统的显著影响，情绪系统在生命过程中的锚定作用可能比基因更本质。假定该系统根植于细胞质本身，它或许会影响基因的功能。在细胞内、细胞间、器官系统间、同类个体间运作的关系过程可能有一些共同的特征。[⊖]

情绪系统的概念并没有否定达尔文自然选择的基本概念和遗传学原理。情绪系统的概念假设：达尔文的理论原则可能适用于更广泛的体系。在现代综合论中，虽然基因进化的基础理论对我们理解诸多方面的行为做出了重大贡献，但可能不恰当地束缚了达尔文的观点。

⊖ 社会生物学将"利他"（无私）定义为舍己为人的行为，将"自私"定义为在遗传适合度方面的损人利己的行为，将"恶意"定义为降低罪犯和受害者双方遗传适应性的行为。在这些严格的生物学定义下，不育等级蚂蚁的行为是无私的，蚁后的行为是自私的。

⊖ 家庭系统理论对普遍特征有一些假设，其原因如下：①在每一个人类家庭中都能够找到情绪系统；②至少有一些基因的表达受到情绪过程强度的影响；③社会生理学家认为，依赖于特定基因的一些行为在家庭理论中有不同的解释；④在许多其他物种中能够很容易地观察到人类家庭情绪系统的特征。

　　家庭系统理论在更广泛的关系过程背景下强调个体行为的功能。对整体关系功能的认识是所有关系理论的基石。从功能的角度来思考，为理解个体动机增加了一个重要维度——在某种程度上，个体并非完全被内在的过程驱动，也被个体所处的关系系统驱动。因此，家庭理论试图将个体特定行为的功能置于情绪系统的背景之下来解释该行为。

　　社会生物学的概念同样强调"功能"，但根据近因或终因而分成了两种。在考虑近因时，生物学家试图定义两个方面：个体行为在关系过程中的功能；关系过程如何影响个体功能。以热带裂唇鱼为例，某一条鱼的性别是社会群体中功能地位的产物。然而，在考虑终因时，会根据个体行为的功能来理解其行为与群体之间的关系，该功能是指增加自身基因在下一代中延续的概率。个体存活下来，并具有其特定的外貌与行为方式。这个事实表明，个体的进化路线已经"被激励"去保存基因。可以说，个体的终极动力存在于其本身，因为它以一种最佳的运作方式对生命进行定位，确保它的基因世代相传。

　　基于对社会性昆虫的研究，威尔逊发展的概念极具价值，因为它们突出了社会生物学与家庭系统理论之间的差别。目前，由于这两种理论都无法被证明，而且每一种理论都试图在科学原理下去理解行为，因此，了解这两种解释社会过程的方式非常重要。

　　威尔逊发现，一个蚁群中存在的调控机制，决定了每个成员的特殊形态和功能。由于出现了群体水平的调控过程，威尔逊将蚁群概念化为"超个体"。这意味着必须把种群理解为超越个体的集合。在家庭系统的概念中，蚁群是一个情绪单元或情绪系统。当幼蚁在虫卵中发育时，它具有潜力（基因）发展为一个兵蚁、工蚁或蚁后。"每只幼蚁成为什么"是由一个群体水平的过程决定的。从这个意义上来说，一个幼蚁生而被置于种群中的一个功能位置，且它的发展正是由这个位置决定。功能位置是由特定虫卵和幼虫接收到的特定刺激决定的，这些刺激由群体层面的过程控制。成年后，蚂蚁会在互惠关系中发挥作用，整个系统都会对其平衡中的细微变化做出反应。这种关系过程是由蚂蚁对化学、触觉和视觉刺激的情绪反应性所调控的。

威尔逊的研究表明，尽管人与蚂蚁之间有巨大差异，但是调控这两个物种的关系过程存在共同特征。人类家庭可以被概念化为一个情绪单元或情绪系统。人类出生并且占据家庭中的某个功能位置，这些位置对他们的生理、心理和社会功能方面有诸多重要影响。这些功能位置经由许多代人的塑造，固定在情绪、情感和主观过程之中。成年后，人类在某种程度上具有人际关系的互惠性，对系统平衡的变化非常敏感。这个关系过程受到情绪反应的调控，但与蚂蚁不同的是，人类更多是对视觉和听觉信号做出反应，而不是对化学和触觉信号做出反应。

威尔逊的理论认为，蚁群的组织原则或"规则"存在于所有具备复杂社会架构的物种之中。他假定，社会发生的原则（一个蚁群的发展）与突变论的原则（胚胎的发展）相似。[⊖]这种思想意味着，正如蚂蚁社会是一群蚂蚁一样，一个胚胎也是一群细胞。一个发育的胚胎，始于少数未分化的细胞，每个细胞都有潜力（基因）发育成许多器官中的特定之一，如肾脏或肝脏。威尔逊认为，就像蚁群一样，这些正在发育的细胞会对指引它们向特异性方向发展的刺激做出反应。把胚胎视为一个整体而进行调控的机制，决定了每一个细胞所接收到的刺激的性质。如果胚胎发育异常，可能不是细胞本身的缺陷，而是调控机制失衡所致。

昆虫群落、胚胎和其他生物已经进化，它们的关系遵循威尔逊所说的共同基本原则。这个事实是自然选择的结果，自然选择偏爱社会性群体在最有效规则下的发展。这些规则有助于特定种族的社会性群体更好地整合，

⊖ 控制胚胎发育的原理，是生物学上最大的难题之一。因此，要证明威尔逊的假设，需要进行大量的研究。

并因此更适应环境。这些规则的形成，将会是个体逐渐遗传变化与个体水平和群体水平上自然选择相互作用的产物。对于一个蚁群来说，产生一个理想的（最具适应性的）蚁后、工蚁、兵蚁和雄蚁的比例非常重要，这就像一个胚胎长出两个肾脏和两个肺而不是三个肾脏和一个肺一样重要，自然选择总是偏爱那些具有高适应性内部组织的个体和群体。

家庭研究和社会生物学研究，均"发现了"指导个体功能的情绪系统。像威尔逊这样的科学家认为，情绪系统（威尔逊称之为"超个体"）是由自然选择创造的；家庭系统理论认为，情绪系统的基本方面自生命起源以来就已经存在了，其要素甚至可能早于生命的起源。威尔逊假设，情绪系统是所有生物的普遍特征，而不是作为自然选择的结果独立产生于每个种族发育谱系之中，芸芸众生皆是系统。这种系统组织总是明显存在于个体之内，当个体间存在某种持久的联系时，这种系统组织也同样明显存在于个体之间。[⊖]

在进化的过程中，情绪系统变得越来越复杂，但是没有丢掉任何一个基本特征。单细胞生物中的所有特征，可能都保存在早期的多细胞生物之中；早期的多细胞生物的所有特征，都在鱼类、两栖动物、爬行动物、鸟类和哺乳动物中继续存在。虽然猴子身上并不具备人类情绪系统的全部特征，但猴子情绪功能的大多数特征可能都存在于人类身上。早期单细胞生物的基本特征可能还存在于人类身上。这种情绪过程对人类行为的影响比通常所认识到的更多。

生物进化出具有利他主义性质的行为和功能，可能（至少在一定程度上）是情绪系统的产物。利他主义可能与生物在群体中的功能位置有关。相比将利他主义考虑为基因变化和亲缘选择的产物而言，这是理解其进化的另一种方式。无私行为，在蚂蚁、非洲野狗、人类和群居无脊椎动物身

⊖　情绪系统本身就是一种自然选择的力量，类似于群体选择。如果个体表现出的行为与群体情绪过程很好地结合在了一起，那么不论其中涉及何种基因，这种行为都会面临被选择的压力。

上，有着截然不同的特征。但是在所有这些物种中，无私行为的功能可能是相同的。

由此可见，进化生物学没能形成一个解释行为的系统理论，可能是因为它试图将特定的行为固定在特定基因上的缘故。这一理论取向，作为现代综合论的产物，有机会被证明是对社会行为的一个充分的解释。另外，家庭系统理论的发展，虽然是为了解释在人类家庭中可以观察到的内容，不是为了解释进化过程，但它可以为理解塑造进化的力量提供重要见解。如果可以意识到这个系统理论的潜力（这种意识取决于概念的有效性），那么我们对人类行为的理解和对低等动物行为的理解之间的鸿沟将越来越小。

自然界的制衡"力量"

虽然，个体功能和关系过程之间的相互关系，是自然系统的一个重要方面，但在生物学文献中，广受关注的另一个生物间的关系现象是，趋近与退缩、亲近与疏远、吸引与排斥。生物在一起或分开运动时的精确性和预测能力表明，这些运动可能受重力和电磁力等"力"的控制。虽然，目前还不清楚那些控制物理系统的力是否也同样控制着生命系统，但可以这么说，许多动物经常通过操控某些"仿佛"起平衡作用的"生命力"来调控他们的关系。E. O. 威尔逊引用了与此相关的一个德国寓言。

> 在一个极其寒冷的夜晚，一群豪猪挤在一起取暖。然而，它们的刺让靠近者感到不适，所以它们分开，但又感到寒冷。在反复地靠近、分开之后，它们最终找到了一个既能舒适地感受温暖，且不会被刺痛的距离。从此以后，它们将这个距离称为体面和彬彬有礼。[⊖]

[⊖] E. O. Wilson, *Sociobiology: The New Synthesis*, Cambridge, The Belknap Press of Harvard University Press, 1975, p.257.

阿尔伯特·E. 帕尔（Albert E. Parr, 1927）是一位早期研究者，他从平衡力的角度进行思考。他假定，鱼群的形成是程序化相互吸引与视觉化相互排斥之间平衡的结果。不同物种为形成种群所投入的程度不同，在形成群体的方式上也不同。帕尔认为，群体的形成是一种具有适应性的生物现象。

E. O. 威尔逊（1975）认为，动物之间可观察到的个体距离是它们之间达成的妥协。这个距离使得动物被其他的同类吸引，如果距离过短，它们就会相互排斥。即使在一些群居动物之间没有任何可观测到的距离，有的群居动物甚至直接叠落在一起，绝大多动物彼此之间都存在一定的距离，并且每一个物种的间隔距离都有其自己的特征。

自然界中有许多例子与某种"连接力"的存在或动物间的亲缘关系一致。大象、狮子、狒狒、鱼儿、角马、白蚁都与同类成群结队。当然，也有更多的动物实例显示，它们过着一种相当孤独的生活，但即便是这些"孤独者"，也对同类保持着一定程度的亲和力。例如，猩猩通常不喜社交，但它们似乎很清楚其他个体的存在，并且愿意跨越物理距离保持联系。某些动物对群体的依恋程度相当惊人。1871 年，弗朗西斯·高尔顿（Francis Galton）对与群体分离的牛进行描述，这头牛的行为就证明了这一点。

> 尽管公牛对它的伙伴们没什么感情，也没什么独特的兴趣，但它无法忍受哪怕是片刻与牛群分离的时光。如果因战略或外力而与牛群分离，它会表现出精神上的痛苦。它竭尽所能再次回归，当它成功时，它跳入牛群中间，沐浴在亲密陪伴带来的安慰之中。⊖

⊖ Francis Galton, "*Gregariousness in Cattle and Men*", Macmillan's Magazine, London, 23:353, 1871.

也有许多例子是有关动物间明显的排斥"力"的。许多动物都是这样的，当它们被研究者强行放在一起的时候，它们就会迅速散开，直到重新达到自己物种的合适的距离。有的扩散是如此精确，以至于可以类比晶体形成的精确程度。如果动物被迫异常亲近，它们会通过其他方式寻求疏离，比如躲藏或避免直视（Wilson，1975）。

物理距离和社会行为之间的关系（包括躲藏和避免直视在内），生物社会学称之为行为尺度（behavioral scaling）（Wilson，1975）。个体行为在形式和强度上具有一定范围，这个范围使个体能够适应人口密度的变化。威尔逊用下面这个有关攻击行为的假想案例说明了这种适应性的范围。

　　在低密度的种群中，所有的攻击性行为都会暂停。在中等密度的种群中，攻击性行为会表现为一种温和的形式，如间歇性的领土防御。在高密度的种群中，领土防御严密。而在统治阶级制度下，也允许一些共同占有的土地。最后，在极端高密度的情况下，该系统可能几近崩溃，攻击性模式会转化为同性恋、嗜食同类和其他"社会病理学"症状。⊖

某些生物之间不适当的物理距离会导致解剖结构和行为出现有趣的变化。例如，一些昆虫对群体的反应会在一到两代之间经历阶段性的变化（Wilson，1975）。其中最引人注目的变化是"蝗灾"，这是由许多种类的蝗虫组成的。当这些蝗虫有足够的空间时，它们往往过着孤独而平静的生活。如果把它们一起放进实验室，它们会迅速而精确地重获独属于其物种的距离特性。当这些昆虫由于各种原因保持近距离接触时，它们可能会发生深度的结构和行为变化，以应对这种拥挤。经过三代的时间，最终的结果是平静的蝗虫转化为更大、更黑、更活跃、更可怕的蝗虫——蝗灾的破坏性

⊖　E. O. Wilson, *Sociobiology: The New Synthesis*, Cambridge, The Belknap Press of Harvard University Press, 1975, p.20.

尽人皆知。

从豪猪，到公牛，再到蝗虫，这些例子都清楚地表明，在许多动物中，关系中的亲密与距离间的平衡，与每个个体内在的生理机能、解剖结构和行为之间存在相互关系。这些对非人类动物系统的观察与对人类家庭情绪系统特征的观察一致。

人类家庭情绪系统

之前，人类家庭被描述为一个情绪单元。它也可以被描述为一个"情绪场"。"场"字很贴切，因为它暗含了情绪刺激的复杂性。家庭成员在许多层面上贡献和响应了这些刺激。家庭成员受情感影响的功能产生一个家庭情绪"氛围"或"场"。反过来，这个"氛围"或"场"再影响每个人的情绪功能。这类似于太阳系的引力场，在那里，每颗行星和太阳都借由自身质量构成了引力场。反过来，它们又受到各自引力场的调节。我们无法"看到"引力，亦无法"看到"情绪场。但是，通过行星和人类相互反应的可预测性，可以推知引力和情绪场的存在。

家庭情绪场是情绪驱动的关系过程的产物，它在所有家庭中都存在。虽然，这个过程的强度可能因家庭而异，但是随着时间的推移，在同一家庭内，它在某种程度上会一直存在。这个情绪过程导致人们在家庭中占据不同的功能位置。一个人的功能位置对其信念、价值观、态度、感受和行为有显著影响。例如，第一个出生的孩子在人格上有很多共同之处，很容易与最后一个出生的孩子的人格区分开来。某些人格特质与特定的同胞位置具有一致性，这是因为家庭对于不同位置功能的预测都是相似的。从某种程度上来说，这些期望建立在情境之上，而不是由父母设计的。例如，最大的孩子会感到对弟弟妹妹的责任感，并对他们负责。即使父母试图不

让他们对年幼的孩子负责，这个过程也非常自动，并且其中的大部分无论如何都会发生。[⊖]

功能位置的另一个重要方面是，它们调控彼此间的相互关系。一个年幼的孩子会影响哥哥姐姐的行为，正如哥哥姐姐会影响弟弟妹妹的行为一样。一位"功能过度者"和一位"功能不足者"，塑造着彼此的态度、情感和行为。家庭成员的功能位置是情绪系统的表现。情感、态度、价值观和信念在创造和维持家中多种功能位置的过程中扮演着十分重要的角色，但这一过程的起源要深于情感或文化影响。在许多生命形态中，相互作用都十分显而易见。

功能过度者通常会觉得自己对他人的幸福感负有责任，并努力弥补感知到的（真实的或想象的）他人功能中的缺陷。同时，功能不足者会觉得自己在依赖功能过度者去做他们感到勉强或者不能做的事情。在极端情况下，功能不足者可能会依赖功能过度者来告诉自己如何思考、感受和行动，并且功能过度者可能不会将这种依赖视为一种负担。

正如对非人类动物所描述的那样，关系过程和一个人在该过程中所处的功能位置，可能会产生超越行为效应的影响。一个人在家庭系统中的功能位置，在一定程度上也会影响他的心理和生理功能。梦、幻想、感受、态度甚至智力功能都会受到显著影响。例如，一个功能不足者可能会丧失信心，难以集中精力完成简单的任务，并将自己看成别人的负担。而一个功能过度者可能从他人对自己的依赖上，获得力量和信心。躯体健康同样受到功能位置的影响。一个功能过度者可能会因为别人的要求而生病，也可能因为要求超过了他的实际能力而生病。一个功能不足者可能会因陷入自我关注且无助的状态而生病，这种自我关注不是自私的产物，而是放弃

[⊖]　一个家庭的分化水平和父母态度的特征，可能在一定范围内改变对最大的和最小的孩子的态度。例如，父母对老大的态度和焦虑可能导致老大达不到他们的期望。在这种情况下，第二个孩子会发展出老大的一些功能性特征。

太多自我控制的结果。一个长期患病的功能不足者，如果他功能过度的伴侣生病或过世，他的功能可能会得到改善，症状会显著缓解。

个体内部过程与个体在其最具情绪意义的关系系统（通常是家庭）中的功能位置，这两者之间相互作用的概念化是系统思维的一个非常重要的方面。以个体主义为基础的理论，无论是基于心理的还是生理的，对于症状和心理过程的解释主要都是基于患者自身的因素。虽然系统理论也包含了对个体内部过程的描述，但它拓宽了研究领域，包括了对"患者"关系系统的和谐与平衡的考察。换言之，症状的活动并不是由单一的个体过程来解释的，而是由一个超越患者自身的过程来解释的。例如，一个具有严重恐惧症症状的患者通常被诊断为"神经症"或具有某种生化缺陷。系统理论不会忽视心理或生理因素在其中可能扮演的角色，但是这些因素仅仅是过程的一部分而不是原因。

一个患有严重恐惧症的妻子，在出现症状之前，可能处于家中一个功能过度的位置。她可能习惯于取悦他人、被他人认可、减轻他人的情绪压力。其他成员则通过让自己的情绪稳定和幸福感过度依赖于这个功能过度的成员，来扮演相反的镜像过程。如果家庭承受的压力不是太大，这个功能过度－功能不足的相互关系可能会更有助于个体功能，而不是减损个体功能。功能过度者通过为他人服务而获得幸福感，而功能不足者通过成为被服务的对象而获得幸福感。但是，如果家庭承受的压力增加了，这些功能位置会被推向极端。功能不足者（可能是丈夫和一个或多个孩子）会给功能过度的妻子和妈妈施加更大的压力来帮助他们，而她也会给自己施加更大的压力来减轻他们的痛苦。随着时间的推移，功能过度的那方会"吸收"（absorb）过多的家庭问题，进而感到不堪重负、孤立无援，然后可能就开始出现恐惧症的症状。

症状出现后，这种功能过度和功能不足的相互关系可能会发生有趣的变化。妻子开始越来越依赖丈夫（也许还有其他家庭成员）的陪伴、依赖他们为自己做事。由于她的症状和家庭在多方面为她服务的意愿，她自给自足的能力越来越受限。随着"健康"的人越来越多地以这种方式为"有病"的人服务，就会形成一种持久稳定的家庭关系，但这种稳定伴随着一种慢性症状。对家庭成员来说，适应带着症状生活，比处理导致症状的潜在关系过程更容易。

临床症状与关系过程相互作用的另一个例子，是关于一个类风湿性关节炎患者的。三月份的时候，一名男子的双手和双膝关节出现了疼痛和无力感。在接下来的六个月中，这种苗头和症状越来越明显。为了控制病情发展，他服用了许多消炎药。十二月份的时候，他因工作原因不得不暂时搬去另一个城市。在离开后的三周内，他的症状戏剧性地改善了。这名男子说，当他不在妻子面前时，他会变得更冷静。他对妻子的脸色、情绪和他以为妻子想让他做的事情都非常专注，以至于当妻子在场时，他很难感到自己有足够的"空间"。在他离开的时候，他非常思念妻子，但并不思念自己在家时的那种感觉。事实上，当这位妻子在丈夫身边时，她会全神贯注于丈夫是否满足了她的需求、是否表现得足够好，等等。她认为他们的婚姻障碍是丈夫"造成的"，而且他往往责备自己说："如果我更能干一些，情况就会有所改善了。"虽然指责与自责促进了这个过程，但这个过程超越了责备。

虽然功能上的相互作用以及内部过程与关系系统间的相互作用是情绪系统的重要表现，但也有必要退后一步去考察情绪系统的一个更重要的方面——两种相互制衡的"生命力"，它们好像在控制情绪系统的运作。家庭系统理论将这种力量定义为个体化（individuality）和一体化（togetherness）。虽然，人们永远无法确定这种力量是否真的存在，但对家庭情绪系统的观察与这种力量的存在是一致的。下面将介绍这两种力量的性质及其在家庭关系系统中的表现。

第 3 章

个体化与一体化

家庭系统理论假定，情绪系统的运作反映了两种平衡的生命力——个体化与一体化之间的相互作用。假设这种生命力存在并且能够调控人际关系，这不仅仅是对生物间一系列行为、反应的简单描述，还具有重大的理论意义。正如，引力场的假设将行星运动的控制点从单个行星转向太阳系，对相互制衡的生命力的假设，也将动物行为的控制点从个体转向关系系统。此外，该理论还假定，人们在关系系统中会做出调整来应对个体化与一体化之间的不平衡，而躯体、情绪和社会功能的发展与这种调整有显著关联。本章将对个体化与一体化的概念进行概述，并描述其与症状发展间的关系。

对于一个人来说，观察自身是很困难的，人们几乎都认同这样的说法。在观察人类行为的时候，一个主要的难题在于，人们往往专注于某些细节而忽略其他细节。人们常常夸大问题的特定方面的重要性，然后用它来解释整个问题。在缺乏足够事件信息的情况下，人们不仅会对这些事件提出非常狭隘的解释，还会接受这种解释。该过程有时被称为"隧道视觉"，它特别隐蔽，因为人们往往认为这是"其他人"在做的事情。对关系系统中个体化与一体化之间相互作用的观察，一定不能掉入"以偏概全"的陷阱。为了观察关系的过程，我们不能将起因归于关系中的任何一方。

夸大细节和丢弃全局可能往往与这样一个事实相关，即感官输入可以同时触发理智、情感和情绪系统的反应。甚至在个体完全意识不到刺激物的情况下，这些刺激就可以引发情感和情绪反应。如果这些多层级的反应相对平衡，某一层级的反应就不会超过其他层级。然而，当一个人在情绪上卷入一个情境或主题时，强烈的情绪和情感反应会压倒理智。这些情绪和情感反应出现得飞快，甚至会压倒和改变思维。在情绪系统的压力下，一个人思维的秩序性和广泛性会发生变化。有时，人们意识到他们的思维被情绪和情感改变了，但更多时候，人们难以觉察这个过程中的微小变化。

在两个人的关系中，人们的思维方式经常会被情绪和情感过程改变。例如，一位妻子注意到丈夫对自己的疏远，她不仅在理智上意识到了这种情况，而且因此感受到了威胁，并有一种追赶丈夫的情绪冲动。这种对某个刺激产生的复杂而强烈的反应，使人很难冷静地思考发生了什么。如果妻子能够客观地思考，她可能会发现，丈夫想要离开的冲动和自己想要黏得更紧的愿望可能是相辅相成的。然而，由于妻子的情绪和情感反应阻碍了她冷静思考，她可能会将丈夫的疏远归因于丈夫对她的需求漠不关心，并且因自己的无能为力而困扰不已。这就是隧道视觉现象。一个更大过程中的某一部分细节被过分夸大，并被用来解释正在发生的事情。所有的人都习惯了这样，而且人们越难以分辨自己对某个情境在情绪、情感和思维上的反应，就越容易以偏概全。

观察家庭情绪系统运作的能力，取决于个体对关系过程的觉察（人与人之间在情绪上的连锁反应），并且这种觉察不受家庭情绪和情感反应的干扰。了解每个家庭成员所想、所感、所言和所做的细节是必要的，同时对家庭保持一个系统视角取决于不夸大情绪化的细节，并利用它们去解释存在的问题。一个焦虑的家庭可能会把问题的某个方面升级为这个问题的原因，如果治疗师落入同样的思维陷阱，他就丧失了对家庭的潜在价值。在前面的例子中，丈夫可能会思考并且说："如果你不那么依赖、黏人，我就不会离开。"这种思维方式假设，妻子的行为导致了他的行为，并且妻子的行为是凭空出现的。丈夫看不到妻子的很多行为是对他行为的反应。

在一段关系中，有一个过度关注细节的常见例子，就是人们不断地问对方"为什么"如此行事。在上述例子中，妻子可能预先关注丈夫"为什么"拒绝她，而丈夫关注妻子"为什么"如此依赖自己、黏人。当一个人询问另一个人"你为什么这样做"时，对于关系过程的聚焦就立马消失了。因为这样的提问假设这个人行为的原因存在于那个人的内心，并且将"控制点"从关系转到了个人——一个人不会因为另一个人的追赶而退缩，也不会因为别人的退缩而追赶。这其实是一个包含其他个体的过程，超越了对"为什么"的解释。

当人们观察到家庭互动的所有细节，而不仅仅关注某些特定的细节时，就能够看到，所有家庭成员的所想、所感、所言和所作所为都反映着家庭作为一个整体的情绪过程。假定这个情绪过程受制于两种力量的相互作用，一种力量使人习惯于遵循自己的内心，变得独立（个体化），另一种力量使人习惯于响应他人的指示，变得有联结（一体化）。也许所有行为都同时受到个体化与一体化的影响，但相关家庭成员的思维方式或者他们的具体行为主要受到哪个方面的影响通常是清晰可辨的。在考察个体化与一体化对人类关系系统的影响之前，将人类社会过程置于非人类动物社会过程的背景下考虑是有意义的。

人类在社会连续体中的地位

对人类社会过程与其他动物的社会过程进行比较，可以让我们获得理解人类社会过程的一个重要视角。复杂的社会系统并不是人类独有的，而是在一个又一个主要的生物类群中反复出现的。有四种群体占领了社会化的顶峰：群居无脊椎动物、群居昆虫、非人类哺乳动物和人类（Wilson，1975）。

虽然上述群体中某些物种已经达到了高度社会化的水平，但其中的大多数物种几乎还没有社会化。每个群体的不同物种都在一个社会连续体中占据一个点，从相对独立、独居的生活到受到严格管制的社会群体生活。在这个连续体高度社会化的那一端，群体成员可以很好地融合在一起。它们不仅在功能上高度专门化，在实际的身体结构上也高度特化。群居昆虫的社会等级制度就是一个这样的例子。

在哺乳动物中，母子集群是普遍的核心单元（Wilson，1975）。处于哺乳动物谱系中低度社会化一端的独居哺乳动物，除了求偶行为和母性关怀（母子间的互动通常复杂且相对长期），不会表现出其他社会行为。连续体另一端是由一夫一妻制、一夫多妻制形成的雌雄混合的永久性社群。智人，以其持久的社会关系纽带和复杂的关系网络，处于哺乳动物谱系中高度社会化的一端。事实上，在所有灵长类动物中，人类所生活的种群密度最大（Wilson，1975）。

进化生物学理论将物种的社会连续体解释为进化的产物，因此，我们最好要理解它的适应性意义。人类家庭和人类社会的结构，代表了对人类一直栖居的环境的适应性。以独居方式为特征的动物物种，也代表它们进化出了对环境的适应性。没有足够的证据表明，高度社会化形式的适应性优于独居形式的适应性。在连续体的两端均能找到高度成功的物种。

独居物种的每位成员都相当独立，它的生存不依赖于其群体成员的身份。每个个体都自备食物、自我保护、独来独往，并在条件适宜时进行繁殖。而社会化的个体，彼此间的关系非常密切。这种社会化可能会非常极端，以至于个体要专门为群体执行某种功能，并且它必须依赖群体来实现自身赖以生存的其他功能。例如，在一个群居的无脊椎动物群体中，一些个体可能专门负责繁殖、防卫、运动或消化食物。一个独居物种成员的"个体化"是在相对独立于其他同类的情况下表现出来的，但高度社会化物种的"个体化"，必须融入一个亲密的关系系统。⊖社会化物种中的群体会给予个体活动强有力的支持和刺激。

如果一个人可以从人类这个身份中跳脱出来，将自己与其他生物对比，就会发现人类彼此之间的关系，要比大多数其他物种成员之间的关系紧密得多。智人的社会性倾向极其强烈，而且他们之间的相互依赖性极其复杂。虽然，人类对这种社会卷入的耐受力有助于彼此的合作，但这种亲近通常与不同程度的紧张相关。家庭系统理论的一个假设是：人类群居的部分基础是彼此吸引的情绪过程。这种以情绪过程为基础的群体过程，其强度有组间差异。该过程会引发冲突，也会带来团结，对一些成员的功能比对其他成员更有利。⊖尽管存在这样的群体过程，但当有成员出现功能

⊖　在社会生物学中，"个体化"是指动物本能地成为一个独立且有能力的个体的能力，个体能够不受群体需求的支配，独立生活。为了成为某个社会的一分子，动物必须要放弃它的"个体化"，并受到群体需求的指引。社会群体越融合，就势必会越多地削弱或抑制成员的个体化。在家庭系统理论中，"个体化"是指在作为群体成员的同时，成为个体的能力。在这方面，人类可能是独一无二的。这种同时作为个体和群体成员的可能性，似乎源于人类的思考能力和对思维与情绪之间差异的觉察力（可能是大脑前额叶的功能）。这种区分思维和情绪的能力，允许人们在"直觉"或"理解力"的指引下做出一些选择。非人类动物的个体化（源于本能）与家庭系统理论定义的个体化（强烈地依赖高级精神过程）之间的关系是未知的。然而，人的个体化似乎有其本能的根源，并且是对所有生物可能都具备的能力的一种拓展。

⊖　尽管，非人类动物中总是存在基于情绪的群体过程，但当群体感到有压力（如拥挤）时，这个过程最为明显。威尔逊（1975）将领土权、物理间距、活动范围和等级序列等现象，作为调节争夺竞争优势的规则。通过动物们遵守和执行这些规则，它们彼此影响所造成的焦虑就消除了。在拥挤的时候，那些通常忍受物理空间受到侵入的动物会积极地保护地盘，并在其中建立统治阶级。一旦等级建立，该领地中动物之间的冲突就消失了。等级系统是受情绪驱动的群组过程的一个部分，它能够减少冲突。然而，如果这个过程变得极端，等级对个体的好处就会被坏处抵消，低级的动物之后可能会战斗、逃跑，或者如果拒绝它们退出，它们就变得孤僻。

障碍时，人们往往会否认或弱化群体过程的影响，而聚焦于这个功能障碍者的问题。

群体过程发生于情绪系统中，它的强度受到个体化与一体化之间相互作用的显著影响。即使在一个小群体中，这一过程也是相当复杂的。因此，把有关个体化与一体化作用的最初讨论聚焦在一个"简单的"系统（即两人之间的关系）上将是很有意义的。

两人关系的平衡

在每一段对彼此均有情绪意义的关系中，个体化与一体化之间的相互作用都十分重要。情绪意义（emotional significance）是指一个人在情绪、情感和主观层面受到另一个人所思、所感、所说和所做的影响，或是受到他想象中别人的所思、所感、所说和所做的影响。

系统理论并非假设关系中的一切都可以根据这些力量的相互作用来解释。家庭系统是一种有关支配人际关系的情绪过程的理论，但是人们也会受一些非情绪因素的影响而形成关系，比如做生意。如果关系停留在由理智决定的层面或契约层面，那么个体化与一体化之间的平衡就不会产生重大影响。

个体化是生物原发的一种生命力（比大脑的功能更为基础），它推动生物遵循自己的指令，成为一个独立、独特的个体。人们认为每个人都有各种各样的生物和心理系统，使他能够作为一个独立的人来执行功能，并按照自己的方向前行。这种使自己与众不同的力量，体现在为自己感受、思考和行动的动机之上，也体现在对别人是否有相同的感受、思考和行动缺乏关注上。虽然个体化固定在每个人都有的生物学过程之中，但一个人个体化的发展程度主要是建立在学习之上的。这种学习似乎发生在许多层面

之上，包括从情绪的条件反射到知识的获得。[一]

一体化也是生物原发的一种生命力（比大脑的功能更为基础），它促使有机体遵从他人的指令，成为一个依赖的、有联系的、模糊的实体。人类有各种各样的生理和心理系统，这致使个体需要作为群体的一部分来执行功能，并按照群体的方向前行。这些内部系统不仅传达使人导向群体的指令，还发出信号引领他人导向自我。这种产生联结的力量体现在，努力像别人一样行动、感受和思考，以及努力让别人像自己一样行动、感受和思考。虽然一体化的力量植根于生物学过程，但是对于特定的人而言，一体化的程度将严重受到学习的影响。这种学习包含从情绪和情感反应的调节，到价值观与信念的习得。

一个群体的稳定性、凝聚力和合作程度，受到个体化与一体化相互作用的影响。一群人密切合作的能力受到两方面的影响：一是个体遵循自己内心的能力，二是个体遵循团体指示的程度。个体化可类比为"个体 – 团队二分法"中个体的那一半，一体化则类似于团体的那一半。在一个家庭或其他群体中，人们同时参与这两个过程。

个体化与一体化的相互作用，使得具有情绪意义的关系以一种平衡的状态存在。每个人在这段关系中都投入了相同的"生命能量"，同时保留了相同的能量来脱离这段关系，于是这段关系得以保持平衡。如果不是这样，关系就不会发展。人们被那些愿意做相同投入的人吸引。一段关系中"生命能量"的投入，体现为人们彼此之间在想法、情感、情绪、幻想、语

[一] 有时，美国人被描述为一种注重"个体化"的文化，而日本人则被描述为一种重视"一体化"的文化。我们有必要区分一下这些词在家庭系统理论中的作用。人们通常这样概括：美国人是"坚定的个人主义者"，而日本人强调服从社会规范，其实两者都深受一体化力量的影响。"坚定的个人主义者"对他人的反应与顺从的人对他人的反应一样多。他们想要独立的决心更多地来自他对其他人的反应，而不是深思熟虑后为自己确定的方向。如果不永久性地打破他与其他人的关系，他就很难成为一个"个体"。除非放弃"个性"，否则顺从的人难以维持与他人的关系。因此，坚定的个人主义和顺从是同一枚硬币的两面。

言、梦想和行动上投入的总量，以及人们对彼此在想法、情感、情绪、幻想、语言、梦想和行动上投入的总量的反应。消极的想法和感受与积极的想法和感受有着相同的功能，因为前者也代表着关系的核心。虽然有时关系中的一方看起来投入更多，但是表象是会骗人的。那些看似更为冷漠的人，与那些看似全神贯注于这段关系的人，同样依赖这段关系并受到这段关系的影响。这样的关系平衡如图 3-1 所示。

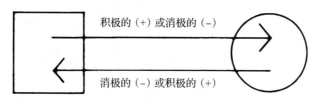

图　3-1

注：每个人在这段关系中投入的生命能量是相等的。这种能量投入的结果是一种关系的平等或平衡，这种平等或平衡是由每个人对另一个人的积极或消极的想法、情感、情绪和行动来维持的。

关系平衡不是静态的，而是一种动态的平衡。人们维持关系平等所做的不断调整创造了这种平衡的动态特性。人们思考和行动的比例是随时变化的，这种思考和行动朝向关系而不是远离它。变化，日日夜夜、分分秒秒都在发生。每个人都在仔细观察对方变化的迹象，比如"投入太少"或"投入太多"。大家观察的主要是听觉和视觉信号，包括身体姿势、声调、面部表情和实际的文字内容。被解释为"投入太少"的信号，会自动触发旨在恢复足够"依恋感"的动作；而被解释为"投入太多"的信号，会自动触发旨在恢复足够"分离感"的动作。⊖每个人的信号和行动都是对他人信号和行动的反应。因此，没有一个人的功能可以脱离关系情境而被充分地理解。

⊖　此处的"感"意指一种比实际感知更为深层的反应。由于人们对关系过程的反应是在情绪、情感和思维层面，所以足够的依恋"感"或分离"感"不仅取决于意识之外的反应，还取决于个体对关系的情感和想法。

人们在一段关系中投入的生命能量比例，以及他们的生活受这种关系支配的程度，两者都与一体化力量的强度有关。人们保留的那些用来指导自己生活的、独立于关系之外的生命能量的比例是个体化力量的产物。当一段关系十分平静，且处于一个相当舒适的平衡之中的时候，可能几乎看不到个体化与一体化之间的相互作用。人们为彼此所做的调整是如此微妙和自动化，以至于不大看得出来。然而，当这种关系明显失衡时，适应的压力就会变大，也更容易被看到。在高度焦虑和严重失衡的时候，人们对情况的描述从一个极端到另一个极端，从"除非你按照我所希望的去做，不然我活不下去"到"如果我按照你所希望的去做，我就没法活了"。

个体化与一体化之间的相互作用涉及太多细节和交流层级，所以很容易遮蔽它最为基础的特性——简单。对于简单的生物形态，关系受到情绪反应的严格控制；对于人类，关系也受到情感、主观和客观过程的控制。然而，除去人类关系的复杂性，人际关系仍是由调节所有生物关系的自然法则控制的。人类这些复杂的、相互关联的反应水平详见图 3-2。

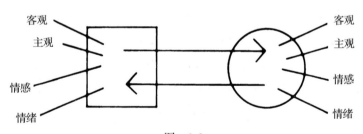

图　3-2

注：人际关系的相互作用受到情绪、情感、主观和客观层面的反应的影响。"客观"是指个体能够以一个不受自身主观、情感和情绪反应，对沟通产生影响的方式来思考某次沟通。"客观"还指一个人可以对主观、情感和情绪进行思考，而不需要引发更多的主观、情感和情绪。

关系平衡中的变化

虽然，所有具备情绪意义的关系都处于一种平衡的状态，但这种平衡的特征在每段关系中并不相同，原因是人们在一段关系中投入生命能量的比例并不相同。人与人之间的这种差异，外加人们与那些愿意投入同等情绪能量的人所形成的依恋关系，导致关系处在连续体上的某个位置。在这个连续体的一端，关系"制约"了每个人生命中的大部分能量，而在另一端，它只"制约"了人们生命中的一小部分能量。[⊖]

当一段关系制约了人们的大部分能量时，这样的关系是非常紧密，非常融合，没有分化，或是几乎没有情绪分离的。[⊖]当一段关系制约了人们的小部分能量时，这样的关系是轻度紧密，轻微融合，分化良好，或是有许多情绪分离的。在一段关系中，两个分化良好的人在情感功能上可以保持相当独立。一段关系融合或黏附的程度如图 3-3 所示。

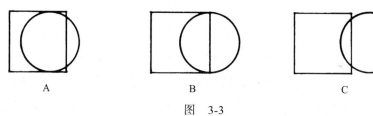

图　3-3

注：当你从关系 A 转移到关系 C 时，被制约在这段关系中的生命能量减少。相比关系
　　A，关系 C 更分化，融合和黏附得更少。它们是一个连续体上的三张图，整个连续
　　体可以显示出两人对关系投入程度的许多微妙变化。

⊖　"制约"（bound）一词意指一个自动的、强制性的过程。当一个人身处一段关系中
　　时，可以预见的是特定数量的生命能量将指向这段关系。临床经验表明，被制约在
　　关系中的这些能量，可以用与开普勒行星运动定律相同的数学精度来定义。

⊖　"情绪分离"这个短语并不等同于彼此回避，回避他人的冲动是缺乏情绪分离的
　　结果。"共生"一词也用来描述人与人之间的不分化，尤其是指母子关系。共生
　　关系是母婴间的一种正常状态，但这个术语也用来描述没有完全离开母亲（家庭）
　　而成长的大龄儿童和成年人。例如，一位母亲和她患有精神分裂症的成年儿子之
　　间的共生依恋是非常融合的，而神经症水平的患者未解决的共生依恋是轻度融合
　　的。没有人能与家人彻底情绪分离。个体对父母未解决的依恋，其程度会影响他
　　与别人融合的程度，进而形成一种新的"共生"关系。"共生"这个术语的使用是恰
　　当的，因为双方都能从这种依恋中获益。共生是一个描述性的术语，它不解释依
　　恋的强度。系统理论根据关系中潜在的个体化与一体化间的平衡，来解释依恋的
　　强度。

　　自我分化（differentiation of self）指的是，人们倾向于投入和绑定在关系中的生命能量的比例之间的差异。分化水平越低，绑定在关系中的能量越多；分化水平越高，个体保留的用于自身功能的能量越多。

　　随着分化水平的降低，个体化发展欠佳，一体化的需求增强。事实上，分化不良者几乎没有个体化。他的情绪反应很容易被触发，强烈且持久，几乎没有任何心理层面的发展使他得以成为一个独立的人。分化不良者对一体化的需求，具备压倒一切的影响力，他毕生都深深地渴望被爱、被接纳和被引导。然而，随着分化增加，个体化得到更好的发展，一体化的需求变得不那么强烈，情绪反应也得到更好的调节。一个分化良好者的个体化，其根源可能在生物过程之中，但主要还是由复杂的心理发展决定。⊖这种一体化的力量并不是一种深层的渴望和需求，而是一种对同伴的基本吸引和兴趣。

　　生命能量被制约在一段关系中的比例越大，个体功能就越多地被这段关系影响和决定。一个分化很差的人没有自主执行功能的能力。如果没有进入一段高情绪意义的关系，他就很难有效地管理自己的生活，也很难获得任何幸福感。当他投入到一段关系中时，他的行为完全受控于他和另一个人之间发生了什么。他对别人的暗示非常敏感，内在反应非常强烈，完全成为这段关系的"情绪囚徒"。这些自动化的情绪、情感和主观反应完全支配着他的行动。在有的情境下，人际关系过程可以增强他的功能，在有的情境下则会削弱他的功能。

　　⊖　个体化是由心理过程决定的，这一说法是指，尽管成为一个个体的潜力可能有生物学根源，但这种潜力的发展主要受到生活经历的影响。如果一个人在强大的压力环境中长大，要适应他人的焦虑、情绪反应和主观性，他的生活就会受到情绪、情感和主观过程的强烈控制。如果他在自由的环境中长大，没有让自己的思维和情感功能依赖于他人，他的生活就会较少地受到情绪、情感和主观过程的控制。这种自由使他不那么情绪化，并允许他有更多心理能力的发展，从而成为一个独立的个体。基因似乎既不影响一个人的一体化强度，也不影响他成为一个个体的能力。虽然有些人格特征可能有遗传基础，但该特征在多大程度上会支配一个人的功能取决于分化或个体化的水平。

自我分化水平稍高的人拥有稍强的自主功能，但几乎仍是未发展的。如果没有积极地投入一段关系，他便非常"不完整"，甚至难以有效地管理自己的生活和获得幸福感。当一段关系出现时，他几乎会完全融入其中。这段关系可以通过提供身份认同和更大的自我价值感使其"完整"。因此，他的个人功能可以从"无所适从"转变为明显受此关系的影响。虽然他可以在一段关系中保留小部分的自主功能，但在很大程度上，他的个人功能将受关系支配。即便在个体化发展上受限，一个分化不良的人也可以用一体化"填满他的油箱"，从而走上人生的康庄大道。然而，他的"里程"将会很短，因为他几乎总是需要向这种关系寻求安慰和使命感。

分化水平越高，个体发挥自主功能的能力就越强。个体功能变得越来越由自我决定，越来越少受关系过程的自动控制和决定。如果一个分化良好的人没有进入到一段关系之中，他可以有效地管理自己的生活并获得一种幸福感。他是一个相当"完整"的人，可以指导自己的生活，而不需要别人不断的情绪强化。当置身于关系中时，他仍然可以相当自主。在分化的最高水平，不论情绪、情感的强度有多大，也不论来自他人主观决定的压力有多大，他们都能保持自我。^㊀自主并不意味着自私地遵循自己的指示，而是意味着自我决定的能力。自我决定可能导致选择是由群体的最大利益决定的。

自主执行功能的能力并不意味着一个人缺乏情绪和情感，而是指，一个人可能在情绪、情感和主观层面上对他人的信息做出反应，他同时也有能力在客观层面上处理他人的反应。最高水平的心理功能过程，是使人从

㊀　在发展自我分化量尺这一概念时，鲍文用一个从 0 ～ 100 的范围来描述人与人之间分化的增加。例如，一个分化很差的人的分化水平可能处在 0 ～ 10。"普通"人都不是非常自主，或许可以认为 40 是人类分化水平的中位数。鲍文意识到，没有人的功能是完全自主的，也就是达到量表上的 100，但他定义这个水平是为了强调一个高度分化的人并不是彻底分化的。按照目前的标准，一个分化较好的人可能超过 60，一个分化非常好的人可能超过 70。这一概念将在第 4 章进行更详细的说明。

自动应答中解脱出来，并允许选择的过程。[⊖]一个分化良好的人具备一体化的力量，并且对来自他人的一体化的暗示非常敏感。不管怎样，在回应这些暗示时，他的作为或不作为都是坚定地由自我决定的。分化水平最低的人在100%的情况下都会自动地对关系过程做出反应，而分化水平最高的人在100%的情况下会根据客观性做出反应。分化水平与个体功能所依赖的关系对该功能影响的程度，这两者的相互关系如图3-4所示。

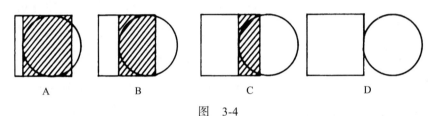

图　3-4

注：阴影区域表示关系增强或削弱个体功能的程度，空白区域表示一段关系中的自我
　　决定的能力。在关系A中，关系过程几乎完全决定了双方的功能。从关系B到关
　　系C，分化水平逐渐提升。因此，关系过程不太可能增强或削弱个体功能。关系D
　　是关于人类的理论模型。它代表了两个人，他们既可以积极地投入一段关系，同
　　时又能保持自主功能。

关系平衡的灵活性

虽然所有关系（从分化不良到分化良好）都处于动态平等或动态平衡的状态，但随着分化水平的降低，这种平衡内在的灵活性也会降低。分化水平越高，这种关系越能适应或顺应变化；分化水平越低，关系平衡的不稳定性越大，适应变化的能力越小。这种灵活性的下降主要是因为，随着分化水平的降低，人们的功能和幸福感越来越依赖于关系，并受到这种关系的影响。

⊖　"最高水平的心理功能过程"这一说法并不意味着高智商的人具有更高的自主功
　　能。客观性和与个体所处环境相关的自主性，均源于对情绪、情感、主观和客观反
　　应之间差异的识别能力，以及基于这种识别而采取行动的能力。这种能力不是由智
　　商测验评估的。拥有很高智商的人，他们的功能可能完全被情绪系统所控制。例
　　如，一位精神分裂症患者可能就有很高的智商。

在一段关系中，情绪功能的相互依赖性越强，在感到被对方威胁时就越受伤。[○]尽管在某些关系中，人们确有理由担心自己的身体健康受到威胁，但这些威胁更多是对人们精神健康的威胁。虽然人类彼此之间有着复杂的情绪作用，但是影响最大的是那些意指卷入或者联结"太少"的言语和非言语信息，以及那些意指卷入、压力或者侵入"太多"的信息。这些信息也许是真实的，也许是想象的。

这种假设认为，人们在关系中体验到的威胁，其基础是一种缺乏亲密、依恋或缺乏独立、空间的知觉（不一定有意识）。虽然这样的假设太过简单，但是由关系引发的焦虑很大一部分就根植于这样的基本反应。对于缺乏独立的知觉（或错觉）会引发诸如被挤压、被困住、被控制、窒息或被贯注的感觉。对于缺乏联结的知觉（或错觉）会引发被孤立、不被支持、不被爱或被拒绝的感觉。除此之外，还有一些"更深的"情绪反应，是对知觉到的太疏远或太亲密的反应，表现在面部表情、身体姿势和行为上。[○]

当仔细思量人们内心对亲密和疏远的情绪和情感反应时，重要的是不要忽视自身内部发生之事与人们彼此间发生之事的相互关系。人们在关系过程中会对现实情况做出反应，确实会彼此靠近或远离。因此，尽管感到被孤立是一种主观感受，但它可以被一个人的想象力和对他人态度和行为的恐惧助长，也可以被他人对自己的实际行为助长。一个人对这段关系的主观看法可能完全支配他的行为，而这些行为本身对另一个人来说构成了客观现实。另一个人对客观现实的反应可能也是主观决定的，但这种反应

○ 人们经常表现得好像他们受到了威胁，尽管他们不一定感到威胁。对一段关系中发生的事情做出反应时，他们更容易体验到愤怒感、孤独感、不安全感、内疚感、沮丧感、竞争和嫉妒感。然而，引发这些感觉的基础，至少在一定程度上是对人们感知到的（不一定是意识到的）威胁的情绪反应。例如，嫉妒是一种情感和态度，在一个人对另一个人的情感依恋受到威胁时，就会触发嫉妒。

○ 使用形容词"更深的"是为了表达这样一种假设，即对亲密和距离的情绪反应，其进化根源要回溯到生命发展史。

对第一个人来说构成了客观现实。如果一个人感到被排斥并指责自己的无能，通常是他低估了自己所应对的客观现实。如果一个人感到被排斥并将其归咎于其他人，通常是低估了自己主观上对现实的曲解。系统思维包含了这个"等式"的两端。

人们幻想的内容在很大程度上受关系平衡起伏的影响。例如，当丈夫感觉到来自伴侣过多的情绪卷入或压力，并对此做出情绪反应时，他可能有一些伤害她、贬低她或逃离她的幻想。在大部分时间中，他可能都在幻想自己身处树林或攀登高山。然而，如果情况有变，使得关系中产生一定的身体距离，或者伴侣情绪退缩，那么，他对于太多情绪卷入的情绪反应可能会很快消退。然后，幻想可能随之转变为对配偶和性关系的积极想象。这种精神状态与关系平衡之间的关联是可以预测的。因此，情感内涵与幻想内容可以作为这种平衡状态的一个相当可靠的指示器。人们梦境内容的变化也可以反映这种关系过程的来来回回。梦、幻想和关系过程之间的相互联系意味着心理过程和人际过程是环环相扣的系统。

所有人都会对关系的起伏做出情绪和情感反应。这样的反应是人类生物学组成的一部分，虽然生活经历可能影响反应的强度，但人类生来就具有可能产生这种反应的基本"神经网络"。感觉到的威胁可以引发这些情绪和情感，进而促使人们采取行动来减轻威胁。因此，情绪和情感的一个功能就是控制关系中联结与分离之间的平衡。换句话说，情绪和情感反应有助于调节这种共生关系的强度。

尽管所有人都会对情绪亲密和情绪距离[○]做出反应，但他们的反应强

○　情绪上的亲密和距离并不等于物理上的亲近和距离。尽管后者能够影响前者，但仍有很多其他的影响因素。例如，反对，可能是在情绪亲密被威胁时的反应；而赞同，可能是在情绪距离被威胁时的反应。情绪亲密和情绪距离是指一个人对某些迹象的反应，无论它们是真实的还是想象的，这些迹象表明其他人增加或减少了与这个人的关系。这是一个高度主观的过程，并不是每个人都会对同样的迹象做出反应。

度和处理方式各不相同。人们被关系中发生的事情威胁的程度以及他们处理威胁的方式是不同的。人们对威胁的反应是焦虑，因此人们越容易感受到威胁，体验到的焦虑[○]就越多。因为焦虑会破坏幸福感，所以人们会自然而然地采取减少焦虑的行动。因此，对一段关系的情感依赖度越高，人们越容易受到威胁。他们经历的焦虑就越多，就会把更多的精力投入到那些为了减少焦虑而采取的行动之中。人们感到不得不采取的行动越多，这段关系的灵活性就越低。

两个分化非常好的人不容易被对方威胁。因此，他们之间的关系非常灵活。对亲密和距离的忍受能力是一样的。每个人都可以自由地接近或离开他人，并在不受威胁的情况下让他人接近或离开自己。在人际关系中，人们想要的亲密或距离常常并不在同一个"频道"上，这种不同步引发了许多问题。例如，丈夫可能想依靠他的妻子，与此同时，妻子也想依靠丈夫。隐秘或公开的冲突可能围绕"谁的要求更合理"接踵而至。两个分化得非常好的人之间不会出现这种情况，双方都不会因为对方的期望而感到被威胁，也不会因为对方对自己期望的反应而感到被威胁。如果一个分化得非常好的人确实体验到，对方对距离的渴望对他而言犹如一种情感剥夺，他仍能够对自己的情感和主观反应进行思考[○]，并在行动中保持自主。如果他决定指责他的配偶不爱他，这是对此过程的一种幽默回应，而不是一种让她改变的要求。

○　相比"我感到焦虑"这样的陈述，焦虑是一个更深层的过程，绝大多数焦虑是无意识的。人们认为，对某种情况的焦虑反应甚至表现在细胞水平。例如，免疫细胞的活动就被认为会受焦虑的影响。生物反馈是一种将个体更多的焦虑带入意识层面的技术，但这种技术仍然相当有限。

○　"对情感和主观性的思考到达一个允许自主反应的程度"并不是一个否定情感和主观性的过程，而是试图把情感和主观反应置于一个广阔背景下的过程，这个背景不责怪自己或他人。由于完全分化的人并不存在，所以每个人的客观能力都有局限性。否认自己的情绪反应、将这些反应归咎于他人、回避他人以减少自己的情绪反应，这些受控于情绪的过程会破坏关系的灵活性。

　　分化得非常好的两个人，他们发展到了可以对自己负责的程度，不会因为对自己不满而去挑剔别人。他们对一体化的需求是这样的：虽然彼此相互吸引、互相感兴趣，但他们的功能并不依赖于彼此的接受和认可。这种程度的自我涵容以及对彼此的期望，取决于合作的现实而非幼稚的需求，因此这种关系几乎不会增加焦虑。此外，焦虑也不会因为一系列的行动和反应而增加。这段关系会有很大的自由，他们不会因担心彼此对增加或减少关系投入的反应而受到限制。

　　随着分化水平的降低，个体化难以得到良好发展，个体对一体化的需求更强烈，更容易产生情绪反应且这种反应更为强烈，也更容易受到主观态度的影响。⊖因此，随着分化水平的降低，关系产生焦虑的可能性逐步增加。在分化水平更低的情况下，可以预见这段关系将会有非常高的可能性引发高度慢性焦虑。分化水平极低的人最终可能会回避所有关系，以避免与之有关的不适。"街头混混"就属于这一类。由于在持久的关系中产生了问题，他们回避他人，也被他人回避。通过慢性精神病、酒精中毒和药物成瘾，他们成功地与自身对情绪环境的异常敏感性"隔离"。分化水平稍高一点的人可能会成为"关系游民"。当这段关系变得太亲密时，他们就会更换关系。分化水平再高一些但仍很脆弱的人可能会避免强烈的卷入，并成功地维持一个不那么亲密的关系网络——一个允许更多距离的关系网络。

　　由一段关系产生的焦虑水平并不是固定不变的，而是会大幅波动。这种潜在的波动会出现在两个中度分化者（处于分化量尺的 35～40）之间的关系上。中度分化者的个体化只得到了部分发展，他们的一体化需求虽然没有低分化者那么强烈，但也相当影响他们的功能。在建立一段关系时，

　　⊖　在提及情绪反应时，使用"强烈的"一词并不仅仅指公开表达的情绪和情感。在有压力的环境中，变得更加强迫、优柔寡断和不活跃的人，与变得歇斯底里、冲动和极度活跃的人，两者情绪反应的强烈程度是一样的。

每个人都会有一定程度的慢性焦虑，这与他们试图独立有关。建立一段关系，通过对彼此的强烈关注和相互的强化与肯定，双方都可以在很大程度上缓解这种焦虑。此外，由于每个人的个体化都只得到了部分的发展，他们不会对关系平衡所孕育和要求的个体化有限性感到不适。换句话说，在建立关系的初期，没有人会抱怨缺乏"情绪空间"或缺乏独立。一段平衡的关系就像是手与手套一样完美契合。

虽然两个中度分化者有潜力像两个高度分化者一样，在一段关系中感到舒适，但他们关系中的内在灵活性更少。随着分化水平的降低，个体的功能和幸福越来越依赖于关系。因此，当人们感到关系平衡受到威胁时，会更容易感到危险。当平衡转变为促进更少的个体化和更多的一体化时，人们更难以忍受对方增加或减少关系卷入的行动，并对此更为敏感。影响人们期望的更多是幼稚的需求，而不是现实的合作。人们会产生更多的要求、更多有关"权利"被侵犯的抱怨，以及更多关于关系"应该"如何的言论。人们对感觉到的太少依恋或太多制约会产生焦虑反应，这种焦虑更有可能支配人们的想法、感受和行为，而不是在客观层面上进行处理。由于一个人被焦虑驱动的过程很容易触发另一个人经历同样的过程，所以焦虑就会以一种无意识的方式升级。通常，该模式包含了"焦虑升级"和"相对平静"的循环。

因此，虽然中度分化者可以拥有一段平静的关系，但随着时间的推移，他们对可能威胁到关系平衡的言行更加敏感，从而产生一种慢性焦虑，其平均程度高于分化水平更高的关系中的焦虑程度。人们在这段关系中既会感到舒适，又会感到不适。他们对这种依恋感到舒适，对其中威胁依恋的部分感到不适。分化水平越低，不适期的时间就越长、不适感的强度也越大，为舒适期而付出的代价也更大。最终，舒适的程度可能不抵不适的程度，关系就会被破坏。不同分化水平的关系所产生的慢性焦虑的平均水平可以用图 3-5 来表示。

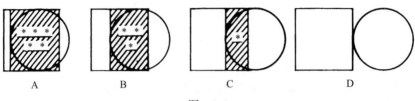

图　3-5

注：关系 A 是分化不良的，或者是强烈趋向一体化所维持的平衡。两者情绪上的相互
　　依赖非常强烈，以至于这种关系本身就很可能产生高度的慢性焦虑。高度的慢性
　　焦虑用星号（*）表示。关系 B 和 C 的分化水平逐渐升高，产生的慢性焦虑也相对
　　越少。理论上来说，发展达到关系 D 这一程度的人，在关系中的相互作用不会产
　　生慢性焦虑。

随着一段关系中的分化越来越少，人与人之间的情绪界限就会变得越
来越模糊。一旦界限消失，焦虑就会变得越发具有传染性。人们对彼此的
痛苦会更有反应，会消耗更多的精力来避免一些可能会引起不安的言行。
矛盾的是，当一个人奋力争取表面的平静时，另一个人可能会感到没有被
回应，并且奋力推动反应。对怠慢、伤害、批评和拒绝的知觉在人们的反
应中越发有影响力。在人际关系中，人们更关心的是能否"得到足够"或
"给予足够"。随着界限的消失，人们在思考、感受和行动时所承受的压力
也越来越大，而这一切都会影响一个人的幸福感。所有这些过程都会导致
人们在努力维持一段关系时感到焦虑。

另一个影响关系中焦虑水平的因素是无聊。分化越低，人们越指望对
方给予自己幸福感，而这种期待很快就超过了彼此的给予能力。人们开始
对这段关系的诸多方面感到厌倦、不满，同时又觉得自己被束缚住了。人
们试图通过采取行动来填补空虚，但这些只能起到暂时的缓解作用。荒
谬的是，越是黏在一起，人与人之间的依恋就越是束缚，依恋的质量也
越差。

从"推动更多的卷入与敏感"到"过度的卷入与敏感"，这种推动力
使每段关系都进入了一个两难困境，这种困境只有在分化水平达到理论上

的"100"时才会消失。在任何低于 100 的分化水平中，依恋与分离这两股相互竞争的力量，创造了更难解决的两难困境。分化水平越低，人们就越容易对彼此上瘾，同时也有逃离彼此的慢性冲动。这种上瘾的感觉就如同身体对毒品上瘾的感觉。一方面，一个人的幸福感取决于他认为别人会如何看待他，以及他认为别人会如何回应他。一个特定的眼神、动作或评论都可以令人情绪高涨或低落，并一直持续到下一次相遇。另一方面，逃跑的冲动就像被关在笼子里的受惊的动物一样强烈。一个人会对另一个人过敏，以至于在没有强烈反应的情况下，甚至无法看到或意识到另一个人的存在。每段关系中的困境所产生的慢性焦虑，基本上源自人们的需求[⊖]和他人对这种需求的反应。一体化的力量推动人们走向依恋，以减轻焦虑，获得幸福，但是关系的压力和不确定性将引发焦虑，降低幸福感。这种特殊的焦虑源于人们的交往方式，尽管它受到人们所经历的额外压力的影响，但它的存在独立于这些额外压力。

焦虑的一个重要后果是，它会给人们带来压力，迫使他们相互适应，从而减少彼此的焦虑。这种适应的压力会使每个人的行为发生变化，从而导致焦虑被表达、被制约或渗入人们交往和工作的某些方面。这种制约焦虑的过程可以稳定一个关系系统，但它进一步降低了系统的灵活性，并影响临床症状的发展。[⊖]

⊖ "需求"一词需要进一步澄清。当人们说自己"需要"亲密、关爱或空间时，通常是指他们想要这些事物。一般来说，人们并不是像需要空气、水和食物一样需要这些东西。如果他们的情绪"需求"得不到满足，他们通常不会丧生。大多数人都有能力去适应得不到他们想要或者感觉需要的一切。此外，一体化与个体化是一种根植于本能的力量，因此，它们扎根于比心理需求更为深层的地方。当一个人的自我分化水平很低或焦虑程度很高时，他会自动地、不灵活地做出反应，使"想要"成为一种近乎生死攸关的"需求"。例如，两个生物对彼此的存在会产生强烈的反应，如果它们不能成功地避开彼此，其中一个就可能杀死另一个。

⊖ 通过家庭系统理论所描述的相互作用模式与功能模式的改变来制约焦虑，与非人类动物通过遵守领土权、支配层级和空间距离来减少焦虑的功能类似。动物们所遵守和执行的社会结构"制约"了根植于过度拥挤和竞争中的焦虑。

对焦虑的适应及症状的发展

随着分化水平的降低和平均慢性焦虑水平的增加，人们有更多的压力去适应或塑造自己，从而适应关系过程。这种调整或适应的压力来自人们的情绪反应，而非来自人们深思熟虑后，决定通过妥协来提高合作。尽管关系"应该"是什么以及人们"应该"如何表现的主观观念会增强适应压力和人们对这种压力的反应，但这种压力深深植根于一个本能的过程之中。

对关系压力做出适应性反应的结果是群体焦虑，正是每位群体成员的情绪反应和功能模式催生了群体焦虑。群体焦虑在特定的关系中被表达得更多，被特定之人吸收得也更多。这种对焦虑的"划分"，可以通过降低群体的一般焦虑水平来稳定群体。某些群体成员的不良功能和仪式化的互动形式可以起到控制群体固有焦虑和稳定家庭的作用。[⊖]

这种可以减少焦虑的"划分"过程，并没有改变这个系统基本的关系困境。这种对关系压力的适应是人们彼此关注的产物，它能缓解当下的焦虑。但是，为解决基本关系困境所做出的行动，则具有增加系统灵活性的潜力。因为这些行动是基于对情况广泛而长期的评估，其实施需要人们专注于改变自我，而不是试图改变他人，需要一种能够"不采取行动"去缓解当下焦虑的能力。[⊖]

如果环境很理想，即便是分化不良的关系也能保持平衡，而不用依赖双方的妥协或调整来缓解焦虑。然而，由于分化不良的关系产生大量慢性焦虑的可能性非常高，关系平衡将更有可能严重依赖于人们的适应性。分化水平越低，人们对自己和他人焦虑的忍耐力就越低，就会越快采取行动

⊖　如果一个家庭成员的功能障碍变得过于严重，那么他的不良功能对家庭的影响更多的是破坏稳定，而不是维持稳定。在这种情况下，如果这个功能障碍的成员离开了家庭，家庭的焦虑水平实际上可能会降低。

⊖　关注自我、觉察家庭中的情绪过程，以及不受焦虑和情绪反应控制的能力，都是提高一个人分化水平所需的长期努力的组成部分。

来缓解焦虑。因此，当分化减少时，为了缓解或制约焦虑的适应性就会增加，以保持关系的平衡。

无论一段关系陷入一体化的程度如何，大多数关系的早期阶段都是相当放松和平衡的。人们很少感受到来自彼此的压力，只会觉得自己从关系中得到了好处。然而，这种理想的情况是有时间限制的。人际关系就像不稳定的化学元素一样，往往会恶化。发生时间、发生率、病情恶化程度受分化水平的影响较大。分化水平越低，开始恶化的时间就可能越早，而且发展迅速。忍耐力下降和易激惹增加的迹象首次出现时，往往会有一个相当明确的时间点。有些关系的放松状态只能维持几周，关系一旦开始恶化，会在几个月内发展到关系破裂的地步。当然，还有一些关系则要承受一生的压力。

一段关系的持久性，不仅与自我分化有关，还与适应或调节机制的稳定作用有关，这些适应或调节机制是为了制约或吸收焦虑。当感受到对方施加的压力时，人们去适应压力的这种倾向，可以减缓、减轻甚至阻止关系的恶化。这些适应通常是为了应对压力，按照别人想要的方式并遵循"群体指南"去思考、感受和行动。这意味着少花精力做自己，多花精力关注和回应他人。[○]虽然发展不良的个体化和强烈的一体化需求均促进了会产生焦虑的相互依赖，但为了减轻这种焦虑而出现的可预见性的压力更多地指向一体化的力量。

对群体情绪过程的适应是一种自然现象。它们的基本特征是由自然系统和进化过程创造的，虽然人类的进化可能有一些独特的进展，但诸如此类的适应焦虑的方式在许多生物中都显而易见。对这一过程的理解取决于，认识到人类相互依赖和影响的微妙和不那么微妙的方式，不否认我们每个

○ 关注他人，是指以他人的指令为导向，或者试图使他人以自己的指令为导向。因此，"变得不那么个体化"体现为更顺应群体压力，并试图将自己的思维方式强加于他人。

人在他人情绪功能中所扮演的角色，以及他人在增强或削弱我们自己的情绪功能中所扮演的角色。

虽然人类似乎只有几种基本方式来适应他们的互动所产生的焦虑，但特定的关系通常有特定的适应方式。由于关系中的适应方式不同，人们表达、制约或吸收焦虑的方式也不同。然而，所有关系都有一个共同的应对压力的适应性反应——情绪距离。人们通过强行拉开一定程度的距离来吸收或制约由关系困境产生的焦虑。

情绪距离提供了一些"情绪隔离"，使人们免受彼此的影响，它可以通过身体上的回避和各种形式的内在退缩来实现这一点。随着距离的增加，焦虑看似"消失"，实际表现为人们对彼此的回避和对潜在的令人不安的话题的回避。如果人们被迫聚集，或者试图讨论一些情绪化的问题，焦虑就会重新出现。虽然距离可以为一段关系带来一些稳定，但它实际上是一种妥协。情绪亲密带来的舒适感与情绪距离带来的舒适感是平衡的。⊖随着分化水平的降低和慢性焦虑的增加，情绪距离成为关系中日益突出的特征。⊜图 3-6 描绘了这个过程。

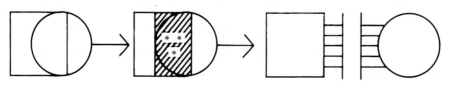

图　3-6

注：虽然这种关系在开始时几乎不会引发焦虑，但随着时间的推移，慢性焦虑的平均水平逐步增加。情绪距离可以制约这样的焦虑。在最右边的图中，断开的线表示距离。

⊖　想想寒冷夜晚的豪猪们。

⊜　这次讨论只集中在两人之间发生的事情上。一段关系的稳定性还受它与其他关系之间联系的影响。例如，一个人越是利用情绪距离来减少关系中的焦虑，他自己或他们俩就越有可能在另一段具有情绪意义的关系或规划上投入精力。关系之外的情绪投入对关系的稳定（减少过多卷入的焦虑）和不稳定（增加卷入不足的焦虑）都有影响。

人际失衡的另一种表现是，每个人都在为减轻对方的焦虑、保持和谐而做出调整。这就要求每个人都放弃一点自己的个性或"自我"，从而使自己更符合对方的意愿。其结果被视为一种情绪上的交易，以放弃一些个性为代价，暂时消除了对一体化需求的威胁。这种适应的稳定性取决于两个人感受到他们的让步是等量的。当关系开始时，人们总有点"不情愿"放弃更多的独立性，对焦虑和不稳定的忍耐力越低，适应将关系的压力凌驾于不情愿之上的可能性越高。

虽然人们可以通过这种适应模式来维持一种和谐，但"代价"是关系平衡向更多的一体化转变。之所以称其为"代价"，是因为随着平衡的转变，这种关系失去了一些"情绪储备"或灵活性。这种"储备"之所以较少，是因为每个人都在功能上变得更加依赖于对方，而人们对自己能够或愿意承受多少这样的依赖是有限制的。由于"储备"的下降，人们在以这种模式为主的关系中，往往会试图使自己免受外部压力。更多的压力意味着关系中有更多的焦虑，也有更多妥协的压力。为了减少压力，人们可能会减少与他人的接触，而这种关系会变成一种"情绪保护罩"。任何分化水平的关系都可能有这种倾向，但分化水平越低，潜在的焦虑就越多，孤立的压力就越大。一个"情绪保护罩"可能达到足够的稳定性来支持每个人的功能，从而不产生任何临床症状。不过，一旦一方去世，另一方的功能可能会迅速下降。

与和谐的"情绪保护罩"相反的过程是另一种模式。在这种模式中，人们通过坚定地不屈服来抵制对方的压力。人们不断迫使另一个人按他们的方式思考和做事，但这种压力遭到了双方的反抗。因此，这种关系的特点是不和谐。尽管这种模式可以存在于任何分化水平的关系之中，但分化水平越低，人们的姿态就越教条，不和谐就越明显，即使在小问题上也没有让步的余地。个体化发展越差的人，就越容易受到与他人"相处"的威胁。对他们来说，成为一个个体，等同于与他人有别，而非等同于真正的自主。

决策，不取决于某一问题的现实情况，而取决于谁的意志将占上风，或谁将"受困于"对决策负责任。显而易见，在这样的关系中很难进行合作。

当我们说，这种冲突关系中存在的互动类型，是因为每个人都"想要"或"需要"去控制对方时，这样的解释并不充分。虽然，在某种程度上，每个人都试图控制对方的想法和行为，但他们同时也在反抗对方试图对自己的控制或影响。因此，双方都指责对方想要按自己的方式行事，尽管这样的指责在一定程度上可能是正确的，但每个人对控制的压力，也是一种对他人控制压力的反应。因此，一个人想要控制或命令别人的冲动强度，不仅是这个人的功能，也是其他人施加压力的功能。而一个人"想要"或"需要"去控制，这种说法忽略了关系元素。

情绪上的冲突提供了一种解决关系困境的方式。对对方的关注，提供了情绪联结，而愤怒和固执地拒绝做对方想做的事，则产生了情绪距离。其结果可能是一种虽然动荡但是持久的关系。通过在冲突中制约或吸收焦虑，关系得以稳定。那么，在一段充满冲突的关系中，如何定义妥协呢？它意指一种能够让步的能力，并且这种让步对各方都具有建设性。当情绪化的相互依赖产生的焦虑在互动中表现出来（与表面的平静相对立）时，人们就不自己吸收焦虑了。这种焦虑的外化，减缓了临床症状的发展。在冲突盛行时，关系就是症状。分化水平越高，冲突中要吸收的慢性焦虑越少，因此，冲突大比例爆发的可能性越小。图 3-7 描述了通过冲突来制约焦虑的过程。

一个"情绪保护罩"和一段冲突的关系可能处在同一分化水平。在特定的水平上，不管相互依赖的类型如何，对彼此的关注和耗能是一样多的。其实，关系困境只是受到了人们对相同压力的不同反应的支配。换句话说，和谐关系与冲突关系中的依恋强度和问题程度可能一样大。在一种情况下，问题被制约在和谐之中；而在另一种情况下，它被制约在不和谐之中。

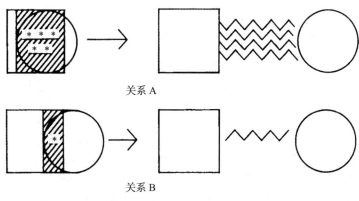

关系 A

关系 B

图 3-7

注：关系 A 的分化水平很低，它引发了高水平的慢性焦虑和情绪反应。如果用情绪
冲突来控制焦虑，那么冲突将会非常强烈。关系 B 的分化水平要高得多，引发的
慢性焦虑也少得多。如果焦虑在冲突之中被制约，那么冲突就不太可能成为重大
问题。

　　另一种关系中的适应模式是，一个人比另一个人更多地调整他的功能
以维持和谐的关系。虽然，关系中的两个人都会做出许多调整，但在某些
关系中，双方屈服于一体化压力的程度不同。让步更多的人更能使自己适
应他人的意愿，以减轻自己和他人的焦虑。这种适应较多的人往往可能取
悦对方，对对方负责，或者觉得自己不如对方。对他而言，调整自己的功
能来缓解周围的不和谐是相当自然的。与其生活在冲突、害怕拒绝或他人
痛苦的迹象之中，不如直接适应"更为简单"。适应较少的人往往意识不
到，他的伴侣做出了多少调整才得以维护和谐。他常常习惯于别人做出调
整来减轻他的痛苦，几乎从未思考过这个过程。适应较多的人对自己的价
值和观点缺乏信心，与之相反，适应较少的人往往过于确信自己观点的正
确性。关系中每位成员思考和行动的方式，都在促进这种互动模式的形成，
认识到这一点十分重要。

　　在一段关系中，随着焦虑的增加，每个人都感到有压力去采取行动
来保持这种依恋，同时又不能在这个过程中放弃太多的自我。当人们在这

种压力下行动时，他们会在这些冲突的力量之间达成妥协。对关系的适应和对人的适应都是对关系过程中"所失"或"所得"的适应。适应较多的人在关系中"失去"自我，适应较少的人在关系中"获得"自我。自我的"失"与"得"是相对的。在现实中，通过适应来缓解焦虑以维持关系平衡的过程，使得关系双方都有"损失"，他们都变成了僵化关系系统的一部分。用适应来减轻焦虑，可能更有利于其中一方的功能，但其实这个过程对双方都有限制。

向关系压力让步更多的人促进了关系的和谐，但同时他自己也"吸收"了焦虑。在这样的一段关系中，虽然没有出现不和谐，但焦虑也没有真正消失，它不成比例地捆绑在一个人身上。"吸收者"更多地允许由关系来决定自己的功能，这样就不会威胁到一体化。虽然，这会减少关系中的焦虑，但会增加适应较多之人的焦虑。[⊖]

这种被吸收的焦虑必然以某种方式加以控制。适应较多的人会在关系中"失去自我"，并对这种丧失做出内在调整。这些调整可能是在行为层面，或者是在躯体和情绪功能上，它们是情绪反应的产物而非思考的产物。有一些调整内外不一，例如，这个人可能表现得顺从，但会长期疲劳并且嗜睡。

从这段关系中"获得自我"的人，也会自动做出内在调整来回应这种收获。他可能会感到更有活力，能够承担更多的责任，也可能对"失去自我"的人（放弃更多自我的人）的功能承担更多责任。适应较少之人的功能过度与适应较多之人的功能失调是相互作用的，这个例子说明了这个过程如何限制了关系中的双方。事实上，有时功能过度者比功能不足者在这

⊖　为什么人们要做一些事情来增加自己的焦虑呢？记住，这是一种情绪上的交易，一种妥协。一个人获得了与接纳、和谐相伴的幸福，却失去了主宰自己生活的幸福。如果对于妥协的压力过大，对于接纳、和谐的"获得"似乎不抵自我掌控的"损失"，这个人可能会反抗或离开这段关系。

个过程中失去了更多的自我。最终，较之于功能不足者对功能过度者的适应，功能过度者对功能不足者的适应带来的压力更大。

　　为了关系系统，一个人做出放弃自我的调整，这种调整可能在躯体、情绪和社会功能障碍的发展中发挥作用。虽然临床症状的发展是一个复杂的过程，涉及的因素比这里讨论的要多，但它可以反映出一个人对焦虑的控制。⊖在高度分化的情况下，当关系中的一方更愿意为了维持和谐而调整自己时，通常不会导致其放弃更多的"自我"或吸收更多的焦虑。除非在极端的外部压力下，这种关系通常不会包含太多的焦虑。但是，分化水平每低一级，就有更多的焦虑要被吸收，吸收这些焦虑的个体，其自身焦虑管理能力会面临更大的压力。因此，分化水平越低，要通过调整自己来缓解焦虑的压力越大，为关系而放弃自我所做的内部调整越显著，这种调整就越有可能表现为临床症状。

　　在分化水平非常高的关系中，焦虑很少，只有当它受到外部事件的显著压力时，才会产生临床症状。这种关系有高度的"情绪储备"，这使它非常能适应压力。然而，紧张和长期的压力可能超过储备的极限，进而带来临床症状。中度分化的人际关系比高度分化的人际关系更容易产生慢性焦虑，但对这种关系做出适应性调整的总量不一定会引发临床症状。中度分化的关系拥有的额外压力和焦虑，比高度分化的关系的更少，这是因为额外的压力和焦虑超出了关系的适应能力，出现了急性症状。当与压力相关的焦虑减轻时，症状就消失了。在　段分化不良的关系中，总是存在要做出适应性调整的压力且意义重大，以至于症状往往是关系平衡的一个特征。额外的压力会加重慢性症状的严重性。在分化水平很低的家庭中，有太多焦虑需要管理，所以一些家庭成员经常有慢性症状。

　　一个人越多调整自我以保持系统的和谐，他就越觉得对自己的功能失

⊖　其他因素包括感染性因素、基因、生化缺陷和所有其他已知的与临床功能障碍有关的因素。

去了控制，就越觉得自己的幸福取决于他人的反应。他对压力情境的疏远，与其他人对他的疏远加在一起，会导致他情绪隔离。情绪隔离和慢性焦虑似乎是许多临床症状发展的基础。㊀

　　暴食、厌食、争强好胜、消极怠工、酗酒或吸毒，还有诸如婚外情之类的关系，在某种程度上都是焦虑的症状，以及为了控制焦虑所做的尝试。慢性精神病和抑郁症不仅可以被看作疾病，还可以被看作对关系系统放弃太多自我的症状。慢性精神病患者的生活由他所处的环境决定，他对别人给予他的情绪支持非常敏感。精神病性思维过程和抑郁都是控制或制约焦虑的方式。慢性精神病至少在一定程度上可以使人的内部平衡。经常患躯体疾病的人会根据他们在关系系统中的功能性位置来吸收焦虑，他们有时把这种境况描述为"没有出路"㊁。他们感到被困在这段关系中，但无法处理它所带来的困境。在社交功能障碍中，被吸收的焦虑被表现出来或被外化。一个胡乱偷东西的商店扒手，通常是一个在婚姻中放弃了"太多"自我的焦虑之人。当焦虑达到一定程度时，这个人就会去商店行窃，而且通常对此没有什么辩解。

　　一旦有症状出现，这段关系就会围绕有症状的人发展，这可能会助长症状的慢性化。家庭可能会过度关注这个功能失调的人，这种关注可能会创造一种相对稳定的一体化。㊂在某些方面，伴随慢性症状的生活，要比面对存在于家庭成员之间的、更为根本的关系问题更容易。大家都不希望有人生病，但是人们很难看到，并且不愿意处理关系过程，这是家庭摆脱慢性功能障碍的一个重大阻碍。分化水平越低，这种情况就可能

㊀　情绪隔离和增加的焦虑也可能是一段关系因成员死亡或离婚而破裂的结果。

㊁　"没有出路"的境况并不是身体机能障碍所特有的。

㊂　一个有症状的人可以起到稳定家庭的作用，就像一个症状可以起到稳定个体的作用一样。在第一种情况下，焦虑是家庭系统的一部分；在第二种情况下，焦虑是个体内在系统的一部分。对个人和家庭而言，当症状强度很高时，它可能具有更多不稳定的功能，而不是稳定的功能。严重的慢性疾病会给病人和家庭带来太多的需求和约束，人们会因为慢性疾病而精疲力尽，而非稳定下来。

越严重。

　　到目前为止，用来缓解焦虑的调节模式只涉及两个人，但两人关系中产生的焦虑很少仅仅局限在这段关系之中。事实上，即使是中度分化的人，对一段关系的焦虑也不太可能只被一段关系制约或吸收。这种关系将通过三角化概念所定义的可预测模式与他人交织在一起。同样，通过三角化的过程，一段关系可以从其他关系中吸收焦虑。然而，想要理解引发三角化的情绪力量，就需要对自我分化概念和慢性焦虑现象，进行更为详尽地讨论。

第 4 章

自 我 分 化

　　分化概念包含了许多方面，我们可以用多种方式进行讨论。第 3 章的重点是，分化水平对关系中情绪共生程度的影响，以及这种情绪共生影响个体功能的方式。本章将讨论自我分化的发展，这是一个需要着重强调的、与分化相关的议题。在讨论前，要先考虑自我分化能力可能对人类产生的影响，这一点非常重要。对于这些影响的推测，来自对 E. O. 威尔逊、保罗·麦克莱恩、默里·鲍文三人看似平行的观察研究结果的比较。这些比较的目的是为分化概念提供一个进化视角。但想要真正整合这三个人的工作还为时过早。

进化背景下的分化

　　E. O. 威尔逊（1975）通过研究大量动物物种形成的社会类型，定义了社会组织的三个关键属性：内聚性、利他性和合作性。四种主要的类群广泛地发展了这些特性：①群居无脊椎动物（珊瑚、僧帽水母等）；②群居昆虫（蚂蚁、白蚁、某些黄蜂和蜜蜂）；③非人类哺乳动物（特别是大象、黑猩猩和非洲野狗）；④人类。威尔逊指出，即使脊椎动物和无脊椎动物物种在很大程度上实现了社会组织化，随着进化从更原始、更古老的生命形态发展到更先进、更近期的生命形态，社会性的发展实际上有所下降。这并不意味着，由于较新进化的物种没有发展出祖先那种高度相互依赖的社会，所以它们更不适应环境。高度的社会融合对物种的适应性并没有本质上的好处。认识到这一趋势的重要性在于，它提出了有关塑造进化变异之过程的新问题。

根据威尔逊的标准，群居无脊椎动物已经创造了近乎"完美的"社会。其中的个体不仅在功能上常常完全服从于整个群体，在身体上也常常连在一起。成员的专门化非常极端，并且它们如此彻底地组合成物质整体，以至于整个群体看起来就像一个有机体。然而，这种程度的融合并不是所有群居无脊椎动物的特征。社会组织的等级划分范围，从以自由自在、自给自足为主的群居物种，到中度融合的物种，再到生活在高度相互依赖群体中的物种。僧帽水母就是"个体"作为一个群体的例子，通过个体之间联结和融合程度逐渐提高的进化过程，僧帽水母产生。为了让这些曾经自由生存的生物在如此高度一体化的社会中生存，它们的个性不得不减弱。这种弱化的结果是，在一个最大限度内聚的群体中，合作和利他主义高于任何自私的迹象。

事实上，群居昆虫形成的社会远不完美。群居昆虫中存在不育等级，它们受制于自然规律以执行某些功能，并表现出显著且多样的利他行为。然而，尽管这些利他主义的品质与低等无脊椎动物类似，但它们通过一些有趣的独立性，在社会性昆虫中达成了平衡。强有力的证据表明，在不同的蜂群中，为了产卵权和统治权持续发生着低调的斗争。有时，冲突是公开的，比如，大黄蜂女王控制女儿们的方式，只要女儿们企图产卵，女王就攻击她们。虽然昆虫群落中的不和谐现象不太明显，但与群居无脊椎动物的"社会天堂"还是相差甚远的。在进化的过程中，群居昆虫比低等无脊椎动物更不愿意放弃自己的个性。

随着个体身体结构变得更加精细，社会进化的步伐似乎已经放缓。例如，在脊椎动物社会中，利己主义支配着成员之间的关系，很容易观察到明显的攻击性和不和谐。[⊖]不育等级不为人知，利他行为并不常见（通常只针对后代）。脊椎动物社会的每位成员都可以被看作一个为了自身利益而剥削群体的"坚定的个人主义者"。通常，它们只有最基本的合作。一些哺乳动物确实形成了相当有凝聚力的团体，成员之间的合作与利他是它们适应环境的一个重要特征，但这些特征不如群居无脊椎动物（如群居昆虫）那么明显。此外，即使在最具社会性的哺乳动物中，也经常形成自私的亚群，它们为了追求自己的目的而损害整个群体的利益。在威尔逊看来，典型的脊椎动物社会支持个体和群体的生存，并以牺牲社会的完整性为代价。

从本质上来说，人类在社会结构上和其他脊椎动物相似。但相比之下，人类社会非常复杂。威尔逊认为，人类的社会适应在哺乳动物中是独一无二的。人类社会在合作精神上接近昆虫社会，但交流能力上远远超过昆虫社会。根据威尔逊的说法，智人已经扭转了社会进化的下降趋势，而这种趋势在之前的生命历史中已经盛行了 10 亿年。威尔逊认为，在脊椎动物中，人类如何能够建立起如此复杂的社会组织，这是"所有生物学的终极奥秘"。他提出，通过提升智力而不是减少自私，人类已经打破了"旧脊椎动物在社会组织方面的限制"。人类记住过去和计划未来的能力使其能够做出"互惠利他"的行为。利他行为可以在不同的时间进行交换，跨越的间隔时间很长，甚至跨越好几代人。其他社会物种不可能达到人类对血缘关系的那种关注程度。这种水平的交换能力似乎为合作提供了相当大的动力。

⊖　攻击性、不和谐和自私并不是"坏"性格。进化论认为，自然选择在某些物种中保留了这些特征，它们具有某种功能。

在威尔逊看来，进化过程中存在两种相互制衡的"力量"，它们影响着社会行为的发展。产生社会行为的推动力是更高的智力，而反作用力是个体间的低亲缘关系。智力的提升，使人们能够发展出更好的交流系统，更准确地识别个体，使学习和惯例的作用得到加强，并在社会中形成联结和派系。社会生物学理论指出，物种成员之间的低亲缘关系导致自然选择倾向于自私行为而非无私行为。在进化过程中，个体间的低亲缘关系一直是一种反社会的力量。群居低等无脊椎动物通过无性出芽繁殖，群体成员的基因相同。群居昆虫由于具备有性生殖的独特特征，它们的基因关联强于脊椎动物社会群体的成员。但是，群居昆虫并不是无性繁殖，因此它们的基因关联弱于群居低等无脊椎动物。当进化向着更复杂的生物发展时，同一物种个体成员之间的亲缘关系减少了。

保罗·麦克莱恩（1978）从不同于威尔逊研究的视角开展工作，他发展了大脑进化与人类社会行为的概念，这些与威尔逊的观察非常吻合，即脊椎动物社会进化下降的趋势发生了逆转。麦克莱恩已经成功阐明了许多哺乳动物（包括人类）社会行为的神经解剖学和神经物理学基础。他指出，大脑的新皮层最初是在高等哺乳动物的进化过程中形成的，这有点像一台客观的机器。他评论道：

> 早些时候，我们认为大脑皮层会像冷酷无情的电脑般运作。它使得猴子有可能像歹徒一样进入另一个群体，杀死占统治地位的雄性，并在虚弱的母亲面前杀婴。这里没必要再赘述人类的一些相似之处了。[○]

之后，大自然缓慢而渐进地给大脑皮层增加了一些东西，即前额叶皮层。根据麦克莱恩的观点，正是前额叶皮层为我们自己和他人的计划提供了先见之明，并帮助我们洞察他人的感受。显然，它是新大脑皮层中唯一

○　MacLean, 1978, p. 339.

能够反思内在事件的部分。麦克莱恩认为这种进化发展的影响如下：

> 　　大自然首次设计出这样一种动物，它对其他生物的苦难表现
> 出关心。大自然似乎试图在一个自相残杀的世界里来了一个180
> 度的大转弯。[一]

同理心是指对他人富有同情心的共鸣，或许是因为前额叶皮层的进
化，使其成为可能。[二]如果同理心的能力是人类独有的，或者至少在人类
身上比在其他动物身上发展得更广泛，并且如果同理心促进了一种不同类
型的社会过程，那么它可能是逆转社会行为进化趋势的另一个因素。

威尔逊和麦克莱恩都在研究人类社会功能的某些方面，这些方面使人
类在哺乳动物和其他脊椎动物中独具一格。家庭系统理论还涉及人类的凝
聚力、利他性和合作能力。具体来说，该理论试图解释这些属性在家庭之
间的可变性。在一个家庭或其他社会群体中，人们的分化水平越高，他们
就越能相互合作，照顾彼此的福祉，并在压力和平静时期均保持足够的联
结。分化水平越低，家庭在压力下就越有可能倒退至自私、好斗和逃避行
为，凝聚力、利他性和合作能力都会降低。然而，尽管人类社会组织中存
在这些常见的精神崩溃，但与任何其他哺乳动物相比，不论是在压力情况
下还是在平静情况下，人类可能都更有能力保持社会完整。这种能力的存
在，至少在一定程度上是源于自我分化的能力。这可能是一种人类独有的

　　[一]　MacLean, 1978, p. 340.

　　[二]　如果前额叶皮层的进化使同理心成为可能（这并不意味着同理心只是大脑这一部分
的功能，神经系统的其他部分可能也起到了作用），一体化的力量就可能在同理心
中起到作用，并且这种力量可能永远不会局限在神经系统的某个特定部分。可以证
明神经系统的许多部分都对一体化力量有所贡献（例如，边缘系统），但是没有一
个部分可以完全解释一体化的力量。人们假设，随着神经系统的进化，一体化力量
在所有生命系统中都起到了作用。如果这种假设正确，那么神经系统的每个新部分
都可能具有个体化和一体化的功能。人们认为前额叶皮层的进化给个体化和一体化
增加了新的或更复杂的功能，最好将这些新功能视为对旧主题的阐述，而不是"全
新"的过程。

进化发展。自我分化可能是帮助逆转了 10 亿年反社会进化趋势的另一个重要因素。⊖

一个人的自我越分化，他在与群体保持情绪联结的同时，就越可以做一个个体。在某种程度上，人类似乎是一个独特的物种。人可以同时作为一个个体和一个群体成员。与群居无脊椎动物不同，作为群体成员的能力并不以放弃个性为条件。思考与反思的能力，使人有能力抑制自私和恶意的冲动，甚至在高度焦虑的时期，都不会对内部和外部的情绪刺激自动地做出反应。大象和黑猩猩也算是组织良好的群体，但与分化相当好的人类群体相比，这些群体的完整性在面对压力时似乎更脆弱。

一个人的自我发展得越好，就越能在不损害他人福祉的情况下增进自己的福祉。正是个体化的丧失和一体化力量的影响力的增强，才会导致人们互相侵犯、互相损害。群体凝聚力可以建立在以一体化为主的基础之上。例如，在一个分化水平很低的家庭中，个体化是如此的不发达，以至于人们会为了情绪支持而互相依赖。群体凝聚力也可以建立在以个体化为主的基础上。⊖例如，在一个分化良好的家庭中，人们认识到他们对彼此的现实依赖，但是他们在情绪功能上却能够相当自主。在平静的情况下，这两个家庭可能看起来是一样的，但在压力下，一体化取向的家庭，其凝聚力极易受到侵蚀并出现症状。由于人类在强大的一体化压力下保持个体化的能

⊖ 家庭系统理论认为，分化的概念可以扩展到其他动物。然而，人类似乎比其他物种更具分化能力。珍妮·古道尔（Jane Goodall）对黑猩猩的研究与史蒂芬·索米（Stephen Suomi）对恒河猴的研究，描述了同一物种成员在情绪功能方面显示出的个体差异。有些甚至对日常的生活压力都有强烈反应，甚至损害到它们的功能；另一些在通常情况下能够较好地维持正常的功能。虽然还需进一步的研究才能得出确切的结论，但我们可以认为，与那些不能维持稳定功能的猴子相比，在一定压力范围内能够维持相当稳定功能的猴子更为分化。随着对其他物种成员情绪功能个体差异的更多了解，分化的概念会被视为适用于整个系统进化树（phylogenetic tree）。但是，家庭系统理论中的"自我"概念只能粗略地应用于其他物种。在人类身上，"自我"可以发展得如此精巧，这在灵长类动物中是独一无二的。

⊖ 群体凝聚力建立在以个体化为主的基础之上，这个说法并不意味着人类对彼此的亲和力植根于个体化。相反，亲和力被认为反映了一体化的过程。

力不同，所以接下来，对造成这种差异的一些因素进行研究是很有意义的。

影响分化水平的一般因素

每个刚踏入这个世界的婴儿都完全依赖他人带给自己幸福。在大多数情况下，新生儿需要依赖于主要的照料者，通常是婴儿的母亲。婴儿的生命始于与母亲彻底的情绪融合或共生状态。母亲和婴儿对彼此的反应如此自然，以至于人们认为共生是一个自然发生的过程（人类进化遗传的产物）。母亲不需要学习很多关于如何照顾婴儿的知识，婴儿也不需要学习很多关于如何从母亲那里得到回应的知识。紧张和焦虑的母亲可能会对照顾孩子感到不知所措、没有把握，但当她们平静下来时，她们会发现自己"知道"该做什么。在孩子的成长过程中（很大程度上是由于身体的成熟），他对自己负责的能力也逐渐增强。随着时间的流逝，成长中的孩子的任务是成为一个独立的个体，而父母的任务则是允许孩子的个体化得以彰显。

家庭系统理论假定，每个人都有一种本能的生命力（分化或个体化），这种生命力促使正在发育的孩子，成长为一个情绪上独立的人，一个具有独立思考、感受和行动能力的人。该理论还假定存在另一种本能的生命力（一体化），这种生命力促使孩子和家庭保持情绪联结，并相互影响。一体化的力量推动孩子和家庭作为一个整体去思考、感受和行动。这两种相互制衡的生命力使得没有人能够实现与家庭彻底的情绪分离，人们永远无法彻底解决早期的依恋。[○]

不同的人与各自原生家庭之间的情绪分离程度存在着相当大的差异。

○ 尽管"分化"和"个体化"这两个词并不能准确地描述相同的现象，但往往可以互换使用。分化是指一个过程，个体化是指一种生命力。分化描述了个体在一个关系系统中管理个体化和一体化的过程。由于较高的分化水平与增加的个体化发展密切相关，所以这两个词经常被当作同义词使用。然而，重要的是记住，较高水平的分化也与允许一体化自由发挥的能力有关。

这些差异与两个主要变量有关：①其父母与他们各自家庭的情绪分离程度；②其与父母、兄弟姐妹和其他重要亲属关系的特征。父母的行为方式，使得孩子与他们之间的情绪分离程度和他们与父母之间的情绪分离程度相同。然而，并不是一对父母的所有孩子在情绪分离程度上都是一样的。这是因为父母与每个孩子的关系特点不同，他们与一个孩子的关系可能比与另一个孩子的关系更容易产生分离。所以，一个孩子与父母之间的情绪分离，很可能比父母与他们父母之间的情绪分离要多一些，而另一个孩子与父母之间的情绪分离，比父母与他们父母之间的情绪分离要少一些。 ⊖

一个成长中的孩子与家庭的情绪分离程度，会影响孩子从家庭分化出自我的能力。在家庭"情绪场"中成长的孩子，很容易卷入家庭关系发展的过程之中。从婴儿期开始，他就接触到很多东西，包括周围人的情绪化和主观性。在分化良好的家庭中，情绪化和主观性对夫妻关系或亲子关系没有很强的影响。低强度的情绪化或一体化压力允许孩子成长为为自己思考、感受和行动的人。孩子不仅能够把父母、兄弟姐妹和其他人看作在他生活中发挥作用的人，而且可以视他们为截然不同的个体。他的自我意象不是通过对他人的焦虑和情绪需求的反应形成的，其他人也不会通过自身情绪层面的扭曲知觉来限定这个孩子。他的"自我"并没有自动并入为了获得他人接纳和认可的情绪化压力之中。相反，他的想法、价值观和信念是经过深思熟虑的、彼此一致的。孩子成长为家庭的一部分，但又与家庭分离。

在一个分化水平较低的家庭中，情绪化和主观性对家庭关系有很大的影响。高强度的情绪化或一体化压力不允许一个孩子成长为为自己思考、感受和行动的人，这样的孩子是在对别人的行为做出反应。叛逆的青少年

⊖　父母，并不是促成孩子情绪分离多少的原因。亲子之间的分离受到其他家庭成员反应的强烈影响。父母扮演着重要角色，但这个过程受到每个家庭成员的思维、情感和行为的影响。不能把父母理解为使人做出反应的原因。

就是一个很好的例子，他的叛逆反映出他和父母之间缺乏分化。反叛者是一个高度反应性的人，其自我发展得很差，行动与父母等人背道而驰。反过来，父母等人又对自己不够确知，便对孩子的见诸行动做出无意识的反应。这个孩子的大多数价值观和信念都是在与他人信念对立的情况下形成的，而且更多的是基于情绪反应而不是思考，因此它们通常是不一致的。父母情绪上的不成熟对他们与这个孩子之间关系的影响，比他们与其他孩子之间关系的影响更大。反过来，这个孩子对父母的反应比其他孩子更不成熟。这是一种相互作用的强化系统，它超越了互相指责，尽管后者很常见。在孩子离开家庭后，他会在与其他人的互动中，重复某种形式的家庭关系模式。他在促成这种重复的过程中，扮演自己的角色，其他人扮演他们的角色。由于几乎没有人实现与家人的情绪分离，人们在其他关系上也很少成功实现这一点。

分化量尺

人们与原生家庭情绪分离的不同程度，解释了他们所处的不同自我分化水平。分化量尺这一概念被用来描述人与人之间的这种差异，它是一个从低分化到高分化的连续体。"完全分化"存在于一个彻底解决了对家庭情绪联结的人身上，他已经达到了完全的情绪成熟。也就是说，他的自我得到了充分的发展，如果必要，他在任何时候都可以在群体中成为一个与众不同的人。他对自己负责，既不助长他人的不负责任，也不参与其中。这样的功能水平在量尺上被标定为100。"完全未分化"存在于一个完全没有与家庭情绪分离的人身上。他是一个"没有自我的人"，无法在群体中成为一个与众不同的人。这一功能水平在量尺上被标定为0。

该量尺主要是具有理论重要性。它并不是按照能够将人分配到精确等级的测量工具来设计的，因为对一个人的评估需要相关人员的大量信息。

该量尺也没有定义临床诊断类别，而是定义了个体对压力的适应性。如果压力足够大，处于量尺上任何位置的人，都可能出现躯体、情绪或社会功能症状。然而，分化水平越高，引发症状所需的压力越大。由于该量尺代表一个适应性功能的连续体，因此，将量尺上的任何一点指定为"正常"都是武断的。

对于处在量尺不同位点上的人来说，最能描述他们之间差异的特征，是他们能够区分情感过程和理智过程的程度。与区分情感与理智的能力相关的，是在自身功能受情感指导还是受理智指导中做出选择的能力。一个人成长过程中的情绪氛围越复杂、越强烈，他的生活就越受自己和他人情感反应的支配。那些与家人情绪分离最少的人（在一个分化不良的家庭中卷入最多的孩子），最没有能力区分情感和思考。那些与家人情绪分离很多的人（在一个分化良好的家庭中卷入最少的孩子），最有能力区分情感和思考。家庭治疗的核心指导原则就是：增强一个人区分自我与他人情感和思考的能力，并学会利用这种能力来指导自己的生活并解决问题。

标定一个人在量尺上的具体位置很有难度，主要原因之一是，分化的基础水平和功能水平之间存在区别。基础分化在不依赖关系过程的情况下发挥作用，而功能分化在依赖关系过程的情况下发挥作用。这意味着，在某些情况下，基础分化水平不同的人可能具有相似的功能分化水平。所以一个人目前的活动方式，并不一定等同于他的基础水平。"量尺水平"一般是指基础水平，但由于基础水平会被功能水平"掩饰"，因此，通常很难确定基础分化水平。

基础分化水平在很大程度上取决于个体与原生家庭的情绪分离程度。由于影响个体情绪分离（和基础分化）总量的主要因素之一，是他父母实现的情绪分离总量，而这又受到他祖父母实现的情绪分离总量的影响，因此，基础分化在很大程度上是一个代际情绪过程。在以后的生活中，不同寻常的生活经历或者为了提高基础分化水平做出的努力会引起一些变化，但在孩子进入青春期时，基础分化水平就已经相当稳定了，而且通常会固定地持续一生。临床经验表明，一个人只有自立，独立于他的原生家庭而生活，才能成功地改变他与家庭的关系的基础分化水平。

人们的功能可能高于或低于其基础分化水平，这取决于他们所在关系系统的环境。例如，两个基础水平为 35 的人结婚，在婚姻过程中，他们可能会对"自我"做出充分的"借用"和"交换"，以至于一方的平均功能水平上升到 55，另一方下降到 15。这种借贷交易过程与人们相互适应以缓解焦虑的方式有关。 ⊖

基础分化水平越高，个体越能始终如一地维持在高功能水平，与关系密切者的功能水平差异越小，因为高分化者的功能不怎么在情绪上依赖他人。基础分化水平越低，功能水平波动越大，与关系密切者的功能水平差异越大（跷跷板效应）。

在一个人最重要的人际关系系统中，慢性焦虑水平会影响功能水平。当焦虑水平较低时，人们的反应性更低，也会更深思熟虑。这往往有助于稳定个体功能，并减少人们相互施加的、可能会损害个体功能的压力。当焦虑水平较高时，人们会变得更具反应性，更少思考，系统功能也容易衰退。焦虑会扰乱个体的稳定，增加个体对关系的关注。该过程的结果是某些人功能过度（功能水平高于基础水平），而其他人的功能不足（功能水平低于基础水平）。一个人的基础水平越高，就越能保持高功能，即使是在高度紧张的情况下也不会专注在别人身上。他能忍受自己内心的焦虑，不容易被别人的焦虑"传染"。相反，如果系统的慢性焦虑水平上升，就可能会严重损害基础水平较低的人的功能。

　⊖　对功能水平的评估需要考虑大量信息。例如，慢性症状的出现就与功能水平低下有关。在上述 15 与 55 的功能水平差异中，15 的一方可能是酗酒并患有严重恐惧症的"宅男"，55 的一方可能身负要职且非常健康。

　　人际关系、信仰、文化价值观、宗教教条甚至迷信都可以提高功能水平。功能水平可以迅速上升和下降，也可以保持长期稳定，这在很大程度上取决于核心关系的地位。例如，在离婚后，一方的功能水平可能上升，另一方的功能水平可能下降。这是功能水平的变化，不是基础水平的变化。一个基础水平低的人，其功能水平会在短短几个小时内起起落落很多次。比如某人工作时的功能水平可能比在家时高；父母的功能水平可能在孩子出生后或增或减；在父母去世后，个体的功能可能会下降很长一段时间。基础水平高的人可以适应诸如出生、死亡等变化而不怎么改变功能水平，但在这些事件后，基础水平低的人会出现功能水平的永久性下降。

　　评估一个人的基础水平的最佳方式有两种，一是评估他一生的平均功能水平，二是评估与之关系密切人员的平均功能水平，其中必须包括长辈、平辈和晚辈。这种广泛的关注是必要的，因为功能水平通常并不等同于基础水平。如果一个人以"借来的"自我执行功能，那么这在他周围的人中也会很显而易见。如果配偶一方的功能水平为 55，另一方为 15，或者父母双方的功能水平都为 50，其中一名子女为 20，则表明基础水平与功能水平之间存在差异。核心家庭中的每个人的功能可能都为 40 ～ 45，但这可能依赖于一个优秀的支持系统。在某个重要人物（如家族的女族长）去世后，可能发生的功能上的变化会更准确地反映这个家庭的基础水平。如果群体出现严重的慢性症状，这表明其基础水平为 25 ～ 30。通常，异常稳定的群体可以提高群体成员及家庭成员的功能水平，他们可能通过严格遵守宗教价值观和习俗来强化这种稳定性。但当"社会性焦虑"长期处于高水平时，群体也会破坏成员的功能。 ⊖

　　⊖　当社会性焦虑情绪高涨时，它对家庭功能的影响是不均衡的。分化不良的家庭（不适应）比分化良好的家庭（更适应）更容易受到影响。例如，在一个分化不良的家庭中，一个小型核电站事故所产生的恐惧，可能会引发一个不断升级的焦虑循环。一个分化良好的家庭不会对外部事件做出如此强烈的反应，因此，这个家庭能够更好地评估现实情况。他们的行为更多是基于客观判断，而不是主观看法。

鲍文已将分化水平（通常指基础分化）划分为 4 个功能区间（0～25、25～50、50～75、75～100），并明确了每个区间内人们的一些特征和区间内的一些变化，这些变化与人们位于特定区间的高端还是低端有关。进一步的研究将可能更加精确地区分分化的基础水平。目前，已经明确了具体的划界标准，最终能确定进一步的划界标准。

0～25：处在这个区间低端的人对周围的世界太过敏感，以至于丧失了感受力，变得麻木，虽然如此，他们依然生活在一个情感世界之中。由于情绪上的匮乏性和对他人的高度反应性，他们很难维持长期的关系。大部分的生命能量进入"爱"或"被爱"之中，而且在未能得到爱时，其反应消耗了许多能量，没有多少精力留给目标导向的追求，对他们来说，努力获得慰藉就足够了。这些人有高度的慢性焦虑，因此很难找到他们真正感到舒适的情境。

基础水平在 25 及以下的一个基本判定标准，是不能区分自己的想法和情感。这个水平的人太沉浸于情感世界，以至于他们几乎不知道还有别的选择。生活中的重大决定都是建立在"感觉正确"的基础之上。他们对别人的意见和别人想让他们做的事情反应敏捷，以至于他们的行为几乎完全受控于他们对环境的情绪反应。反应范围从自动服从到极端对立行为。"自我"发展得如此之差，以至于代词"我"的使用仅限于自恋式的声明，如"我要、我痛、我要我的权利"，他们无法对"我"做出更具分化的陈述，如"我相信、我是、我愿意"。但这并不意味着该区间内的人一定是在自私地剥削他人。通常，缺乏自我的表现，使他们成为所依恋关系系统的彻头彻尾的情绪附属品。他们反射性地使自己适应，以减轻他人的不适。另一方面，如果压力太大，分化水平非常低的人可能会恶毒地攻击别人，尤其是攻击那些他们最依赖的人。

由于与家庭几乎没有情绪分离，这些人很可能在生活中不停地寻找那种能复制他对原生家庭的依赖型依恋的关系。处在这个区间高端的个体，或许能够维持一个充分依赖的关系系统，并且在没有症状的情况下正常生活。然而，当压力使人情绪失衡时，功能障碍往往趋于慢性和严重，调整能起到的作用微不足道。这些功能障碍可能是在躯体、情绪或社会层面。处于量尺最低端的是那些已经放弃关系的人。通常，他们分布在各种各样的机构中，或存在于社会边缘。顽固型精神分裂症患者的分化水平为0～10。有些许生活意义的慢性精神分裂症患者，他们的分化水平稍高一点。贫民窟的酗酒者和无药可救的吸毒者，他们的基础分化水平通常低于25。如果有一个良好的关系系统做基础，他们或许可能在生命的某个阶段上成功地执行功能，但假定这个系统由于死亡或离异而遭到破坏，他们就会陷入永久性的创伤。[⊖]

　　他们如此沉浸于情感世界、沉迷于舒适之中，以至于他们不能够增加自身的基础分化水平，这是判定人们处在该区间的一个重要标准。如果人际关系环境有利，那么功能可以改善，症状也可以减轻，这种改善视具体情况而定，但并非变得更加分化。对于一个分化水平处在0～25的功能障碍者，最有效的治疗包括与一个支持性的关系系统保持联结。除此之外，通常就是与和他有关系的人待在一起。这个人可能是他的父母或是成年的兄弟姐妹，他们的功能在某种程度上处于更高的水平。与功能障碍者的关系激励着他们为自我努力。如果父母、兄弟姐妹或其他人能够与功能障碍者保持联结，并保持自己的功能，比如，不对功能障碍者承担过多的责任，功能障碍者往往会进步。[⊜]

　　⊖　所有类型的功能障碍的极端情况，最有可能发生在量尺低端的人群身上。例如，肥胖是一种社会中很常见的症状。虽然存在生物学因素，但它受到慢性焦虑的强烈影响。分化水平为25～50的人，他们的肥胖与分化水平为0～25的人是不一样的。后者比前者需要试图控制更多的慢性焦虑，因此他们很可能患有一种极端且棘手的肥胖症。

　　⊜　许多处在0～25的人与家人完全失去了联结，因此，通常很难找到既有能力又有动力去处理与功能障碍亲属之间关系的家庭成员。

　　25 ～ 50：处在这个区间内的人的自我定义不清，但他们开始萌发分化能力。处在该区间低端的是相当典型的没有自我的人，他们有许多分化水平较低的特征。由于缺乏自己的信仰和信念，他们很快适应主流的意识形态。为了获得认可，他们易受影响并迅速模仿别人，是思想上的变色龙。他们所采用的观点是对自身情绪构成的最好补充，并且他们指望外部权威（如文化价值观、宗教、哲学、法律、规则手册、科学医生和其他来源）支持他们在生活中的地位。

　　处在 35 ～ 40 这个区间的人适应性很强，他们通常不表现出大多数处在量尺低端之人的缺陷和麻木。但情感的确对他们的功能有很大影响。他们对情绪上的不和谐很敏感，对别人的看法很敏感，对留下好印象也很敏感。他们善于学习可能表示赞同或反对的面部表情、手势、声调和行为。情感可以随着赞美或赞同而高涨，也可以随着批评或否定而跌落。就像低水平的人一样，太多的生命能量被导向"爱"，寻求"爱"和认可，以至于很少有能量可以用来实现自我决定的目标。工作中的成功更多取决于上级和关系系统的认可，而不是工作本身的价值。在很大程度上，他们终其一生都在追求不切实际的亲密关系。

　　处在 35 ～ 40 区间内的人，具有低水平的稳固的自我，这是基础分化的重要组成部分，可是他们具有适度水平的假自我，这是功能分化的重要组成部分。假自我指的是从他人身上获得的知识和信念，这些知识和信念被理智吸收并且在与他人的关系中进行讨论。假自我是由情绪压力创造和调节的，它的原则和信仰会迅速改变，以便提升自我在他人心目中的形象，或与他人抗争。虽然这些知识和信念是由理智整合而成的，但它们却与情感过程紧密地融合在一起。当知识和信念以一个万事通的权威、一个门徒的顺从或一个叛逆者的反对等方式表达时，这种融合是显而易见的。信念与情感是如此紧密地融合在一起，以至于信念成了一种起因。当这些信念和观点构成安慰或指引方向时，假自我可以减少焦虑，增强情绪和躯体功

能。即使信念与事实相冲突，情况也依然如此。[⊖]

在情绪强度不高的情况下，假自我通常会提供一个有效的"舵"或方向。在低压环境下，一种不假思索的态度或价值观，可以成为决策的充分依据。假自我也可以帮助建立个体与群体之间的联结。个体可以通过认定某个群体的共同信念成为这个群体的一部分，不论这些信念是否基于情绪，甚至已经过时。这样的联结可以使个体感到平静、稳定。当一个群体成员通过相信他人所信而获得重要的情感支持时，假自我会增强群体的凝聚力。但是，当凝聚力依赖于每个人具备共同信念时，这个群体可能会通过忽视或争论与其共同信仰体系相冲突的事实，以及驱逐异己者的方式，来保护自身的完整性。不接受新信息的组织经常分裂成不同的派别或逐渐失去成员。

虽然在大多数工作和社交场合中，假自我可以提供一个有效的罗盘，但在情绪强烈的场合中，这种罗盘的缺陷就会很明显。婚姻就是一个例子。当人们结婚时，双方的假自我就会融入这段关系中。虽然，假自我总是很容易被他人塑造、改变，但在情绪强烈的关系中，它最为脆弱。这就是人们最难以允许彼此成为他们自己的地方。每个人都对他人的信念、态度、价值观和存在方式做出反应，并试图重塑它们。如果一个人占了上风，这个人的信念、态度和价值观就会在这段关系中占主导地位。占优势的一方在自己的想法和感受中，获得力量和信心。他确信他的罗盘（他的信念、价值观和想法）指明了"正确"的方向。与此同时，他的伴侣对自己的罗盘失去了信心。一个成为"强"自我（真正的假自我），另一个成为"弱"自我。在任何关系系统中，稳固的自我都是不可以转让的，因此，在分化良好的关系中，几乎不会出现"自我"的"借用"和"交易"。

⊖ 假自我的概念可以扩展到一个社会的信仰体系。例如，从地心说到日心说，太阳系理论的缓慢变化可能反映了假自我在人类功能中的重要性。如果人们从对自己和世界的某种认知中获得情感上的幸福（人是上帝创造的最重要的创造物，处于万物的中心），他们可能会抗拒改变这种思维方式。

当情绪反应很高时，假自我的缺陷也会表现在社会层面。塞勒姆女巫审判（The Salem witch trials）就是一个例子。高度传染性的焦虑，以及未经证实的信念和舆论，它们的传播造成了对女巫的迫害。当一个社区中的大多数人，都以大量的假自我生活时，这个社区很容易陷入疯狂的歇斯底里之中。

假自我就是"假装"的自我。人们假装自己比实际情况更重要或更不重要，更强或更弱，更有吸引力或更没有吸引力。一个团体可以"提升"一个人的功能水平，让他能够做自己无法做到的事情。然而，这一较高的功能水平完全取决于该团体的持续支持。一个团体也可以通过关注一个人的弱点来削弱他的能力。"虚假的"功能水平的膨胀与收缩，都是关系系统之中"自我"借贷、交易和交换的产物。

也可以认为假自我是一种"假装的"理智，因为当从众的压力很大时，"理智"原则就会妥协，人们会根据情感做决定，而不去冒坚定立场可能带来不快的风险。当人们主要以假自我的方式生活时，他们倾向于保持沉默，避免发表可能会与大众步调不一致的、打破情绪平衡的观点。唯一的例外是反叛者，他的假自我是反自我的，会通过引发不和谐而不断得到强化。

稳固的自我与假自我不同，它是由坚定的信仰和信念构成的。这些信仰和信念慢慢形成，只有从自我内在才能改变，不会因为别人的强迫或劝说而改变。这种思维方式不仅与内在一致，而且与可获得的事实知识相当一致，或者至少与事实知识不冲突。具备这种思维方式是一个人在与群体保持情绪联结的同时成为个体的主要原因。焦虑会驱使人们形成一种"趋同思维"，这种思维通常是与焦虑本身不一致的，而且更多的是由主观性而非事实塑造的。假自我会被趋同思维塑造，与此相反，稳固的自我具有一致的、深思熟虑的信念，可以抵御趋同思维。一个有勇气坚定立场而非仅仅对抗他人的人，可以对焦虑的群体产生令人惊讶的建设性影响。他无须非得是"正确的"才能对集体有利。他只需要决定自己的方向，不被他人的焦虑敦促影响，就能对集体有利。他没有试图影响或改变他人，只是简单地说："这就是我，这就是我所相信的。"⊖

处在 25 ～ 50 区间高端的人，拥有发展得更好的稳固的自我，并有许多处在量尺更高水平之人的特征。相比之下，处在 25 ～ 35 的人在压力下会发展出短暂的精神病发作、犯罪行为，以及此等强度的其他症状，而处在 40 ～ 50 的人，在压力下倾向于发展出神经症性的问题。损伤程度更轻，在压力减轻后容易彻底恢复。处在 0 ～ 25 与 25 ～ 50 之间的一个主要区别，是后者有一些能力提高自己的分化水平。处在 35 ～ 50 的人提高自己分化水平的可能性更高，而处在 25 ～ 35 的人在感到舒适时就往往失去了动力。

50 ～ 75：分化水平在 50 以上的人，其理智系统已发展到了足以自行做出一些决定的程度。理智意识到，需要一点纪律来统治情绪系统。在这个区间内，人们对最基本的问题有相当明确的看法和信念。有一个标准可以区分一个人是处在 50 以上还是以下——50 以上的人更能意识到情感与理智之间的本质区别。但是在这个区间低端（50 ～ 60）的人们仍然对关系系统反应强烈，他们对于讲出自己相信的东西犹豫不决。尽管他们知道有更好的方法，但他们仍然倾向于和分化水平在 50 以下的人一样遵循人生轨迹。

60 以上的人可以更自由地选择是受制于理智还是情感。他们比处于量

⊖ 家庭中争论的许多问题只是哲学上的冲突，关于"应该"做什么和"应该"怎么做的冲突，而这两种观点都无法被证实。问题更多地来自对不同观点的反应和对一体化的威胁，而不是来自分歧本身。对不同观点的反应会导致人们互相施压，以改变他们的想法和行为。当人们对这种压力做出反应或开始屈服时，问题会变得更糟。当一个人可以简单地解释他的观点和他打算做什么，而不是坚持他"对"别人"错"时，问题就会减少。人们不需要一个问题的"答案"来解决它，他们只需要更少地关注症状，更多地关注为他们作为个体自定义的一个方向。

尺低端的人的慢性焦虑和情绪反应更少，有更多稳固的自我。随着个体性的更好的发展，他们有更多的自由，在亲密的情绪联结与目标导向的活动之间来回移动。他们可以从两者任意之一中获得快乐和满足感，可以自由地参与高度情绪化的情境，他们知道在需要的时候可以用逻辑推理来解脱自己。在这个范围内的人可能会有松懈的时候，允许情绪系统的自动控制，但当麻烦出现时，他们可以掌控局面，平息焦虑，避免生活危机。

如果压力足够大，50～75 的人也可能会出现相当严重的躯体、情绪和社会症状，但症状的持续时间往往更短暂，恢复更快。他们也有可能出现短暂的精神病发作，但需要超乎寻常的压力源。⊖

75～100：似乎没有多少人能达到这个水平的自我分化。鲍文认为，95～100 这个区间是假想的，或者是出于理论的目的，因为任何人基本上都不可能拥有 100 分的所有特征。极稀有的人处在 85～95，他们具备自我分化的大多数特征。

处在 85～95 的人是原则导向和目标导向的。他在婴儿期就开始渐渐与父母分离，成为一个有"内在指导的"成年人。虽然他总是对自己的信仰和信念深信不疑，但并不是教条主义者，其思想也不是一成不变的。他能够倾听和评估他人的观点，能够摒弃旧的观念，接受新的观念。他能够倾听而不起反应，能够沟通而不敌对他人。他能够自我保护，表扬或批评不会影响他的功能。他会尊重他人的特性，不会在试图改变他人的生活历程中变得吹毛求疵或情绪化。他有能力对自己承担全部责任，也清楚自己对他人的责任，不会对别人过度负责。他会准确地意识到自己对同伴的依赖，并且自由地享受人际关系。他对别人没有那种会损害功能的"需求"，

⊖　一名飞行员被击落后被俘。在最初几天的囚禁中，他明显精神错乱。在没有接受任何治疗的情况下康复后，他有一种惊人的能力，能够抵抗所有类型的洗脑。7 年半后，他被释放。他被囚禁后的分化水平可能比以前更高。这个人的基础分化水平非常高。

别人也不会觉得"被利用"了。他往往不参与两极分化的辩论，可以耐受并尊重分歧。他对自己和他人的评价是现实的，并不在意自己在等级制度中的地位。他对自己和他人的期望也是现实的。他可以很好地耐受强烈的情感，所以不会无意识地做些什么去缓解它们。他的慢性焦虑水平很低，可以在不出现症状的情况下适应大多数的压力。

定义自我

在家庭治疗过程中，通过观察人们在试图提高基础水平时所遇到的障碍，我们可以获得很多关于分化的概念。一个有能力且有动力的人，通过逐渐将学习转化为行动的过程，可以在家庭和其他关系系统中变得更有自我，因为人们会对别人的反应采取肉眼可见的行动，这一系列的变化过程被称为"定义自我"。在情绪共生的关系中，人们可以实现基础分化水平的改变，但当其他人是回避的或一个人的行为破坏了一段关系时，就无法改变基础分化水平了。

大多数人都想成为独立的个体，但并不是每个人都愿意为了获得更多的个体化而放弃一体化。人们通常愿意成为"独特的人"，前提是在关系系统批准和许可的范围内。放弃一些一体化并不意味着放弃情绪联结，而是意味着一个人的功能越来越少地依赖于他人的支持和接纳。当一个人为自己做了一件事，但配偶、父母、同事和其他人不认可时，可以预见的是会出现某种程度的拒绝。引发拒绝的原因是对关系平衡的威胁，其目的是恢复平衡。当有人试图在关系系统中更多地做自己时，重要他人必然会有下面这些可预测的反应："你错了，回到原先的样子，如果你不照做，后果很严重！"事实上，如果没有这样的反应，一个人定义更多自我的努力可能无足轻重。要走出情绪的泥潭，需要一个清晰的思考方向和对强烈情感的耐受力，这种强烈情感使人倾向于放弃"我"的立场，以恢复关系的和谐。

当一个人试图更接近自我时，有一个很难解决的问题是：他的努力主是基于对他人的情绪化反应（不分化），还是主要基于对自己深思熟虑后确定的方向（分化）。每个人都强调做自己的重要性，但在此名义下做的许多事情都是自私的、不尊重他人的。许多所谓的"个人立场"实际上是试图让别人改变，或者试图把自己从情绪紧张的情况中解脱出来。有些声明，比如，"我不想介入你的问题"，主要是为了逃避责任。说这种话的人很容易感情用事，以至于他必须要用一个规则来控制自己。如果一个人是朝着更多分化的方向努力，那么他既不会坚持让别人改变，也不依赖于与任何人的合作。更重要的是，这不是由愤怒推动的。愤怒有时可以刺激一个人厘清思路，但它不是一个可靠的行动指南。当一个人愤怒地、武断地声称实现"自我"时，他通常不确定自己的立场，并将自己的生活困境归咎于他人。

分化是一种思维方式的产物，这种思维方式转化成了一种存在方式。分化不是一种治疗技术，技术是从改变他人的努力中诞生的。试图去达到更高水平的分化或更稳固（基础）的自我，也就意味着增加一个人情绪超然或中立的能力。这种能力取决于思维的变化，这些变化体现在能够与一个困难的、情绪化的问题进行情绪上的接触，而不是感到被迫去唠叨别人"应该"做什么，不是急于"解决"这个问题，也不是通过情绪上的自我隔离来假装超然。提高一个人包容这些情绪冲动的能力，依赖于发展一种能平衡这些冲动的思维方式。对另一种思维方式和存在方式有足够的信心是很重要的，即一个人的情感反应不会自动地决定他的行动。与一些情境相比，人们在另一些情境下更能保持中立。

人们有很多理由去解释他们对一些问题的未分化的反应。人们以帮助他人的名义，过度卷入其中并试图解决问题，他们坚信正在发生的事情是不应该发生的。问题解决者试图"纠正"这种情况，使其走上"正轨"，但他的致命弱点是低估了他打算"帮助"之人的功能。在这个过程中，问题解决者会在他人身上制造一种依赖，而这种依赖会暗中破坏他人的功能。诚然，人们可能不会强烈要求功能不足者承担更多责任，也可能会变得对问题漠不关心。这些通常是以他人之责的名义完成的。过度卷入和不够投入都会受到增加的焦虑的强化。

尝试变得更分化的过程，需要更多的觉察和重新审视，要觉察焦虑和情绪反应对一个人的行动和不行动的影响，并且重新审视一个人对行为和人类问题起源的基本假设。例如，人们普遍认为，有情绪问题的人没有从家人那里得到足够的"爱"和支持。很多人都持有这样一种态度，如果他们能得到更多的"爱"和关注，他们会感觉更好，他们的功能也会更强。分化的概念将这一假设置于更广泛的背景中，也就是说，最需要帮助的人与家人的情绪分离最少。更广泛的背景可以为解决人类问题的方法提供一个指导原则，这个方法与情感和主观过程背道而驰。一种基于情感过程的表达是，"感觉不被爱的人需要更多的爱"。一种基于系统原则的表达是，"感觉不被爱的人沉溺在爱之中"。一种紧密却不具威胁性的关系可能会减轻患者的症状，但它是通过复制早期亲子关系（现实或幻想）中曾经存在的东西来实现的，而不是通过满足一种从未得到满足的需求来实现的。

许多敬业的精神卫生专业人员曾试图给予患者"爱"与"关怀"，无论是专业人员还是患者都确信这是患者从未得到过的。但许多治疗师后来发现自己陷入了一种令人绝望的混乱移情之中，在这种情况下，患者认定了治疗师像母亲一样"不愿给予"。假设那些感到被拒绝的、不被爱的人是与家庭强烈情绪联结的产物，当治疗师带着这样的假设对患者说话时，无论是对患者还是对治疗师，这些话听起来或感觉起来可能都不大对劲。不过，不管他们感觉如何，这些话通常会打开沟通，并减少医患关系中的紧张。这些言论的建设性似乎建立在不同思维方式、不同基本假设的"碰撞"之上。

　　下面是一个治疗师对一个精神分裂症患者说的一句话，这句话可能会引发基本假设上的"碰撞"："我不是特别关心你有没有康复，但我对你的思维是如何运作的很感兴趣。"这可能听起来像是（对患者来说不是）"漠不关心的"话，但其基础是对导致精神分裂症的重要本质原因的假设，即亲子间强烈的共生关系，是最终发展为精神分裂症的基础。患者的父母过去（现在仍然）以某种方式积极地帮助他，患者做过（现在仍然经常做）许多事情，促使他的父母对他过分干涉。治疗师的目的，不是在患者身上复制患者与父母之间的关系。他的评论是为了保持他和患者之间的区别。患者期望的是与治疗师建立低分化的关系（对过去的复制），这种期望造成了基本假设间的"碰撞"。

　　相反，如果指导治疗师的假设是：父母不充足的爱和养育，是造成精神分裂症的重要本质原因。那么，一个诸如"我并不关心你是否康复"的评论，似乎既刺耳又不利于治疗。对这样的治疗师来说，更合适的一句话可能是："我想帮你好起来。"从家庭系统理论的角度来看，在治疗一个精神分裂症患者时，如果治疗师假设这个患者没有得到足够的照顾，那么他就很有可能在治疗关系中，复制自己与父母之间的关系。如果这种复制发生并能保持和谐，许多患者的症状将会改善，这就是关系疗法。然而，如果治疗关系不和谐，症状就会复发。当这种情况发生时，治疗师可能会对患者感到懊恼和失望，并做出更大的努力使患者感觉更好。患者可能会对治疗师的苦恼感到内疚，并在情绪上远离治疗师。这是患者与父母关系某些方面的再现，这种不和谐最早出现在患者与父母的关系中，也许那个时候的患者还在蹒跚学步。

　　基于系统原则的治疗方法允许治疗师触及问题，但不成为问题的一部分。这种类型的联结可以减轻症状，但不会复制患者未解决的情绪依恋。这并不意味着受系统理论指导的治疗师，在治疗中不使用与患者的关系，他们要用。基于系统的治疗不是没有情绪或机械的过程，治疗师与患者的关系对治疗总有一定的影响，但并不需要有意识或无意识地促成大量的移情，以使这种关系对患者有益。重要的是要认识到，一种强烈移情的产生，是由治疗师的基本假设、情感过程和患者的功能共同促成的。换句话说，患者在治疗中的情绪功能与治疗师的情绪功能是密不可分的，这是一个相互作用的系统。当治疗师忽略了自身在这个过程中的作用，并通过将此诊断为患者的问题来回应他的移情时，主要的问题就出现了。这种诊断不需要公开，以免对患者和治疗产生负面影响。

触及问题但不成为问题的一部分，这种能力与情绪上的中立和超然有关。中立并不意味着，对生活问题采取隔岸观望或优柔寡断的态度。人们往往对在某些问题上的"站队"过于敏感，以至于看到不同面的能力，被视为不愿表明立场。中立性不仅体现在能够对他人之间发生的事情保持冷静，也体现在意识到对问题起决定性作用的所有情绪化内容，还体现在意识到主观性对一个人关于"应该做什么"的观念的影响。当中立性通过一个人在关系系统中的行为得以运作时，中立性就变成分化了。

要成为受欢迎的、被接受的、"群体的一员"的一体化压力，不太可能压倒一个情绪中立下自我决定的立场。在一个家庭中，这样的立场虽然会造成短暂的不和谐，但会引发其他家庭成员根据自己更为深思熟虑的、自主的方向来生活。这样一来，人们就可以平静地表示反对，而不是焦虑地施加压力以求达成一致或按自己的方式行事。通过这种方式，分化可以在不侵犯任何人的条件下解决难题，使得人人获益。情绪中立没有任何限制。当一个人看到的世界比他希望的、害怕的或想象的更真实时，他的眼界就开阔了。

第5章

慢 性 焦 虑

在家庭系统理论中，有两个用于解释功能水平的主要变量或主要过程：一个是自我分化，另一个就是慢性焦虑。一个人的分化水平越低，他对压力的适应性就越弱。在关系系统中，慢性焦虑水平越高，人们适应性的负担越重。如果一个人对压力所产生的焦虑反应的强度损害了他的功能，或者损害了那些与他有情绪联结之人的功能，这个强度便超出了他的适应性范围。功能损害的程度从轻微到严重，功能损害表现为躯体、情绪或社交症状。因此，症状的发展取决于压力的大小和个体（或家庭）对压力的适应性。对于适应性强的个体和家庭，相当大的压力才能引发症状；对于适应性弱的个体和家庭，只有在慢性焦虑水平较低时，他们才可能没有症状。

定义

焦虑可以被定义为生物对威胁的反应，不论这种威胁是真实的还是想象中的。假定这种过程以某种形式存在于所有生物之中。当进化发展到更高级的生命形态时，涉及焦虑的生理系统变得更加复杂，而处在"系统进化树"每个更低层级上的有机体，可能对环境威胁都表现出了更强的情绪反应。这种反应呈现为一个连续体：从过度活跃（极端是行为狂乱）到活动减退（极端是行为瘫痪）。

　　"情绪反应"和"焦虑"是两个不易区分的过程，因此在家庭系统理论中，这两个术语通常交替使用。焦虑增加表现为多方面情绪反应的升级，诸如厌恶的目光、攻击、逃避等。然而，焦虑本身就可以被视为一种情绪反应，有其独特的客观表现和主观表现。主观表现包括对即将来临的灾难保持高度警觉，充满恐惧。客观表现包括反应性增强、坐立不安和自主神经系统的变化，例如心率加快和血压升高（Kandel，1983）。焦虑和情绪反应对机体都有重要的适应性作用。但是，与大多数生物学进程一样，反应性[○]过高或过低都会降低有机体的适应性。除了焦虑的重要性，还有许多潜在的细胞和分子机制有待进一步了解（Kandel，1983）。

　　急性焦虑和慢性焦虑是不一样的。通常，急性焦虑发生在应对真实的威胁时，有时间限制，人们一般可以相当成功地适应急性焦虑。慢性焦虑发生在应对想象中的威胁时，没有时间限制，它往往超出了人们的适应性。对现实的恐惧助长了急性焦虑，对想象的恐惧助长了慢性焦虑。急性焦虑和慢性焦虑反应都包含先天和后天的因素，只是在慢性焦虑中，学习扮演了更为重要的角色。尽管每个人都体验过急性焦虑和慢性焦虑，但是每个人感受到的慢性焦虑的程度是有差异的，这种差异似乎主要源于习得性反应。

　　慢性焦虑的表现可能贯穿了从细胞到社会过程的各个层面。它不是由任何一个单一因素造成的，而是受到许多因素的影响。最准确地说，慢性

　　○　对"活跃性"和"反应性"做出区分非常重要。许多表面上不活跃、低反应性的人被称为"没反应"，而实际上，他们的不活跃是一种管理强烈的情绪反应的方式。

焦虑是一个系统或一系列行动和反应的过程，一旦触发，便迅速为自己提供动力，并在很大程度上独立于最初的触发刺激。通常，急性焦虑主要源于人们对具体事件或问题的反应，而慢性焦虑主要源于人们对关系系统失衡的反应。真实的或可预期的事件（诸如退休或孩子离家），最初可能会扰动或威胁到家庭系统的平衡，一旦平衡被打破，人们对这种扰动的反应可能比对事件本身的反应更易增加慢性焦虑。例如，孩子离家可能会导致父母关系的变化。这个孩子以前可能是父母冲突的缓冲器，在他离开之后，先前父母之间的平衡被打破，他们对彼此的不满和失望加深了。通常，较之于父母对孩子离家的反应，他们对彼此的反应（更深的不满和失望）会制造出更多的焦虑。

对此的另一种解释是，当人们可以与影响自己情绪的重要他人保持恰当的联结时，他们就更可能成功地适应潜在的压力事件。例如，家庭在妻子怀孕期间经常发生的事情：一对夫妻原本可以和谐地相处，他们的关系也有助于双方的情绪健康，直到妻子怀孕，这种可预期的生产可能会扰动婚姻中的情绪平衡，使其中一方在情绪上处于不利的地位。妻子可能会感到负担过重，想要依靠丈夫来获得更多的情绪支持。丈夫可能会对妻子的需求反应过度，对她吹毛求疵，甚至疏远她。他的疏远使得妻子被孤立，这进一步增加了她的焦虑和对支持的渴望。妻子可能会连续好几个月都处于很高的焦虑水平，直到家庭系统建立起包括孩子在内的新的平衡。如果这对夫妻没有对彼此产生如此强烈的反应，那么他们原本可以更成功地适应怀孕这件事情。

在一个分化水平较低的系统中，当平衡被打破后，如果没有出现慢性症状，这个系统就不可能恢复平衡。换句话说，家庭适应其内部、外部应激的一个特征，就是存在慢性症状。例如，在上述情况中，妻子可能会在诞下婴儿后患上酒精依赖症（一种慢性病）。虽说夫妻间的互相支持能够减轻焦虑，但这对夫妻恰恰不够支持对方，酗酒倒是可以缓解一些焦虑。如果这对夫妻都认为问题出在妻子酗酒而不是他们的关系上，这就减轻了婚姻的压力，让家庭平衡得以恢复。对夫妻双方来说，将问题定义为酗酒而不是关系，可能会"更容易"。这呈现了一种对双方都有吸引力的婚姻和谐的假象。事实上，妻子酗酒是夫妻双方共同作用的结果，而不是像人们通常认为的那样，即妻子的性格缺陷导致了这样的结果。

虽然所有人都有焦虑，但人们所体验到的焦虑水平却有显著差异。下面将讨论这种差异和一些解释。

个体差异

在不同个体之间，以及在同一个体的不同时期，慢性焦虑水平不同；在不同家庭之间，以及在同一家庭的不同时期，慢性焦虑水平也不同。个体慢性焦虑的平均水平，与个体分化的基础水平成反比；核心家庭单元的慢性焦虑的平均水平，也与家庭分化的基础水平成反比。基础分化水平越低，平均慢性焦虑水平越高。一个人慢性焦虑水平的组成部分，与当前的生活处境无关，它是在毕生的发展中习得的。这种学习发生在几个层面之上，从表面上对父母焦虑的渗透吸收，到与引发焦虑的主观态度（如低自尊）的结合。一个核心家庭单元的平均慢性焦虑水平，是家庭成员的情绪构成及其相互影响的结果。

对个体间和家庭间慢性焦虑水平差异根源的认识，始于对多世代家族史的考察。在每个家族中，慢性焦虑水平在某些分支中代代增加，而在另一些分支中代代减少。随着世代变迁，家庭中某些分支变得比其他分支，更容易受到无意识情绪反应和主观性的支配。这些代际变化的存在与以下过程有关：①来自同一核心家庭的孩子与父母的情绪分离程度不同；②配偶双方与各自家庭情绪分离的程度相当；③这些新成婚家庭所生的子女有不同程度的情绪分离，他们也同与自己情况相似的人结婚；④这个过程一代又一代地重复着，最终形成了家庭的各个分支。在人与人之间，有的几乎没有情绪分离，有的具有合理的分化，有的处于这两种极端之间。分化越少意味着家庭成员的功能更加依赖于关系，而这种依赖会产生慢性焦虑。

为了理解个体间焦虑水平差异的起源，下一步要观察的是核心家庭的情绪过程。在某个特定核心家庭中长大的个体，会被打上这一分支特有慢性焦虑的"烙印"。焦虑"影响"着人们，被潜移默化地传播和吸收。[⊖]这种吸收似乎有两个基础，第一，一个人对另一个人的生理反应或条件作用是通过长时间的交往而产生的；第二，对助长自己或他人焦虑的态度和信念的传递和融合。抱着"我低人一等"之类的态度会给自己带来焦虑，抱着"我是最棒的"之类的态度会给别人带来麻烦。

由于焦虑具有"传染"的性质和环境氛围的影响，一个孩子很有可能发展出一种位于基线水平的慢性焦虑，这个基线水平与他所生长的核心家庭的平均慢性焦虑水平接近。如果他生长于一个分化良好的家庭，家中就不会有那么多的慢性焦虑，他吸收的也就更少。如果他生长于一个分化不良的家庭，他就很容易受到更多焦虑的伤害。父母不能真正"保护"他们的孩子免受焦虑传递的影响。因为焦虑的传递过程与父母的行为方式太过"紧密相连"，此外，孩子们很容易识别出焦虑。试图保护孩子不受自身问题的影响，这实际上是问题代代相传的主要方式之一。

在同一核心家庭长大的孩子，他们产生的平均慢性焦虑水平并不相等，因为他们与父母的情绪分离程度不同。卷入家庭情绪问题最多的孩子，分离程度最低，对兄弟姐妹关系的依赖性最强，"继承"[⊜]的焦虑也最多。

⊖ 使用"打上烙印"和"吸收"等词来描述焦虑在个体之间的传播方式不够准确。人们对这一过程的实际机制知之甚少。

⊜ 当一个孩子出生时，他的神经系统就已经具备了应对父母和其他家庭成员焦虑的所有生物基础。很快，孩子就对父母的焦虑产生了焦虑反应，其作用等同于父母的焦虑对孩子焦虑反应的作用。从这个意义上讲，"继承"一词并不完全准确。它暗指父母正在把一些东西传递给孩子，对这个过程更为准确的描述是父母、孩子和其他家庭成员之间的一个互动系统。

卷入家庭问题最少的孩子，分离程度最高，对兄弟姐妹关系的依赖性最弱，继承的焦虑也最少。所以，在一个分化水平很低的家庭（分化逐渐发生跨代变化的结果）中，情绪卷入最多的孩子将吸收并产生大量慢性焦虑，而在分化良好的家庭（也是逐渐跨代变化的结果）中，情绪卷入最少的孩子将吸收并产生少量慢性焦虑。

因此，虽然分化和慢性焦虑是不同的过程，但一个人的分化水平和他的慢性焦虑平均水平相关。接下来我们将考察更多用来理解这种相互关系的具体方法，但要注意的是，关于这种相互关系本身仍有许多有待了解的地方。

分化与慢性焦虑的关系

为什么分化水平越低，慢性焦虑越严重？对这个问题有很多思考和解释的方式。其中最基本的思考方式是，一个人与家庭的距离（情绪分离）越小，他在独立自主、自我负责的时候就越焦虑。有些人通过"从不离家"来应付这件事，还有些人离家并"假装"长大，但伴随而来的焦虑水平会暴露这种假装的程度。

分化水平为 0 ～ 25 的人，与他的家庭几乎没有情绪分离，他常常很明显地与焦虑"捆绑"在一起。他的痛苦似乎是与生俱来的，远远超出"你为什么这么焦虑"之类的问题所涉及的范围。这些人对自我照顾和管理生活的能力缺乏信心。他们很容易从环境中"吸收"焦虑，也很容易把焦虑"传染"给别人。他们在平静的环境中表现最好，但同时他们也扮演着制造焦虑氛围的角色。许多关于异常生化和生理的研究发现，精神分裂症患者可能反映了，低分化人群在面对高水平慢性焦虑时所做出的心理和生理调整。在未分化的人群中，几乎没有什么东西能平衡这种情感过程，因此，焦虑很容易升级到很高的水平。焦虑和思维反刍会互相促进，螺旋上升，这不是一个容易"中断"的过程。

分化水平为 25 ～ 50 的人，虽然只是低分化水平中慢性焦虑强度较低的群体，但他们慢性焦虑的心理成分通常得以很好地表达。使人焦虑的常见因素有：处理不确定性，预测最坏的情况，反复思考一个人是否被认可、接受或拒绝，全神贯注于"应该"或"应当"做的事情，专注于一个人的不足，感到责任过重。一个人越依赖别人的鼓励，就会越在意别人对他的态度以及他是否在遵照"规定"的方式生活。这种焦虑还会表现为一种长期的愤怒，对于自己觉得"应得"却未被"给予"的愤怒。这种人也同样专注于别人的想法，但他们更倾向于敌对而不是内疚。对此的假设是，这些心理过程长期刺激生理过程，生理过程反过来又强化了心理过程。

分化良好的人对自己处理人际关系（即便是产生强烈情绪的人际关系）的能力有足够的信心，因此他们既不会回避它们，也不会在遇到它们时变得高度焦虑。与重要他人打交道时，强烈的焦虑会引发希望他人死亡的幻想，低分化的人偶尔就会这样幻想。然而，当人们对自己思考人际关系的方式有一定信心，并且能够尊重他人的观点时，无论彼此的观点有多么不同，他们都不会太担心人际交往。当人们既不太依赖他人的肯定来增进自己的幸福，也不觉得自己有责任增进他人的幸福时，他们在心理上和生理上都能相当平静。这种平静不是借口，也不是否认的结果。它只是一种与思维方式一致的存在方式。

维持一个具有情绪意义的关系网络的能力，是影响个体慢性焦虑水平的另一个重要因素。分化水平越高的人，越能成功维持一段情绪支持性关系。但矛盾的是，分化水平低的人对情绪支持性关系的需求更大，维持完整人际网络的能力却更弱。由于分化水平较低的人，往往也来自分化水平较低的家庭，他们的核心家庭和扩大家庭系统往往是支离破碎的。这种分裂使个体和家庭的各个分支在情绪上隔离，其结果是，完全未分化的人通常没有足够的支持系统。因此，他们很可能会过度依赖任何一段他们所拥有的支持性关系。一个脆弱的、不充分的情绪支持系统，会增加每个人的焦虑，但是完全未分化的人对它的反应最为强烈。

在对个体和家庭单元中慢性焦虑平均水平的变化及其可能的解释进行剖析之后，我们来探索一下焦虑是如何被制约或表达的。第 3 章讨论了一个家庭系统中为了保持关系和谐而制约焦虑的一些方式——距离、冲突和适应。个体也会使用一些特定机制来制约或表达焦虑，这些机制与家庭系统过程相关。

对焦虑的制约

个体的焦虑有无数种临床表现，每一种表现都反映了"制约"焦虑的特定方式。人际关系是迄今为止最有效的焦虑制约剂。即使是"迷失的灵魂"也能从"合适的"关系中获得巨大的幸福感，难点在于对这种关系的保持。否认自己需要依赖他人的人与那些不断寻求关系的人一样，都是关系依赖者。孤独者通过回避他人而制约的焦虑，与不断寻求社会联结的人通过这种联结而制约的焦虑一样多。分化水平低的孤独者通常被贴上"精神分裂"的标签；分化水平低且总是卷入混乱关系中的人，通常会被贴上"歇斯底里"的标签。精神分裂的人和歇斯底里的人都面临着相同的基本问题：对他人高度的情绪需求和回应性需求。分化水平越低，这个过程越强烈。

药物是另一个主要的焦虑制约剂。酒精、镇静剂和非法药物可以制约个体和家庭中的焦虑。家庭越将酒精视为问题并聚焦于此，就越容易忽视其他潜在的问题。当然，过度饮酒的确会威胁到一个家庭，并成为焦虑的来源。过度进食导致极度肥胖或暴食症，而过少进食导致严重厌食症，这两者既是焦虑的临床表现，又是焦虑的制约剂。高成就者与低成就者属于同一类别。高成就者以寻求认可为导向，并且通过他们的成功来制约焦虑。低成就者也以人际关系为导向，但他们通过把别人卷入到他们的失败之中，并阻挠别人试图改变他们的努力来制约焦虑。[○]对身体健康和躯体症状的关注，可能也是一种焦虑制约剂。一个人可以围绕某个慢性躯体问题来稳定他的情绪功能，一个家庭也可以围绕某个慢性病患者来稳定家庭功能。囤积、过度花钱和赌博也都可以成为焦虑的制约剂。

人格特质，如强迫性和歇斯底里、冲动和犹豫不决、被动性和攻击性、羞涩胆怯和咄咄逼人、拖延、完美主义、偏执、自大、乐观和悲观都可以作为焦虑的制约剂。一个道德主义者可以通过说服别人过一种更有道德的生活来制约焦虑，正如一个非道德主义者可以通过抵制被他人改造来制约焦虑一样。节制与放纵可能同等程度地制约焦虑。对人、场所和活动的理想化和浪漫化可以制约焦虑。妄自菲薄的人可以通过降低对自己的期望来提升幸福感，轻视他人的人也可以通过培育优越感来提升幸福感。

焦虑水平越高，这些特征和行为就越明显。在同样具有强迫性人格的情况下，分化水平为 25 的人比分化水平为 60 的人更为僵化和压抑。分化水平越低，就有越多的焦虑要通过他的强迫症状来制约。对于分化水平为 60 的人来说，这种强迫症状可能仅限于烦人的思维反刍和某种程度的完美主义；分化水平为 25 的人可能会表现出一系列明显的非理性冲动。然而，在这两个例子中，当压力增加时，强迫症状也会增加。在低成就、酗酒和其他症状中，也是如此。基础分化水平越低或慢性焦虑水平越高，症状越明显。分化水平为 55 的人，其自我克制不太可能引起他人的反感；

○　当然，还有其他因素影响着成就的高低。

分化水平为 35 的人，其自我克制可能导致"改革者"和"罪人"的两极分化。分化水平为 50 的女性主义者与分化水平为 30 的女性主义者迥然不同。

信念是一个特别重要的焦虑制约剂。在某种程度上，当信念到了焦虑制约剂的程度，它便成了假自我的一个部分。人人都有一种相当强烈的倾向，把世界"视为"与实际情况不同——更像是想象、希望或恐惧它成为的样子。俗话说"我们相信的是我们想要相信的"，这种说法已有几个世纪了。所有人都缺乏区分事实和幻想的能力，但处在精神病水平的思维过程是对事实和幻想之间缺乏区分的一种夸大表现。精神病水平的思维过程可能是强大的焦虑制约剂，在一定程度上，这个人不太可能表现出或发展出躯体症状。换句话说，将焦虑制约在一个过程或身体系统中保护了其他系统。⊖ 加入教派并接受教派信仰体系的人，通常会增加幸福感并且提升功能。根据星相预测而做出重要人生决策的总人数，证明了信念对减少焦虑的力量。然而，分化水平为 30 的信徒与分化水平为 40 的信徒，根据当前星相预测来规划人生的程度是不一样的。

大多数人对他们所信之事至少会有一定程度的情绪投入，而对这种信念有效性的威胁也会给他们造成一些困扰。达尔文的进化论不仅挑战了当时流行的群体思维，也挑战了确信人类是独一无二的每一个个体。一些达尔文最强力的反对者在社会上身居高位，这表明，不只精神病患者会对自己对现实的看法有情绪投入。偏执狂无处不在，但是，偏执狂的灵活性（识别和控制情绪的能力）会随着分化水平的增加而增加。

如果脱离个体所处的关系过程背景，就无法充分解释一个人试图管理

⊖　看来，相互作用的过程在内在身体过程中的重要性可能和它在家庭关系系统中一样重要。虽然没有足够的统计数据支持这一假设，但有许多病例报告显示，在人们成为精神病患者的那个时刻，慢性身体疾病戏剧性地缓解了。出于某种原因，习惯于将焦虑见诸行动的人被迫放弃这种发泄方式，有时就会出现诸如身体疾病或神经症状等内在问题。

或制约焦虑的程度。接下来，我们将剖析焦虑对一体化力量和群体过程的影响。

焦虑和一体化力量

当人们变得更加焦虑的时候，一体化的压力就会增加。在高度焦虑的时期，人类通过追求一致的思考和行动为一体化奋斗。具有讽刺意味的是，这种对一体化的追求，增加了这个群体分裂成子群体的可能性。"我们"-"他们"这两派，是一体化压力和不容忍相关差异的产物。分裂和由情绪决定的关系联盟，反映了一个群体中分化的丧失。

在焦虑水平增加时，人们更加需要亲密和情绪联结；在面对来自他人的类似压力时，人们更需要距离和情绪隔离。人们对焦虑的反应越多，他们对彼此的容忍度越低，也越容易被差异激怒。他们不太可能允许对方做自己。焦虑通常会让人感觉负担过重、不知所措、孤立无援，这种感觉还伴随着想要有人依靠、有人照顾、有人负责的愿望。

当一些人变得焦虑时，他们通常会让别人按照他们的方式做事。他们越焦虑，就越确信自己知道什么是正确的，什么是最好的。伴随别人阻碍其努力而产生的挫折感，常常引发失望和愤怒，有时甚至是放弃和退缩。与专横之人相对的，是在焦虑时变得更加无助的人。无助和专横是相互依存的，这将关系中的两个人推向双方都不想要的极端位置。尽管专横的功能过度者经常被自己和他人视为"强者"，而无助的功能不足者则被视为"弱者"，但两个人寻求情绪支持和接纳的强度几乎是一样的。他们只是以相反的方式与他人"联结"——一种是指挥他人，另一种是被他人指挥。分化水平越低，压力时期的"专横-无助"的两极化就越严重。

试图让他人改变的努力也会通过让每个人感到被批评-变得防御-反

击这个循环而升级为问题。人们指责对方造成事态的升级，这其实是在火上浇油。从某种意义上来说，它是一个无意识的过程，是情绪反应和主观性的产物。当一个人感到被拒绝或没有被倾听（真实或想象的知觉的结果），并希望从另一个人那里得到更多的回应时，这个过程就开始了。第二个人对第一个人的声音中的某种音调做出反应时，可能会觉得第一个人对关注和对抗有着贪得无厌的需求，便"不想参与其中"。这种不情愿会增加第一个人的苦恼，然后他会推动对方给出一个更"合意的"回答。第二个人通常对不和谐和对抗过于敏感，可能会试图退缩，或者不做任何直观的反应。这种退缩或明显缺乏反应会激怒或"伤害"第一个人，他接下来的一系列刺激言论可能会导致第二个人最终爆发。在那一刻，两个人都失去了控制。虽然这是一个令人疲倦的、耗能的相互作用，但失控的反应优于"没有反应"、被"忽视"或"不重视"。

随着家中焦虑和一体化压力的增加，更多的家庭成员被它裹挟。有个好例子可以说明与焦虑水平增加相关的功能变化：在没有太大压力的情况下，一个分化水平在 45 左右的家庭可以相当平静，家庭成员也能够给彼此留有相当大的空间，去成为与众不同的个体。当焦虑水平较低时，功能水平与基础水平相当接近。在平静期，有问题的功能往往不成比例地被限制在特定的关系和人物之中，甚至这些问题并不是特别明显。例如，在母女之间可能存在低水平的冲突，并且不怎么涉及父亲和其他孩子。兄弟姐妹们可以很自由地"做自己的事情"，不用为家庭操心。

当家庭面临压力时，无论是由对个体有影响的事件（如与工作或学校有关的问题）带来的，还是由影响几个家庭成员的事件（如近亲生病）带来的，家庭的焦虑水平都会上升。在一定程度上，家庭中的一位成员可能会感到痛苦，但其他成员不会感到太不舒服或对此做出反应。如果其他成员没有过度反应，这是很理想的。低反应性会让一个感到心烦意乱的人直率地表达他的感受和想法，不用过分担心会惹恼别人，也不用害怕别人会说教或退缩。这种情况为人们提供了最大限度的情绪支持。

许多人的态度和反应不利于"理想"状态的继续，这些态度和反应与人们的未分化有关。有种态度是，自己的痛苦应该由别人买单，别人应该减轻我的痛苦。这样的情绪需求可能会非常影响尝试就问题进行的沟通，以至于沟通方式会激起他人相当大的反应。其他人通常把这种预期当作一种负担。实现或保持这种"理想"状态的另一个障碍，是人们太担心别人可能会有的反应方式，以至于人们更愿意隐藏问题甚至否认它的存在而非谈论问题。这种担心表现为，从认为对方太"脆弱"而无法承受负担，到害怕对方批评自己的不足。

阻碍人们对情绪问题进行有效沟通的其他障碍，涉及家庭成员对最初感到痛苦之人的反应。这种反应可以表现为：退缩、可预见的说教、出于内疚而安抚"痛苦之人"的努力、为减轻他人的痛苦而做的疯狂尝试以及通过见诸行动来回应他人的不安。例如，一位妻子因为丈夫不愿公开谈论他母亲最近的癌症诊断而感到心烦意乱。几天后，他们的小儿子由于父母的焦虑而被学校停课。努力让人们"敞开心扉"并设法摆脱压力，这是家庭焦虑升级的一个常见组成部分。很多以帮助他人之名所做的事情，例如让他人"表达他们的感受"，恰恰显示出"助人者"无法忍受自己的焦虑。

一般来说，人们越焦虑，他们对别人的回应就越没有建设性。一个常见的焦虑驱动的循环是：一个人的情绪需求导致另一人的疏远，后者的疏远又引发了前者更多的需求，从而进一步导致后者更多的疏远。每个人的行动都是为了减轻自己的痛苦，但在这个过程中，大家也增加了别人的痛苦。通常，在这个过程中，一个人比另一个人获得了更有利的地位。长期处于不利地位的人很容易出现症状。因此，虽然一个特定的事件可能会让一个人难过，但与"问题"本身相比，这个人处理自己难过的方式、这种方式对其他人的影响和其他人处理这种影响的方式，这三者成为导致家中焦虑螺旋式上升更为重要的组成部分。

　　一个人的焦虑最终会影响整个家庭。家庭的分化水平越低，这种情况发生的可能性越大。第一个被痛苦之人的焦虑感染的人，通常是在情绪上对痛苦之人最为敏感的那位。例如，母亲对问题最大的孩子的反应，通常比兄弟姐妹或父亲要快。孩子们很少会像母亲一样对有问题的兄弟姐妹敏感，但是他们通常对父母的痛苦比对兄弟姐妹的痛苦更为敏感。某些孩子，通常是与家庭问题最相关的孩子，对父母的痛苦比其他人更为敏感㊀。当父母看上去心烦意乱时，这些孩子的反应最快。他们通常的反应是："我做了什么让他不高兴""我该怎么做才能使他高兴呢"。人们倾向于认为他人的反应针对了某个人，再次强调，分化水平越低，这种情况就越严重。

　　一位母亲因自己生活中的某些事件感到痛苦，她分化水平最低的孩子（或许是她女儿）可能是第一个对此做出反应的人。当这个孩子变得痛苦时，她的行为可能会以某种方式影响到母亲。母亲可能会将孩子的行为解释为抑郁的表现，这增加了母亲的焦虑，随即可能回避了最初令她苦恼的问题，而去关注孩子出现的问题。她的丈夫可能暂时与她的焦虑保持一些情绪分离，但他担心被批评不够"支持"，并且他很关心妻子的感受，这导致任何分离都很快消失。此时，他更多地根据自己的情感行事（对愤怒和与妻子冲突过度敏感，并感觉有责任减轻她的痛苦），而不是根据自己的真实想法行事（也许他妻子对孩子的焦虑的关注，正在加重孩子的症状）。㊁

㊀　"敏感"这个词在这里指的是情绪反应，它凌驾于理智系统之上，决定一个人的行动。这是一种共鸣的反应——一种同感他人的过程，反映了情绪界限或分化的丧失。

㊁　并不是说情感是"坏的"，想法是"好的"，情感与人类功能中更自动化的方面有关，想法似乎是神经系统自我控制能力进化的结果。焦虑会增强情感过程，以至于个体完全丧失了客观思考的能力。当这种情况发生时，没有什么能抵消这种情感过程。相反，客观的想法不会抹杀情感过程，两者可以同时进入意识层面。心理过程，如否认和强迫，会妨碍一个人对自身情感的觉察，这样的心理过程受控于情绪反应，毫无客观性可言。

　　当父亲感到焦虑时，即使他可能确实认为，问题不只出在孩子身上，妻子也有问题，他可能仍然只是试图让孩子"开心"起来。父亲的方法可能会在短期内，减轻一些家庭的焦虑（安慰妻子一些事情进行顺利，她并不是独自在面对这个问题）。但是从长远来看，这使得他和他家的情况变得更加复杂。他在这种情况下是没有自我的（对他人的焦虑和主观性做出反应），只能让（自己的、妻子的和孩子的）焦虑来指导事件的进程。假以时日，即使是分化水平稍高的兄弟姐妹也会被这个问题困住。当他们真的陷入问题之中时，恐怕大家都将失控。兄弟姐妹的反应可能表现为，批评父母过分迁就自己的妹妹，或是批评妹妹使父母如此心烦意乱。所有这些对他人的关注，都是由焦虑、情绪反应和主观性造成的，它们将家庭推入一种功能较弱的状态，即"退行"。随着焦虑愈演愈烈，这种退行也越来越严重。焦虑会将恐惧或想象的问题转化为现实的问题（女儿的确会变得相当抑郁），这种情况的出现将证明一点：所有的担忧都是合理的。

　　在退行中，无论是家庭还是更大的社会群体，所采取的行动都是为了缓解当下的焦虑而不是基于长远考虑。这样的行动包括向他人让步、如他人所愿行事（与此同时，希望别人最终会如自己所愿行事）甚至直接接手并替他人行事，因为这样更容易。在情绪层面上，与维持自己的分化水平相比，帮助或赞同他人更为"容易"（在自己身上制造更少的即时痛苦）。一个人分化的水平越高，就越能促使其他人关注自身并且更加自我负责。这并不是源于要求别人改变，或威胁他们如果他们不改变会有什么后果，而是简单地为自己设定一个负责任的方向，且不依赖于任何人的合作。当一个人能做到这一点时，其他人最终也会这样做。

　　情绪系统退行的程度是有限的。在某种程度上，如果一个人试图恢复一些个体化的表现，那么与走"捷径"的习惯相伴的不适感就会变得比预期更为严重。在情绪低谷的时候，有人可能会说："我们在这里毫无进展，我必须为自己做点什么。如果我一直为你担心，我们都会完蛋的。"即使一个人采取一种教条和过度专制的立场，如果他强调的是"我"而不是"你"，就能够打破焦虑的螺旋式上升，阻止退行。如果有人逃跑或死亡，也可以阻止退行。死亡和严重疾病可能是长期退行的并发症。如果一个人能发展出某种新方向，而不试图缓解当下的焦虑，退行也可以在没有任何人离开或死亡的情况下结束。当一个人能做到这一点时，其他的人自然会效仿。有时，仅仅是寻求帮助就可以减少焦虑，从而减轻症状。随着焦虑的消退，每个人都恢复了一定的能力，可以基于思考而行动，家庭成员之间的情绪界限逐渐恢复到基线水平，症状减轻或消失。在家庭和其他社会群体中，焦虑驱动的退行可能会持续几天、几年甚至一生。

在一段焦虑的关系系统中，一个人为了更独立而付出的努力，不仅对于降低系统总体的焦虑和制止退行非常重要，而且有助于降低个人自己的平均慢性焦虑水平。接下来要讨论的是指导人们努力缓解慢性焦虑的系统原则，并将这些原则与其他治疗焦虑的方法进行比较。

缓解焦虑的治疗方法

缓解焦虑，几乎是所有心理治疗方法的重要组成部分。家庭系统理论处理焦虑的方法是间接的，因为慢性焦虑的减少是个体基础分化水平增加的副产品。如果一个家庭成员通过结构化的长期努力，在与情绪上有影响的重要他人的关系中提高了基础分化水平，那么他不仅会降低自己的慢性焦虑水平，也会降低关系系统的慢性焦虑水平，在这些关系系统⊖中，他的表现对其他人会产生强烈的情绪影响。

⊖ 这些系统包括了工作、家庭和社会系统。一个人对一个关系系统的影响取决于他与人们情绪联结的充分性和他对系统的功能重要性。对于单位中的焦虑水平，主管的情绪功能显然比行政层级较低的管理者的情绪功能更有影响力。对于小社区中的焦虑水平，有名望和有势力之人的情绪功能比势力较小之人对社区的影响更大。对于家族中的焦虑水平，族长的情绪功能比那些与家庭关系不太密切的人影响更大。

　　提高一个人的分化水平并且减少焦虑，取决于一个人对自己的情绪反应有更多的觉察和控制。因为一个人对关系系统的自动化反应，是破坏他的情绪自主性的重要因素。学习更好地控制这种反应性的一个要点，是有能力识别和调整促发这种反应性的各个心理因素。但是，在进一步研究家庭系统理论处理焦虑的方法之前，最好先探索一下人们处理焦虑时自然而然会用到的方法和基于治疗原则的方法。了解这些方法有助于加深对家庭系统方法的理解。

　　有许多方法不依赖于发展自我就可以减轻焦虑。例如，与引发激烈情绪反应的重要他人保持物理距离，或者否认自己对他人的情绪反应，都能使人在情绪上与难以相处之人或困难保持情绪隔离。将自己的感觉和态度投射到别人身上，也可以减轻焦虑，因为这样可以把别人当作问题。这些都是处理焦虑的常见心理机制。当人们处理家庭或其他关系有困难时，会使日常接触变得简短且流于表面，以减少不适。然而，当人们以这种方式处理棘手的情绪状况时，他们倾向于为了新关系的成功而投入过多情绪，很容易迷失方向，在新关系中重新创造出他们以为已经回避掉的问题。[⊖]此外，当人们使用距离或否认来处理焦虑时，他们可能会降低自己的焦虑，但会提高他人的焦虑。一个人自己可能获得更多的安慰，但会增加那些与他有情绪联结之人的焦虑。这样的结果是喜忧参半的。

　　为了减少慢性焦虑，人们发展了许多治疗技术，包括生物反馈、超自然冥想、瑜伽、慢跑和其他"压力管理"活动。这些方法主要不是为了提高自我分化的基础水平，而是帮助人们对焦虑的生理表现更有觉察，并且学习自我控制和放松的技巧。它们可以作为提高一个人分化水平的辅助手

　　⊖　系统思维的一个假设是，一个人在任何关系问题的产生中都扮演了一个角色。因此，放弃一段特定的关系可能会为一个人的不适提供一个短期的解决方案，但它不会改变对父母未解决的依恋（对关系问题起主要影响作用）。当然，这并不意味着第二段婚姻不可能比第一段婚姻更和谐、更持久。在第二段婚姻中，压力水平等因素可能会有很大的不同，这有助于婚姻的稳定。此外，还有许多其他因素影响着一段关系的持久性，而这些因素与分化无关。

段，但有时，这些方法的有效性似乎更多基于与治疗师或教师（或与其他小组成员）的关系，而不是对于焦虑有任何新的觉察和更强的自我控制能力。治疗师及其团队成为一个支持系统。这种方式的问题在于，功能的改善可能依赖于关系的维持。做生物反馈的人可能更多获益于其与技术人员的关系，而不是技术本身。这经常发生在心理治疗的关系之中，症状的减轻更多基于与治疗师之间的关系，而不是与治疗关系无关的学习。

在对众多处理焦虑的方法进行有效性评估时，要牢记那些从家庭研究和家庭治疗中得出的重要洞见，这点十分重要。当家庭成为研究单元时，可以观察到家庭成员之间经常"交换"症状。这种交换是家庭成员之间对于"自我"（假自我）或功能，进行借贷和交易的产物。一般来说，当一个人的伴侣或另一个引发激烈情绪反应的重要他人出现症状时，这个人的症状就会稳定，甚至消失。通常，在有症状的孩子接受心理治疗并得到改善后，他的父母会报告说，以前功能良好的兄弟姐妹出现了问题。某人先前不稳定的高血压，可能在他的配偶出现慢性背部问题后稳定下来（不改变药物治疗）。虽然这种现象所涉及的实际生理过程还未能被很好地理解，但大多数临床医生已经在他们的实践中和自己的家庭中观察到了这种症状的交换。

症状交换的发生意味着，家中慢性焦虑或情绪问题的基础水平没有改变，焦虑或未分化只是被"凝结"或制约在了一个新的地方。人与人之间并没有太大的分化或情绪分离，焦点只是从一个人身上转移到了另一个人身上。这可能是忽视家庭过程的压力管理法的"副作用"。当一个有症状的家庭成员坚定地投入生物反馈、大量慢跑甚至是个体心理治疗之后，他的功能开始改善，另一个家庭成员可能就会出现问题。这是"烫手山芋"（hot potato）法（通常是在无意识的情况下）管理焦虑的结果，焦虑从一个人身上传到另一个人身上。这些情况绕过了助长症状发展的关系过程，有利于症状缓解，一个人以牺牲另一个人为代价来获得安慰。

对于焦虑的"交换"和家庭成员之间不分化的描述,听起来近乎神秘。虽然,还不清楚这种交换究竟是如何发生的,但可以假定它是依靠常规的感官来传递信息的。人们对他人的情绪状态有敏锐的反应(不一定有意识)或敏感性,并能依据接收到的信息做出自动调整。通过这个过程,最先出现在一个人身上的焦虑,最终会在另一个人身上以躯体、情绪或社会症状表现出来。反过来,另一个人症状的出现,可以减少第一个人的焦虑,因为他要开始照顾当前有症状的人,第一个人焦虑的减轻对有症状的人也有镇静作用。在情绪层面出现症状要比忍受自己对另一个人的痛苦所产生的内心反应更容易。一个人依赖于别人的照顾,因为这使得照顾者感觉更好,所以两人在某些方面也更好相处。[⊖]

症状发展被概念化为与家庭系统(跨越多世代和最近一段时间)慢性焦虑的形成有关,而且主要与特定人群和特定关系中对焦虑的"凝结"有关。此时,关于谁"拥有"症状的问题就很难回答了。似乎是家庭拥有这个症状——不仅是核心家庭,而且是跨代家庭。家庭成了"疾病单元"。如果家庭以外的人对它有情绪反应,他们的焦虑、情绪反应和主观性也会对这个家庭产生影响。当他们这样做时,这些外部人士也必须"拥有"这个问题。说家庭是疾病单元并不意味着家庭"有病",只是意味着家庭是一个系统。每个家庭都会产生不同程度的临床功能障碍,因此,给一个家庭贴上"有病"的标签,给另一个家庭贴上"健康"的标签是没有意义的。每一个家庭,如果有足够多的后代,都会出现精神分裂症或类似的功能障碍者,也会出现分化水平相当高的人。

自我分化是一个过程,它可以减轻一个人的焦虑和症状。同时,关

⊖ 整个症状发展过程要比这复杂得多,但是一个人的功能障碍对照顾者所产生的镇定作用,可能是症状发展和维持的一个重要因素。照顾者并不"希望"或不"需要"另一个人生病,但事实上,当他觉得被需要并为别人做些什么的时候,他会更平静。假定这种现象源于比心理因素更深层的因素,它根植于情绪系统的自动过程之中。

系中的另一个人也不会出现症状（暂时性的除外）。[⊖]当一位家庭成员可以对自己存在的任何问题更有觉察，更愿意对这部分承担责任，并且更加能够在此基础上行动时，他在功能上的改善将不取决于别人对他的家庭的不成熟或未分化的"吸收"。这是一种功能上的变化，它并不伴随跷跷板效应。

当一个人可以朝着更高水平的分化努力时，他不仅会降低自己的慢性焦虑水平，还会降低家庭中的慢性焦虑水平。此时，整个家庭中的症状得以减轻，而不仅仅是交换。[⊖]一个人降低其慢性焦虑水平的过程主要取决于学习，学习的基础是要有勇气反复参与到充满情绪的情境之中，并忍受与之相关的焦虑等情绪反应。这种焦虑与试图发展更多的自我有关，是一种进步而不是退行的焦虑。

情感系统可能会驱使一个人，要么回避情感上的问题和困境，要么重复自己在与他人的关系中通常会做的事情。对于充满情绪的关系系统，人们的常见反应包括不惜任何代价去实现和睦，反抗他人的意愿，试图控制他人以及将某些群体成员当作替罪羊。这些都是由情绪系统和主观性驱动的无意识行为，它们通过安抚他人、控制他人或转移注意力来缓解自身的焦虑。对于个体更想要回避的人和情境，一个理智的决策是去面对它们；对于那些个体通常用来降低焦虑的行动，要有决心去忍受不这样做所带来的焦虑。长此以往，这种决心和决策就会降低个体的慢性焦虑水平，这一点得以实现是基于学习而不是基于情绪距离或物理距离。

⊖　当家庭中的一员可以以更多的自我来执行功能时，其他家庭成员会自动地反对和考验这种进步。进步和退行对一体化的扰动一样多。另一个家庭成员身上可能会出现与这个人努力改变有关的症状，但当这个系统在更高层次的功能上达到平衡时，这些症状就会消失。如果症状没有消失，这表明努力"改变"的一个主要组成部分是情绪距离。实现更多的自我，不是基于排斥他人，也不是基于通常所说的"超越"他人。后者通常与另一个所谓的"超越者"之间不太活跃的关系有关，这个结果更多的是源于两个人的情绪反应，而不是增加的基础分化水平。

⊖　这个过程在家中延伸的程度，取决于这个人与其他人情绪联结的程度。

这种能够降低慢性焦虑水平的学习，关键在于认识到自己和他人在情感反应和思维反应上的差异，并且认识到触发和传达这些情感反应的机制（如特定的面部表情）。[⊖]一个人如此情绪化地与想要更多分离的人纠缠在一起，以至于很难观察到将他们联系在一起的情绪过程。人们需要时间和动力去观察这些过程。大多数人对焦虑、反应性和主观性对他们行为的影响的认识有限。人们往往会低估这些过程的影响力，甚至是那些认为自己"焦虑"的人也会低估这些过程的影响。人们在某种情况下越投入感情，就越有可能忽视焦虑对正在发生之事的影响。但是焦虑、情绪反应和主观性是能够逐渐被更仔细观察的过程。通过一个"透镜"去仔细剖析（一种理论）并且愿意一遍又一遍地观察，这样可以大大增强观察能力。[⊜]

如果一个人想在具有情绪意义的关系中审视自己，那就需要明白人际关系是作为一种互动系统（过程与因果关系）运作的。了解了这一点可以帮助个体去观察自己的情绪状态和行为是如何与他人的情绪状态和行为交织在一起的。情绪系统是一个人精神状态和行为的主要向导，而更清楚地看到这个关系过程（需要一定的时间）提供了一种替代情绪系统的刺激。

在重要的关系中，如果人们能够反复基于对关系过程的更多觉察而采取行动，那么这种能力（不是责备自己或他人，而是看到每个人所扮演的角色）可以在一定程度上减少情绪反应和慢性焦虑。在家庭中，一个人更为个体化的能力可以减少整个系统的焦虑。更强的自我意识培养了人的自信，在必要的时候可以唤起这种自信，这在减轻焦虑方面似乎起到了一定的作用。在高度紧张的关系系统中，为了保持更多的自我，人们不根据自身感觉无意识地行动，这种能力对自我和他人产生了建设性的结果，也可

⊖　还包括对三角关系的理解，这是下一章的主题。

⊜　当然，如果混淆了一个人的透镜与其试图观察的实际过程，那么这个透镜本身就会成为一个问题。科学史上充满了这样的事例：透镜（主观上）塑造了观察，而不是观察（客观上）去改善透镜。哪怕一个人使用了一种被认为是不完美的、不等同于自然世界的理论视角，它仍可以帮助一个人看到一些东西，否则，这些东西就会消失在他所面对的堆积如山的信息之中。

以逐渐减少人们对背离"感觉正确"而行事的恐惧。关注他人并试图"解决"他人的问题，这可能会让人"感觉正确"，尽管人们"知道"这样的尝试通常会增加问题。一个人需要时间来学习，根据自己的信念而不是感觉的力量去行动。

一体化和情感取向的社会强化作用是相当大的，它们可以通过广播、电视、电影、小说、布道、报纸、杂志和舆论进行传播。如果孩子有问题，那就意味着他们的父母没有足够的"关心"和"投入"。人们认为异常或自私的行为和症状体现了一体化不足，而不是体现了一种焦虑的一体化，即人们在其中失去了个人方向，并以对彼此做出被动反应的方式生活。对于与社会焦虑有关的大多数问题，指责是不负责任的。我们被要求对彼此有更多的情感，但与此同时，我们又被充满情感的交流包围，这些交流唤起了更多我们本不该有的情感。

系统导向为人类的进程提供了一个不同的视角。但在一个充满情绪的氛围中，一个人必须非常确信这种视角的有效性才能维持它。在一个焦虑的环境中，那些想要快速解决问题和立即从问题中解脱出来的人，会排挤那些想要根据一个广阔而长远的观点来做决定的人。以理智为基础的功能，需要人们有对焦虑的耐受性和关注自我的意愿。以情感和主观性为基础的功能，屈服于快速降低焦虑水平的压力，其目的是改变他人而不是改变自己。虽然快速修复法通常可以缓解一时的焦虑，但问题通常会很快再现，而且同样的方法将不再有效。在这一点上，人们呼吁新的方法、新的可能性。相反，一种基于对人类问题本质的广阔视角的思维方式，可以充分融入一个人的"自我"，在最需要的时候可靠地呈现出来。一种可以承受一体化压力的思维方式，能为问题提供解决方案且不制造更多问题。

第 6 章

三 角 关 系

在第 3 章中，我们单独讨论了两人关系。事实上，如果忽视了一段关系与其他关系的联系，就不可能充分地解释这段关系中的情绪过程。一段关系是通过三角化的过程与其他关系交织在一起的，家庭和其他群体中的关系过程均是由一系列连锁三角关系组成的。三角关系是情绪系统的基本分子，是稳定关系的最小单元。

三角关系概念所基于的思维，阐释了整个家庭系统所基于的思维。该理论试图定义人际关系运作的事实——人们可以观察到人际关系中重复出现的现象，直到它变得可知、可预测。尽管一段人际关系的内容、方式、时间、地点都是可观察的事实，但关于事件发生原因的推测不是事实，因此我们要尽量避免在理论概念中掺杂这种推测。虽然这种推测本身是一个事实，但推测的内容并不是事实。三角关系关涉人际关系的内容、方式、时间和地点，而不是原因。三角关系仅仅是大自然的一个事实，要想观察它，你需要退后一步，观察整个过程。对某人说话或做事之原因的推测会使观察者立即脱离系统的参照系。动机必然是主观的、不能被证实的，而

功能可以是客观的、可验证的。[○]

三角关系的基本过程

三角关系描述了一个三人系统的动态平衡，其中起到主要影响作用的是焦虑。当焦虑水平很低时，两个人可以保持平静，感到舒适。然而，由于一段关系很容易受到内部和外部情绪力量的干扰，它通常不会一直令人舒适，焦虑水平的增加不可避免地会扰乱关系的平衡。只要一个两人系统是平静的，它就可能是稳定的，但由于这种平静很难维持，把两人系统描述为是不稳定的更为准确。当焦虑水平增加时，第三个人就会参与到两人的紧张关系之中，形成一个三角关系。[○]第三个人的介入可以通过使焦虑在三人中传播的方式来降低两人系统中的焦虑水平。三人相互联结的关系可以比三段独立的关系包容更多的焦虑，原因是这些关系回路使得焦虑可以在系统中转移，而这种转移降低了任何一种情绪"过热"的可能性。这种传播、转移和包容更多焦虑的能力，意味着三人关系比两人关系更为灵活、稳定。

三角关系是永恒存在的，至少在家庭中如此。一旦一个三角关系的情绪回路就位，它通常会比参与其中的人持续的时间更长。如果一段三角关系中的某位成员过世，通常会有另外的人代替他。演员们来来去去，但剧本代代相传。孩子们可能会表现出曾祖父母之间未曾解决的冲突。因此，

○ 在系统思维中，理解一个特定的行为要依据它在系统中的功能。如果是思考这个行为的"原因"，那么就要把动机归属于某个个体或某个群体，如果是思考这个行为在功能上的相互关系，那么就不需要分配任何动机。"信念"就可以通过这种方式整合到系统思维当中。虽然不太可能将一个信念的内容当作事实，但是这个信念对于个体和群体的作用可以定义为事实。例如，偏执意念的内容是不真实的，但偏执意念确实有功能。

○ 人们在制约焦虑的过程中构建三角关系。与此同时，如第 3 章所述，人们为了应对焦虑而调整其他关系。

一个特定的三角关系不一定是由当前的参与者创造的，它也不会随着焦虑水平的升高或降低而重新形成或完全消失，它会随着焦虑水平的波动变得愈发活跃或愈发不活跃。在异常平静的时期，三角关系可能非常不活跃，以至于观察不到它的基本关系过程。在异常混乱的时期，许多三角关系极其活跃，以至于人们在这个过程中很难察觉到任何秩序。混乱遮蔽了其中的模式和个体所在的各种三角关系。只有当紧张程度适中时，才最容易观察到三角关系的存在。

如果一个三角关系处在低水平的焦虑之中，其中两人（局内人）享有令人舒适的亲密关系，而第三个人是不那么舒适的局外人。当然，这个三角关系并不是一个静态系统，即使在平静时期，这个系统也在不断地运动。两个局内人都不断地做出调整，以维持他们令人舒适的一体化，以免其中一个感到不适并与外人形成一体化。局外人也不是无所事事地袖手旁观，而是不断地试图与局内人之一建立一体化。所有参与者都采取可预见的行动来达到他们的目的。例如，当丈夫处在妻子和大女儿间的关系之外（事实上或幻想中）时，他就会变得郁郁寡欢，而妻子会将更多的注意力放在丈夫身上，试图让他高兴起来。然后，女儿作为父母关系中的局外人，她会变得对父亲过于关心。之后，母亲作为父女关系中的局外人，其反应是挑剔女儿的外表。女儿表现得很防御，并且她和母亲进行了长时间的讨论来解决她们之间的分歧。这个系统从来都不是静止的。因此，在平静时期，局内人试图保留他们所拥有的，而局外人试图打入其中。

中度焦虑期和平静期的三角关系具有不同的特征。当焦虑水平（在短时间或长时间内）增加时，局内人的关系的舒适度被侵蚀。通常，其中一人的不适感更多，仍然感到舒适的人可能会在很大程度上忽视对方的苦恼（这是双方处理紧张关系的方式所导致的结果）。不适感更多的人会先试图与另一个局内人恢复之前令人舒适的均衡状态。但是，由于存在更高水平的焦虑，这种尝试比在平静期更加难以实现。焦虑水平越高，人们对彼此的反应越强烈，便越难维持和谐的关系。当这种尝试未能成功时，不适感更多的人就会对局外人发起一体化的邀请，这个局外人正渴望如此，所以会迅速地响应这个邀请。在平静期，局内人努力排斥局外人；但在中度焦虑期，局内人会积极招募局外人参与进来。

有几种方法可以让第三个人介入两人的紧张关系之中。[○]比如，那个不适感更多的局内人（A）可以通过向局外人（C）抱怨另一个局内人（B）而把 C 拉进关系。如果 C 同情地回应了 A 并且支持 A，那么 A 与 C 之间就建立起了令人舒适的亲密感（基于未分化），B 成了新的局外人。"支持"是这个过程中的关键要素，A 和 C 都将 A 和 B 之间的关系问题归咎于 B，并指责他。又如，一段两人关系也可以让第三个人直接卷入到冲突之中，只需让他能够听得到冲突就可以了。这个问题有几分"溢出"到他身上的意味。或者，第三个人可能会扮演一个非常积极的角色，使自己处于那两个人的问题之中。经过多年的"训练"，无论是否真的有"邀请"，这样的人都已经学会了被他人身上的不和谐吸引。一个分化不良的孩子在父母那里就常常处于这种位置。可以预见的是，每当父母之间的紧张关系达到一定程度时，他都会给自己制造麻烦，这吸引了父母中一方或双方的注意力，从而减少了他们之间的紧张。

在中度焦虑的情况下，这种三角关系会导致一段令人不舒适或冲突的关系，以及两段令人相当舒适的关系。这种不适或紧张可能会从一段关系转移到另一段关系，但在中度紧张的情况下，这段关系通常可以涵容它。在前面的例子中，A 和 B 之间的不愉快可能已经转移到 B 和 C 之间，因为 C 开始对 B 愤怒并将 A 的不快归咎于 B。当 C 对 B 发怒时，A 与 B 之间变得更为融洽。这个过程可以如图 6-1 所示。

___

○　对于三角关系来说，并不是必须有一个活生生的第三者，一段幻想的关系、物品、活动和宠物都可以作为三角中的一角。然而，如果要上演三角关系的方方面面，那通常需要三个人的参与。

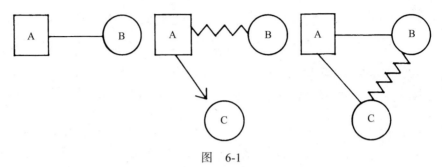

图　6-1

注：最左边的图显示的是一段平静的关系，两人都没有足够的不适来三角化第三个人。中间的图显示了两人间的冲突关系，并且不适感更多的人（A）三角化了第三个人（C），三角化的结果是（最右边的图），冲突已经从最初的两人中转移到了 B 和 C 之间，A 和 B 之间的冲突程度降低。

　　这种模式在家庭中非常普遍。例如，只要大女儿和她的父亲发生冲突，父母之间和母女之间就都可以保持和谐。这个过程是这样进行的：为了维护和谐，母亲（在某些问题上）适应了父亲，这也的确维持了婚姻的和谐。母亲认为丈夫把自己当作一个"出气筒"，女儿同情母亲，并认同这种想法，这种同情维护了母女关系的和谐。然而，婚姻中的紧张关系并没有消失，相反，它表现为父女之间的冲突。所以在这个三角关系中，仍然有两条正边和一条负边。换句话说，一段平静的两人关系（母女或夫妻），实际上可能是三角关系中平静的一边。保持这种平静的代价是，在三角关系的另一边（父女）有一段糟糕的关系。

　　在高压时期，三角关系中的情绪过程呈现出新的特征。此时，局外人的位置是最舒适、最理想的。在一段过于紧张的两人关系中，每个人都努力在三角关系中寻求一个外部位置，以逃离这种关系的紧张。例如，一位母亲在与儿子发生激烈冲突时，可能会积极说服父亲来"处理"儿子的问题。当父亲试图这么做时，父子间的冲突爆发，母亲退身局外。儿子可能会试图挑起父母之间的冲突来还击。他也可能会恳求母亲让"严厉的"父亲不要再纠缠他。在焦虑平息之后，母亲和儿子再次接近，父亲被排除在母子关系之外。又如，一位男士想要避免一场会破坏他与母亲间一体化的争吵，他通过向妻子抱怨母亲从而触发了婆媳之间的冲突。于是，婆媳关系被认为是"问题"所在。这并不一定是丈夫为了让妻子和母亲痛苦而设计的恶毒阴谋，而是通常在没什么意识的情况下就发生了。当母子冲突减少时，妻子可能会再次被推到母子关系之外，然后她会做出一些可预见的举动来获得局内人的位置，比如"你更关心你妈妈，而不是我"。

到目前为止，所提出的关于三角关系的基本性质的观点可以总结如下：

（1）一段稳定的两人关系会由于第三个人的加入而失去平衡。例如，在孩子出生后，和谐的婚姻关系中可能会出现冲突。由于父母需要在孩子身上投入时间和精力，他们保持婚姻关系平衡的能力减弱。

（2）一段稳定的两人关系会因为第三个人的离开而失去平衡。例如，在孩子离家后，婚姻中的冲突可能会增加。一旦离开家，孩子就不那么容易卷入到父母的问题之中了。

（3）一段不稳定的两人关系可以通过增加第三个人来稳定。例如，在孩子出生后，冲突的婚姻可能变得更加和谐。父母把焦虑的焦点从对方身上转移到了孩子身上。

（4）一段不稳定的两人关系可以通过去除第三个人来保持稳定。例如，如果两个人去除了在他们的关系中始终支持某一方的第三个人，那么他们之间的冲突就会减少。第三个人对一方的支持会在情绪上使问题极端化，并因此加剧冲突。

随着时间的推移，三角化的强度在家庭间和家庭中发生变化。由于三角关系是人类进程中未分化的产物，一个家庭的分化水平越低，三角化在维持情绪稳定方面的作用就越重要。如果焦虑水平很低，即使是在一个分化不良的家庭中，三角关系中的三个成员也有可能成为情绪独立的个体，但是，他们的压力水平必须非常低。压力会引发焦虑，当焦虑变得有传染性时，三角关系就会愈发活跃。在一个高度分化的系统中，人们即使在高度紧张的情况下也能保持情绪分离。如果人们能够保持他们情绪的自主性，那么关系系统中几乎不会出现三角关系，这个系统也不依赖它来保持稳定。

连锁三角关系

一个人并不总能在一个三角关系中转移这些焦虑，这种时候，焦虑就会以连锁的方式扩散到其他三角关系之中。例如，一位母亲试图让父亲去管教他们惹事的儿子，父亲的反应可能是回避，这加剧了母子之间的冲突。然后，母亲可能会把她的焦虑和沮丧传递给另一个孩子，这个孩子就被卷入到这种冲突之中。当一个孩子试图让另一个孩子"听话"时，他们间的冲突就爆发了。与此同时，母亲获得了一个局外位置。所以，在这种情况下，当一个三角关系不可用时，焦虑就会蔓延到另一个三角关系之中。又如，一位父亲为了回应他妻子的痛苦，而陷入了与儿子的冲突。随着父子关系的冲突加剧，母亲退出。此时，父亲会需要另一个孩子参与到这个过程之中。然后冲突就从父子之间转移到了兄弟姐妹之间。这个过程如图 6-2 所示。

在这个过程中，一个三角关系无法涵容这些焦虑，于是这些焦虑溢出到另外一个或多个三角关系之中，这称作连锁三角关系。在一个平静的家庭里，多数焦虑都能够被一个核心三角关系涵容，但是，在压力之下，这种焦虑会蔓延到家庭中的其他三角关系以及工作与社会系统的三角关系之中。

连锁三角关系可以显著减少家庭核心三角关系中的焦虑，这种情况经常发生在心理诊所。父母把有问题的青少年带到诊所接受治疗，一名治疗师被派去治疗青少年，另一名治疗师为父母提供咨询，每名治疗师都有一

个督导。青少年的治疗师可能会被青少年的问题三角化，因为他同情这个
自认为遭受不公平对待并且被误解的青少年。父母的治疗师可能会被父母
的观点三角化，因为父母认为问题出在青少年身上。当两名治疗师试图合
作时，他们陷入了一场激烈的争论，争论的焦点是父母是否足够关爱和理
解孩子，孩子是否自私和苛刻。由于无法解决这种两极分化，治疗师会把
各自的督导三角化。当两位督导共进午餐，讨论这个棘手的案例时，他们
会为了谁懂得如何更好地督导而几乎大吵起来。随着诊所陷入越来越多的
混乱之中，父母和青少年冷静了下来，相处得更好了！

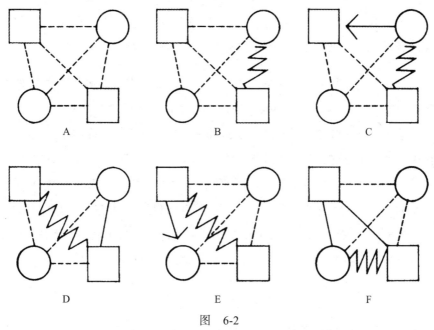

图 6-2

注：这是一个由父亲、母亲、大女儿和小儿子组成的家庭。图 A 显示所有的三角关系
都不活跃。图 B 显示母子关系紧张。图 C 显示父亲被母子间的紧张关系三角化。
图 D 显示这种紧张转移到父子关系之中。图 E 显示母亲退出，原来的三角关系不
再活跃。同时，女儿被父子间的紧张关系三角化。图 F 显示姐弟之间爆发冲突。
在原先三角关系中的冲突出现在另一个三角关系中。

心理健康和其他专业的助人者以自己既有同理心又能保持客观的立场

而感到自豪。在来访家庭的问题得到合理控制的情况下，专业人士基本上能够从容应对。然而，在更混乱的情况下，专业人士的分化往往会消失，焦虑就像一场森林大火，围绕着问题家庭的连锁三角关系蔓延开来。当这种情况发生时，治疗师和工作人员的焦虑比深思熟虑的治疗原则对治疗决策的影响更大。最初，核心三角关系中的焦虑可能有所减少，这是因为它们扩散到了连锁三角关系的系统之中，但当这种焦虑蔓延到更大的系统（精神卫生中心、服务机构和法院）之中时，焦虑通常是增加了的（通过专业助人者的情绪反应）。然后，焦点再次回到家庭。这种"助人者"的焦虑会加重家庭中的症状。在大多数情况下，助人者主要是对家庭有益的，他们的参与减轻了焦虑和症状。然而，在焦虑使得分化丧失的情况下，三角化的过程会导致助人者变成家庭问题的主要组成部分。

还有一种将核心三角关系中的焦虑向外传播的方式，就是把他人放入核心三角中的一角，这种过程经常发生在令情绪高度紧张的社会问题上。在某些情况下，社会中的反叛分子就处在三角中的一角，提倡用独裁的方法来处理这些问题的人处在另外一角，而想要一种"理解的"、有几分"宽容的"方式来处理这些问题的人处在第三个角。在臭名昭著的刑事案件中，三角的每个角里都聚集着大量的人。有人对罪犯的"困境"报以高度同情并主张宽容，他们强调治疗和康复；有人对犯罪行为过于愤怒并主张严惩，强调对社会的保护，这些极端立场严重妨碍了对许多社会问题的治理。

三角关系和功能位置

为了理解三角关系和连锁三角关系，我们需要将三角关系中的每个角分别视为一个功能位置。在某种程度上（取决于分化水平和焦虑水平），一个人的所思、所感、所言、所行是他在三角关系中所处功能位置的产物。此外，一个人的所思、所感、所言、所行至少在一定程度上（取决于分化水平和焦虑水平）具有促进三角关系的功能。功能位置和心理状态之间相互作用的一个例子是：当一个人从三角关系外部移动到内部时，他的幸福感明显增强，自杀幻想和充满焦虑的梦减少。在三角化的过程中，心理状态和行为起作用的一个例子是：如果 A 向 C 表达了他对 B 的愤怒，这种沟通便起到了增强 A 和 C 一体化的作用。如果 C 同情地回应 A，不论是通过言语还是非言语，该回应也同样起到了增强 A 和 C 一体化的作用。此外，A 对 B 的愤怒起到了保持 A 和 B 的距离、增强 A 和 C 一体化的作用。[⊖]

在多个三角关系中，人们常常拥有一些僵化的"角色"或者功能位置。基于这些位置，他们的行为有时有很多可预测的特征，可以很容易地被描述出来。在一些三角关系中，一个人被描述为焦虑的"发生器"（generator），另一个人被描述为焦虑的"放大器"（amplifier），第三个人被描述为焦虑的"阻尼器"（dampener）。通常，"发生器"会被指责为奠定了这个三角关系（和家庭）的情绪基调。另一些人直接或间接地暗示，"发生器"正是令人不安之人。尽管，"发生器"可能是第一个对潜在问题感到紧张的人，但他并不是导致这种焦虑在三角关系中传播的原因。"放大器"增加了问题，因为他不能在"发生器"焦虑时保持冷静。"放大器"不仅做出反应，而且夸大了令人感到"绝望"的情况。"阻尼器"利用情绪距离去控制自己对他人的反应，但在一定程度的紧张状态下，他可能会为了让事情平静下来而对他人过度负责。通过可预见地发挥作用，"阻尼器"可能会减少症状，但他会强化这种关系过程（三角关系）。随着压力的不断变化，三角关系中没有人承担起管理自己焦虑的责任。

关于相对僵化的功能位置，另一个常见的例子是父母和孩子之间的三角关系，孩子是父母的情绪附件。为了减少父母的焦虑，孩子习惯于调整

⊖ 系统理论中对功能位置的重视，使系统理论有别于个体理论。系统理论概念化了关系过程：个体情绪状态和行为的许多方面，都要根据他们在关系过程中的反应和功能进行解释。个体理论则根据个体内部的运作模式对情绪状态和行为进行解释，其概念不包含功能位置的影响，因为这些概念没有把超越个人动机的关系过程概念化。

自己的想法、情感和行为，他可能放弃了太多对自己生活的控制，以至于在成年后变得十分异常，完全依赖父母。这是一个矛盾的情况，"孩子"似乎比他的父母更能控制所发生的事情。通常，孩子或年轻人能够操纵父母给他想要的东西。这些操纵的后果是，他被认为是"既自私又难以满足的"。外人观察到他给父母施加的压力，往往会同情父母，责怪孩子。事实上，父母可能会放弃他们的许多兴趣和目标，把更多的时间、精力和金钱投入到"孩子"身上。父母在与孩子的关系中确实也放弃了"自我"，但他们不像孩子放弃的那样多，显然孩子的功能才是受损最为严重的，因为他发挥的控制作用最小。他赢了战役，却输了战争。

父母从来都不希望这种事情发生在自己的孩子身上，在多数情况下，他们致力于预防这种事情发生。然而，他们对事情进展顺利、结果正确的焦虑削弱了他们看清事物的能力，即他们采取的行动恰恰促成了他们最想阻止的结果。随着孩子的成长，父母越来越处于"强"者的地位（比他们实际上更强），孩子越来越处于"弱"者的地位（比他实际上更弱）。这种功能性互惠的本质在如下情境中得以证明：当父母一方或双方出现功能障碍时，孩子的功能得到显著改善。一个患有慢性精神分裂症的人，先前深陷自己的妄想和幻觉之中，他可能会为了做一些照顾父母所必须要做的事情，而把妄想和幻觉"暂时搁置"。事实上，许多妄想可能就消失了，而且没有必要告诉精神分裂症患者要这样做，他自动就这么做了。

非人类物种中的三角关系

三角关系似乎普遍存在于人群之中。我们认为三角关系是情绪系统的一部分，在非人类物种中应该也能够观察到它的存在。虽然，还没有足够的研究来支持这一结论，但现有的数据表明，在几种灵长类动物和其他哺乳动物中均存在这种三角关系。在许多灵长类动物中观察到的结盟和拉帮结派，似乎基于与人类三角化进程相似的过程。两只猴子之间可能会建立一种关系（不一定非要是一雌一雄），来抵抗第三只猴子的入侵。这两只猴子可以利用它们的联盟力量来攻击和战胜第三只猴子。威尔逊（1975）指出，许多物种的优势系统有时会被三角的或环形的元素复杂化，例如，成群的母鸡。约翰·B.卡尔霍恩（John B. Calhoun）观察到，当两只老鼠彼此充分互动时，它们都不会搭理第三只老鼠。[○]这可能会使局外者非常痛苦，甚至试图穿过一堵厚墙去寻找一只会回应它的老鼠。卡尔霍恩还观察到成群的老鼠联合起来攻击一只老鼠，类似的还有：一些蜥蜴可能会联合起来攻击一种陌生的蜥蜴（Evans，1951）。

人类的三角关系中似乎有一些独特之处。与其他物种相比，人类可能存在更广泛的连锁三角关系系统，而且这些系统的持久性（贯穿个体的一生并且跨越世代）可能也要长很多。在一定程度上，人类三角关系的持久性取决于智力功能，比如识别个体的能力和长时记忆。尽管，在人类的三角关系中，更高级的精神功能和心理因素起到了重要作用，但三角关系的基本过程比心理过程更为深层。

我们认为三角关系是一种本能过程，它们反映了人类彼此的自动情绪反应。三角关系的精确性和可预测性表明它们可能反映了原生质本身的特性，所以它们可能根植于比基因"更加深层"的过程之中。先前讨论到情绪系统可能就存在于比目前所认为的基因更为根本的层级之上，这点可能也适用于三角关系。尽管学习或生活经验会影响某些三角化的强度和变化，但三角化本身并不需要被教授或学习。一定程度的三角化总是存在于人类群体当中，哪怕只是待在一起很短的时间，三个人也总会倾向于形成两个局内人和一个局外人。分化良好的人不会因为身处局外而制造出"大事情"，他们的安全感不依赖于成为局内人，这使得发生在分化良好之人身上的任何三角化都能保持节制、灵活。

○ 约翰·B.卡尔霍恩博士的私人信件。

　　如果关注三角关系中最基本的元素，就很容易看出这个概念在整个系统进化树中是如何适用的。三角化的过程会围绕着情绪依恋和焦虑对依恋的影响反复出现。当两个有机体不能保持足够的平衡以使彼此都感到舒适时，不适感更多的一方会离开并试图形成新的依恋关系。如果新的依恋关系形成，一个简单的三角关系也就形成了。但是，为了获得更多在人类三角关系中可以观察到的特征，这三个有机体必须彼此保持有效的联系，并且具备良好的记忆能力和识别个体的能力。⊖再次强调，在进化过程中，虽然三角关系的形成依赖于高级神经系统功能的进化，但人们认为三角关系的驱动力非常古老。

　　正如临床案例所示，三角关系可以在症状发展中扮演重要的角色。三角关系和症状之间的相互关系，对一些家庭治疗原则的发展产生了重大影响。接下来本书将探讨三角关系和症状之间的相互作用和从这种相互作用的识别中衍生出的一个重要治疗原则——去三角化。

三角关系与症状发展

　　系统疗法有一个基本原则，当两人间的紧张关系进入一个三人系统时，他们俩的冲突就自行缓解了，原因是其中一人在情绪上分离了。换言之，尽管与一体化背道而驰，两人间的问题也可以在没有第三个人"善意地"下功夫"修理"它的情况下得到解决，这只需要第三个人与另外两人有足够的情绪联结并同时与他们保持情绪分离就可以了。这个既有情绪联结又有情绪分离的过程被称为"去三角化"。⊜如果这两个人没有与第四个未分化的人形成三角关系，而是继续与第三个已分化的人交往，那么这两

⊖　这或许也可以通过强迫动物们待在一个实际的围栏里来实现。

⊜　"在与他人保持情绪联结的同时保持情绪功能的自主"的能力是分化概念的本质。焦虑和缺乏动力可能是人们与他人建立足够情绪联结的核心障碍，人们经常以和他人的联结比实际上更好来自我欺骗。

个人就会使他们的关系恢复平衡。这种现象对理解症状的发展有重要意义。

为了简化，第 3 章只呈现了两人关系背景下的症状发展。然而，去三角化对有问题的两人系统所产生的影响显示，只是孤立地看待两人关系来解释症状的发展是不充分的。如果在已分化的第三个人在场的情况下，一段两人关系得以恢复情绪平衡，那么，关系中出现的症状表明，这段关系与一个或多个未分化的人有关。当两个人都感到焦虑时，这种关系就会自然而然地将第三个人卷进来。如果第三个人能够在与这两人保持联结的同时不被三角化，那么这两人将恢复平衡，并且不太可能发展出焦虑驱动的症状。如果症状确实出现，那就意味着一个或多个人已经被这个两人关系三角化了。[⊖]

两个中度分化者的关系很好地说明了三角关系在症状发展中的作用。在关系早期，这两个人可以保持足够的情绪平衡，焦虑水平很低，并且几乎没有压力要三角化第三个人。随着时间的推移，基于关系内部或外部的压力，焦虑会增加，两个人会对彼此施加更多一体化的压力。为了维护和谐，将焦虑制约在两人之间的机制（如冲突、距离和适应）将越来越多地发挥作用。此外，当不适感达到一定程度时，两个人中不适感更多的那个会把第三个人卷入这段紧张的关系之中，第三个人给不适感更多的人提供的情绪支持（基于情绪融合的支持）能够在最初的两人关系中创造出更多的距离，"有助于"不适感更多的人保持距离。这改变了原先两人关系的性质，导致以前较为舒适的成员最终处在一个非常难受的外部位置。此时，他可能会出现症状。

通常，涉及症状发展的情绪过程不像刚才描述的那么简单，许多相互

⊖ 在一段关系中，没有症状并不意味着这段关系一定要与情绪分离的第三个人产生联结。两人系统中的焦虑水平也可以因其他因素而降低，比如，两人系统中没有压力（没有真实或想象的威胁需要应对）；或是压力存在，但因此导致的紧张已经三角化到其他关系之中了；或是压力存在，但分化的水平很高，人们在没有升级焦虑的情况下就适应了。

交织的过程常常都有贡献。例如，在婚姻初期，关系中产生了一些冲突，妻子通过适应来维持和谐，将焦虑内化，并成为两者中不适感更多的那一个。最终，她巨大的痛苦压倒了她要去避免冲突的无意识冲动，她试图告诉丈夫她的痛苦。但当她试图谈论这件事的时候，她和她的丈夫都非常沮丧，反应强烈，最终他们谈崩了。这样无益的交流逐渐使双方都倾向于避免提起"令人不快的"话题。

婚姻中的情绪距离使得这种紧张不太可能继续升级，但这并不能缓解这位妻子的痛苦。她开始向她母亲诉苦，当母亲同情地回应她时，妻子便越来越依赖于母亲的情绪支持。妻子认为丈夫是"冷漠的""无情的"，母亲接受了这个看法并且对女婿很愤怒，这支持了妻子使用情绪距离来处理问题，并且强化了她的疏远行为。母亲并不一定是"想要"成为女儿婚姻中的一个楔子，即使她的反应可能会产生这种效果。记住，无论何时，当任何一个人的行为受某种动机支配时，他就会丧失对于超越个人动机的整个过程的觉察。

当这位妻子在与母亲的关系中，投入了更多的情绪能量并进一步疏远丈夫时，这位先前因一定程度的婚姻距离而平静下来的丈夫，现在则会对"过远的"距离做出反应。他感到了情绪上的孤立，并且比他的妻子更为痛苦，他迫使她更多地与自己在一起。然而，他给人的印象却是太过需要精神支持并且难以满足，这促使他的妻子进一步疏远他。在丈夫尝试恢复一个舒适水平的一体化失败后，他开始更多地饮酒。适量饮酒可以缓解这些关系困境，提供稳定，但是，如果饮酒开始损害丈夫的功能，就会对妻子造成严重威胁，因为妻子不仅在情绪上依赖丈夫，也在经济上依赖他。由于丈夫功能的实际损伤或者可能的损伤，妻子会变得越来越焦虑。

妻子对丈夫症状的焦虑使她的更多精力回到婚姻关系之中，但这是一种不同于增加婚姻距离和促进症状发展的关注。此时是聚焦于一体化的症状，伴随着模糊的潜在关系困境。对于妻子的焦虑，丈夫的反应是喝酒并用酒精来隔绝情绪，这种行为加剧了整个循环。妻子可能感觉到，为了让丈夫改变，她施加给他的这种受焦虑驱动的压力使问题变得更糟，她也许应该尝试退让。然而，在她后续与母亲的谈话中，她母亲的焦虑受到其父亲"酗酒身亡"的强化，进而传染给了她，来自母亲的焦虑增加了她对丈夫的问题的关注，以及为此做点"什么"的冲动。

当妻子难受的程度已经到达要把第三个人卷入到婚姻问题中时，如果她遇到的是一个可以保持客观、情绪分化的人，结果可能会大不相同。这个能够在面对他人充满情绪的交流时保持自身分化的人，不会让这个问题通过三角化脱离婚姻关系。第三个人介入但"不被三角化"的效果是"促使"夫妻双方承担更多的责任，并更加重视解决他们之间的问题。对自己的问题承担责任，并有动机解决关系中出现的问题，这似乎是克服感情和主观性倾向、控制相互作用的必要因素。

意识到三角化和去三角化对人际关系的影响，并不意味着人们"不应该"与他人谈论他们的问题，也不意味着第三方（如治疗师）"应该"支持人们待在一起、解决问题。三角关系描述了一个有多种影响的自然过程。对任何一种效果进行价值判断都不会有什么收获。对分化来说也是如此。一个人在处理另外两个人的问题时，能够保持分化会产生一种可预测的结果，无法保持分化会产生另一种结果。系统思想描述了"是什么"而非"应该是什么"，分化描述了"做出选择的能力"而不是定义"正确"或"最佳"的选择。

还有一个三角关系影响症状发展的例子是家中二孩的出生。在母亲只有一个孩子的时候，她的婚姻状况可能与有孩子之前有许多相似的地方，母亲和这个孩子较容易保持情绪上的平衡。然而，随着第二个孩子的出生，母亲感到有责任去满足两个孩子的"情绪需求"（正如她定义的那样），这可能会把她压得喘不过气来。她觉得有能力满足一个孩子的情绪需求，但如果要同时充分照顾两个孩子的话，她就会变得相当焦虑。她的焦虑传染给了孩子，在某种程度上，母亲的焦虑会在孩子间得以呈现。

在母亲和两个孩子的三角关系中，焦虑可能如何表现？下面是对此的一个极度简化的描述：母亲担心她的孩子们没有得到同等的关注和"爱"，并将这种担心转化为行动。她承担了自己假定的责任，即有责任让孩子们感觉自己受到了平等对待。因此，每个孩子在成长过程中也都感到，他们的母亲有责任让他们感受到同样的"爱"，也有责任纠正在"公平"对待中可感知到的任何不足。每个孩子对自己得到的关注的"多少"（与其他兄弟姐妹相比）变得高度敏感。这可能会导致兄弟姐妹之间不断争斗，彼此反感，这样的结果正是母亲所竭力避免的。虽然，人们经常以"手足之争"来解释这种兄弟姐妹间的冲突，但它实际上只是三角关系中冲突的那一条边。当然，在这个母亲和两个孩子组成的三角关系中，如果不考虑它与家庭中其他三角关系的相互作用，就无法充分理解其中的过程。例如，父亲可能会批评妻子没有"同等地"对待孩子。当他这样做时，这个三角关系包括了第一个角里的母亲，第二个角里的父亲，还有第三个角里的两个孩子。在一个由父母和两个孩子组成的核心家庭中，有四个"简单的"三角关系（每个角里一个人）。只要再多添一个孩子，三角的数量就会增加到十个。有些三角关系几乎不活跃，有些则非常活跃，而且活跃的三角关系会强烈地互相影响。

鉴于三角关系在症状发展中的重要性，了解去三角化的过程对有效的家庭治疗至关重要。我们接下来就讨论这个过程。

去三角化

去三角化的过程依赖于对三角化的识别，这既包括某人被他人三角化的方式，也包括某人试图三角化他人的方式。如果一个父亲对儿子说："我姐姐对我不公，而你作为我的儿子，不应该和她有更多的接触。"不难发现，这就是一个三角化的言论。如果三角化总是如此明显，关系也许会相当容易理解和管理。更微妙的三角化信息是通过面部表情、语音语调、身体姿势的变化和其他的非语言信号传达的。尽管实际说话的内容很重要，但是用一种语调表达出来可能会激活一个三角关系，用另一种语调表达可能就不会。

去三角化可能是系统家庭治疗中最为重要的技术，但如果仅仅将其当作一种技术来学习，那么去三角化策略达到目的的可能性就很小。当某人将一个去三角化的评论或行为建立在一种思维方式之上，而不是建立在治疗师等人教授给他的技巧之上时，我们就更容易预测他的结果。这种"思维方式"指的是对人类行为的系统概念化，与其将问题的原因归咎于一个人或一件事情，不如聚焦于将人与事联系起来的情绪过程。 ⊖与因果思维相比，观察系统或过程的能力，似乎培养了一种对人类行为和临床功能障碍更为情绪中立的态度。越有可能对他人之间的关系过程保持情绪中立，去三角化的策略就越奏效。

情绪中立，与赞成或反对人类行为的某些方面无关，也与为自己制定不评判他人行为的规则无关。通常，遵守规则会导致表面中立的情况出现，人们表现得比实际情况更中立。中立不意味着作壁上观或优柔寡断。一个人可以对发生在家庭和社会中的事情有一个非常明确的立场，但仍保持情绪中立。教条主义的立场（即无法确定自己在重要问题上的立场）和试图改变他人的努力，都暴露出情绪中立的缺失。从本质上说，中立性表现为能够在不对自身观点投入情绪或不改变他人观点的情况下界定自我。

如果一个人在与他情绪联结最紧密的三角关系接触时，能保持更多的

⊖ 过程思维不仅局限于人与人之间发生的事情，还包括从细胞到社会各个层面的过程的相互作用。

中立或分化，并在这种中立的基础上采取行动，那么每个三角关系中另外两个成员之间的紧张关系就会减少。情绪中立体现在很多方面，其中两个与三角关系特别相关：第一，有能力看待另外两个人对关系过程的影响；第二，有能力避免对这个过程的思考被有关"应该是什么"的概念蒙蔽。例如，能够看到母亲和精神分裂症的儿子两人都在促进彼此强烈的共生关系中扮演了重要角色，虽然这一点很重要，但同样重要（为了分化和去三角化）的是能够在不引发情感和态度（比如将它定义为"有病的""异常的""坏的""可怜的"或"不应该的"）的情况下，与这样的关系产生联结。忍受不了人类进程的某些方面是一种被三角化的表现。

要求一个人在另外两个人的关系问题上不应该偏袒任何一方，这种规定就像要求人们不对行为进行评价一样，并不能保证一个人真正看到问题的两面。看到一个问题的两面是一件非常困难的事情：看起来往往是一个人在给另一个人造成痛苦，好像一个人是"受害者"，另一个人是"加害者"；看起来往往是一个人"生病"了，而另一个人正在努力从困境中走出来；看起来好像一个吸毒的青少年是这个家庭动乱的主要原因。要观察三角关系，必须"透过"症状看到潜在的情绪过程，包括个体化与一体化的相互作用以及焦虑对这种相互作用的影响。要观察三角关系，也必须认识到自己的情绪反应对系统的影响。

有效的去三角化不仅取决于获得一种思维方式或情绪中立的态度，还取决于有效传达这种态度的能力。指导一个人在三角关系中努力保持中立的一个原则，是回应一个人对三角关系做出的努力，并通过说些什么或做些什么，推动这个人和跟他有矛盾的那一方结合在一起。虽然这是一个清晰、明确的原则，但执行起来并不简单，人们是无法被教会去三角化的；阅读有关这一过程的资料或者聆听讲座，也并不能使人们成功地从人际关系中去三角化。阅读和讲座使人们熟悉了三角关系和去三角化的技巧，但它们不会改变人们的思维方式。一种新的思维方式是慢慢习得的，在大多数情况下，人们自学成才。人们花费了大量的时间、结合了大量的经验来思考系统与人类过程的关系，从而使自己能够判断系统思维是不是观察这一过程的有用"透镜"。为了了解分化和去三角化，人们必须自行判断，关于人类行为的数据是否更符合系统模型而不是因果模型。

把处于失衡状态的两个人结合在一起，这种思路通常"令人感觉不对"。对重要三角关系的常见反应是同情其中一人，而对另一人愤怒或失望，还有一种信念是，既然两个人从来没有解决过他们的问题，那么他们最好保持距离（无论是在情绪上还是身体上）。考虑到这种把人们分开的冲动具有普遍性，不能指望一个原则（通过鼓励两个人更多地参与，使自己在三角关系中更加分化）就能够让人感觉"正确"。例如，对于住在一起的母亲和她患有精神分裂症的儿子，一个常见的、基于感觉的反应就是把他们分开，让儿子"独立"生活。对他们的关系采取一种更中立的态度，并通过诸如"我一直很羡慕你们的关系，我很惊讶你们花了这么长时间待在一起"这样的评语来表达，这些通常与"情绪常理"相悖，但这样说并不是为了改变母子之间的关系，而是要传达一种中立的态度。

通常来说，为了对紧密的亲子关系做出不同且有说服力的回应，需要思考的是在经历某些重大变化的情况下，人们出现精神分裂症水平的共生关系的本质，或类似的人类问题的本质。如果一个人在一个有精神分裂症患者的家庭中长大，他不太可能对这个过程保持中立。一些反应通常会削弱中立的能力，比如对精神分裂症患者感到抱歉和内疚，把他的"疾病"归罪于父母、有缺陷的基因或家庭以外的某种力量，觉得有责任找到问题的答案或以某种方式改善现状，或者由于这种经历的情绪影响，使一个人一生都在情绪或身体上逃离家庭。所有这些反应都是一个人被这种情况三角化的证据，他在这个过程中扮演了他那部分角色，家庭也扮演了家庭的那部分角色并把他带入这个过程。

系统思维是一种了解某个家庭情绪过程的方式，它能够允许人们超越指责、支持、内疚、愤怒、其他情感和主观态度，这些情感和主观态度融入家庭情绪系统氛围之中，并受到有关人类问题本质的社会态度的强化。在与家庭产生情绪联结时，对关系过程保持一个系统视角的能力，提供了一种替代反应，它代替了自动情绪反应和受主观决定的态度所指导的行为。

当思维充分地从正在处理的三角关系问题中"解脱"（没有受到情绪反应的影响）——认识到一个三角关系并不是孤立存在的，并且对这个过程有一个相当准确的描述时，下一个任务就是有效地传达一个人的立场。㊀这种沟通包括那些违背自己和他人情绪常理的评论或行为。在违背情绪常理的情况下，一个人的情绪自主性在处理两人关系中的问题时得以传达。当人们收到的回应与他们期望的不一样时，他们就会立刻发现。人们可以通过这样的方式界定自我，并不一定非要涉及一个人在特定问题上的立场。有时候，一个传达自我的最有效的方式是不说不做。

三角化的方式变化多端，因此所呈现的去三角化言论和行动示例只能涵盖一小部分可能性，不过这些例子并没有它们所阐述的原则那么重要。如果一个父亲对他的女儿说，"你妈妈从来都没有真正理解过，我需要从她那里得到多少情绪上的支持"，这很明显是在试图将女儿三角化到一个充满情绪的婚姻问题之中。父亲可能只是在寻找一个同情的倾听者，或者他可能希望女儿听到后会试图让他的妻子更加"理解"和"支持"他，可能女儿以前也经常这样做。

在努力去三角化的过程中，女儿可能会说，"如果我妈提供了你想要

㊀ 这个过程从来就不是一目了然的步骤一、步骤二。人们通常在接近客观和情绪中立之前就试图去三角化，这些过早的努力是焦虑的产物。如果一个人能从自己的错误中吸取教训，那么就能够更清楚地觉察到三角化中的过程，这些努力就能够向前推进。在一般情况下，对于一个分化水平中等的家庭来说，一个人的笨手笨脚不会造成太大的破坏，但对于分化水平较低的家庭和处在高压下的中等分化水平的家庭来说，这可能是具有高度破坏性的。这时，有一位比自己更为客观的治疗师或"教练"尤为重要。

的所有支持，她对你能给予什么的期望就会飙升"。这句话（不管是否真有其事）呈现的是父母之间的一个过程，并且没有批评父母中的任何一方。如果女儿为她的父亲感到难过，为她的母亲没有更多的"理解"感到愤怒，这种感觉会从她评论的语气中流露出来，暴露出她缺乏中立，并且她将继续被三角化。如果女儿是相当中立的，她也可以简单地说："老爸，我已经听了很多年你对老妈的抱怨了，我终于开始相信你说得没错。"她一边说着，一边把手放在父亲的胳膊上，微笑着，让父亲知道她根本不同意父亲的观点。除此之外，还有成百上千种其他的可能性。

下次女儿见到妈妈的时候，她可能会说："老妈，老爸跟我谈了很久关于你的事。他认为你最终会成为他一直想要和需要的那种妻子。我真是太失望了啊，老妈。"同样地，伴随这句话而来的语调和面部表情，在传达一个人是处在三角形内部还是外部时也会有所不同。比如，她可以用极其严肃的语调和表情说这句话。几分钟后，当母亲从沉思（如何在称职的妻子和称职的母亲之间做取舍）中抬起头时，女儿露出了一丝微笑。这时，母亲意识到女儿在情绪上处于一个新的位置。母亲知道女儿与她婚姻中的问题有所联结，但不知何故，她不再像过去那样作为问题的一部分了。

并不是所有去三角化的努力都进展顺利，一个人的情绪越紧张，其思维的中立就越重要，其反应性在一定程度下可控也就越重要。在一个高度焦虑的家庭中，当一个不中立的、紧张的人试图让自己"去三角化"时，他很可能会使家庭问题变得更糟糕。当人们焦虑时，他们为去三角化做出的努力通常是，试图把自己从三角关系中"撬"出来。类似"我是不会介入你们之间的问题的"的大声宣言就反映了这种尝试。这要么不起作用，要么以牺牲他人的利益为代价，从而让某人得到某种安慰。一般来说，在焦虑水平较低或中等的情况下，"去三角化"是最为有效的。在高度焦虑的情绪场中，人们通常因太过紧张而不能有效地消除焦虑，家庭也会因太过焦虑而不能做出反应。当焦虑水平升高到一定程度时，我们的目标是与人保持联结，而不是让焦虑左右自己的行动。当焦虑减少后，去三角化的言论就会变得有建设性。

对于去三角化的言论或行动，一个常见的反应是："如果你不支持我，那你就是在反对我。"人们经常掉入这样一个陷阱，即在被指责为背叛他人的时候，试图为自己的行为辩护或解释。这些防御性和解释性的话语会让一个人回到三角关系之中。这就是技术失败的地方。如果一个人使用了别人教给他的去三角化技巧，却没有得到预期的回应，那么他接下来通常会不知所措。因为本来他对这段三角中的关系过程就不是特别客观，所以会被意料之外的事情弄糊涂，他可能会宣称自己在这一点上是中立的，但这显然是装模作样的。

与不中立者相比，中立者的去三角化言论不太可能被视为"不忠的"或具有批评性和讽刺性的。然而，当试图从一些令人高度紧张的情绪问题中去三角化时，即使相当中立的人可能也会被指责为不忠的，甚至是"无情的""冷漠的"。这些人可能会被告知，再也不会有人和他们说话了，他们会被"从遗嘱中剔除"，或者他们的不忠会害死别人。这些指责既是对那些去三角化之人所实现的某种情绪分离的反应，也是把对方拉回到三角关系之前所处的一体化水平的尝试。⊖如果这个去三角化之人是相当分化的，就没有必要回应这样的指责。许多非语言的方式传达了他的中立性，这些反应自然会削弱任何批评的力量。

在努力去三角化的过程中，行为的作用要大于言语。一个人可能花费数年的时间试图让他的家人接受他是一个拥有自主权利的人，但收效甚微。虽然他一再告诉家人，对他来说重要的是什么，他的哪些观点与他们不同，但令人震惊的是，家人们对他的基本看法却未曾改变。一个家庭能够忽视

⊖　人们试图通过许多方式来削弱一个人对界定更多自我所做出的努力，人们相当无意识地反对着一个人为更多分化所做出的努力，甚至，当人们在理智层面认为这种努力是积极的时候（重视并感觉到对全家的建设性），这种试图削弱的情况仍会发生。

或消除个体作为一个独立的、独特的"自我"存在的宣言，要想克服这一点，就需要了解家庭中那些连锁三角关系的本质，并从根本上采取行动。这些行动可以为家庭界定一个不能够被忽视或被消除的自我。

去三角化行为的有效性取决于对连锁三角关系的重要性的认识，可以通过一个简单的临床例子来说明这一点。图 6-3 显示了与示例相关的家庭关系图。

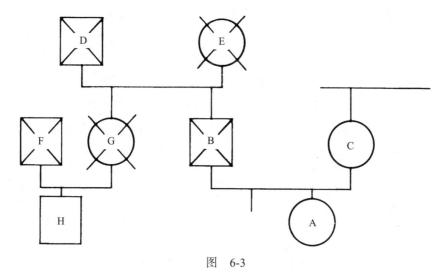

图 6-3

注：A 是接受家庭治疗的人。她的父母和父亲的一部分家庭情况如图所示。

在这个家庭关系图中，A 试图在家庭中界定更多的自我。她的母亲（C）健在，父亲（B）已经逝世，爷爷奶奶（D 和 E）、姑姑（G）姑父（F）也都去世了。在她父亲的近亲中，唯一活着的成员是她的表兄弟（H）。由于母系分支的详细资料与这个特定的三角化示例无关，因此，母亲（C）那边健在的家庭成员并未显示在这张图上，还有一个 A 的同胞也未标明。

在 A 的成长过程中，最具影响力的三角关系是她的父母和她本人之间的三角关系。A 与母亲之间的情绪联结要强于她与父亲之间的情绪联结，A 和她的母亲是安逸的局内人，而她的父亲是局外人。这个三角关系有如下特征：父母双方都"接受"通过拉开情绪距离来缓解因对对方不满而产生的紧张情绪，母亲在情绪上对女儿投入过多（母女关系比婚姻给予母亲更多的情绪支持），而父亲任由这种过度投入发生发展。父亲与他的家庭有相当严重的情绪阻断，哪怕是在他的父母和姐姐活着的时候也是如此。这种阻断是一个结果，它既源于父亲难以应对他家的问题，又源于母亲对婆家人非常消极的态度。A 的母亲认为，无论是在丈夫的成长阶段还是结婚以后，婆家人都没有给她丈夫足够的"爱"与"支持"。

A 吸纳了她母亲对婆家的态度，而她父亲对其家庭缺乏联结强化了这种态度。A 从来都不怎么了解她的爷爷奶奶，更不了解她的姑妈姑父，对于表兄弟，她也只是在 20 年前见过一次，当时他们还都是青少年。相比之下，在 A 的成长过程和成年生活中，A 与她母亲的扩大家庭有着相当多的联结。

A 对母亲在情绪上的过度卷入，限制了她与母亲的情绪分离，这种未解决的依恋关系对 A 的婚姻和她与孩子们的关系造成了巨大影响。考虑到这种未解决的依恋关系，如果 A 想要与母亲有更多的情绪分离，最基本的任务就是从包含父母双方的重要三角关系中去三角化。此处只关注 A 和父母共同组成的这个三角，当然还有其他三角关系的可能性，比如 A、她的同胞和她母亲之间的三角，或者 A、她母亲和她外婆之间的三角。谁都无法从任何一个三角关系中全然脱身，但即使是一点点改变也会引发一个人基础分化水平的增加。

虽然 A 的父亲已经去世，但这并不妨碍 A 从与父母的关系中去三角化，A 只需要和她的表兄弟建立关系就可以了。通过与表兄弟的情绪联结，A 激活了与父母之间的原始三角关系，即她通过与父亲的原生家庭情绪场中的成员建立情绪联结的方式来激活这个原始三角关系。这个情绪场不会随着个人的死亡而消失，而是通过连锁三角关系代代相传。家庭对她与表兄弟情绪联结的反应，仿佛和对她与父亲情绪联结的反应一样。这听上去可能很神秘，但一个人需要做的就是通过这样的情绪联结来理解发生了什么。虽然某些家庭情绪问题在人死后可能会休眠，但更重要的问题可以通过这种方式重新被激活。

通过与表兄弟的接触，A 不仅激活了与父母的原始三角关系，而且还朝着去三角化的方向迈出了重要的一步。当 A 与她父亲的家庭接触时，她扰动了自己与母亲之间的一体化。用母亲的话来说就是"那些人不值得见"，或是，"如果你继续去见你的表兄弟，我们的关系将永远不会和以前一样了"，这些话可能就是关系被扰动的证据。当然，这暗示着母女关系将被破坏。更多证据来自 A 的反应，比如害怕被母亲拒绝、担心生活中得不到母亲的支持和肯定。如果 A 不允许自己和母亲的这些情绪影响她，使她放弃对三角关系知识深思熟虑后的行动，那么她的功能就基于了更多的分化能力。通过她的行动，她也为家庭界定了一个更高水平的自我，这是不容置疑的。

如果 A 去见表兄弟的动机是出于对母亲的反抗，那么这就很有可能引发一场没有意义的家庭争吵。这是另外一个典型示例，它说明与潜在问题有关的是技术引导下的尝试，而非思维方式引导下的尝试。如果 A 对自己所做的事情考虑周全，并且不试图向家人传递自己的观点，那么，其自主过程所引发的任何骚动通常都是短暂的。A 不仅通过她的行动传达出了更多自我的能力，她也可能从表兄弟那里增加了一个对父亲家庭的不同看法。这能够帮助她"系统地思考"与家庭相关的问题（摆脱偏见和责备的影响），并使她更为中立地（在情绪上）看待人际过程。她所付出的努力也有助于她母亲与过去多一点和解。一个家庭成员敢于表明不受欢迎但更为客观的态度，就能够激发其他人更多的思考，这点往往相当引人注目。

　　另一个理解三角关系和去三角化的重要方面是，能够识别出反映三角活动的信息，而不是一个人对另一个人的直接评论。另一个简单的临床示例可以说明这一点。图 6-4 显示了一个小型的家庭关系图。

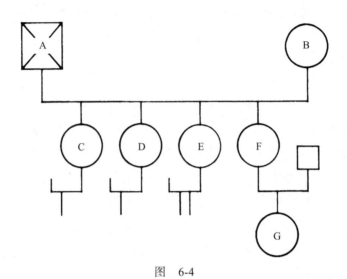

图　6-4

注：E 是那个接受家庭治疗的成员。

　　这是一个由父母和四个女儿组成的核心家庭，在孩子们长大后，父亲就去世了。小女儿（F）对她最小的姐姐（E）说的一句话可以反映出一段三角关系，她说："小时候你为什么对我这么凶？"其非语言信息表明，这句话伴随着相当强烈的情绪。此外，E 对这句话感到强烈的愤怒和内疚，这表明她仍然被强烈地卷入到了 25 年前童年时期的那个过程之中。E 下意识地倾向于为自己辩护，批评妹妹"表现得像个孩子"。过去，这种性质的交流导致两姐妹长时间互不理睬，母亲试图在"她们"的冲突中充当调解人。

　　这里所涉及的三角关系（切记，每段三角关系都与其他三角关系有关）包含了母亲（B）和两姊妹（E 和 F），最小的那位女儿（F）与父母的情绪分离最少，母亲大量地卷入到她的生活之中，并高度关注大孩子们对她的态度。姐姐们经常批评小妹，因为她得到了太多的时间和关注。母亲把女儿们对小女儿的态度解释为"同胞竞争"，并多次尝试让她们改变这种态度。小女儿抱怨受到姐姐们的如此对待，对此，母亲的反应是"她们太刻薄了"。这位母亲和她的女儿们一样，在这个过程中被束缚住了手脚，而且在很大程度上，她的行为和言论无意中强化了这一过程。

当 E 离开家时，她的心态是自己没有得到所需要的全部关爱和关心，E 视自己为"严重匮乏的"人，是另一个"最被喜爱的"孩子的"受害者"。E 带着这样一种弱点离家，对看似无助和需要帮助的人，给予过度的妈妈式的照顾（反映了她与母亲在态度和感受上的融合）。她婚后把大部分精力放在她的新家庭上，很快就有了两个孩子。她和她母亲保持表面的联系，但几乎不和妹妹接触。当 F 离开家的时候，她比 E 更远离家庭，比其他姐姐更难管理自己的生活。她阻断了与母亲的联结，这可能与她想要避免孩子般的地位有关。无论何时，只要与母亲待上几天，她就会习惯性地认为自己回到了原来的那个位置。母亲对重建与 F 之间的联结有些犹豫，这种犹豫反映出她自身对与 F 打交道的焦虑。[⊖]

为了努力解决在核心家庭中遇到的一些问题，E 开始重新联系扩大家庭的成员。她的一部分努力是与妹妹有更多的联系。E 在与 F 联系时遇到的主要问题，一是趋于对 F 感到抱歉，二是必须抑制把她当孩子看待的冲动（明显重现了童年时期的三角关系的某个方面）。E 不仅增加了与妹妹的联系，也增加了与母亲的联系。然而，她的妹妹和母亲并没有增加彼此的联系。双方都试图利用 E 作为了解对方的信息来源。

在 F 生下第一个孩子（G）后不久，发生了一个重大变化，母亲几年来第一次去看望这个小女儿。那是一次漫长的探访，"就像从前一样"。也许与新生儿的出现有关，她们之间重新点燃了和谐的亲密感。母亲又一次成了女儿的保护者，女儿又一次依靠母亲得到帮助。潜在的问题通过关注

⊖　亲子关系常常会发生转变，从孩子成长时期的紧密参与，到孩子成年期的紧张距离。

新生儿得以避免。就在那次探访之后，小女儿开始指责 E 对她不好并希望得到一个解释。在此之前，她很感激 E 再次努力与她取得更好的联系。这就是一次极典型的三角关系的重新激活。

如果 E 没有认识到 F 的指责是长期存在的三角关系的一个部分，并做出愤怒或防御的回应，三角关系的紧张会再次在两姊妹之间体现出来。为了有效地去三角化，E 必须完成几件事情。第一，她必须相当准确地看到三角关系的过程。第二，她必须克服一种态度，这种态度影响了她以前的许多行为，即她认为如果母亲在她成长过程中给予了她所需要的所有关注，她在生活中的情绪就会更好。E 对这件事情的愤怒和她觉得自己受到了"不公平"对待的心态早已经成为她与这个家庭的许多互动中的一股暗流。[○]第三，要具备一种能力，能够认识到情感和主观性对个体行为的影响，并对基于这些情感和主观性的无意识反应有一定的掌控。

以对三角形过程的理解为指导，E 可能会对她的妹妹说一些去三角化的话，比如"是的，我曾对你很不好，因为我嫉妒你总能比我更好地满足母亲的需要"。这种反应避免了与 F 的争吵，并对妹妹与母亲之间的一体化持肯定态度。此外，重点不是强调母亲对妹妹的投入（这是一个高度情绪化的问题），而是强调妹妹缓解母亲焦虑的自动倾向。母亲和小女儿之间一体化程度，在母亲的生活、父母的婚姻和姐姐的生活中都发挥着作用。通过用一种鼓励这种一体化的方式与妹妹交流后，E 可以给她的母亲发一个信息，强调母亲最近的探望在很大程度上振奋了妹妹的精神，并鼓励可以在不久的将来有更多的探望。最后，她可以这样说："妈妈，没有人比你更能使妹妹感到安全了。"这句话突出了妈妈和妹妹间一体化的过程，放大它并且鼓励它。

○ 当一个人能看到他家庭中那些连锁的三角关系时，他就能帮助自己化解对过去的感觉。对情感的解决不是压抑或否认的产物，而是超越个人处境、超越对自己或他人的责备。对系统的了解（三角关系作为系统的一个方面）可以帮助定义每个人所扮演的角色，而不需要为每个人分派理由。

如果你能直截了当地和那些试图把你三角化到他们问题之中的人谈话，事情就简单多了。如果 E 可以对妹妹说"我们正在扮演三角关系的不同层面"，这就简单多了。问题是她妹妹可能不这么看。对 E 来说，这样看问题已经够有难度了。三角关系受到了所谓"情绪常理"的控制，并且直接针对这种情绪的评论和行动做出反应。三角关系中的人们，有一种惊人的能力，那就是忽略对正在发生之事的最合理的解释。不去"指导"或"启发"家庭（关于一个人认为他看到别人在做什么）的另一个原因是，这通常是影响家庭的一种尝试，是与自我分化背道而驰的。

三角关系无处不在，它把人们包裹在别人的问题之中。没有人能免于被三角化，也没有人能免于三角化别人。如果一个人保持分化，便会使问题保持在关系中，而不是试图逃出关系。如果一个人保持分化，就可以避免自己的问题在关系层面影响别人。保持一个人的分化和去三角化并不是试图操纵或控制他人，而是一种处理他人尝试操纵和控制自己的方式。如果一个人去三角化的努力是合理有效的，并且与三角关系中的另外两个成员保持足够的联结，他们之间的关系就会趋于稳定并得到改善。当三角关系中的一员为他自己的功能承担了更多责任时，其他成员也会效仿。当已分化的第三个人维持了比另外两个人都更高的分化水平时，作为回应，另外两人也会提高自身的功能分化水平。[⊖]

对情绪系统、分化、慢性焦虑、三角关系概念的认识，使人们可以在核心家庭情绪系统中看到各种过程的相互关系，并认识到这些过程的强度在数量上的差异的重要性。这些核心家庭过程及其强度变化的重要性将在下文加以说明。

⊖　基于一个结构化的努力，原始两人关系中的成员之一可以提高其基础和功能分化水平，并且超越原先分化水平更高的那个人，这对治疗有重要的意义。分化更多地取决于知识，而不是治疗师的技能。一个有动力的家庭成员可以超越他的治疗师的分化水平。

第 7 章

核心家庭情绪系统

第 3 章和第 6 章已经描述了核心家庭中的大多数基本关系过程。本章将更详细地描述这些过程或模式，着重分析症状发展中特别重要的三种模式。家庭成员之间的未分化导致核心家庭形成这些情绪功能模式，每种模式都会因焦虑而强化，并在足够的强度下导致特定类型的临床功能障碍。核心家庭存在三种功能障碍：①夫妻中一方的功能障碍；②婚姻冲突；③一名或者数名孩子的功能障碍。

自我分化水平和慢性焦虑水平，在很大程度上影响着整个关系系统对症状的易感性。在一个关系系统中，症状出现在哪个家庭成员身上或哪段家庭关系中，是由该家庭系统中占主导地位的特定模式或情绪功能模式决定的。如果主导模式是夫妻将他们的焦虑外化到彼此的婚姻关系中，那么高焦虑期的特征就是婚姻冲突。如果这个主导的模式促使配偶或孩子出现了功能障碍，那么高焦虑期的特征就是配偶或孩子出现症状。症状可以表现为躯体疾病（通常定义为一种"医学障碍"）、情绪疾病（通常定义为一种"精神障碍"）或社会疾病（通常定义为一种"行为障碍"或"犯罪障碍")。

家庭系统理论试图将所有临床功能障碍与核心家庭情绪功能中相同的
基本模式联系起来，对临床功能障碍进行概念化，将疾病划分为"内科的"
或"精神病学的"等类别。导致躯体疾病发展的模式与导致情绪或社会疾
病发展的模式是相同的，这种说法并不意味着家庭中的情绪功能模式会导
致躯体、情绪或社会疾病，特定疾病的产生取决于多重因素的混合。不过，
核心家庭的情绪功能模式对个体出现某种疾病有很大影响。例如，如果一
个在家庭中起主导作用的情绪功能模式会促使一方配偶出现功能障碍，那
么当这个配偶接触了过敏原或毒素、遗传性疾病、感染性病原体（如病毒
或细菌）和助长不负责任之风的社会态度时，就可能比其他家庭成员更容
易生病。

当核心家庭中的某位家长在躯体、情绪或社会功能上比其他家庭成员
更为失常时，这意味着他很大程度地吸收了由每一位家庭成员未分化的功
能所产生的焦虑。当婚姻出现矛盾时，夫妻关系会吸收家庭焦虑。当家庭
中的某个孩子的躯体、情绪或社会功能出现异常时，他也正在吸收家庭焦
虑。一段关系或一个人的功能不良对核心家庭系统未分化功能的吸收程度，
等于其他关系和其他人免于出现功能障碍的程度。如果夫妻中的一方功能
受损，另一方可能会更好地执行功能。如果一个孩子的功能受损，他的兄
弟姐妹和父母可能会更好地执行功能。如果父母发生冲突，婚姻关系对焦
虑的制约会解放孩子，他们可以更好地执行功能。[⊖]

在一个分化水平低的家庭中，慢性焦虑的平均水平非常高，以至于一
段关系中的不和谐或一个人的功能受损无法完全吸收这些焦虑。在这样的
家庭中，好几个人都可能会出现慢性症状。这三种情绪功能模式都足够活

⊖　未分化和焦虑，这两个词可以互换使用，它们指的是家庭中情绪功能模式所"制
　　约"或"吸收"的东西。虽然未分化和焦虑是不同的过程，但未分化的"程度"和
　　焦虑的"程度"近乎等同。出于这种考虑，这两个词可以互换使用。

跃，从而产生症状，父母、婚姻和几个孩子都可能出现严重的功能障碍。在分化水平较高的核心家庭系统中，一两个人或一两种关系出现功能障碍，就可以充分吸收家庭的内在问题，使其他家庭成员能够充分地执行功能。例如，父亲有慢性酒精中毒，一个孩子有不良行为，但是母亲和其他孩子没有明显的症状。在这种情况下，有两种模式在吸收问题：一是夫妻中一方的功能障碍，二是一个孩子出现问题。在一个分化水平较高的家庭中，焦虑可能主要存在于一段关系之中，也可能存在于一个人的不良行为中。在一个分化水平较高的家庭中，虽然三种情绪模式中的一种或多种可能是活跃的，但慢性焦虑的平均水平很低，因此这些模式通常不会严重到出现明显临床症状的程度。

所以，一个家庭的分化水平越低，导致症状发展的三种情绪功能模式的平均活动水平就越高。分化水平越高，这些模式的平均活动水平越低。然而，不论分化水平如何，任何核心家庭都只有在遭受到足够大的压力时，才会出现症状。如果一个家庭在一段较长的时间内陷入高压情境，那么如此高水平的压力很可能就会超出家庭成员对压力的适应性范围。在这种情况下，适应性强的人有足够的自控力，他的功能不会受外界情境的影响。如果这种适应性耗尽，自控力就会丧失，人就会成为对情绪环境的自动反应者。家庭成员的自动行为和反应会导致焦虑升级，情绪功能模式也会增强。当这种情况发生时，家庭就很可能出现临床症状。因此，虽然一个分化水平较高的家庭通常没有症状，但在压力足够大的情况下，也会发展出症状。相反，分化水平较低的家庭很少不出现症状。当压力和焦虑增加时，家庭的慢性症状恶化，新的症状频繁出现。

核心家庭可以通过临床功能障碍（配偶功能障碍、婚姻冲突、孩子功能障碍）的分类来进行区分，这些障碍长期存在于家庭之中，或是在压力下可预见地出现。特定家庭独有的一种或多种功能障碍，通常是由家中主导的特定情绪功能模式决定的。例如，有两个核心家庭，其中夫妻双方的基础分化水平均为 50，但这两个家庭可能对焦虑的增加有不同的反应。在其中一个家庭，当夫妻焦虑增加时，他们可能会更加关注对方的"问题"。这种关注会把一个相当和谐或轻微冲突的婚姻转变成一个高度冲突的婚姻。这种冲突将焦虑制约在夫妻关系之中，使孩子们相对不受影响。在另一个位于同等分化水平的家庭中，当夫妻变得更焦虑时，他们可能会更专注于孩子的"问题"。这个孩子可能会变得非常焦虑，从而出现（躯体、情绪或社会功能方面的）症状。当父母通过关注孩子来制约焦虑时，婚姻关系就很少受到干扰。[⊖]

再如，有两个核心家庭，其中夫妻双方的基础分化水平均为 25，这两个家庭对焦虑增加也可能有不同的反应。在一个家庭中，妻子可能在第二个孩子出生后患上慢性精神病。当家庭经历着对他们来说是平均水平的慢性焦虑时，这位妻子的症状和功能可能是相当稳定的，她可能会服药，定期看精神科医生并且严重依赖她的丈夫。除此之外，家庭生活可以在没有重大干扰的情况下继续。如果一系列压力增加了慢性焦虑，那么存在于所有家庭成员之中的并且导致这位妻子出现功能障碍的情绪功能模式就会被强化。在这个过程中，她可能会病得更厉害，需要住院治疗。在另一个位于同等分化水平的家庭中，当经历平均水平的慢性焦虑时，夫妻双方的个人功能和他们的婚姻关系可能在很大程度上都不会受到损害，但他们的两个孩子可能都有严重的躯体疾病。如果家庭焦虑增加，父母会更加关注孩子的躯体健康。这种关注会使孩子们被更多焦虑"影响"，加重每个孩子的慢性疾病。[⊜]

核心家庭特有的一种或几种功能障碍，主要是由每位父母在其原生家

⊖ 夫妻焦虑地关注孩子的过程，既可以由孩子增加的焦虑引起，也可以由夫妻增加的焦虑引起。较之于谁是最先焦虑的那个人，焦虑在人与人间传染的过程和随之而来的恶性循环更重要。

⊜ 从对三角化的讨论中可以明显看出，导致症状发展的关系过程，通常比一对夫妻和一个孩子之间发生的事情要复杂得多。

庭中的成长经历决定的。在成长的过程中，每个人都要学会适应特定家庭中人际关系过程的特点和情绪强度。一个孩子在创造和强化这种关系的过程中扮演着自己的角色，父母和其他孩子扮演着各自的角色。当人们离开他们的家庭，并形成新的、对情绪有重要影响的关系时，他们往往会选择这样的伴侣，即和这个人在一起时，他们可以去复制自己在原生家庭关系中那段可以引发激烈情绪的关系。[⊖]换句话说，人们会下意识地被自己的情绪镜像吸引。核心家庭的情绪功能模式正是由这种情绪"契合"或"互补"发展而来的。人与人之间的"契合"是关系中令人舒服的部分，可以增加人与人之间的凝聚力。然而，如果家中的焦虑增加，情绪互补的基本要素就会被夸大。这些被夸大要素的种类，决定了问题是作为配偶功能障碍、婚姻冲突还是作为孩子功能障碍出现。

我们会说"人们对引发强烈情绪的关系的适应模式是习得的"，但这一说法并不意味着这些模式严格基于心理或文化因素。在核心家庭中，导致临床功能障碍的情绪功能模式，被认为是基于人的本能天性。在关系系统中，适应焦虑的各种方式都是个体本能的一部分。在面对焦虑时，个体会自动地对自己的行为做出某些调整，这种无意识倾向并不需要后天的学习。所有的动物似乎都会做出类似的调整，以应对它们所感知到的环境威胁。然而，"学习"在特定的人或特定的家庭中的情绪主导模式中起到了重要的作用。这种学习似乎发生在数个层面当中，从情绪、情感上的条件反射到主观所决定的态度、价值观和信仰的融合。

在一个特定的家庭中，占主导地位的情绪功能模式可能会随着时间而改变。例如，在新婚阶段，主要的模式可能是一方比另一方更多地适应以保持婚姻和谐。最初这几年，在高度焦虑的时期，更多适应的配偶可能会出现症状。但是在后期，这种模式可能会转变为婚姻冲突。在大多数情况下，婚姻中的和谐消失了，夫妻表现得好似对彼此过敏。虽然，增加的

⊖　通常，人们并没有意识到这种情绪方面的选择过程。它完全是自动发生的。

婚姻冲突体现出较高水平的慢性焦虑，但夫妻双方都不会出现症状，那些曾经被功能障碍一方所吸收的焦虑，现在则外化到了婚姻关系之中。从一方面来说，情况已经改变；从另一方面来说，情况仍然没变。制约或吸收焦虑的主要模式已经改变，但基本的关系问题（个体化与一体化的平衡）没变。

这些情绪功能的模式也可以来回转换。在家庭处于高度焦虑的时期，妻子可能会出现身体不适；接下来，其中一个孩子可能会出现学业或行为问题；再到下一个阶段，可能轮到丈夫变得功能失常，如罹患抑郁症。当家庭的情绪过程不总是关注同一个人或同一段关系时，任何一个人的功能都不太可能长期受损。当家庭的未分化在表现方式上缺乏灵活性时，最可能出现的是同一家庭的成员在功能上有很大差异。例如，如果家庭焦虑集中在一个特定的孩子身上，这个被高度关注的孩子可能表现出精神分裂症，而他的兄弟姐妹表现为正常。如果关注的焦点在孩子间转换，那么所有的孩子在成长过程中都可能与家庭产生了足够的情绪分离，从而避免出现精神分裂症水平的功能障碍。当然，父母并不是有意识地把焦虑集中在孩子身上，更不用说有意识地把焦虑集中在一个孩子身上了，这些过程是由无意识的情绪反应驱动的。

下面将详细讨论三种类型的临床功能障碍（夫妻中一方的功能障碍、婚姻冲突和某个孩子的功能障碍）。我们不认为情绪阻断是一种独特的功能障碍，因为它是所有关系的特征，并且与核心家庭中所有的情绪功能模式交织在一起。我们认为情绪阻断是人与人之间存在未分化现象的重要表现。

夫妻一方的功能障碍

家庭系统理论的一个主要假设是：临床疾病是人类与非人类动物共同

之处的产物，它们是关系过程的结果，这种过程并不是人类独有的。这一假设并不排除生理功能缺陷或接触"致病因素"在生病过程中的作用，这些因素是非常重要的。然而，系统理论定义了一些变量，这些变量会影响个体成功适应内部缺陷或暴露于具有致病潜力的外部因素的能力。成功的适应意味着，即使存在缺陷或致病因素的影响，机体的平衡也不会受干扰，进而产生明显的症状。[⊖]系统理论假设，适应性与一个人的核心家庭关系过程的特征紧密相关。适应性受损被认为是关系过程中多重步骤的结果，这些步骤先于临床层面上的损伤出现。当一个人生病时，疾病可能会迅速发展，但增加个体对疾病易感性的人际关系过程已经活跃了很久了。

导致配偶出现临床功能障碍的步骤，很好地说明了家庭系统理论是如何概念化关系过程的，它可以增加个体对躯体、情绪和社会疾病的易感性。当两个人第一次被对方吸引并开始一段关系时，这些关系过程就开始了。当然，临床疾病并不是一段关系的必然结果，但当一段关系中的某位成员在躯体、情绪或社会功能方面出现功能障碍时，导致这种功能障碍的关系过程可以追溯到这段关系的最初阶段。在关系早期，这些过程通常不会产生问题，但随着时间的推移，人际关系内外的压力会强化这些过程，并且增加其中一个或多个成员对临床疾病的易感性。分化水平越低，这种强化的可能性越大。

许多因素影响着人们对彼此的吸引力，也影响着他们对结婚的决定。虽然人们能够意识到其中的一些因素，例如共同的兴趣和价值观，但人们意识不到许多影响择偶的重要因素，它们与人们相互之间的情绪联结所自动激发的情绪、情感和主观决定的态度有关。之所以说这些因素的影响是无意识的，是因为它们主要是在没有反思的情况下发生的，这些没有反思的过程也导致了精神分析理论所说的心理治疗关系中的"移情"。一段婚

⊖　当然，即使是适应性很强的个体也可能屈服于严重的内部缺陷或受外部致病因素影响的压倒性攻击。

姻可以被认为是两种移情的结合。夫妻双方在各自成长经历的熏陶下所表现出与对方的移情相互补的方面，造成了婚姻中的情绪"契合"。[一]这种连锁的移情并不是病态的，而且当一种现象是人类关系的普遍特征时，把它视为病态似乎也不恰当。这些影响人类情绪契合的基本因素，可能也在非人类物种的求偶和交配过程中发挥作用。

当然，移情或情绪融合并不是一段关系的全部。[一]分化水平越高，情绪融合越少，信任、诚实和相互尊重等因素对关系的强化作用越大。信任和尊重他人的能力未必是移情的一部分。分化水平越低的个体，越需要从对方那里获得情绪上的强化，因此，信任、诚实和相互尊重就越有可能被双方强烈的需求和恐惧所抹杀。

在一段低分化的关系与一段高分化的关系中，情绪契合度是同样互补的，两个低分化水平的人在情绪上可以像两个高分化的人一样"相容"。然而，分化水平越低，人与人之间相容性的来源就越有可能成为他们"破裂"的根源，而这种转变的基础就是关系中受焦虑驱动的一体化压力。在关系初期，促进人与人之间情绪契合的思维、情感和行为方式，会在关系后期应对压力时被放大。当那些吸引人的品质走向极端化时，就会变得没有吸引力了——魅力变成了不负责任，果断变成了飞扬跋扈。在更高的分化水平上，人们对彼此的自动反应更少，因此相容的品质不太可能被推到另一极端，即导致关系破裂。

⊖ 在一段精神分析的关系中，分析师的中立性允许患者对分析师产生一种扭曲的印象，这种扭曲的印象是患者以往生活经验的产物。在理想的分析关系中，这种扭曲存在于病人的幻想中，并且不被分析师的言语或行动所强化，分析师过去的生活经验并不影响病人移情的性质。但是，配偶并不是中立的，每一方都会（通过顺从或反抗的方式）将对方扭曲的自我意象见诸行动。因此，这种移情并不局限于夫妻各自的幻想，彼此的言语和行为会强化这种移情，曾经的生活经历也会影响移情的性质。在一段关系中，人们之间的情绪分离或分化越少，相互强化的移情就越多。

⊖ 移情和情绪融合在描述层面上是相似的，但在概念层面上是不同的。移情在概念上与"无意识"相关，融合在概念上与"情绪系统"相关。精神分析理论对"无意识"的定义与家庭系统对"情感系统"的定义并不等价。

人们选择那些与自己有相同分化水平的人做伴侣：每个人都有同等程度的需求，都想从关系中得到情绪上的强化。在同等分化水平的关系中，可能存在许多情绪互补的模式，例如在一段婚姻中，丈夫的未分化可能表现为对自己过度理想化，通过替妻子做决定并告诉她该做什么而获得幸福感。妻子同等水平但互为补充的未分化可能表现为对自己过度低估，通过别人为自己做决定并告诉自己该做什么而获得幸福感。丈夫对待妻子的方式和妻子家庭对待她的方式一样，妻子对待丈夫的方式和丈夫家庭对待他的方式也一样。⊖丈夫对他的原生家庭未解决的依恋与妻子对她的原生家庭未解决的依恋是相等的，两人与各自原生家庭的情绪分离（分化）水平相同，并且这种同等程度的情绪分离（分化）也存在于他们的婚姻关系中。

在另一段分化水平同等良好的婚姻中，互补的模式可能不同。妻子可能是两个人中更占主导地位的一方，满是关于"应该"做什么的想法，并且愿意承担几乎所有责任。她的丈夫可能相当被动，至少在家里如此，他满足于附和，并让妻子为他们两人操心。在其他同等分化的关系中，一个人似乎"融入"了另一个人，将自己塑造成自以为他人所需要和期望的样子，并以一种替代性的方式生活。接受者在这种奉献精神的熏陶下茁壮成长，也可能在视对方为需要特殊指导的人时茁壮成长。每一个伴侣的关系取向都是平等的，但它以镜像的方式表现出来。

在人际关系中，平衡互补式的（在功能上）配对类型也许数不胜数：通常，精力充沛的人与能量低的人结婚；"循环往复的"人与"始终如一的"人结婚；表面平静的人与华丽耀眼的人结婚。大多数关系是许多功能

⊖　即使人们决心创造一个不同于他们成长环境的（更好的）家庭环境，这种情况也会发生。尽管人们决心不这样做，但对过去的重复还是人们努力的结果，这种努力建立在对其原生家庭问题性质的错误假设之上。通过这种基于错误假设的努力，人们可以改变事物的表象，但不会改变根本的过程。治疗的一个目的就是质疑过去几代人假设的准确性，并在这个过程中发展出一个更可靠的模型，来指导一个人对现在和未来几代人的努力。

互惠的模式的混合物，当把一个特定关系中的所有模式加在一起时，某一个体的思维和存在方式往往比其他个体更能渗透和影响这种关系，他趋向于占据主导地位。在人与人之间具有重大情绪意义的关系中，男性和女性以同样的频率占据主导地位。处于主导地位的人是关系中双方一致同意的结果，是关系中情绪契合的产物。在主导地位方面，表象可能具有相当大的欺骗性，牢记这一点是非常重要的。看似处于"主导地位"的人，其决策可能是基于其对看似处于"从属地位的人"的需求的感知。

　　一段关系中存在的情绪互补和互惠功能可以促进关系的和谐，增强双方的功能。当系统中的慢性焦虑水平不太高时，不论是处于主导地位还是从属地位，他们在各自的位置上都感到相当舒适。即使这些位置存在的原因是人们的未分化，每个人都心甘情愿扮演好他的角色，这可以使双方都冷静下来。一个习惯于在人际关系中占据主导地位的人，在没有服从者的情况下会感到"失落"，而一个习惯于在人际关系中居从属地位的人，在没有主导者的情况下会感到"失落"。分化水平越低，人们就越依赖别人来"完成"这个部分。

　　诸如"主导–服从"或"功能过度–功能不足"这样的互补关系是人际关系中的一个重要机制，能够制约焦虑，稳定两个人的功能，但慢性焦虑水平的增加会放大这种模式，以至于其中一个人的功能会受损到出现症状的程度。最容易出现症状的是那些为了保持关系和谐而在想法、情感和行为上做出最大调整的人。他可能会是一个功能过度的人，在为他人做"正确"之事方面体验到夸张的责任感，从而试图做太多。或者是一个功能不足的人，在自我决策能力上毫无自信，太依赖别人。在这两种情况下，患者产生和吸收的焦虑比他在无症状时所能承受的更多。出现的症状类型（躯体、情绪或社会功能方面的）既与个体处理焦虑的特定方式有关，也与系统中其他人在个体焦虑时所给予的关注有关。例如，一些家庭注重躯体健康，另一些家庭注重性格和情绪健康方面在真实或想象中的缺陷，还有

一些家庭注重行为。[○]

下面的临床案例，将对关系过程、慢性焦虑和症状发展之间的相互作用进行说明。有一对三十岁出头的夫妇，在妻子出现恐惧症症状之前，他们已结婚三年。在婚姻的大部分时间中，夫妻关系相当平静和谐，双方都没有临床症状。然而，当这对夫妇开始尝试要孩子时，情况发生了变化。在尝试怀孕六个月未能成功后，他们每个人都接受了生育能力测试。测试发现丈夫的精子很少。在诊断之后，夫妻关系中出现了更多的焦虑，而妻子的症状就是在这种情况下出现的。

这位妻子非常想要一个孩子，而不孕不育症的诊断所带来的不确定性，是她愈发焦虑的一个重要原因。在确诊后，较之于她对不孕事实的个人反应，婚姻关系中基本情绪模式的强化，对她症状发展的影响更大。

在确诊之前，双方都通过情绪阻断来处理对彼此的敏感性。通过回避掉某些充满情绪的主题，他们减少了对彼此的反应，并将争论保持在最低水平。在某种程度上，他们各自的工作职责和要求限制了他们在一起的时间，这也减少了他们之间的情绪反应。当在一起的时候，他们相当融洽，并且能够在大多数问题上合作，双方都能很舒服地适应关系中的情绪距离。[○]

生育能力测试改变了这种情况：妻子将问题描述为他们两个人是"匆

○ 有的家庭更注重躯体健康而不是情绪健康，原因可能是这个家庭往往有更多的躯体问题而不是情绪问题，这是一个合理的假设。然而，系统理论同样重视这样一个假设，即存在的问题类型（躯体、情绪或社会功能方面的）与家庭中受焦虑驱动的焦点类型有关。家庭可能有不止一种类型的问题，也有些人有不止一种症状，但通常每次只有一种症状。

○ 无论是身体回避还是某种形式的内心退缩，情绪距离都不是非"好"即"坏"的。如果一个人不能控制他对另一个人的反应且这种反应强烈，那么他就必须通过与那个人保持距离来控制自己。通过回避和退缩来保持自控力，这似乎是所有生物的特征。如果无法获得足够的距离（一个有机体受到的威胁越大，需要的距离就越大），就可能会导致内部混乱或对他人的攻击。如果通过努力成功提升了基础分化水平，便可减少对于情感距离的需要。

忙凑合在一起的"。两个人对测试过程的反应都有些焦虑，但对于彼此的焦虑，他们的反应更为强烈。妻子关注丈夫是否给予"情绪关爱"，并据此做出相应的反应；丈夫开始关注妻子情绪的起伏，并据此做出相应的反应。妻子试图通过取悦丈夫，使自己符合他的期望，从而增加感情上的亲密度。丈夫的言行对妻子情绪健康的影响比以前更大，她几乎时时刻刻都在监控他，看他是否表示赞同和安慰。丈夫对妻子的反应增加了妻子对自己的依赖，同时他也有更大的压力（要投入更多），于是他更加回避妻子。丈夫下班回家的时间变晚，在家时似乎也心事重重。两个人的情绪状态（推动亲密、敦促距离）都增加了对方的焦虑，并且通过相互强化对方的反应来强化这个循环。

在这个过程经过数周的升级之后，妻子感到情绪失控，完全任由自己被他人（尤其是丈夫）的反应摆布。她形容自己像是在围绕着丈夫的"轨道上运行"，被他"吞没"。与此同时，她觉得丈夫更疏远自己，更难以接近（他也确实如此）。她比以往任何时候都更加忧虑那些婚姻不和谐的迹象。在被他人的反应影响并且感到如此依赖他人的反应之后，她逐渐变得更加专注于她的恐惧、幻想和缺乏幸福感，这种对自己精神状态的关注实为一种情绪距离。通过把自己封闭起来，她就能更好地免受别人反应对自己的影响。退缩的程度与她的功能被关系过程侵蚀的程度相平行，她觉得这个过程无法改变。通过减少与妻子的身体接触和将其情绪问题看得比自己的更为严重，丈夫处在了一种令自己更舒适的状态。妻子也认为自己是"问题所在"，她不明白她的丈夫怎么能如此容忍她。在这个过程中，她出现了一些症状：她无法进入商店，无法独自乘车，也无法参加大多数社交活动，否则会有惊恐发作的风险。

丈夫十分关切妻子的症状，他自愿去购物，开车送她去各个地方，如果妻子的恐惧可能使社交活动取消，他也从不抱怨。他似乎对这种功能过度的方式感到很舒服。夫妻之间建立起一种新的"亲密感"，这是一种以中度功能障碍的妻子为中心的亲密关系。有趣的是，与实际的恐惧症症状相比，妻子对这种依赖的厌恶更能激发她接受治疗。这种疗法包含夫妻双方，关注关系过程，而不是妻子的症状。丈夫看到了他的情绪反应在制造彼此距离中所起的作用，也看到了对他来说，将妻子视为需要他帮助的病人比处理他们关系中更基本的问题要容易得多。妻子更清楚地看到了丈夫对她痛苦的付出：丈夫不是一个"无情的""冷漠的"的人，而是一个敏感的人，会在她焦虑时以某种方式保护自己。妻子也不再那么在意丈夫的言行，甚至在生育问题（焦虑增加的最初催化剂）得到解决之前，焦虑就已经减少，恐惧症也消失了。

在一个比上述案例分化水平要低的婚姻中，当妻子成为一名慢性功能障碍患者的时候，夫妻关系可能就稳定下来了。慢性症状更有可能是低分化水平关系的一个特征，因为分化水平越低，夫妻双方就越容易顺应慢性功能障碍的存在，而不是解决造成这种功能障碍的根本过程。一对功能过度和功能障碍的夫妻之间可能存在和谐的"一体化"，但事实上，有慢性症状的婚姻比没有慢性症状的婚姻往往会有更多的情绪距离，因为人们的情绪敏感度必须相当高，需要避免的问题必须相当多，关系才会到出现慢性功能障碍的程度。

一个人不一定非要结婚或成为核心家庭的一员才会出现症状，配偶的症状也不仅仅与婚姻关系中的焦虑有关，他可能会对其他关系中的扰动产生反应，比如与孩子或其他家庭成员的关系。不管家庭结构如何，症状发展的共同特征是这个人情绪上最重要的关系出现了（实际的或受到威胁的）扰动。对于单身人士来说，核心的关系可以是与原生家庭的关系，也可以是和家庭以外之人的关系。对于单亲父母来说，他们可以和孩子、原生家庭或家庭以外的人在一起。无论最重要的关系系统是哪个，如果这个系统被扰乱到使某人感到情绪孤立，并且出现慢性焦虑，这个人就易患功能障碍。这种扰动通常以两种方式发生：①当一段关系因死亡或离婚等事件而中断时，他们的联结就被阻断了；②当人们对紧张的关系过程做出情绪上相互疏远的反应时，这种联结也被阻断了。在这两种情况下，如果核心关系受到扰动，一个人的分化水平越低，他就越有可能变得孤立和焦虑。

在这个临床病例中，夫妻双方在结婚前都曾有过出现症状的阶段。妻子在二十岁出头的时候患有中度恐惧症。当时她的父亲被确诊为癌症，原生家庭产生的焦虑引发了她的症状。那段时间，她一心想着父母的安康，感到有强烈的需求要去减轻他们的痛苦。在这种情况下，她感到被吞没、不知所措、失去控制，这种感觉与她后来结婚时的感觉非常相似。这两个症状期的共同特征是：一段紧张的关系过程耗尽了她的功能。在她第一次出现症状时，她的原生家庭表现出了这个过程的一面，而她表现出了另一面；在她第二次出现症状时，她的丈夫表现出了这个过程的一面，她再次表现出了另一面。

在这段婚姻之前，丈夫有段时间也出现过明显的症状。他的上一段婚姻最终以离婚告终。离婚后，他的功能下降，变得抑郁，使得他的专业工作受到影响。然而，当他遇到现在的妻子并与其订婚后，他的功能显著地改善了。两任妻子在与他结婚时都有症状（不是同一种类型）。这段历史表明，丈夫在婚姻中获得了"自我"（假自我），妻子失去了"自我"（假自我）。两次婚姻之间的抑郁史表明，他相当依赖一段关系的支持来帮助他正常生活（他很清楚这种依赖）。事实上，他的两任妻子都容易成为有症状的人，这并不意味着她们在婚姻关系的所有方面都处于从属地位或迷失"自我"。由于丈夫的功能相当依赖于妻子的情绪支持，他被动地顺从了许多过分的要求。他自己也和两任妻子一样需要和谐和认同，因此，比起说"不"，他更容易屈服于不切实际的要求。他设法使他的两任妻子高兴，以便保持平静。

在婚姻中，加速焦虑升级的压力既可能来自家庭内部，也可能来自外部。如果一方对工作中的压力感到十分焦虑，这种焦虑可能会带入家庭并"传染"给另一方。如果是这样，夫妻双方对彼此的反应会加剧焦虑，达到产生症状的程度。一旦出现症状，无论是对有症状的个体还是整个家庭，这些症状便成了焦虑的来源。此外，家庭成员们经常感觉受到威胁，这种威胁来自有症状者实际的或令人担忧的不良功能，而后他们会以一种焦虑的方式回应他。焦虑的家庭成员可能会以一种疯狂的方式对有症状之人过度干涉，也可能会以一种同样被动的方式变得不够投入，这两类配偶会进一步增加功能障碍者的情绪隔离和焦虑程度。家庭的反应对功能障碍者而言是一个问题，就像他的不良功能对家庭来说是一个问题一样。对现存问题的焦虑反应可能比问题本身更成问题。

情绪障碍以一种连续体的方式存在，从伴随慢性焦虑水平波动而时有时无的轻度神经症症状，到慢性的严重精神病症状。在核心家庭中，情绪功能的模式存在量上的差异，而不是质上的差异，这些差异会在连续体的不同点上产生症状。核心家庭的分化水平越低，情绪功能的模式（制约焦虑的关系过程）就越活跃，临床症状也就越严重。换句话说，症状的严重程度往往与促使症状产生的关系过程的强度平行。[⊖]

"家庭系统中未分化的总量和临床功能障碍的严重程度之间存在平行关系"指的是，尽管慢性精神病患者的不良功能可能部分源于他的精神病，但他慢性精神病的表现也可能是因为他的高度焦虑和功能不良。相应地，伴随轻度间歇性神经质症状的人具有高功能，可能因为他的症状并没有使他精疲力竭，但事实上也可能是因为，作为一个功能相当好的人，他的慢性焦虑比分化水平更低的人的慢性焦虑更少。人们认为慢性精神病和轻度抑郁性神经症之间的区别是量上的，而不是质上的。和轻度抑郁症相比，慢性精神病表现出更多的情绪退缩和对焦虑的制约，因此，精神病患者在

⊖　如果一个人有重大的生理缺陷或暴露于有大量潜在致病因素的环境中，则可以假定，症状的严重程度与关系过程的紧张程度不成比例。例如，两个癌症病人陷入了有同样问题的关系系统中，对胰腺癌有生理易感性（遗传的或其他）的那个人往往预后不良，对乳腺癌有非生理易感性的那个人有更好的预后，这种临床结果上的差异可能与情绪因素无关。然而，在大多数情况下，临床问题的严重程度似乎与情绪过程的强烈程度平行。

认知、情感和情绪过程方面遭受的扰动要比轻度抑郁症患者严重得多。在轻度抑郁症和慢性精神病这两个极端之间存在一个连续体，沿着这个连续体，每个增量差异都反映了对更多慢性焦虑的制约。⊖

"主导－服从"或"功能过度－功能不足"的模式，是急性短暂性精神病反应和慢性精神病功能发展的基础，这与神经症水平问题的发展模式基本相同。然而，在功能水平较低的情况下，一个人越"缺乏自我"，就越倾向于自我调整以保持关系系统的和谐。在分化水平较低的情况下，"缺乏自我"的人会感到更多的内疚，更像一个"坏人"或"恶人"，也更容易自责。在一个分化水平低的人身上，投人所好的倾向是如此极端，以至于他为自己行事的冲动很快就会被沉思和害怕所压制，他们担心这样的行为会严重伤害、破坏或贬低他人。这个人的信心非常容易被侵蚀，恐惧感非常明显，他甚至不能做出简单的决定。他依靠的是那个功能过度者的"力量"和决策。在低分化水平的情况下，功能退化可能反映在一种想要被照顾的、孩童般的愿望上，这种愿望（和需求）远比在分化水平较高的人身上发生的情况要极端得多。

在分化水平较低的情况下，夫妻中适应较少的那一方，其功能几乎完全是针对配偶的不良功能。"功能过度的"一方通过将对方视为需要帮助的病人来安慰自己，他监视甚至威胁对方，关注她痛苦和功能不良的迹象。他对对方情绪状态的"诊断"更多的是基于他的主观解读，而不是对方实际上说了什么。换句话说，他透过自己的焦虑和需求来看待这个功能障碍

⊖ 当评估一个特定的临床症状所反映的分化水平时，最重要的参数是与症状相关的功能损害程度。例如，一个分化水平为35的人，如果有足够的压力增加他的慢性焦虑水平并长期如此，他可能会有精神病性的反应，这也许发生在他大二的时候。然而，考虑到他的分化水平，他很可能完全康复，不会再发作，并在他的余生中明智地对自己负责。分化水平为15的人也可能有精神病性的反应，这也许发生在他服兵役期间进行基础训练的时候。虽然两者精神病的急性发作症状可能相同，但后者恢复到足够功能水平的可能性较小。在他的余生中，他可能会多次住院治疗精神疾病，经济上也很难独立。

的伴侣。在不同程度的教条主义的影响下，功能正常的一方认为自己的假设是"正确的"，并且知道对功能障碍的伴侣来说"什么是最好的"。功能过度者的"帮助"可能会减轻功能障碍者即时的痛苦，但它会固化这种无助和依赖地位。矛盾的是，功能过度者愿意为他"生病的"的伴侣做很多事情，但他对处理情绪化的问题过敏，他很容易被伴侣的一些迹象制服，包括对他不满意、希望他改变。他通过让步来满足伴侣孩童般的需求，因为这样更容易相处，可以避免对方生气。

如果关系中的一方患有慢性精神病，那么许多因素会增加情绪距离。功能过度或功能良好的配偶，即使是面对轻微的情绪紧张，也会很快阻断联结，"远远地看着"功能不足或功能障碍的配偶。当功能障碍者的依赖增加（通常久而久之就会如此），功能过度者对过多干涉的过敏反应会增强，他越过敏，对功能障碍者就可能变得越挑剔（公开或委婉地表达），这就增加了距离。渐渐地，功能障碍者在内心中退缩了，一部分是由于与功能过度者的互动让他们感到自卑或"疲倦不堪"，一部分是由于未能与配偶建立令人舒适的情绪联结这一事实让他们感到绝望。他们对拒绝的反应如此强烈，以至于很难在不引发他人焦虑的状态下表达自己的情绪，这进一步加剧了被孤立的感觉。对精神病性思维过程的关注反映了婚姻和其他重要关系中存在的阻断或距离。通常，慢性精神障碍患者不仅被配偶孤立，也被孩子、其他家庭成员和家庭以外的人孤立。

在人际关系中，功能互补的发展过程是有差别的。在大多数情况下，情绪互补性会导致夫妻双方"自愿"承担各自的角色。随着慢性焦虑的增加，功能过度的人变得"更强"、更有主导性，而功能不足的人变得"更弱"、更顺从。夫妻双方对对方施加同样的压力，要求对方采取某种情绪姿态。但是，这种共同参与也有一些例外。在一些婚姻中，一方强迫另一方服从，这种霸道的伴侣通常会经历多次婚姻，一遍又一遍地重建同一类关系。当"被强迫的"一方变得严重不正常时，他就会为了生存而逃跑。在其他婚姻中，一方表现得如此"软弱"和"无助"，以至于另一方被迫扮演比自己真正想要的更为主导的角色。在这样的婚姻中，功能过度或"占主导地位的"一方往往会出现症状。

当夫妻关系因死亡或离婚而破裂后，个人功能发生的变化提供了一些最为有力的证据，来说明夫妻间的相互作用在造成临床功能障碍方面的重要性。离婚时，"生病的"一方可能会戏剧性地从躯体或情绪疾病中康复，而"健康的"一方可能会突然地或逐渐地陷入某种临床功能障碍。在配偶去世后，原本生病一方的慢性疾病可能会恶化，也可能会改善；酗酒严重的人通常会停止饮酒；慢性精神病患者可能可以停止精神科的所有治疗并且恢复正常功能。那些在婚姻破裂后有所改善的人依赖于新的支持系统，但他们在新关系中的情绪位置与之前不同。新的关系没那么紧张，而且提供了更多的"情绪空间"。而那些症状更严重的功能障碍者，通常在婚姻中丧失了大部分自信，变得对配偶非常依赖。

也可以把躯体上的功能障碍理解为一个连续体，从伴随慢性焦虑水平波动而突发和缓解的轻度生理疾病，到慢性的、非常虚弱的、常常导致早死的严重躯体疾病。（就如情绪功能障碍的情况一样，核心家庭的情绪功能模式存在量上的差异，而非质上的差异，这些模式在连续体的不同点上产生症状。）核心家庭分化水平越低，制约焦虑的情绪功能模式就越活跃，躯体疾病也就越严重，慢性严重致残的躯体疾病在低分化水平的家庭中更为常见。〇

〇 在理解疾病的致残程度时，考虑疾病的性质是很重要的。例如，肌萎缩侧索硬化（ALS）并不局限于低分化人群，ALS 本身的致残程度非常高，即使是分化良好的 ALS 患者也可能会严重残疾和死亡，但 ALS 的发病年龄可能与分化水平有关。一位 70 岁的老人，在度过其高产人生阶段之后发病，他可能与一个在 20 多岁时就发病的人在情绪上有所不同。换句话说，与暴露在对 ALS 形成有重要影响的致病因素的具体时间相比，个体的适应性（在一定程度上与分化有关）对发病时间的影响可能更大。不过，一旦出现典型的致残或致命疾病，其临床过程和结果可能在很大程度上与适应性无关。相反，疾病的临床过程和结果可能并不总是致命的，它可能受到情绪变量的显著影响，这些情绪变量（比如，分化和慢性焦虑）会影响适应性。

　　情绪过程和躯体疾病相互作用的一个好例子是糖尿病。其临床病程和绝大多数慢性疾病一样变化多端。一些在儿童期发病的患者，过着较为正常的生活，很少出现糖尿病并发症，另一些患者在生命早期就出现了许多并发症，并过早地死于该疾病。系统理论认为，患者及其核心关系（通常是家庭）中的情绪过程是解释糖尿病临床病程变化的重要部分。糖尿病可能发生在任何分化水平的个体身上，但分化水平越低，糖尿病的临床病程越不稳定，并伴有严重的并发症。换句话说，糖尿病如同情绪障碍一样，可以制约患者及其家人的慢性焦虑。情绪隔离和焦虑在躯体疾病发展和恶化过程中的重要性与其在情绪障碍中的重要性是一样的。

　　躯体功能和家庭情绪过程，两者在概念上的联系基于两个理论假设。第一个假设是，个体的情绪与躯体功能之间相互关联。在医学界，有关"身心"关系的推测已经存在了至少两千年，但直到最近几十年，才明确了连接躯体和情绪功能的实际机制。人们一度认为，涉及躯体疾病发展的生理系统主要是自主运作的（免疫系统和自主神经系统），现在已知两者既影响中枢神经系统，也受中枢神经系统的影响。第二个假设是，一个人的情绪功能与重要他人的情绪功能相互关联。家庭系统理论建立在临床观察的基础之上，这些观察与人们的情绪功能相关，可是大多数人并不认为这种相互关系是事实。这两种假设可以被总结为"身心联结"和"人际联结"。

　　身心联结和人际联结的存在，意味着一个人的焦虑可能以一种躯体症状出现在另一个人身上。与情绪障碍的例子一样，最容易出现症状的那个人是更多适应以维持关系系统和谐的配偶。当占主导地位的一方焦虑地关注适应更多的一方时，如果后者感到有很大压力要去改变自己的想法、情感或行为的某些方面，他就可能出现躯体障碍。即使他可能不打算改变对这种压力的反应，他也无法忽视这种焦虑的关注。也就是说，适应更多的一方可能不会有外显的反应，但他会有内在反应（不是心理上的，就是生理上的）。对于自己的内在反应，他或许意识得到，也或许意识不到。在这个过程中，投射或"散布"（spray）自身焦虑的主导者，通常感觉更为平静，而适应者会吸收焦虑，会变得更为焦虑，出现症状的风险也更大。在这个过程中，主导者的"情绪增益"将他的焦虑卸下传给另一个人，适应者的"情绪增益"通过吸收焦虑来避免与主导者的战斗。

另一种可能导致夫妻中的一方出现躯体障碍的情况是，一个人非常依赖别人，并且在生孩子方面给自己施加了巨大的压力，以至于尝试去做一些超出身体承受能力的事情。他身体的负担可能更多地与焦虑有关，而不是与自身实际的生理需求有关。事情是否会成功？自己是否正在做"应该"做的一切？其他人是否对一个人的表现感到满意？这样长时间的担心是带给一个人生理压力的组成部分。在患病的过程中，患者常常否认、低估或忽视一些预示问题即将发生的信号。当一个功能过度的人病了，或者那些依赖他的人开始担心他会生病，他们的焦虑就会增加，并使功能过度的人更加进退两难。他正在尽其所能地努力使一切顺利（尽管，在这一点上，他的效率越来越低），但内部和外部的信息都在说他不够努力。此外，他还可能（从自身和别人那里）得到一些信息表明他正在忽视别人。为什么这个功能过度的人不放弃这些问题来保护自己？这是个好问题。这似乎与此人在情绪上陷入困境的方式有关，也与他仍然"掌控着一切"的信念有关。

在许多情况下，躯体功能障碍的发展包含两种情境元素，它们并不是导致躯体功能障碍仅有的过程类型，也不是躯体功能障碍所特有的过程类型。在关系中，通过适应主导者的焦虑关注而失去"自我"的人和通过极度透支功能而失去"自我"的人，可能会通过酗酒、吸毒、性行为（同性恋或异性恋）、暴饮暴食等形式阻断与充满情绪的关系系统的联结，以此来表达他的内在困境。"适度的"症状可以使个人和家庭平静下来，但更为极端的症状通常会增加每个人的焦虑。当然，有些症状的破坏性要比其他症状的小得多。例如，大量的暴饮暴食通常比婚外情对家庭的破坏性要小。

有一位患溃疡性结肠炎的男性，他的例子说明了家庭情绪过程与躯体功能障碍发展之间的关系。有趣的是，他的几个家庭成员都出现了与胃肠道相关的症状：他的父亲死于直肠癌，姐姐颇为肥胖，大儿子患有大便失禁。他自己第一次出现肠道症状是在大一期间，那时他有间歇性的胃痉挛和腹泻。当他在大三伊始遇到他未来的妻子后，症状就完全消失了，这种情绪契合对双方都有好处。他们毕业后不久就结婚了，并在两年半后生下第一个孩子。在妻子怀孕后期及儿子出生的头几个月，丈夫的肠道症状复发。虽然当时的症状非常严重，但在孩子六个月大的时候，这些症状就消失了。两年后，他们的第二个儿子出生。在妻子第二次怀孕期间，丈夫出现发烧、严重的肠道痉挛和出血性腹泻，并被诊断为溃疡性结肠炎。尽管进行了药物治疗，这种疾病还是变成了慢性疾病。目前，这个家庭因 7 岁的小儿子出现了问题而接受治疗。

这位丈夫不重视情绪因素对该疾病的影响，但妻子坚信情绪因素的重要作用，丈夫的轻视似乎与妻子的坚信是成比例的。这位妻子是一个精力充沛的人，她的想法和推动主导着整个家庭。她认为自己把"太多"的时间和精力放在了丈夫和孩子身上，但她已无法改变，她认为丈夫的病是对她自身安全的一大威胁。尽管丈夫很少请病假，但妻子总是担心不能在情绪或经济上依赖丈夫，她很生丈夫的气，觉得他没有尽其所能去帮助自己。她的焦虑大部分时间都写在脸上，表现为定期的训斥和易激惹。她也意识到这些年来与丈夫的逐渐疏远，但她对丈夫的愤怒，以及不能指望他的恐惧助长了他的退缩。

丈夫在情绪上更加退缩了，他和自己的内科医生关系很好，每周都至少去见一次这位医生。他在和妻子打交道时相当被动，多年来，他越来越少和妻子分享自己的想法和感受。他对于履行责任和成为"他应有的样子"

非常焦虑。他是那种让自己的引擎飞速运转的人，但常常没什么成果。尽管他没说多少妻子想听的话，并以这种方式把她推开，但她仍然对他的抑郁和明显的身体不适反应强烈。

在最初的三四年里，这段关系处在令人舒适的平衡状态。这两个中度分化的人并没有引起超出各自适应性的（在不出现症状的情况下）更大的内部关系压力，并且外部压力对关系的影响也很小。他们都是对方所需要的，这可能正是他遇到她后症状便消失的原因。第一个孩子的出生增加了慢性焦虑水平，使家庭系统陷入情绪失衡并出现症状。然而，这种情况并没有那么严重，还没有超出家庭在不出现慢性症状的情况下的适应性和复原力。第二个孩子的出生确实超出了家庭系统在不出现慢性症状的情况下的适应性。慢性躯体功能障碍成为家庭的长久特征。[⊖]妻子是家中"散布"恐惧和焦虑最多的人，但她并不是造成自身所有恐惧和焦虑的原因，每位家庭成员的功能都是造成她焦虑的一个原因。

治疗相当有效。主要的推动者就是那位妻子，她能够专注于自己的功能和焦虑，更有效地应对来自丈夫和孩子的压力，变得更"有爱"，更少"批评"。这位妻子是最直言不讳的家庭成员，其他人往往把她的直言不讳视为"问题"。她太容易觉得自己为丈夫和孩子做得不够，这也是使她"陷入"这个问题的部分原因。最终，她不再那么担心未来，开始认为丈夫可以为他自己的问题负责，不再认为自己有责任解决所有问题，也不再因为丈夫没有解决所有问题而生气。她曾经的愤怒与她和丈夫之间缺乏情绪距离有关。最后，小儿子的功能明显改善（大儿子的大便失禁在治疗前就已经消失了），虽然丈夫的结肠炎并没有消失，但其临床过程变得更加顺利。可能要到孩子们都步入正轨，丈夫和妻子都平静下来时，这位丈夫的

⊖　当然，除了第二个孩子之外，可能还有其他因素超出了家庭的适应性，使其无法在没有慢性症状的情况下适应当时的情况。家庭情绪支持系统发生的变化可能是一个结果，其原因可能是扩大家庭系统中的死亡或重大的地理迁移，也可能是购置了一套新的（且昂贵的）房子。但在这个案例中，这些因素并不重要。

症状才会彻底缓解。

不同的家庭有许多不同模式的躯体疾病。在一个临床案例中，妻子在丈夫退休后的一年之中先后患上了溃疡和严重的癌症。癌症确诊三个月后，丈夫突然死于心脏病发作。妻子很好地应对了丈夫的死亡，自己的癌症也没有复发。在另一个案例中，妻子在婚姻生活的大部分时间里都有中度症状：血压不稳、痉挛性结肠炎、恐惧症。丈夫在退休前没有重大的健康问题。然而，退休后不久，丈夫患上了肺气肿并发症。当丈夫生病时，妻子的血压正常，结肠炎稳定，恐惧症也减轻到了一定程度，她可以照料那些过去由丈夫照料的事情，"因为"那个时候她有恐惧症而无法做这些。在丈夫康复后，妻子的所有症状都复发了。最终，丈夫又生病了，妻子又恢复了健康。这种循环在四年中反复了四五次，直到丈夫去世。在这段关系中，妻子是那个更占主导地位的人。

在婚姻生活的大部分时间里，夫妻中有一方的模式相当惯常，不会威胁生命，在婚姻后期，另一方出现严重症状，这种模式说明夫妻双方都需要适应来缓解焦虑。在婚姻早期就有症状的一方，其想法可能在实际上主导了这段关系。就好像这个"症状显性"的配偶已经"选择"支持对方的功能，对方因为这个关心而充满活力、功能良好，并时刻保持警惕，以免招致配偶的不满。这位"选择"支持对方的配偶看似是依赖者，实际上是"分配"角色的人。在这个过程中，"依赖者"确实放弃了"自我"，这使他容易出现症状。后来，当环境的变化（如，退休），增加了一体化的强度时，"依赖者"的主导地位就浮现出来了，另一方出现某种程度的症状来适应。这种关系是很有价值的提醒，提醒我们情感距离的"度"在预防症状方面的作用，有许多症状与距离"太近"有关，也有同样多的症状与距离"太远"有关。

社会功能障碍与情绪和躯体功能障碍遵循完全相同的模式，症状严重程度的差异是定量的，不是定性的。赌博、入店行窃、不负责任的金融行为以及其他各种形式的犯罪行为，在某种程度上均可以从家庭情绪过程的角度来理解。出现社会症状的配偶是最能适应家庭一体化压力的一方，他可能是一个处在一个功能过度位置或功能不足位置的人。家庭情绪过程会导致一方在情绪上被孤立，这种孤立加上高度的慢性焦虑，是影响社会性见诸行动的一个重要因素。这些见诸行动的人通常会在情绪上阻断与重要关系的联结，同时在情绪上和经济上投入到不负责任的社会计划中去。许多这类计划所招致的债务可能会强化这一过程，直到无路可走的地步。一旦被发现，赌徒或盗用公款者可能会作为"一个问题"再次进入家庭。这可能会产生一种以问题为中心的一体化，如同情绪功能障碍和躯体功能障碍的发生一样。

一部分社会功能障碍可以被视作一种"神经症水平的"问题。这些人在承受很大的情绪压力时，往往会表现出来，他们疯狂地赌博、酗酒或者入店行窃（偷他们不需要的东西）。当他们的生活更平静时，他们是更有责任感的公民，但是分化水平较低的罪犯往往是停不下来的，这些人主要通过他们的问题与世界联结。他们在很多方面都是情感孤立的人，他们经常与法律系统建立关系，就像那些精神分裂症患者与精神健康系统建立关系一样，许多低分化的罪犯在监狱里似乎比在外面更舒服。无论何时，整个社会过程对犯罪行为的发生无疑都有许多影响，但是，在决定哪些人会见诸行动方面，家庭的情绪过程是主要的影响因素。

一个家庭不会"导致"成员盗用公款、有外遇、精神失常或罹患癌症。人们赌博、盗用公款或罹患癌症的原因有很多，有些与家庭的情绪过程有关，有些则与此无关。需要强调的重点是，所有这些问题都有一个共同的情绪过程。在某种程度上，它们都是情绪功能障碍（最广义的情绪），这些情绪功能障碍和人类与非人类动物共有的部分有关。不过，情绪过程并不会导致问题，它只是一个重要的组成部分。

婚姻冲突

　　婚姻冲突的一个标志是夫妻对彼此感到愤怒和不满。尽管在很多时候，冲突关系的氛围非常消极，但它通常会被同样紧张、有时非常热烈的亲密关系打断。无论他们打了多少架、破坏性有多大，充满冲突的伴侣通常很"黏"对方。他们的关系就像一趟让人精疲力竭、心力交瘁又莫名其妙地让人精力充沛的过山车，人们扬言再也不买票了，但他们通常还是会买。每个人都指责对方没有完全控制某件事情，但他们都会原谅对方。每个人都对下一段旅程感到忧虑，但他们都意识到是正在做的事情导致了它的发生。冲突可能会让人上瘾：这既是一个常见的场景，也是一个深刻的提醒，提醒人们两个人是如何相互纠缠在一起的。人们不想要冲突，但他们还没有找到另一种互动方式。

　　没有出现症状的冲突型婚姻和出现症状的和谐婚姻之间的一个主要区别是，在冲突型婚姻中，夫妻双方都认为对方需要改变，在一个出现症状的婚姻中，夫妻双方都确信某一方需要改变。正如下文描述的那样，在一段会使孩子出现问题的婚姻中，夫妻双方都确信是孩子需要改变。当然，这是家庭中很罕见的一种全或无的过程，大多数家庭会把这些模式混合在一起。随着基础分化水平的降低，关于谁需要改变的教条主义信念背后的力量越来越大。人们的情绪反应越强烈，对谁需要改变的想法越固执，家庭就越僵化。另外，慢性焦虑水平的增加也会降低人们思维的灵活性。

　　人们常说，婚姻冲突的"起因"是在孩子、性和金钱等问题上的分歧。如果在这些方面没有任何问题出现，人们可能会相处得更好，但人们并没有因为这些问题而难以相处，这些问题往往会使人们情绪上的不成熟显现出来，正是这种不成熟造成了冲突，而不是那些问题造成了冲突。当人们相信必须要解决某个问题才能消除冲突时，他们很容易在这个问题上形成极端分化的两派。当人们相信他们的冲突必须消失才能解决问题时，两极分化就会消失。主要的问题不是观点不同，而是对这些差异的情绪反应。当人们能够倾听而不做出情绪化的反应时，交流就会变得非常开放，差异是婚姻的财富，而不是负担。没有人是万事通。

婚姻中有一个常见的僵局，它很好地说明了造成婚姻冲突的一些基本元素。（在描述它的时候，我们会给女性设定一个立场或角色，给男性设定另一个立场或角色。但是，这些立场并非特定性别独有的。）在僵局中，妻子感到没有得到足够的关心和回应，她觉得丈夫对其他人或项目比对她更感兴趣。为此她怨恨他，纠缠他，为了让丈夫做出回应，她给他施加了大量的情绪负担。妻子常常感到孤立无援，难以应付，她的许多行动都是因为这种"缺乏回应"。她深信，如果丈夫多一些回应，她就会少给他一些压力，听之任之是行不通的。她常常觉得她的观点既没有被倾听，也没有被理解。虽然她真的不想要激烈的冲突，但她也不反对参与冲突，因为在激烈的冲突中，她认为自己听到了丈夫的"真实"想法。如果他看上去仍没有反应，她会感觉更糟并大发雷霆，直到他有所反应。当她同意丈夫"和平"的请求时，这段婚姻可能就"完蛋"了。丈夫可能会很舒服，但她肯定不舒服。

这位丈夫成长于一个相当安静的家庭，虽然他想要感受与妻子的情绪联结和支持，但他大部分时间都"如履薄冰"，试图避免冲突。因为避免某些话题要比处理妻子的反应容易得多，这些反应指的是他害怕妻子会有的并且是由他造成的反应。妻子的脾气使他害怕，她对他的"否定性"对待和"没完没了的"指责令他感到"不公"，拒绝屈服于她的要求似乎是合理的。丈夫很容易防御，并且在保持低调却不能避免妻子的反应时，开始反击，他可以戳中她性格中的要害。他认为，妻子的不快乐导致了大部分的争吵。如果她更知足，他就会更合作，更容易相处。这位丈夫不会因压力而改变，压力越大，他的立场就越坚定。虽然妻子的愤怒通常是公开的，但他的愤怒和对她的批评往往是通过隐蔽的、被动的攻击方式来表达的。他对妻子"不理解"他为了做一个"好丈夫"进行的努力而感到沮丧。朋友们都说他是个"好男人"，有个苛刻的妻子。他想要讨人喜欢，却常常看不到妻子的烦恼。他试图更"直接"一些，但他认为，说出自己的想法只会引起更多的争吵。

不论是丈夫还是妻子，他们都陷入了自己对这个情况的看法之中。尽管双方都认为，要想改善婚姻关系，对方都需要做出改变，但双方对问题的贡献实际上是一样的。当妻子感到不被关爱、被忽视、被视为理所当然时，她就会有反应；当丈夫感到不被关爱、被迫改变、不被欣赏时，他就会有反应。每个人都对对方的特定评论和行为高度敏感，但矛盾的是，每个人的言行又恰恰会引发对方最反感的评论和行动。如果丈夫想要别人告诉他自己是"被爱的"，那么，如果他听不到并表现得闷闷不乐时，他就更听不到这种爱的表白。夫妻对彼此的需求"失去兴趣"。一个不愿意被"控制"的配偶，会因为过度反应和对"控制"的反抗而增加被控制的可能。反抗招致控制，控制招致反抗，造成这种冲突性僵局的正是这些无意识的情绪反应和一些困境（即人们很难充分地跳出自己的观点去思考问题的本质）。

很多冲突都是为了避免冲突而产生的。在经历了一系列旨在避免挑起事端的行动和不行动之后，当冲突最终爆发时，往往会出现比早期解决问题时严重得多的两极分化。人们表现得很"惊讶"，就好像火山突然爆发一样，但未说出口的怨恨已经积聚了数日、数周或数月。丈夫一直感到被忽视或不满，因为太多的责任被推给了他；妻子也同样感到被忽视或不满，因为也有太多的责任被推给了她。每个人都觉得自己"有资格"获得比现在更多的"支持"。在婚姻中，权力感被合理化了，其依据是对"应该是什么"的不明确的定义。有些冲突型婚姻的特征是双方都想依靠对方，但对方又不允许，还有些冲突型婚姻的特征是双方都觉得对方想要控制局面。在某种程度上，所有冲突的婚姻都包含这两个因素。[⊖]

　　⊖　这些态度是许多人都会有的特征（或多或少取决于分化水平）。与其他种类的婚姻不同，在充满冲突的婚姻中，人们的态度是相当公开的。

　　在挑起冲突的过程中，三角关系起着重要的作用。与这段婚姻有关的人，如孩子、扩大家庭成员和家庭以外的人，可能成为嫉妒或其他情感的来源，从而危及婚姻关系的稳定与和谐。第三个人会加重一方被另一方利用的感觉，或者增加配偶之间的竞争感，以及其他各种各样的可能性。基于三角关系的影响，一些婚姻在孩子成长的过程中存在着强烈的冲突，但在孩子离开家后变得较为平静，而有些婚姻却在孩子离家后变得冲突四起。包含父母一方或双方在内的三角关系可能会引发婚姻中的冲突，以至于达到人们想要减少或完全阻断与这部分家庭联系的程度，以恢复婚姻中的和谐。切断联系或许能"解决"眼前的问题（减少婚姻冲突），但当夫妻双方相互施压，要求切断与扩大家庭的联系时，他们对彼此的所作所为与他们指责父母或姻亲父母所做之事是一样的。因此，当人们切断联系时，他们就会把问题带在身边。之后，这些问题还会一次又一次地出现。

　　有两个特别重要的元素会影响冲突型婚姻治疗的成功：①人们能够识别焦虑和情绪反应对自己和配偶行为的影响的能力；②人们能够看到，他们用来合理化自己对配偶的拒绝和谴责的许多事情都是他们自己创造的。人们创造并强调彼此的特质，除了其他事情外，通过说教和提供"合乎逻辑的"解释来说明改变对对方的好处。说教和更"微妙"的说服方法通常会适得其反。

　　如果治疗师不理解他的一些理念是如何被家庭所接收的，那么，他会很难与一对有冲突的夫妇开展治疗。例如，如果一个治疗师强调关注自己和降低情绪反应的重要性，而不是关注他人的重要性，那么，与更多感到孤独和被忽视的一方相比，对配偶备感压力的那一方更可能对治疗师的建议拍手称快。备感压力的一方最终可能把治疗师的建议听成是在提供安宁。他觉得妻子太"情绪化了"，认为治疗师的话是在建议她"冷静下来"，而感到被孤立的一方可能会把治疗师的建议听成是在加剧她的困境。她觉得丈夫是"无情的""自私的"，并且认为治疗师的意思是这些没有问题。把治疗师的话听成好像是在暗示一方比另一方更"情绪化"，把降低情绪反应听成压抑情感，或者把关注自己听成自私，这些都是对分化的本质的误解，治疗师必须意识到这是分化概念经常被歪曲的方式。接下来将用一个临床案例来对此进行说明。

一对夫妇因其日渐升级的冲突前来治疗。他们已经结婚将近二十年，并在多次夫妻间的疾风骤雨中幸存下来。在每个冲突时期，他们就去参加家庭治疗，使紧张的局势能够得以缓和。这些治疗几乎总是在几个月内就能取得成功，然后他们便会终止。他们冲突的基本模式与上述"僵局"中的模式相似。

几次治疗后，妻子接受了她所理解的治疗师的建议，尽量减少对丈夫如何回应的担忧，更好地"控制"自己的情绪，随后是两周的治疗间歇。当他们再次来访时，丈夫笑容满面地说："这是我们婚姻生活中最好的两个星期。"并强调说："我的妻子从未如此容易相处。"但妻子的看法则有些不同。她说："在过去两周的大部分时间里，我都在偏头痛。我的丈夫一直很关心我，但我一直很痛苦，所以我离开他一个人待着。"在他们要结婚的时候，妻子就已经没有偏头痛了。她认为自己症状复发的原因是，自结婚以来，她一直很随意地表达自己的感受，如果她不表达自己的感受，这些感受就会被"压抑"起来，表现为严重的肌肉紧张和头痛。"这绝对不行！"她补充道。

妻子又变回了"原来的自己"，同时，丈夫也没有想象中的安宁，接下来，更有趣的事情发生了。妻子对"强迫"自己不关注丈夫和"真正"不关注丈夫之间的区别有了更好的理解。她更多投入到自己的一些兴趣爱好上面，并且真的没那么关注丈夫说了什么或没说什么，做了什么或没做什么。她没有出现头痛，相反，她感觉很好，而且对各种项目的精力也比她之前很长一段时间都多。然而，丈夫对此的反应是指责她不再关心他了。

在一次治疗中，丈夫哀怨地问道："你还爱我吗?""当然。"妻子答道，但她的肯定似乎没起作用。他开始明目张胆地花很多时间与一个有吸引力的女性"朋友"交往。妻子很快又全神贯注于丈夫的活动，并开始斥责他的不忠。他在大喊大叫地回击的同时，放弃了那个女性"朋友"。如同旧时光重现，他们感谢治疗师的帮助，声称生活已重归正轨，并结束了这一轮的治疗。

妻子已经开始意识到假装独立和真正独立之间的区别，也意识到基于压抑来控制情感和基于对问题本质的不同思考来缓和情感之间的区别。当一个人可以同时看到关系过程中的这两面，并在一个广阔的背景下看待这个过程时，他就没有必要去控制自己对别人的愤怒。对过程的觉察有助于一个人超越责备他人或责备某些外部力量，由此，他变得不那么愤怒了。丈夫很开心妻子可以压抑情感，不再纠缠自己，但当妻子对他的基本态度、集中在他身上的精力开始改变时，他的反应相当强烈。他对第三者的关注，是恢复婚姻中旧平衡的一个明显却有效的手段。这段婚姻是一个相当紧密的"冲突茧"，双方都满足于选择过去那种程度的一体化，并结束了治疗。

一段冲突型婚姻可以在多个方面促进夫妻双方的幸福感。第一，冲突能够提供一种与重要他人间非常强大的情绪联结，这些争吵加之长期怀有的怨恨，促使双方持续不断地参与其中。第二，紧张的关系和争吵证明了，人们彼此保持舒适的距离并且不为此感到内疚，这是合理的。第三，这允许一个人将他对自己的焦虑投射到配偶身上，并成功地回避配偶将他的焦虑投射给自己的企图。成功同避彼此的投射带给人们一种自我控制的感觉，并相信这段关系才是问题所在。因此，在冲突的婚姻关系中，夫妻双方不容易出现躯体、情绪或社会功能症状，他们的孩子也不容易出现这些症状。

虽然，冲突的配偶和他们的孩子不那么容易出现症状，但他们并非刀枪不入。冲突并不一定会制约父母双方的焦虑和不成熟。当他们为了维持和谐而对个人功能做了许多调整却都没有成功时，分化水平较低的人可能会相当矛盾。因此，在夫妻一方或双方出现功能障碍的婚姻中，关系可能也相当冲突。人们也可能会相当矛盾，但仍然设法让他们的孩子参与他们的许多问题。在核心家庭中，父母的未分化渗透到每个人的功能中，从而产生一种情绪氛围。虽然，两个基础分化水平为 45 的人可能主要通过关注对方的问题来制约他们的慢性焦虑，但他们不会生出分化水平为 75 或 15 的孩子。这些父母的孩子可能带着比父母或高或低的基础分化水平成长，但不会比父母高出或低出 30 点。⊖情绪系统随代际的变化很缓慢。

孩子的功能障碍

影响成人症状发展的两个变量：基础分化水平和慢性焦虑水平，这两个变量也会影响核心家庭中一个或多个孩子在躯体、情绪和社会功能方面的症状发展。儿童分化水平越低，其临床功能障碍的易感性越大。如果出现功能障碍，它可能发生在孩子成长时期或离家之后。在一定程度上，有关孩子是否会出现症状以及何时出现症状的不确定性，与家中慢性焦虑水平不可预测的变化有关。家庭，即使是适应性差的家庭，如果有幸经历了非常少的生活压力，也可能数年都处于相当低的慢性焦虑水平之中。不幸的家庭，特别是那些在短时间内遭遇一系列压力事件的家庭，可能会经历持续数月甚至数年慢性焦虑的显著增加（增加的幅度与家庭的适应性有关）。⊖

家中分化水平最低的孩子最容易受到家庭焦虑增加的影响。分化水平越低，孩子的功能就越依赖于家庭的情绪支持。如果家庭关系平静和谐，

⊖　就像人们常说的，"苹果不会掉在离树很远的地方"（这是来自宾夕法尼亚荷兰小镇的一个说法），但有的苹果也会掉落得比其他苹果更远一些。

⊖　压力有一个好处，它暴露了家庭系统潜在的情绪脆弱性。如果一个家庭对压力的反应是去解决这个脆弱性，而不是试图避免压力，那么这个家庭可以学会更好地适应压力。

即使是一个分化水平低的孩子也可能没有症状。如果焦虑增加，关系和谐受到扰动，他很可能会出现症状。因此，如果一个分化水平低的孩子与家庭的关系足以稳定他的功能，那么他在成长过程中可能不会有重大的临床问题。不过，在孩子成年后，环境迫使他更为独立，这种支持关系网可能会受到扰动，甚至到了出现临床症状的程度。症状的出现可能是突然的，例如急性精神障碍或糖尿病急性并发症，但人对症状的情绪脆弱性（适应程度）和他与家庭的关系过程有关，这种过程始于其婴儿期。控制这一关系过程的力量（个体化与一体化）决定了一个人在离家时与家人的情绪分离程度。

每个核心家庭都有一种"情绪氛围"，它是由每位家庭成员的情绪反应、情感反应、主观决定的态度、价值观和信仰，以及客观决定的态度、价值观和信仰创造的。这种氛围决定了分化水平，进而决定了在家庭中长大的每个孩子对压力的适应程度。每个家庭的情绪氛围不尽相同，它们在一个一端为"沉重"，另一端为"轻松"的连续体上定量变化。在"沉重"的氛围中，由于彼此对联结和安慰的需求带来的巨大压力，家庭成员容易感到"拥挤"，也容易对彼此过多的参与过敏，产生明显的距离，从而感到"孤独"。在"轻松"的氛围中，家庭成员很少感到"拥挤"或"孤独"，除非在非常高压的时期，他们才会觉得"拥挤"或"孤独"，他们关系融洽，有足够的空间做自己。

氛围"沉重"的家庭的分化水平较低，在这样的家庭中，人们的思想、情感和行为几乎完全被关系过程控制。在这种家庭中长大的孩子，会按照家庭一体化力量所规定的样子发展。氛围"轻松"的家庭的分化水平较高。在这样的家庭中，人们的思想、情感和行为几乎完全由每个人的内在过程控制。在这样的家庭中长大的孩子，会按照其个体化力量推动他们成为的样子发展。在"沉重"和"轻松"两个极端之间，存在着许多层次的家庭情绪氛围。情绪反应、情感反应和主观性的影响越明显，家庭气氛就越"沉重"。客观性的影响越明显，家庭气氛就越"轻松"。

核心家庭的情绪氛围是"如影随形"、无处不在的，从这个意义上讲，每个家庭成员或多或少都会受它影响。这意味着，在同一个家庭中长大的孩子，他们的基础分化水平差别不大。一个孩子不会因为是否卷入家庭情绪问题而成长为"未分化"或"已分化"。家中每个孩子的情绪发展都在很大程度上受到家庭个体化和一体化平衡的影响。所以，每个孩子与家庭的情绪分离程度都可能会有所不同。因此，虽然同一个家庭的孩子在成长过程中的分化水平差别不大，但也很少完全相同。例如，在基础分化水平上，一个孩子可能略高于父母，另一个孩子可能与父母相当，第三个孩子可能比他们都低。⊖

兄弟姐妹之间或兄弟姐妹与父母之间，在分化量尺上仅有的 5 ～ 10 个点的差异，就会导致生命历程稳定性上的显著差异。例如，一对父母养育了一个患有精神分裂症的儿子，儿子的基础分化水平比他们低 10 个点。这对父母可能会养育第二个儿子，他的基础分化水平高出父母 5 ～ 10 个点，高出哥哥 15 ～ 20 个点。⊖只要父母活着，患有精神分裂症的儿子就可能在情绪上和经济上一直依赖他们。与这种不稳定的生命历程相比，分化水平较高的儿子可能有一个相当安稳的生命历程（也许并发一些神经症水平的症状），并能够在情绪上和经济上更为自己负责。在其他家庭中，兄弟姐妹在功能水平上并不存在如此大的差异，所有的孩子在成长过程中都会在情绪上的优势和劣势之间获得某种平衡。

对基础分化水平起最直接影响作用的关系是与主要照料者的关系。在

⊖ 被收养的孩子的分化水平与家庭亲生子女的分化水平受到同样的情绪过程的支配。因此，如果一个孩子在婴儿时期被收养，他的分化水平将由收养家庭的情绪过程决定。如果一个孩子在稍微大一点的时候被收养，他的分化水平既受到收养家庭的影响，也受到他在被收养前的重要情绪依恋的影响。

⊖ 评估兄弟姐妹间基础分化水平的差异是很困难的，因为他们的功能性分化水平会彼此影响。例如，一个孩子可以做到"百无一失"来回应另一个孩子的"百无一是"。

大多数情况下，主要照料者是母亲。如果在孩子很小的时候，母亲就去世了，或是离开了家庭，或是变得极度异常，那么父亲、祖父母或其他人就会代替母亲，对孩子的分化产生最直接的影响。如果母亲还在，但如同"没有自我"一般，没有发挥作用，父亲和其他人对孩子的直接影响也会增加。对孩子的分化有最直接影响的人是在情绪上对孩子最为重要的人。对孩子来说，最重要的人通常是对他投入最多情绪的人。这个人通常是母亲，原因有很多：首先，孩子是她生的；在孩子成长的过程中，她通常与孩子接触最多；与其他家庭成员相比，母亲通常感到要对孩子的情绪健康负有更多的责任。虽然受到文化因素的强化，但母亲对孩子的责任感深深植根于哺乳动物的进化史之中。孩子对母亲情绪投入的反应，以及他在与母亲关系中的可塑性，也深深植根于哺乳动物的进化史之中。

虽然，母子关系通常最为直接地影响孩子的分化水平，但孩子与家庭的分化也受到其他关系的影响，父亲和其他家庭成员的焦虑程度与成熟水平对孩子和母子关系都有影响，核心家庭和扩大家庭中的其他关系通过连锁三角化的过程影响母子关系。以婚姻关系为例，父母之间的情绪距离增加了母亲对孩子过度卷入的可能性。或者，如果母亲过度卷入孩子的生活，而父亲则对这种卷入和与妻子间距离的反应被动，那么婚姻中的距离会使母子间的情绪分离更加困难。父亲可能会积极地鼓励妻子过度卷入孩子的生活，因为这样可以减轻他处理妻子情绪需求的压力。父亲也可能通过另一种方式破坏母子间的情绪分离，即，让妻子承担起改变孩子某些方面的责任，而这些方面正是他所担心的。他可能会通过反复告诉妻子孩子让他担心的地方是什么来实现这一点。

尽管，母子关系并不是独立于家庭内外的其他关系而存在的，但由于这种关系对孩子情绪上与家庭分离能力的直接影响，对此进行详细研究十分重要。无助的婴儿在与母亲的共生依恋中开启了生命，这种共生依恋对婴儿的健康至关重要。母子之间的自动情绪反应在孩子生命的最初几个月达到高峰，这有助于保障孩子的现实需求（食物、保护、接触和各种刺激）。随着孩子身心发展，他变得更有能力对自己的需求负责，因此，他最终超越了对共生依恋的现实需求。孩子发育得如此之快，以至于在生命的最初几个月，他就开始在某些方面远离母亲。在每一对母子关系中，几乎都存在完全解决原始共生关系的潜能，但不同的关系发挥这种潜能的程度是不同的。有些原始共生关系几乎没被解决，有些几乎完全被解决，还有些处在这两个极端之间。

这种差异是由母子关系中个体化与一体化的平衡造成的。母亲的想法、感受和行为方式会促进孩子与她的情绪分离（个体化），也会破坏孩子与她的情绪分离（一体化）。此外，孩子的想法、感受和行为方式会促进与母亲的情绪分离，也会破坏与母亲的情绪分离。不同的母亲和孩子在促进或破坏母子间的情绪分离方面所做的事情的比例不同[⊖]。

在一个极端，母子关系从孩子出生起就主要受到孩子现实需求的影响，母亲对婴儿对她的依赖和她对婴儿的自动情绪反应均感到很舒服。这位母亲觉得照顾孩子既不会使她陷入困境，也不会耗尽她的情绪。随着孩子的成长，母亲总是容许甚至鼓励孩子远离她。在对待孩子方面，她有高度的分化。一方面，母亲坚持与孩子情绪分离；另一方面，孩子自身的生命力促使他自己成为一个独立的、独特的个体，作为对这两方面的反应，孩子最终在情绪上摆脱了母亲。他有精力去探索这个世界，为之着迷，像了解自己的母亲一样去了解他人（比如他的父亲），从对许多人和许多事情的认识中逐渐形成一个自我。这个孩子的高分化水平，在幼童时期就很明显了，在青春期就已经很好地发展了。母亲和孩子，能够倾听对方而不过度反应，可以保持舒适的情绪联结和良好的沟通。

在另一个极端，母子关系从孩子出生起就主要受到母亲的焦虑和情绪

　　⊖　母亲的这种差异是由跨代情绪过程造成的，详见第 8 章。

需求的影响。当婴儿依赖她时，她可能会体验到极大的幸福感或明显的焦虑。她的幸福感是源于，她与孩子的关系满足了其他关系难以满足的她对亲密感的需求。焦虑通常源于，对孩子的责任感到不堪重负，以及作为一位母亲感到失职。随着孩子的成长，母亲总是既不容许也不培养孩子远离她。在对待孩子方面，她的分化水平很低。一方面，母亲无法与孩子分离；另一方面，孩子自身的生命力要与母亲联结，他在情绪上一直离不开母亲。没有母亲的大力支持，他就没有多少精力去探索这个世界，也无法发展其他关系（比如和父亲的关系）。因此，他的人生取向主要是基于对母亲的信仰、恐惧和焦虑的了解。这个孩子的低分化水平，在幼童时期就很明显了，在青春期就已经定型了。母亲和孩子，不能在不过度反应的情况下倾听对方，很难保持情绪联结和沟通。

因此，一个极端是，母亲在与孩子的关系中所起的作用，更多破坏了孩子与她的情绪分离，而不是促进了这种分离。而另一个极端是，母亲在与孩子的关系中所起的作用，更多促进了孩子与她的情绪分离，而不是破坏这种分离。在这个方面，许多母亲的作用处在这两个极端之间的连续体上。因此，最终决定一个孩子与家庭的分离程度的过程，始于家庭而非始于孩子。虽然这一过程始于家庭（母亲对孩子的影响最直接），但很快就被孩子强化，母子变得彼此协调，每个人都做同样多的事情来促进和破坏他们之间的情绪分离。例如，一个患有精神分裂症的年轻人破坏家人与自己的分离，正如他的家人破坏他与家人的情绪分离一样。人们往往把年轻人对家庭的过度依赖，归咎于年轻人或者他的父母之一。把孩子（或年轻人）和家庭之间缺乏情绪分离归咎于某个人，就像是把整个乐队的声音都归功于某个乐手一样。

在促进孩子的情绪分离而不是破坏孩子情绪分离这件事情上，各位母亲们所占的比例是不同的，甚至同一位母亲对她的每个孩子的影响都是不同的。一位母亲这样描述这种差异："我和第一个孩子的关系是我这辈子最不成熟的关系，和第二个孩子的关系可能是最成熟的，我和丈夫以及另外两个孩子的关系介于这二者之间。"母亲并没有因为关系的不同而责怪孩子们，她认为这是一个相互的过程。

与母亲关系最"不成熟的"孩子比他的弟弟妹妹们更缺乏情绪自主权。与他们相比，他与家庭的情绪分离最少，他的发展受家庭一体化力量的影响最大，他在无意识情绪层面（外在和内在）反应最为强烈，他的价值观、态度和信仰受到对他人情绪反应的强烈影响。与母亲关系最"成熟的"孩子，比其兄弟姐妹或父母拥有更多的情感自主权。与他的兄弟姐妹相比，他与家庭的情绪分离程度最多，他的发展受家庭一体化力量的影响最小，他在无意识情绪层面的反应也最小，他的价值观、态度和信仰受到他人情绪反应的影响最小。

父母们常说，他们与不同孩子之间关系的不同之处，在于他们在孩子身上投入了多少精力和担忧。父母卷入最多的、与他们情绪分离最少的孩子，消耗父母太多的时间和精力。他们卷入最少的、与他们情绪分离最多的孩子，占用父母最少的时间和精力。事实上，父母有时会觉得自己忽视了卷入最少的孩子，但这个孩子比他们最关心的孩子表现得更好，因此，父母就放心了。这个孩子更像是一个主动做事的人，似乎不需要太多的情绪支持。这种差异在家庭之外的活动中表现得很明显，比如在学校里，父母卷入最多的孩子是最依赖人际关系的孩子，在与非常关照他的老师的一对一的关系中，他往往表现最好。因此，他的表现可能不稳定，他在"对的"老师那里充分发挥自己的才能，在"错的"老师那里失去兴趣。父母卷入最少的孩子更感兴趣的是学习，而不是老师给予自己的关照。因此，他的表现往往更加稳定。⊖

⊖　学业表现本身并不足以评价一个孩子的分化水平。一个分化水平低的人可能在学业上很优秀，但在社交上却很隔离，他用学业上的高成就来制约自己的焦虑和未分化。一个中度分化的人可能会因为学业成绩不佳而焦虑，但在其他方面表现良好。

　　孩子对关系的依赖程度是各种力量之间特殊平衡的产物，这些力量促进和破坏了孩子与家庭的情绪分离。母亲和孩子促进和破坏彼此情绪分离的互动方式是能够被界定的。当亲子以促进情绪分离的方式互动时，代际间就保持了分化。当亲子以破坏分离的方式互动时，亲代的焦虑和未分化就会传递给子代。这种亲代未分化的传递通常遵循一种高度可预测的模式。为了简化对这种模式的描述，我们只描述其中母子传递的部分。

　　当母亲因孩子某些方面的功能而焦虑时，这种模式就"开始"了（一旦这种模式确立下来，它就会被母亲或孩子激活），她可能会对孩子实际的、她想象中的或者她害怕孩子会有的言行做出反应。第二步是母亲为她对孩子的看法赋予意义或重要性，这种看法的基础是母亲自己的情感状态。她对孩子的印象在很大程度上反映了她的焦虑和情绪需求（她希望孩子如何，或者她害怕孩子如何），而不是孩子本身的焦虑和情绪需求。第三步出现在母亲把对孩子的印象当作事实一般来对待孩子的时候。第四步是让孩子学习（不一定是有意识地），如果他的言行都表现得好像母亲对他的印象是正确的，那么她就会更平静，当母亲更平静时，孩子也更平静了。最后一步是孩子内化了母亲对他的印象，整个循环就完成了。在内化的基础上，孩子的言行与母亲对他的印象完全一致。这些行为被母亲用来证明她对孩子的印象是正确的，母亲并没有恶意，她只是有点焦虑，她和那个孩子一样，也是这种情况的囚徒。[○]

　　刚才所述的模式所传递的内容（具体的关切、恐惧、需要、情感、主

　　○　这种将父母的未分化传递给孩子的过程被称为"家庭投射过程"。"投射"一词暗示了一个心理过程。在传递父母焦虑和不成熟的过程中，心理过程虽然很重要，但是母子间更深层次的（从系统进化的角度来说更为古老）情感依恋才是传递过程中最基本的组成部分。未解决的共生关系越强，孩子的成长就越受到家庭需求和恐惧的影响。此外，母子之间的情绪分离越少，孩子对母亲的印象就越容易受到自己情绪需求和恐惧的影响。因此，一种根深蒂固的共生关系被最准确地定义为一种相互投射过程。亲子关系中的相互投射与在所有关系中发生的相互投射在本质上是相同的。

观决定的态度、价值观和信仰），在家庭之间和同一家庭内有不同子女的情况下，可能有相当大的差异。家庭有不同的信仰体系、价值观、习俗、恐惧和应对焦虑的方式。因此，不同家庭的孩子所继承的内容可能不同。此外，同一对父母可能会担心孩子们某些特定方面的功能，而且这些方面可能相差甚远。因此，同一个家庭中不同孩子所继承的内容可能会迥然不同。

某种特质、态度、情感或功能类型可能并不是孩子天生就有的，但父母对待孩子的方式就好像这些就是孩子与生俱来的，从而成功地向孩子灌输这种特质、态度、情感或功能类型。父母也可以通过焦虑地关注来夸大孩子固有的特质、情感或某种功能。所以，通过灌输一些不存在的东西或者夸大一些已有的东西，这些内容就被代代传承了。无论这个过程如何发生，一个孩子的个性和发展程度是由家庭对他的关注的具体内容塑造的，这与他对家庭未解决的情绪依恋程度相关。例如，由于家庭在两个孩子身上关注的都是同一类型的事情，这两个孩子可能有相似的性格特征，但是这些特征在与父母更少分化的孩子身上更为明显，也可能更容易出现问题。换言之，这些内容远不如内容之下的情绪过程的强度重要。内容因家庭而异，因文化而异，但在所有的家庭和文化中，情绪过程都是一样的（只是强度不同）。

在代际间传递未分化的情绪功能模式，与代际间保持分化的情绪功能模式是相反的。一个孩子的分化水平的发展，是由父母关注自身功能（个体化）而不是关注孩子功能（一体化）的能力促进的（而不是引起的）。有一个好例子，它对比了促进代际间分化的情绪功能模式与破坏亲子间互动特征（那些会影响孩子自我负责程度的特征）的情绪功能模式。

当孩子不为自己的行为负责时，这表明父母不为自己的行为承担责任。如果一个孩子总是不负责任，这并不代表他的父母没有"教育"他负责任。典型的情况是父母花了大量的精力试图说服孩子他"应该"负责任，事实上，他们经常在这个问题上喋喋不休。家长通常也会投入相当多的精力来监督孩子，以确保他是"负责任的"。这种对孩子"应该"做什么的关注破坏了亲子的情绪分离，助长了孩子的不负责任。孩子的行为是对父母的反应，而不是对自己负责。如果父母把注意力从孩子身上转移到自己身上，对自身行为更加负责，孩子就会自动地（也许是在测试父母是否当真之后）为自己承担更多的责任 ⊖。孩子不是需要驯服的野兽，如果父母专注于对自己负责，在与孩子的关系中尊重界限，孩子将自动成长为对自己负责的人，并且在与父母的关系中尊重界限。

当一个人向别人"教授"责任或"分化"时，他通常是在"说教"，这将破坏自我和他人的分化。父母越是致力于自身分化，他们就越能促进他们之间和亲子之间的分化。亲子之间的分化水平越高，孩子就越能自由地看到父母的本来面目。亲子之间的分化水平越高，孩子就越不可能理想化或贬低父母中的任何一方。他会对父母双方的优缺点有一个相当全面且公正的看法，这种看法既不会被父母的焦虑和需求扭曲，也不会被孩子的焦虑和需求扭曲。对父母的客观性（最终解决了移情或对家庭的情绪依恋）促进了对自己的客观性。对自己和他人适量的客观性，以及在这种客观性的基础上采取行动的能力，是自我分化的本质。

还有一些其他常见元素会破坏分化在代际间的传递，促使问题在代际间传递。这些元素包括对造成某人问题原因的错误假设，解决别人问题的冲动，以及否认自己在创造一段令人不满意的关系中的作用。这些元素在下面的临床案例中得到了很好的说明。一位女性认为她"情绪上的不安全感"是由母亲对自己的"情绪忽视"造成的。她觉得母亲不够"关爱"自

⊖ 作为"父母"，他们是不会转移他们的注意力的。有时，父母中的一方会迈出更多自我负责的第一步，当父母中的一方能够做到这一点，并有效地处理另一方和孩子对这种变化的反应时，另一方和孩子就会更多地关注自己（三角化原则）。

己，没有给予她所"需要的"认可和接纳。为了回应她对童年的这种看法，她决心要养育一个既不感到"缺乏安全感"也不感到"被拒绝"的儿子。她相信，以自己曾经渴望母亲"关爱"自己的方式来对待儿子，就可以实现这一点。她打算"给予"儿子更多的"爱"，要比她自己曾经"获得"的更多。她的母亲曾经是"冷漠的""清高的"，但她会是"温暖的""亲近的"。

在儿子步入青春期以前，母亲对他的照顾似乎效果很好。他们关系融洽，互相支持。儿子对母亲的肯定很敏感，母亲对儿子身上任何"提示"他感到"不被爱"或"被拒绝"的迹象也很敏感。母亲发现，通过花更多的时间和儿子在一起并且说一些安慰他的话，她可以修正儿子任何痛苦的迹象。然而，在青春期，情况发生了变化。儿子在学校里出现了行为问题，而且学习成绩直线下降。母亲（和其他家庭成员）对儿子的问题很焦虑，她觉得儿子的问题反映出她对儿子的教养不足，于是她更加努力地去爱、去理解。母亲认为儿子的问题就是她的问题，儿子的痛苦就是她的痛苦。可是，无论她多么努力地想让儿子相信他的自我价值，儿子还是抱怨说他没有目标，没有安全感，他感到母亲拒绝了他做自己的需求。母亲说她爱他，但儿子觉得她爱得不够，他阻断了与母亲的联结，投身于自己的同伴之中，他感到自己被同伴们接纳和认可，但母亲对他的朋友很挑剔，觉得他们会把她的儿子引入歧途。

对母亲的治疗集中在她对"是什么造成了自己的不安全感"所做的错误假设上。她把自己的问题归咎于父母，并相信自己知道"该"怎么做。她否认自己在与母亲之间的问题中所起的作用，她一直专注于自己的感受，专注于她的母亲"应该"做些什么来修正这些感受。她的这种态度破坏了她与母亲的情绪分离，并最终破坏了她与儿子的情绪分离，她不知不觉地在儿子身上培养了比她自己更多的情绪依赖。儿子比她更担心得不到足够的"爱"；他甚至比她更生气。

在治疗开始时（儿子的问题激发了治疗），这位母亲的父母都已去世，但很了解二老的其他家庭成员和家庭外的人还活着。这位母亲曾竭尽全力与原生家庭建立更好的联结，她的目标是更多地了解父母和其他家庭成员，减少对他们的臆想。最终，这位母亲开始意识到她与母亲的关系多么密切。当她还是个青少年时，她们之间的距离是由对彼此的不满造成的，她对母亲的拒绝比母亲对她的拒绝更大。她也开始看到自己与母亲的相似之处，她母亲热心地介入她的孩子和其他人的问题，并以极大的决心试图"解决"这些问题。这听上去很耳熟。这位母亲从未想过要成为她母亲那样的人，但她抚养儿子时的致命弱点就是否认了自己在很多方面与母亲完全一样，无论是好是坏。

对自己母亲和她们之间关系更多的客观认识，为这位母亲提供了一个不同的"罗盘"，得以指导她处理与儿子之间的问题。对于儿子的"需求"，她放弃了自己的一些主观看法，对自己急于介入、"修正"儿子"缺陷"的冲动有了更多的控制。她仍然对儿子的痛苦感同身受，但她更有能力静观其变。与过去相比，她的行为更多地促进了她和儿子之间的情绪分离，儿子的功能逐渐地稳定下来。儿子的问题并没有被彻底解决，但他的确承担了更多的责任。

上述临床案例中这位母亲对问题的假设并不罕见（即她的问题是由自己母亲的"忽视"或未能提供给她足够的"爱"造成的）。此外，这位母亲假设她能够通过"给予"孩子足够的"爱"来培养一个情绪健康的孩子，这个假设也很常见。社会往往把孩子的情绪问题归咎于父母没有给予孩子足够的关心和支持。事实上，许多发展理论都做了同样的假设。父母并没有对他人的这些判断或"专家"的宝贵意见免疫。

对人类、非人类动物、非人类灵长动物和其他哺乳动物的研究证明，过早与母亲分离可能会给婴儿带来严重后果（情绪上的甚至是身体上的），这些研究往往支持了这个假设，即"不够好的"养育将导致孩子出现情绪问题。如果没有给予婴儿足够的身体接触、舒适和刺激，会引发婴儿的情感依附性抑郁（消瘦症）。哈洛和齐默曼（Harlow & Zimmerman，1959）的研究表明，长时间得不到母亲帮助的恒河猴，在以后的生活中很难形成情感联结（affectional ties）。许多其他研究表明，与母亲过早分离会让大鼠和小鼠会受到有害影响。例如，尼克等人（Skolnick et al，1980）表明，在实验限制的条件下，过早使幼鼠与母亲分离，会显著增加幼鼠患胃溃疡的易感性（即使在成年时期也是如此）。从这些研究中可以明显看出，一个发育中的哺乳动物需要与它的主要照料者之间存在某种允许或促进正常发育的相互作用。也就是说，一个成长中的孩子有现实的需求。

然而，并不能从逻辑上做出这种推论：因为婴儿的情绪不稳定和"抑郁"可能源于和母亲不充分的接触，所以大多数感到"不安全"或"抑郁"的人都没有得到"足够好的养育"。虽然，确实有婴儿被忽视或母爱被剥夺的情况发生，儿童也确实受到了不良影响，但我们认为这些情况只代表了一小部分母婴关系。绝大多数人感到不安全、不被爱或被拒绝的情况，是母子之间未分化的结果。换句话说，母子之间未解决的依恋程度（缺乏情绪分离）越高，他们之间的关系被一方或双方认为"不够好的""不满意的"或"疏远的"可能性就越大。

有一个常见的例子，它描述了母子之间缺乏情绪分离如何使孩子产生一种认为自己没有充分"被爱"的感觉，这种母子关系早期的特点是母亲几乎全情投入到了孩子身上。母亲的奉献"设定了"正在成长的孩子"需要"从这种关系中得到相当大的强化，并且"教导"他相信这种关系是解决任何内在痛苦的方法，孩子变得"沉迷于这种爱"。随着时间的推移，孩子对母亲情绪强化的"需求"变得如此强烈，以至于母亲觉得满足这种"需求"会耗尽她的精力。作为回应，她试图把孩子拉开，孩子对她的退缩反应更加强烈。他觉得在他得到足够的母爱和关注时，他的表现最好（他确实是这样），他便得出结论：他的问题是由于没有得到足够的"爱"和"关注"。母亲同意了他的意见，这使她更加左右为难。当她觉得她已经付出了她所能"给予"的一切时，她怎么还会去"满足"他的"需求"呢？在这一点上，母亲可能会试图让父亲参与进来，帮助她脱离孩子。然而，父亲想让孩子多和他在一起的努力往往不会成功，因为孩子更喜欢母亲。[⊖]

母子间的未分化如何体现为感到未从关系中"得到足够"或"被给予足够"的另一个例子是，一位母亲深信，孩子的任何不安全都是因为她未能充分支持和养育孩子造成的，尤其是在孩子还小的时候。也许，这位母亲在孩子两岁的时候就返回了工作岗位，从那以后，她就一直担心自己的"离开"会伤害孩子。她对此可能有非常强烈的焦虑，甚至不受与此相反的事实的影响。她的丈夫和其他人可能会告诉她，她"不应该"觉得自己忽略了孩子，但她不相信，她对过去没有为孩子做过的事情感到担心，这削弱了她现在与孩子情绪分离的能力。她的担心不仅包括她曾经没做的事情，还包括她现在应该做什么来帮助孩子更有安全感和更独立，这些担心都破坏了母子分离。这样的过程自孩子幼年起就一直在母子之间运作。问题不在于母亲没做什么，问题在于她觉得自己做得永远不够。

孩子适应了母亲的不安全感，并在这个过程中扮演着相反的角色。他已经习惯了母亲大量的关注，无论是表扬还是批评，他都擅长以引发她担忧和关注的方式说话和行动。如果母亲异常心事重重，孩子很快就会感到"不被爱""不被支持"。孩子没有得到母亲足够的爱，这种感觉与母亲没有好好养育他的感觉是一样的。此外，孩子给母亲施加的压力越大，母亲对

⊖ 如果父亲能够从母子关系中去三角化，他就会更有效地促进他们之间的情绪分离。然而，如果他试图这样做，他必须应对婚姻紧张的暂时加剧，而这是夫妻之间情绪分离（分化）加剧的可预见结果。如果母亲能够从父子关系中某些未分化的方面去三角化，那么她也会更有效地促进父亲与儿子的情绪分离。如果父亲同情儿子对母亲的抱怨，并支持儿子改变母亲的努力。那么通过允许自己被母子关系三角化，他破坏了母子关系改变的可能性。如果这对夫妻与自己的父母增加更多的情绪分离，那么他们在对待儿子时都会更有成效。

他的"爱"就越少。母亲感受到的"对孩子的爱"越少，孩子对"爱"的"渴望"就越强烈。母亲可能会因为未感受到她"应该"感受到的而感到内疚，孩子可能会因为未得到他"应该"得到的而生气，或者母亲可能会对孩子的需求感到愤怒，孩子可能会对有此需求感到内疚。许多母亲都"知道"，实际上她们一直以来都很关心自己的孩子，但主观上认为孩子的问题等同于母亲的失败，这种信念压倒了理性判断。在这个过程中，母亲以行动"弥补"她"没有做的"，这使问题持续存在。

人们当然会因为与重要他人缺乏足够的情绪联结而感到痛苦，如果能得到他们想要的联结，肯定会感觉更好，但如果一个人的痛苦因得到联结而缓解，那并不意味着他的痛苦是由缺乏联结"造成"的。换句话说，一个根本的情绪过程既会影响一个人对情绪联结不足的反应，也会影响他建立和维持足够情绪联结的能力。这一过程是由家庭系统理论定义的，其根源在于关系系统中的焦虑与未分化。最容易感到与他人缺乏联结的，是那些小时候与家人联系最紧密的人。这种联结可能会导致明显的距离或冲突，但无论这种联结的情绪基调是积极的还是消极的，重要的是识别这种联结。如果人们不承认、不尊重产生距离的过程，他们就无法减少彼此之间的距离。有些人看到并感觉到他们对家庭的潜在依恋，有些人否认它。那些从未感觉与父母"亲近的"人，通常是那些用疏远和否认来控制自己对家庭强烈依恋的人。他们的父母可能也以同样的方式处理了这种强烈的依恋，无论是父母还是孩子都保持着距离。

孩子对母亲的感受和心情的担心，可能与母亲对孩子的感受和心情的担心一样多，这一过程一直持续到成年。通常，孩子对母亲所需的情绪支持十分敏感，并且如果他的父亲和其他人不能"充分"满足母亲的这种需求，孩子就会意识到。当孩子表现出一种能够减轻母亲的焦虑的状态（如"我很好"或者"我需要你的帮助"）时，母子联结就没有受到威胁（如果她认为孩子安好或是感到自己被需要，她会更加舒服）。母亲得到了她想要的支持或参与，孩子也避免了他们的关系紧张（尽管他在这个过程中放弃了"自我"）。但是，为避免关系紧张而做出的妥协，最终可能会让人们付出代价。避免情绪化的问题可能意味着避免直接的对抗，但是这种"不惜代价求和平"的方式会把人们推向"情绪化的困境"。在某个困境里，这个人可能会感到不知所措，而在另一个困境里，这个人可能会感到愤怒，因为他的"让步"没有解决问题。当人们感到走投无路时（母亲、孩子或二者都有），他们对问题的反应通常会比问题刚出现时更强烈。

　　母子关系有许多不同的模式，会导致相同分化水平的孩子出现不同的结局。有的母子关系是：不管母子间有多少情绪分离，他们都可能从始至终都保持和谐。孩子，作为这种关系的产物，往往会为了保持成人关系的和谐而适应关系（分化水平越低，越倾向于去适应）。有的母子关系在最初几年可能是和谐的、"亲密的"，但通常在孩子进入青春期的时候，母子关系就会变成矛盾的、"疏远的"。在这种关系中长大的孩子更容易在成人关系中发生冲突。还有的母子关系几乎从一开始就充满了矛盾，他们在情绪上的"化学反应"是彼此都相当挑剔对方，使得生活中的摩擦不断。

　　当一段关系的情绪基调消极并且分化水平很低时，身体虐待（亲子之间、兄弟姐妹之间）是相当普遍的。虽然父母对孩子的身体虐待会对孩子的情绪发展产生破坏性的影响，但孩子的人生历程更多地受到与父母缺乏情绪分离的影响，而不是虐待本身的影响。遭受过身体虐待的人经常关注虐待本身的影响，但这种关注似乎并不是特别有建设性。对虐待的关注掩盖了导致虐待的根本家庭过程，必须认识到该过程对一个人的不成熟是有影响的。○

　　○　同样的评论也可以用于乱伦。家庭系统理论认为，与正在进行的家庭过程相比，"创伤事件"在解释个体情绪发展方面的重要性要低一些。事件可能强调了过程本质的某些方面，但事件不是过程。分化水平越低，核心家庭对孩子的关注程度越高，发生身体虐待、乱伦和其他问题的概率就越高。虐待和乱伦是关系过程的症状，并且所有家庭成员都参与其中。当某个关系过程的症状被视为该过程的"起因"时，人们就几乎没有解决问题的余地了。

　　有些亲子关系模式会导致孩子成长为一个无助的人。分化水平越低，无助感越强。父母和其他家庭成员通过不断地把孩子"诊断"为"不合格"或"能力不足"而使他"精疲力尽"。父母"确信"他们是"正确的"，而孩子则屈从于这样的"事实"，即父母"最为了解"，孩子甚至会认为自己是仁慈的父母的负担。父母通常"以孩子的最大利益为出发点"（他们不想使孩子"精疲力尽"），但在始终替孩子做事的过程中，他们让孩子一辈子都只能是孩子。当然，孩子在这个过程中会扮演相反的角色，"无助者"的兄弟姐妹往往会采取与父母相同的态度来强化这一过程。与其他家庭成员相比，分化最好的兄弟姐妹可能会更客观地看待这个过程，对强化它所起的作用最小，但当焦虑程度很高时，他会和其他人一起参与进来。

　　其他的亲子关系模式会导致孩子在成长过程中对父母的问题和他们的情绪支持的需求有强烈反应。为得到父母的认可和接纳，这些孩子投入了很多（分化水平越低，投入越多），但他们在家庭中采取的是一种过分帮忙的姿态，而不是一种无助的姿态。他们意在减轻父母的情绪负担，让他们感觉更好。更"无助的"孩子对父母的痛苦也很敏感，但在面对父母制造出的父母"强大"而孩子"软弱"的假象时，孩子崩溃了。过分帮忙的孩子常常否认自己对情绪支持的需求，并在父母假装"软弱"的时候假装"坚强"。父母在焦虑面前表现得比实际上更加无助（无助的姿态是应对焦虑的一种方式），就这一点而言，他们的"软弱"是假装的。这些根植于人之本性的伪装，是假自我的一部分，并且很少被反思。一个孩子在家庭关系中的姿态类型会影响他对配偶的吸引力：过分帮忙的、"能干的"假自我，通常会与无助的、"无能的"假自我结婚。

　　总之，母子之间的分化越多，母子关系就越会受到孩子现实需求的支配。母子之间的分化越少，这些现实需求就越会被焦虑、情绪反应和主观性笼罩。通过更多地基于每个人的现实需求，而非基于情感和主观性的需求，也非人们想象中的必要需求，父母可以朝着与孩子（以及与自己的父母）有更多分化的方面努力。这个过程包含了人们朝向更多情绪分离的努力，但这并不容易，因为更多的分离让人"感觉不对"。特别是在高度焦虑的时期，修理、否认或避免问题的冲动可能会非常强烈。与问题儿童或青少年保持情绪联结，并且抑制自己想要解决问题或否认问题存在的冲动，这需要人们具备以从长远来看最管用的知识为行动准则的自律，而不是仅凭当下的感受行事。一次成功，即使是在小问题上的成功，通常也要经过无数次失败的尝试。

无论核心家庭中存在哪种亲子关系模式，家庭中的某些孩子都比其他孩子更容易受此模式强度的影响。在一个家庭中，哪个孩子受到的影响最大（成长为与父母情绪分离最少的），哪个孩子受到的影响最小（成长为一个"独立自主的人"或与父母情绪分离最多的），这受到许多因素的影响。在大多数情况下，孩子出生时所处的位置使他的发展或多或少地受到父母焦虑的影响。有关是否"想要"某个孩子的家庭故事，与为什么某个特定的孩子成为父母焦虑和未分化的主要目标，这两者几乎没有关系。对于孩子和家庭之间到底发生了什么，有关谁是"最受欢迎的"或者谁是"局外人"的家庭神话是不可靠的指标。一个家庭情绪系统被设定为（基于前几代人的情绪过程），把焦虑集中在系统的某些地方，亲代没有被制约的焦虑通常会集中在子代。不同的家庭有不同的同胞位置，这很容易吸引最紧张的那个孩子的注意力。

家中排行最大的孩子，和最小的孩子经常会成为家庭焦虑的靶向目标，因为他们占据了那些独特的位置。家中排行最大的孩子作为一个靶向目标似乎只因为他是第一个进入情绪场的孩子，对他的关注会导致长子典型特征的增强。例如，这个孩子可能会对他人产生一种夸大的责任感。⊖焦虑地关注最大的孩子也会制造出一个相当无助的孩子。在这种情况下，较小的孩子更像是老大，他是一个"功能性的老大"。然而，有些家庭会

　⊖　第 10 章将描述这些与同胞位置相关的人格特征。

"跳过"（无法彻底跳过）最大的孩子，因为他不是"对的"性别，这样的家庭有一种要么关注女孩要么关注男孩的代际模式。在一些家庭中，父母"跳过"所有的孩子，直到最后一个，他们这样做似乎只是因为他或她是最小的孩子。对最小的孩子的关注可能会导致最小的孩子典型特征的增强。当最小的孩子的兄弟姐妹很好地吸收了父母的焦虑时，就会出现一个最具"独立自主"（分化最好的）特征的孩子。如果家庭模式提倡或允许的话，最大、最小和排行中间的孩子都可以成为"独立自主的人"。

还有一些其他因素会影响特定的孩子，使其更容易成为家庭焦虑的焦点。在家庭异常紧张的时期出生的孩子对母亲来说往往具有独特的意义。例如，大儿子和女儿在相对平静的时期出生，但当母亲怀着第三个孩子的时候，她的母亲突然逝世了。在第三个孩子出生时，母亲对这个孩子的依恋要比对前两个孩子的深，随后出生的孩子不具备第三个孩子的情绪意义。有时，在某些特定事件之后，核心家庭的情绪氛围会发生永久性的变化，如父母一方的死亡或严重疾病、一次重大的职业挫折或一次重要的地理迁移。如果一个家庭通常在事发前比事发后更平静，那么年长的孩子长大后的平均分化水平可能会稍高于年幼的孩子，就好像孩子们成长于两个不同的家庭似的。相反的情况也会发生，当一个家庭因某事平静下来时，年幼的孩子（在分化方面）比年长的孩子表现得更好。

孩子的身体缺陷或特定气质可能会引起家庭情绪化的关注，精神发育迟滞的孩子或有先天缺陷（如腭裂或心脏问题）的孩子可能会成为家庭焦虑的根源。虽然大多数父母的行为都是为了孩子，但他们对孩子的关心可能会削弱孩子与他们分离的能力。在一个家庭中，父母与精神发育迟滞的儿子互动的方式可能会让儿子认识到他的潜力，而在另一个家庭中，父母与同样精神发育迟滞的儿子互动的方式可能使他出现情绪障碍。在后一种情况下，儿子的功能障碍往往被归因于他的"精神发育迟滞"，但事实上，他的功能障碍与他和家庭的关系特征有很大的关系。换句话说，精神发育迟滞者中一些人比其他人的分化水平更高。当父母无法轻松应对某些气质时，孩子的气质就变得很重要了。父母的分化水平越高，他们处理不同类型孩子的灵活性就越大。父母的分化水平越低，亲子间在气质上的"不匹配"越可能使孩子成为家庭焦虑的对象。

父母对孩子的依恋的本质还受到其他各种各样的因素的影响。有位母亲，她曾经是和少年犯罪的弟弟一起长大的，她可能很赞同母亲对弟弟的看法。在这位女子有了自己的儿子之后，她可能会非常担心儿子会出现类似于她弟弟的问题，她认为儿子的某些行为预示着严重的行为问题，而儿子的行为在某种程度上产生了一种自我实现的预言。有位父亲，他曾经是和同性恋哥哥一起长大的。当他觉得妻子在以一种"女性化"的方式对待儿子时，他就会倾向于对妻子的某些行为反应过度，这使得母子关系变得复杂。父母对其原生家庭成员的态度更多的是由他们成长过程中一体化过程决定的，他们对自己孩子的态度也更多由一体化过程决定。父母越能了解他们的原生家庭成员是有自身权利的个体，而不是家庭一体化过程中创造的夸大形象，他们自己的孩子越有机会成长为有自身权利的个体，而不是父母定义下的混合体。

家中最受关注的孩子的兄弟姐妹经常以强化这种关注的方式发挥作用，他们可能会加重父母对某个孩子的担忧。兄弟姐妹们可能会支持这样一种观点：只要那个孩子改变，家庭就会变得更好。某位兄弟姐妹也可能站在同胞这边反对父母，增加家庭中情绪的两极分化。有些父母不遗余力地"平等"对待每个孩子，这是任何父母都很难做到的。父母越担心他们的孩子感到"不平等的爱"，他们的孩子就越有可能因为得不到平等对待而号啕大哭（不管是公开的还是秘密的）。关于"得到的不够"，孩子有各种各样的抱怨，这会显著强化父母在给予孩子们所"需要"的"快乐"和"安全感"时的焦虑。当一个母亲对一个孩子过分卷入时，她从其他孩子那里感受到的情绪共鸣（真实的和想象的）会加剧她对满足这个孩子"特殊需求"的焦虑，这个孩子对母亲注意力的转移也非常敏感。

对于家中的任何一个孩子来说，如果他的焦虑水平在一段时间内足够高，都可能出现明显的躯体、情绪或社会功能症状。然而，由于与家庭情绪分离最少的孩子对他生活中所遇之事的情绪反应最为强烈，并且他最有可能成为家庭焦虑的储藏室（吸收了大量的焦虑），所以他比其他兄弟姐妹更容易出现症状。一个家庭也可能会把焦虑集中在多个孩子身上，这些焦虑可能在不同的孩子身上转移，特定的儿童对症状发展的易感性也相应地发生变化。例如，一个家庭让一个有症状的孩子接受单独的心理治疗，然后使另一个孩子出现症状，这并不罕见。这些症状的转移反映了孩子们功能的变化，这些变化与家庭系统吸收焦虑的转变有关。当孩子开始接受治疗时，家庭可能会对他放心，并减少对他的关注，但父母可能会把焦虑的焦点转移到他的兄弟姐妹身上，兄弟姐妹相应会出现某种程度的症状。焦点转移的另一个例子是，一个有慢性症状的孩子离开了家庭，另一个孩子便出现了症状。[⊖]

能够引发家庭焦虑升级并最终导致儿童症状发展的事件（真实的或预期的）可能发生在家庭内部（例如，孩子的出生），也可能发生在家庭外部（例如，父亲面临失业的威胁）。每位家庭成员都可能遇到增加他们焦虑的外部压力，如果这些焦虑在家庭内部表达（言语或非言语），其他家庭成员可能会"被传染"，并开始相互反应。这些反应又将导致连锁反应和焦虑升级。如果家中情绪功能模式导致的焦虑主要集中在孩子身上，那么孩子可能会见诸行动，或出现躯体或情绪症状。

正如夫妻出现症状一样，孩子身上出现的症状，尤其是危及生命的症状，会增加家庭的焦虑水平。但是，不危及生命的症状也可以缓解家庭中

⊖　对于家中一个孩子的症状，如果家庭的反应导致了家庭的情绪退行，那么在这个孩子离家后，家庭可能会更加轻松。如果是这样，另一个孩子就不太可能出现症状。

的其他问题。这种缓解的结果是，家庭成员能够将他们的焦虑和不成熟集中在一个特定的人身上，而每个家庭成员原本都有可能将这些焦虑和不成熟内化，它们原本也有可能在任何一段家庭关系中表现出来。这种集中经常体现为人们对有症状者的愤怒，他们相信只要这个人改变，一切都会好起来。这种关注还经常体现为一个家庭投入大量的时间和精力来"帮助"有症状的人，"帮助病人"比正视自己的情绪问题要容易得多。

父母的情绪功能是核心家庭中的焦虑是否升级的主要决定因素。父母是一家之"主"，也是唯一真正有能力承担起领导责任的人，特别是在危机期间。有时，面对苦苦挣扎的父母，孩子会试图展现领导力，但他通常缺乏有效的权力。单亲家庭孩子中的老大可能拥有更多的权力，但他仍然主要依赖父母，这使得父母的功能仍然是影响情绪氛围的主要因素。一个"独立自主的人"可以使一个家庭平静下来，但他不能改变家庭进程的基本方向。因此，当一个家庭的焦虑程度很高时，父母对自己的功能就会失去控制，就像有症状的孩子对自己的功能失去控制一样。[⊖]

当一个家庭的未分化通过孩子的某种症状来表达时，家庭情绪功能的某些特征似乎会影响特定类别的症状（躯体、情绪或社会功能方面）。仍有大量影响症状类别的情绪因素（与生物因素相比）有待我们研究，但有一些模式已得到了界定，这些模式似乎区分了家庭关系的类型，而这些家庭类型助长了某种症状而不是另一种症状。在这一领域，人们常常可以"感觉到"家庭之间（或同一家庭不同亲子之间）的差异，但无法准确地定义这些差异。症状的类型还受到家庭以外的过程的影响，这使得情况更为复杂。例如，社会对诸如酗酒和药物滥用等问题的关注可能会影响儿童对症

⊖ 源于家庭系统理论的家庭治疗原则是，父母比依赖他们的孩子更有能力承担家庭变化的责任。因此，即使一个家庭呈现的问题是一个有症状的孩子，治疗的首要重点仍是使父母努力实现更多的自我分化——无论在彼此的关系中还是在与孩子们的关系中。家庭系统理论定义了一个家庭成员之间相互依存的情绪功能，所以，父母任何一方功能的改变都会致使有症状孩子的功能的改变。

状的"选择"，那个见诸行动的孩子经常被要求做不"应该"做的事情。

家庭有一些共同的特征，在这些特征中，家庭的未分化通过儿童或青少年的见诸行动得以表达。这些特征的强度随着分化水平和慢性焦虑程度的不同而不同。一个见诸行动的青少年，可能在青春期前与父母的关系相当融洽。作为一个孩子，他要么是想取悦父母，要么是别无选择，总之，他通常会遵从父母的意愿。然而，到了青春期，他彻底改变了态度。他抛弃了许多父母的信念和价值观，采纳了从同龄人、书本、电影、电视和音乐中学到的观点。青少年叛逆的强烈程度，与他和家庭情绪分离的不足是相对应的：他对家庭越"执着"，他的叛逆就越剧烈；他的自我发展得越差，就会形成越多与父母及其他权威人士的标准完全相反的假自我。分化最差的、见诸行动的青少年热衷于同龄群体，他们信奉最激进的反父母、反体制或反社会的观点。一个同龄群体不会"引发"青少年见诸行动，但它支持这种行动。同龄人的认可和接纳比父母的认可和接纳更重要。

当一个青少年开始反叛，在情绪上与父母疏远时，这个三角关系中的焦虑就会升级。母亲经常因为孩子的"拒绝"而感到"受伤"，她想知道他"为什么"这样做。通常，母亲的问题会导致同样的争论，而不是给出"令人满意的"答案。孩子很少试图"伤害"父母，他似乎只是喜欢从他们和其他人那里得到强烈的反应。他们用这些反应为更多的行为辩护，这些行为与别人希望的行为对立。父母的担心和过度反应也强化了孩子的观点，即"问题"出在他们身上，而不在他自己身上。父母确实焦虑，孩子也确实把它们表现出来了。孩子渴望"少一些麻烦""多一些自由"，但他的许多行为却让父母更多地介入他的生活，这是一个系统过程中耳熟能详的恶性循环。母亲也觉得有责任防止孩子"毁掉"他的生活，并试图保护他，她为自己的侵犯行为辩护，并尝试在"试图提供帮助"的基础上控制孩子。

父母在孩子和他们自己身上寻找孩子行为问题的解释：他是在哪里误入歧途的？他们在哪些方面失败了？在个体内部寻找解释时，他们就忽略了问题的核心——关系过程。通常，父亲对妻子的焦虑比对孩子的行为更有反应，但他试图通过控制孩子的行为来缓解妻子的焦虑，这种方式加重了孩子的问题。他的方法可能会从被动的恳求、哄骗，到教条、专制的威胁和惩罚。他的所有行动在很大程度上都是无效的，因为这些行动都是基于这样一种假设，即问题出在孩子身上，而不是父母亲对孩子的三角化。母亲也试图控制孩子的行为，但同样无效。父母双方都在"严厉"和"宽容"之间摇摆不定，他们希望孩子会配合他们"为他"所做的，结果他们不断地向孩子让步。当孩子不合作并且似乎在"利用"父母时，他们会被激怒，并采取报复行动，通常是以高度惩罚性的方式。放纵导致周期性的严厉。青少年经常用谎言和偏离正道的方式来抵消父母"把他从自身中解救出来"的努力。

矛盾的是，父母越不自信，越放纵孩子，他们对孩子说（并叫喊）"不"的次数就越多，孩子也就越叛逆。孩子总是下意识地做出与父母的希望相反的事情，以至于他几乎没有其他选择。这个孩子很可能具有"反对者"的特征，特别是当他焦虑的时候，他会故意邀请别人告诉他该做什么，这样他就可以做相反的事情，他通过这种唱反调的方式使自己平静下来。如果父母能更多地做自己，他们就能避开这种情绪陷阱。如果一位家长说"不"的意思是指他（家长）不会做什么（"我不会这么做"），而不是指孩子"应该"做什么（"你不能这么做"），孩子就不能利用父母来发泄情绪。一个孩子会自动听从"我不会"，就像他会自动抗拒"你不能"。

核心家庭的慢性焦虑可表现为孩子的一种躯体症状，分化水平较低的家庭可能有一个或多个孩子有明显的慢性躯体症状，分化水平较高家庭中的孩子往往只有在高压时期才会出现明显的躯体症状。例如，患有慢性哮喘的孩子可能是家庭焦虑的吸收者。一个分化水平较高的家庭通常可以冷静、周到地处理这样的问题，这似乎也有助于孩子的临床过程。一个分化水平较低的家庭可能通过长期关注哮喘患儿的健康来缓解其他家庭问题的强度。当家庭系统高度焦虑时，最受关注的孩子可能会哮喘发作。有时，孩子似乎"自愿"生病，以减少家庭其他方面问题的强度，比如父母之间的冲突。

在一些儿童期癌症中，家庭情绪过程似乎也在起作用，如下面的临床案例所示：有一个 16 岁的男孩，他是家里五个孩子中的老大，他在父母分居并且离婚两年后患癌。在第五个孩子出生之前，这家人似乎过得很好，在这个孩子出生之后，父亲酗酒增加，工作不保，婚姻关系急剧紧张，最终，父亲搬了出去。父亲没有给这个家庭提供经济上的支持，父母双方的扩大家庭也都不愿意提供什么帮助。后来，母亲在东海岸找到了一份工作，从加利福尼亚举家搬迁到华盛顿特区，就在搬家后不久，也就是在男孩患癌的六个月前，母亲患上了严重的慢性肾病，她仍然可以工作，但整个情况令她不知所措。大儿子在某种程度上代替了父亲，母亲无意中依靠了他，尽管这并非她的本意。在父母离异前，这名男孩曾有过学业和行为问题，但近两年，他一直是模范儿子，他总是努力做得更好，帮助年幼的弟妹们。他非常理解母亲情绪上的痛苦，并试图尽其所能减轻这种痛苦，但这个家庭并没有平静下来，正是在这种情况下，男孩被确诊为脑癌。

家庭情绪过程对诸如自闭症、抑郁症、自杀、恐惧症、精神分裂症，以及可能在童年期、青春期或成年早期出现的其他内部情绪问题的产生有十分重要的影响。与躯体和社会症状一样，与父母情绪分离最少的孩子最容易出现情绪症状。此外，情绪问题的发生率和强度随着分化水平的降低而增加。

当焦虑被表现出来时，一种情感就被转化为行为（通常是无意识的）。当焦虑被内化并演变成为一种情绪症状时，情绪就会笼罩一个人的心理过程。换句话说，当焦虑被外化时，人就会"表现不好"，当焦虑被内化时，人就会"感觉不好"。当焦虑被内化并表现为一种躯体症状时，人的"身体上"就会感觉不好；当焦虑被内化并表现为一种情绪症状时，人的"心理上"就会感觉不好。出现情绪症状的人在焦虑时容易低估自己，他们觉得自己不够格、低人一等，甚至觉得自己"很坏"或"邪恶"。这种情感的极端表现为："我是别人的负担，别人对我失望。我是如此糟糕，没有人能爱我，没有我他们会过得更好。"虽然许多人会周期性地体验这种感觉，但分化水平越低，一个人的自我意象就越有可能被这种感觉左右。

精神病性水平的问题是情绪功能障碍的极端表现。精神分裂症有一种非常常见的临床病程：一个孩子在成长过程中几乎没有症状，他的母亲从他出生起就认为其"与众不同"，这对她来说很特别，她觉得这个孩子比其他孩子更需要她。当她认为自己能够满足这个孩子的"需求"时，她感觉很好。母亲与这个孩子的关系通常也以焦虑和缺乏安全感为特征，她从来不敢肯定自己做得很好。这个孩子在成长过程中可能会有一些学业问题，在社交上也会有些孤僻，但家庭内外的大多数人都倾向于认为他是"正常的"。这个孩子很容易理解父母的焦虑，尤其是母亲的焦虑，以及父母对自己的态度。在大多数情况下，为了保持和谐，他会静静地适应他们的需求。

通常，直到这个孩子必须更加独立地生活时，第一个严重的问题才会出现。他可能会参军，并且在基础训练中出现精神病发作，或者在大一的时候崩溃。在大多数情况下，家长并没有看到警告信号，他们对孩子的崩溃感到非常惊讶。一旦孩子崩溃，家庭就很难恢复到之前的情绪平衡，即让孩子在没有症状的情况下正常生活的平衡。孩子（青年）需要父母，但很难在不处于虚弱或崩溃状态的情况外与他们相处。父母希望孩子能更独立地活动，但他们往往在不知不觉中维持了他孩童般的姿态。"解决"这个

"有什么就活不下去 / 没有什么就活不下去"两难问题的一个办法，就是让孩子长期处于精神病状态。当孩子被父母威胁或者对父母生气时，他便可以进入自己的"世界"，父母可以通过"照顾"孩子来稳定自己的功能。没有人对现状满意，人们只是勉强接受这样。精神分裂症患者的家庭动力系统是由多年来为保持和谐而做出的一系列情绪妥协创造的，这些妥协根深蒂固，很难逆转。

在一些家庭中，精神分裂症患者和他的父母形成了一种相当稳固的生活方式：他在经济上和情绪上都依赖于他的父母，而他们也接受这种依赖。焦虑不会升级，"患者"也很少"需要"住院治疗。精神分裂症患者可能会通过服药来安抚家人，或者是他相信药物可能会对自己有所帮助。在稳定"患者"方面，很难区分家庭过程的影响与药物治疗的影响。如果"患者"去看了心理医生并服用了药物，父母通常会感觉好一些。如果"患者"停止服药，病情恶化，那么停药通常会被认为是病情恶化的原因。但相比单纯的停药，通常有更多影响"患者"病情的恶化的因素，例如，他可能以停药作为对家里日益增加的焦虑的反应。他对家庭焦虑的增加非常敏感，这可能比停药对他病情的恶化影响更大。不服药既是精神分裂症患者及其家人焦虑增加的一个症状，也是焦虑增加的一个原因。

在其他家庭中，"患者"的临床病程较不稳定，家庭焦虑会周期性地增加，并经常在精神科住院治疗期间达到顶峰。另外一种常见的情况是，精神分裂症患者会周期性地离开家庭，试图独立生活。他有时能在短时间内正常工作，但终究会崩溃，回到家里。当他回来时，他继续扮演孩子的角色，而父母则扮演照顾者的角色。还有一些精神分裂症患者被家人隔离，依附于某家机构，他们对机构的依恋程度与他们对家人的依恋程度是一样的。这些机构倾向于像他们的家人一样与他们相处，但由于患者和机构之间的情绪过程通常没有与家人之间的那么紧密，这种关系往往为患者提供了相当大的稳定性。

虽然导致精神分裂症的基本关系过程很难改变，但如果每位家庭成员都专注于自己的焦虑和功能，家庭就可以做很多事情来稳定情况。如果一个患有精神分裂症的人不用负责让家庭保持平静，他就会卸下很大的负担。一个患有精神分裂症的孩子与其父母，尤其是母亲之间未解决的依恋关系的强度非常大，但他们除了减少这种依恋关系中的焦虑外，很难再做更多的事情，共生的基本强度并没有改变。从家庭系统理论的观点来看，重要的是要认识到，许多被诊断为"精神分裂症"的人并不符合这样的诊断。这些人通常在 25 ～ 35 岁之间有过一次或数次精神病发作，虽然这些人可能依赖于他们的家庭，但他们对家庭未解决的依恋程度比"真正的"精神分裂症患者要低。由此可见，他们仍有可能做出根本性的改变。

核心家庭中导致症状发展的情绪功能模式普遍存在于所有家庭、所有的文化之中，它们是人类进化史的产物，但这些模式的强度在不同家庭之间会有量上的差异，这些差异是几代人情绪过程的产物或结果。这一过程的特征构成了家庭系统理论中最重要的概念之一，下一章将对此进行讨论。

第 8 章

跨代情绪过程

在评估同一家庭成员的整体生活功能时，如果使用诸如出生日期、死亡日期、死亡原因、职业经历、教育背景、病史（包括躯体、情绪、社会功能障碍）、婚姻史、孕产史以及搬迁史等标准，那么总能找到彼此间的功能差异。评估中包含的代际越多，功能上的差异就越大。不同辈分的成员（例如，曾祖父母和曾孙）之间，以及同辈成员之间（例如，远房表亲），在功能水平上都可能存在明显差异。每位家庭成员的功能都处在一个连续体之中，从极端稳定到极端不稳定。只要世代足够多，每个家庭通常都会有处在两种功能极端位置的人和大多数处于这两种极端之间的人。

在功能极端稳定的一端，人们拥有安稳的生活。其特征如下：他们能够充分利用现有的教育和就业机会，并且相当长寿；他们的生活在很大程度上不受严重的躯体、情绪或社会功能障碍的阻碍；他们的婚姻完整；配偶和子女的功能水平与他们没有明显的不同；他们从一个地方迁至另一个地方的动机是为了追寻目标，而不是为了逃避问题。在功能极端不稳定的一端，人们难以拥有安稳的生活。其特征如下：他们要么缺乏利用资源的动机，要么总是浪费现有的教育和就业机会；他们的生活受制于严重的躯体、情绪或社会功能障碍；他们的关系不稳定，经常与以往生活中的重要他人断绝联系；他们在地理位置上的变化，是为了在新地方疯狂寻找老问题的"解决方案"。处于这两个极端之间的家庭成员，其功能既有稳定的部分，也有不稳定的部分。功能水平越高，稳定的部分所占的比例越大。

人们可以通过评估核心家庭每位成员的个人功能，来评估这个家庭的平均功能水平。如果对跨代家庭中的每一个核心家庭进行评估，便总是能够发现这些核心家庭在平均功能水平上的差异。评估中涵盖的世代越多，核心家庭在功能上的差异越大。不论是同一代还是不同代的核心家庭，它们之间在功能水平上都可能存在显著差异。与个人功能一样，同一个跨代家庭的不同核心家庭，也处于以功能极端稳定和功能极端不稳定为两端的连续体之上。每个核心家庭都是前五代 62 个核心家庭的产物，是前九代 1 000 多个核心家庭的产物。因此，五到十代的核心家庭涉及的功能差异可能是相当显著的。

如果一个跨代家庭的家庭关系图包含了对每个家庭成员（以及每个核心家庭）功能的评估数据，并且这些数据被当作一个整体仔细审查，那么就可以看到个体功能之间的显著差异（和核心家庭功能平均水平之间的显著差异）与跨代发展的功能趋势有关。一个在大多数方面功能不稳定的家庭成员，并不是由一个在大多数方面平均功能稳定的核心家庭塑造的。一个在大多数方面功能不稳的核心家庭，也不是由在大多数方面功能平均水平都稳定的上一代核心家庭塑造的。人们的功能水平可能略高或略低于他们成长所在的核心家庭的平均功能水平，但功能上的跃迁（猛增或骤降）

并不常见。换句话说，一位家庭成员功能的稳定与否通常与其他家庭成员（现存的和前几代成员）的稳定与否有关。[⊖]

虽然，个体的功能（包括在大多数方面稳定的功能和在大多数方面不稳定的功能）水平都与跨代家庭功能的发展趋势有关，但个体功能水平发生变化（其结果是家庭成员的功能出现差异）的速度是不同的。在短短的三代内，就可以出现功能上的显著差异。例如，对一个在多方面功能不稳定的家庭成员而言，其祖父母的功能可能是相当稳定的，但这种功能上的跃迁并不常见。最常见的是在四五代以后出现轻度到中度的功能差异。一个相当稳定的核心家庭单元会出现一个后代，他的分支在仅仅三代人内就出现慢性精神分裂症的功能水平（一个跃迁），但一般情况下，这么显著的功能水平下降需要五到十代人的发展。同样，一个相当不稳定的核心家庭单位，在三四代中，会出现一个功能在多方面都稳定的后代，但普遍上来说，这么显著的功能水平增长也需要五到十代人的发展。

同一个跨代家庭的成员在功能上的显著差异和影响稳定或不稳定功能的跨代趋势都属于家庭的实际情况，而且相当容易被观察到。这些实际情况引发了一个核心问题，即它们是否反映了一种有秩序且可预测的关系过程，这种过程将跨代家庭成员的功能联系在一起。家庭成员功能上的差异可能是随机发生的，这代人的功能与上一代人的功能没有任何可预测的联系，任何功能上的明显趋势都是虚假的。换言之，考虑到跨代家庭中包含大量成员，偶尔朝向增加或减少功能稳定性的"趋势"的发展可能纯属偶

⊖ 个体功能的稳定性要通过综合的数据来评估，没有哪一条信息是足够充分的。虽然一个人可能在事业上出类拔萃，但其人际关系很糟糕。在离婚前，一个人可能有一份稳定的工作，但离婚后却无法维持工作上的稳定。一个人在生活中的各个方面似乎都卓有成效，但他却在 30 岁出头时死于癌症。一个被家人视为"酒鬼"的人，如果仔细观察，会发现他在生活中的许多方面都颇有建树。将功能评估为"稳定"或"不稳定"，这并不是一个价值判断，而是对综合数据进行的一种估算。把"稳定的"等同于"好的"或"应该的"，或是把"不稳定"等同于"坏的"或"不应该的"，这样的判断忽略了个体行为在系统中的作用。情绪系统的本质是在其成员中产生不同程度的稳定和不稳定的功能。

然。如果功能上的差异是随机且不可预测的，那么每个人的功能必须单独解释，也许可以使用精神分析的概念。

家庭成员功能上的差异也可能是有序且可预测的，至少在一定程度上，这些差异与基因水平上的跨代遗传有关。某些家庭成员遗传的基因会增强或破坏其功能的稳定性。目前，关于基因遗传的知识可以解释个体功能的一些差异，但不能解释跨越数代或数代以上的功能趋势。

与随机且不可预测的过程的假设或单纯有关基因传播过程的假设相比，家庭系统理论假设，个体功能差异和跨代功能趋势反映了一个更有序且可预测的关系过程，该过程连接了跨代家庭成员的功能，被称为跨代情绪过程或代际传递过程。跨代情绪过程根植于情绪系统，它包括情绪、情感，以及由主观决定的态度、价值观和信念，并且代代相传。假定这种传递主要通过人际关系，而孩子在子宫里的时候可能就开始有人际关系体验了，但代际传递过程最容易识别的组成部分发生在出生之后。

"代际传递过程主要基于人际关系"这样的假设，并不意味着婴儿出生时就是一张"白纸"（白板），完全做好了由生活经验来塑造的准备。人类和其他生物一样，是基因的"产物"，人类行为的许多重要方面都是天生的，它们根植于有机体的生物学层面。然而，从出生开始，从生物到心理的各个层面，人类又是一个极具可塑性的有机体。虽然人类婴儿可能不是白板，但是生活经验对他的心理发展、生物生理发展及功能均有重要影响。最终，基因作用和情绪系统功能之间的相互关系有可能得到证实。某些基因的表达可能受情绪过程的控制。基因是情绪系统的一个组成部分，但它们既无法决定情绪过程在某一代表达的具体方式（婚姻冲突或夫妻中的一方患病），也无法决定情绪过程传递给后代的特定方式（哪个孩子是最受关注的以及什么特征会被关注）。

跨代情绪过程的可预测性主要与这样一个事实有关，即核心家庭中存在着数量有限的情绪功能模式。人们认为，今天能够观察到的关系模式，与四五百年、四五千年甚至四五万年前的关系模式，基本上相同，也与在进化史上导致智人出现的物种的关系模式相同。一定水平的分化和一定程度的慢性焦虑会在家庭中产生一定的"情绪问题"。可以预见的是，这个"情绪问题"将与三种情绪功能模式中的一种或多种绑定在一起：婚姻冲突、夫妻中一方为了维护和谐而过度适应、父母焦虑地关注某个孩子。家庭问题在这一代人中的表现方式对下一代有可以预见的影响，换句话说，一代人情绪模式的强度和特征受到上一代人情绪模式的强度和特征的显著影响。

人们与和自己自我分化水平相同的人结婚。当他们结婚时，夫妻双方成为核心家庭情绪氛围（在这个例子中被称为第一代）的主要"建造者"，每个出生的孩子（第二代）都融入了这种氛围。根据内部压力（与分化水平相关）和外部压力（与破坏家庭系统平衡的事件相关），这个核心家庭在其存在的多年之中经历着平均水平的慢性焦虑。这种焦虑自动地与夫妻中一方的功能障碍、婚姻冲突和某个或多个孩子的功能障碍结合在一起。家庭系统中的焦虑或未分化的总量，加上这种焦虑或未分化，必然以某种特定的方式决定每个孩子与家庭的情绪分离水平（情绪自主或分化）。与各自父母的分化水平相比，一些孩子的分化水平更高（更多的情绪分离），一些孩子更低，还有一些与父母的分化水平相同。

当一个分化水平低于父母的人（第二代）结婚时，他也会像父母一样，选择一位分化水平相同的伴侣。这位伴侣的分化水平是高于自己的父母还是低于自己的父母，取决于她原生家庭的情绪功能模式。这两个人成为他们新的核心家庭情绪氛围的"缔造者"，并将他们的孩子（第三代）带到这种氛围当中。由于这个丈夫的分化水平低于他的父母，他的新核心家庭的平均慢性焦虑水平可能高于其原生家庭。即使代际分化水平降低，如果新的核心家庭有良好的情绪支持系统，并且经历少量的引发焦虑的生活事件，那么下一代焦虑的增加也将低于预期。然而，除非环境异常有利，否则在分化水平低于父母的人新组成的核心家庭中，可能存在比父母核心家庭更多的焦虑。[⊖]

由于新组成的核心家庭中存在更多的焦虑，所以从总体（夫妻中一方的功能障碍、婚姻冲突和某个孩子的功能障碍的总和）上来看，制约焦虑的机制在这一代将比上一代更加活跃。在家庭中，制约慢性焦虑的具体方式决定了每个孩子（第三代）与家庭的情绪分离水平。由于存在的慢性焦虑更多，如果这种焦虑集中在老大身上，这个孩子与父母的情绪分离就会比他们父母与自己父母的情绪分离更少。这意味着他长大后的分化水平将低于父亲，而父亲的分化水平也低于他的父母，这造成了基础分化水平三代下降的趋势。这个孩子长大后的分化水平将低于母亲，但母亲的分化水平可能要高于她的父母。因此，（在这个特例中）分化的趋势可能不存在于母系这边。如果焦虑不是主要集中在孩子身上，他们长大后可能会和父母有同等或更高水平的分化。图 8-1 显示了其中的一些可能性。

当一个人（第三代）的分化水平低于他父母的分化水平，并且他父母中的一个或两个的分化水平也都低于各自父母的分化水平时，他也会像他父母和父母的父母一样，选择一个与自己分化水平相同的伴侣，这两个人成为他们新的核心家庭（第三代）的情绪氛围的"缔造者"，并将他们的孩子带到这种氛围之中。在这个例子中，由于第三代家庭中的丈夫的分化水平低于他的父母，慢性焦虑的平均水平在丈夫的核心家庭（第三代）中可能比在父母核心家庭（第二代）中更高，而且慢性焦虑的平均水平很可能在父母的核心家庭（第二代）中比在祖父母核心家庭（第一代）中更高。在

⊖　核心家庭中的慢性焦虑会随着分化水平的降低而增加，这主要有两个原因。第一，分化水平越低，关系系统的灵活性就越低，因此，与维持关系平衡的努力有关的焦虑就越多。这种焦虑是关系系统中固有的，因为它与家庭经历的特定事件无关。第二，分化水平越低，这个家庭经历特定事件的可能性越大，如，孩子出生或配偶退休越有可能引发大量的慢性焦虑。换句话说，一个关系系统的灵活性越低，对那些可能扰动该系统情绪平衡的事件的适应性越差。

有利的环境（与生活事件和核心家庭外的情绪支持的关系特性有关）下，这种慢性焦虑可预期的增加可以得到一定程度的改善，在不利的环境下，这种慢性焦虑可能会加重。

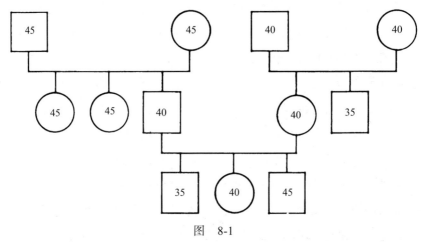

图 8-1

注：这些数字指的是自我分化的基础水平（为了简化，以5级增量作为示例）。祖父母有三个孩子，最小的一个与他们的分离要少于他们与自己父母的分离（图中未显示他们的父母）。外祖父母有两个孩子，大孩子与他们之间的分离水平和他们与自己父母（图中未显示他们的父母）之间的分离水平等同。这对夫妇的大儿子长大后与他们的情绪分离比他们与自己父母的情绪分离要少。因此，在父系这边，三代人在分化上有从45到35下降的趋势。记住，这些是基础分化，而非功能分化。

　　由于这个男子的核心家庭（第三代）很可能比他成长的家庭要制约的焦虑更多，也比他父亲成长的家庭要制约的焦虑更多，所以从整体上看，制约焦虑的机制在这代可能比上两代（父系这边）更为活跃。如果这种焦虑主要集中在一个孩子（第四代）身上，那么这个孩子与父母的情绪分离水平要低于其父与他父母的情绪分离水平。这进一步加剧了分化水平代际下降的趋势。如图8-2所示，这个男子（第三代）的弟弟比他的分化水平更高（基本水平45比35）。举个例子，如果弟弟结婚并有两个孩子（第四代），一个孩子与弟弟夫妇的情绪分离可能多于这个弟弟与其父母的情绪分离。这将在一个特定的家庭分支下产生上升的分化趋势，并在两个年长表亲（第四代成员）之间产生明显的分化差异。这些可能性如图 8-2 所示。

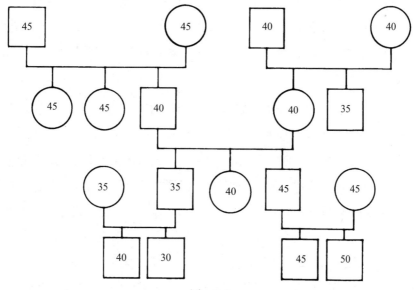

图　8-2

注：四代人的基础分化水平呈现：一个从 45（或 40）到 30 的显著下降趋势，和一个从
45（或 40）到 50 的上升趋势。还有许多其他的可能性没有在图表中显示出来。（这
些趋势在男性身上得到了体现，但它们在男性和女性身上出现的趋势是一样的。）

历经数代之后，每个家庭都终将产生各种分化水平的成员。分化水平
为 10 的家庭祖先与分化水平为 70 的成员之间可能相隔 10 代，但他们之
间的联系始终存在。每个人的基础分化水平都反映了根植于跨代情绪系统
的关系过程的结果。⊖通过促进和削弱其他家庭成员情绪分离的运作方式，
每个人在影响自家未来几代人的基础分化水平上起到很重要的作用。如果
一名男子促进了他与妻子之间的情绪分离（与情绪距离相反），他便也促进

⊖ 虽然基础分化水平与关系过程有关，但这并不意味着分化完全是后天习得的，也
不意味着它只是一个心理过程。分化描述了个体和关系系统中个体化与一体化这两
种生命力的变量组合。这些生命力根植于与生俱来的生物过程，但学习对一个特定
对象的个体化和一体化的具体发展起到主要的影响作用，而且这种学习（基于临床
印象）发生在生理和心理层面。基于学习（它可能影响基因的表达或发育过程），不
同类型的生理和躯体功能反映出不同分化水平之人的特征。分化的心理、生理或躯
体方面是相互关联的。

了妻子与孩子之间的情绪分离，并间接地促进了孩子与未来孙辈之间的情绪分离。对于婚姻中的情绪分离不足（可能表现为情绪距离），如果一位母亲的反应是对孩子过分卷入，那么她就削弱了孩子的情绪分离，也间接破坏了孙辈的情绪分离。父母不会"导致"孩子出现特定水平的分化，他们仅仅是跨代家庭中的两位成员。

几代人之间的基础分化水平的变化速度（上升和下降），受到连续几代人经历的特定事件及过程的特定组合的影响。最有影响力的事件和过程包括每个核心家庭中制约焦虑的方式，经历事件的数量和类型，以及相关情绪支持系统的性质。虽然，分化水平的显著下降（跃迁）较为罕见，但在连续两代人满足下列条件的情况下也可能发生：①制约家庭焦虑的主要机制是关注一个特定的孩子（功能受损的孩子吸收了大部分的家庭问题）；②核心家庭与情绪支持系统的联结很弱，特别是与扩大家庭系统的联结（这种情绪阻断增加了家庭焦虑，强化了对孩子的关注）；③家庭至少承受了平均水平的压力（异常有利的环境并不能改善前两种情况的影响）。如果满足这些条件，祖父母和孙辈之间的基础分化水平可能会相差 20（每一代大约相差 10）。

通常，基础分化水平的变化（上升和下降）是逐渐发生的。促进快速变化的事件与过程是罕见的。下面的临床案例将说明具体事件如何影响变化的速度。在这个案例中，孩子的性别非常重要。在一个女孩的成长过程中，她成为家中未分化的主要焦点，因此，她的基础分化水平比她的父母低 10 点（45 比 55）。后来，这个女孩结婚了并生了两个儿子。基于她家跨代情绪过程的具体内容，她对男孩的过度卷入比对女孩少。因此，她对儿子只是稍有一点过度卷入。她对婚姻中情绪距离的反应是出现慢性抑郁和其他神经症症状。⊖虽然在孩子们的成长过程中，她的功能分化水平在

⊖ "神经症"这个术语是精神分析理论的一部分，它不仅描述了一种症状，而且暗示了这种症状的原因，即"无意识冲突"。当本文使用诸如"神经症"这样的精神分析术语时，只是用它来描述一种症状。系统理论并没有将"无意识冲突"概念化为导致"神经症"症状的原因，而是将所有症状与情绪系统联系起来，但情绪系统并不等同于精神分析中的无意识。

30 到 45 之间，但两个儿子长大后的基础分化水平会在 45 左右。如果这位母亲生的是女孩而不是男孩，那么在核心家庭中，制约焦虑的主要机制很可能是对女儿的过度卷入。这种过度卷入可能让她的抑郁不出现，但她女儿长大后的基础分化水平可能只有 35。

关于事件和过程的特定组合如何影响变化速度，还有一个例子，是夫妻中的一方出现了躯体功能障碍。这种功能障碍足以吸收家庭焦虑和未分化，从而使孩子与父母之间的分离水平超过父母与他们父母之间的分离水平。例如，一个男孩曾经一度被视作家庭众多焦虑的焦点，长大后，他的基础分化水平明显低于他的父母（30 比 40）。婚后，妻子在情绪上对他的关注比对他们的三个孩子要强得多，并且是以一种相当焦虑的方式关注着他。在第三个孩子出生后，丈夫患上了多发性硬化症。虽然他能够继续工作，但他的临床状况恶化得非常快，在确诊后不到七年，他便不得不坐上轮椅。他的功能障碍和身体上对妻子的依赖只会加重妻子对他的关注和焦虑。他们的两个儿子和女儿长大后的基础分化水平在 35 左右，明显高于他们的父母。[一]

有时，由于没什么事情发生，家庭焦虑就得以停留在合理的范围内，亲子间的基础分化水平也不会出现显著差异。例如，一对基础分化水平均为 30 的父母，他们只有一个孩子。很大一部分家庭焦虑都集中在这个孩子身上，但如果是相比应付两个孩子来说，这类父母可以更好地应付一个孩子，家庭焦虑在合理的控制之下。这个孩子长大后的基础水平在 25 ~ 30

　[一]　在本章的临床病例中，个体的基础分化水平被赋予了具体的数值，它们说明了跨代情绪过程对个体基础分化水平的影响。这种赋值意在阐明一个理论观点，而不是暗指，一个精确的基础分化水平实际上是由个体决定的。跨代家庭成员之间的显著功能差异，表明基础分化水平在代际间发生了变化，而且这些显著差异是每代分化发生微小变化的结果。对于跨代家庭关系图的研究表明，变化总在发生，但每一代发生变化的确切程度是很难评估的，难点主要在于基础分化以外的那些支持和削弱功能的因素。不过，某一代人的具体变化量是可以评估的，这种评估是为案例中个体基础分化水平赋值的基础。

之间，并没有比他的父母低多少。但如果这类父母的孩子不止一个，他们对这种情况的适应性可能会受到明显的损伤，并且最终被超越。当一个家庭的焦虑超越了它的适应性，慢性焦虑就会升级，家庭功能就会退化。如果这种情况发生在这个家庭，并且通过强烈关注某个孩子来制约焦虑的话，那么这个孩子长大后的基础分化水平可能只有 20。

事件和过程有多种可能的组合，它们可以影响分化水平在代际传递过程中上升或下降的趋势。一个核心家庭与情绪支持系统维持联结的能力，对基础分化水平上升或下降的发展速度有特别重要的影响。下面的例子就说明了支持系统的重要性：一对夫妻在情绪上高度依赖男方的扩大家庭，并与他的家人住在同一地区。妻子与娘家人在身体和情绪上都很疏远。婆家，特别是丈夫父母提供的情绪支持使这些夫妻相当平静。然而，就在这对夫妇第二个孩子出生后的一年内，丈夫的父母都突然去世了，这对夫妻的情况发生了巨变。正如丈夫所说："我的父母死了，我的城堡坍塌了。"在丈夫的父母去世两年后，这对夫妻离婚了，彼此之间明显疏远。离婚后，女方的担忧和恐惧主要集中在两个孩子身上，他们长大后都有严重的生活问题。如果男方的父母活得长一些，这段婚姻可能会更长久一些，孩子们的生活可能也会更稳定一些。[⊖]

随着几代人基础分化水平的变化，个人和家庭单元所经历的压力也相应地发生变化。可以预见的是，分化水平越低，平均压力水平越高。这种可以预见的压力主要来自两个方面：第一是个人对自己施加的心理压力。一个人的分化水平越低，他越不确定自己是谁，代表了什么。这种不确定性体现在对下列问题的专注：别人怎么看我？别人能接受我吗？别人想让我做什么？一个人的分化水平越低，就越专注于这些问题。这种专注或思维反刍是一种自我施加的心理压力。随着分化水平的降低，压力的第二个来源会可预见地增加，也就是人们在以特定方式思考、感受和行动时施加

⊖ 分化水平越高，家庭对重要成员死亡等事件的适应性越强。

给彼此的压力。这种慢性压力是由人与人之间的相互作用产生的，比如，人们互相批评，互相拒绝，并试图通过情绪上的压力来指导彼此的思维、情感和行动。

由每位家庭成员的心理过程引发的慢性压力（情绪和情感所强化的过程），和由家庭关系过程中未分化方面引发的慢性压力，提高了每位家庭成员的慢性焦虑水平，也提高了核心家庭作为一个整体的慢性焦虑水平。可以预见的是，分化水平越低，平均压力越大，慢性焦虑的平均水平也越高。[⊖]慢性焦虑水平越高，家庭成员和核心家庭关系系统中制约焦虑的机制越活跃。在家庭系统中，每位家庭成员在划分焦虑和保持情绪平衡方面的功能调整得越多，家庭成员和家庭系统的灵活性就越小。人们为了减少焦虑而做出的调整越多，他们用来处理额外焦虑的选择或者说他们的"情绪储备"就越少。

个人和家庭系统的灵活性越低，对具有情绪意义的生活事件的适应性就越差。因此，随着分化水平的降低，适应性也随之降低。下面的临床案例说明了灵活性和适应性之间的相互关系。有两个分化水平很低的人，他们通过在婚姻关系中投入相当大的精力，大量适应彼此来减少彼此的焦虑，从而在婚姻中保持情绪平衡。然而，夫妻双方的功能在很大程度上依赖于对方的强化，他们几乎没有什么"情绪储备"去适应日常生活事件（如孩子的出生）。因此，孩子的出生所产生的压力将严重扰动家庭关系的平衡甚至迫使焦虑升级到超出家庭能够做出足够调整来制约焦虑的程度。这个时

⊖ 慢性焦虑不仅来自自我施加的心理压力和人际关系系统，似乎人们也可以在生理和心理上"编程"一定水平的焦虑。这种"编程"发生的确切方式还没有很好的定义。根据母亲和胎儿之间的生理关系，一些"编程"可能发生在子宫中，大部分发生在儿童成长过程中。然而，在焦虑的各种来源中，意识到自我施加的心理压力和来自关系系统的压力尤其重要，因为人们对这些压力的焦虑反应是可以改变的。一个人的心理变化可以改变他对压力做出焦虑反应时的生理反应。例如，如果一个人对"他是谁""他代表什么"更有信心，他对来自他人的情绪压力的生理反应就会更少。

候，焦虑就会"溢出"并加剧症状的发展。一个系统的适应性越弱，焦虑可能越泛滥，症状可能越严重（记住，除了情绪因素外，其他因素在症状发展中也很重要）。

另一个临床案例阐明了灵活性和适应性之间的相互关系。数年来，这段婚姻都需要相当大的情绪距离来保持平衡（它的灵活性随之降低）。丈夫退休后，家中慢性焦虑水平显著增加。虽然导致焦虑增加的因素有好几个，但其中一个非常重要的因素是，在丈夫退休后，这对夫妻很难再通过情绪距离机制（通过身体距离来强化）来制约焦虑了。丈夫和妻子在一起的时间比过去要长得多，这种身体上的接近让婚姻充满了"太多一体化"。与丈夫外出工作时相比，妻子感觉现在与丈夫之间有更多的隔阂，也更难以掌控自己的生活了。丈夫对这种情况还算满意，至少在妻子出现症状之前还算满意。随后，先前通过情绪距离制约的焦虑，现在"蔓延"到了临床症状上。妻子开始酗酒，并出现十二指肠溃疡。这些症状表明，这个家庭无法成功地适应丈夫退休后的生活。

许多其他事件对个人和家庭都有潜在的压力。虽然很难预测这些事件是否会发生以及发生的时间，但大多数人在一生中都遇到过。例如，扩大家庭中重要成员的死亡或严重疾病、孩子的离家、远距离的搬家和职业挫折，都是可能扰动家庭情绪系统平衡并引发焦虑螺旋上升的常见事件。特定事件不会导致家中焦虑的增加，但焦虑的增加可能与这些事件有关。个人和家庭的分化水平越高，越有可能适应生活事件，而不会显著增加焦虑。例如，分化水平较高的家人可能会因扩大家庭中重要他人的死亡而痛苦，尽管人们对这一事件有各自的反应，但家庭情绪平衡系统的平衡没有被明显扰动。家庭成员对事件做出反应，但他们不对彼此的反应做出反应。他们不会过度依赖彼此，也不会对彼此暂时高涨的情绪需求"过敏"。

家庭系统理论预测，随着分化水平和适应性的下降，生活问题的发生率和严重性将会增加。因为分化水平越低，个体和家庭的"内部"问题所产生的焦虑更大，难以有效适应各种生活事件所产生的焦虑更大。根据个人或家庭必须适应的事件数量和类型，焦虑可能相应地增加或减少。根据家庭情绪支持系统的特点，焦虑也可能相应地增加或减少。根据社会环境的焦虑程度，家庭焦虑还可能会相应地增加或减少。然而，尽管各种事件和过程强调和改善了特定个体和特定家庭的慢性焦虑水平，但慢性焦虑通常随着分化水平的降低而增加。随着焦虑的增加，制约慢性焦虑的机制变得更加活跃，当这些机制所提供的适应性被超越时，就会出现各种临床症状和其他生活问题。

家庭系统理论认为，当分化水平和适应性下降时，除了临床症状和其他生活问题的发生率和严重程度增加外，同时这些症状和问题往往在生命早期出现，并与更多的整体功能损害有关。一个人或一个家庭对压力的适应性越差，生命早期遇到的潜在压力事件就越有可能超出个人或家庭的适应性。例如，离家去上大学或服兵役等事件，可能导致分化水平低的人出现重大临床症状，这些症状往往会成为慢性症状。一个人的分化水平越低，就越少有"自我"来指导自己的生活。缺乏"自我"可以从这个人在许多领域的功能上反映出来，例如：①身体和心理的健康状况；②人际关系的稳定性；③在学校和工作中的表现。因此，个体的分化水平越低，其受影响的功能越多，影响也越明显。

分化水平高的人也容易受到与分化水平低的人相同的临床症状和生活问题的影响，但他们的问题较少，症状较轻。大多数严重的和危及生命的症状也确实会出现在一个分化水平高的人身上，但通常是在他们的晚年时期。通常，一个分化水平高的人能够成功适应生活中遇到的大多数潜在的压力事件。一个人的分化水平越高，他就有越多的"自我"来指导自己的人生。一般来说，这个"自我"不仅反映在良好的身心健康方面，还反映在责任管理能力、重要决策、在学校和工作领域始终如一的表现、保持稳定的家庭关系且不损害任何家庭成员的功能等方面。

根据家庭系统理论，基础分化水平世代增减（以及相关的适应性变化）与家庭功能稳定性上升或下降的跨代趋势是平行的。当跨代情绪过程的结果是个体和家庭分支的分化水平非常低时，这些个人和家庭的适应性受损，以至于他们的临床症状和其他生活问题高发（多数功能不稳）。这些症状和问题往往出现在生命早期且非常严重。症状通常是长期的、严重的，并且与个体各种功能的主要损害有关。当跨代情绪过程的结果是个体和家庭分支的分化水平非常高时，这些个体和家庭良好的适应性导致他们少有临床症状和其他生活问题（多数功能稳定）。跨代情绪过程在这两个极端之间创造了许多层级的差异，每一层级的问题的发生率和严重程度通常与该层级的适应性平行。[⊖]

跨代情绪过程的结果

作为跨代情绪过程的结果，个体和核心家庭适应性明显受损的后果之一是罹患精神分裂症。精神分裂症存在于所有的文化中，也可能存在于所有的家庭中（如果接受检查的代数足够多）。相似的情况似乎也存在于非人类物种之中。通常，精神分裂症被描述为一种以与环境失去联结和人格解体为特征的精神障碍。一个公认的概念是：精神分裂症是个体的"疾病"，与他的心理功能缺陷（精神病理学）或中枢神经系统的功能（大脑病理学）有关。无论这种"缺陷"从何而来，它都会损害患者的适应性，使他比"正常人"更容易被日常生活压力压垮。压力会加速精神病发作，最终导致

⊖ 虽然，症状和问题的发生率和严重程度"通常"与特定个体或核心家庭的适应性一致，但情况并非总是如此。在特定个体或核心家庭中，影响症状发展的还有除基础自我分化水平以外的其他变量。这些变量包括压力水平、生物因素和家庭情绪功能模式。因此，虽然可以预见适应性会随着基础分化水平的降低而降低，但症状和其他生活问题的发生率和严重程度只可能随着基础分化水平的降低而增加。

慢性精神病。这种"疾病"严重限制了病人在许多方面的能力。虽然大多数心理健康专家认为，精神分裂症是一种个体的疾病，但他们的不同之处在于：是更强调"缺陷"对临床过程的影响，还是压力水平对临床过程的影响；是更强调精神病理学的影响，还是大脑病理学的影响。

家庭系统理论概念化精神分裂症的方式不同于个体心理理论（精神病理学）和生物精神病学（大脑病理学）。有关精神分裂症患者的心理学和生物学研究所定义的事实均可纳入系统理论，但系统理论扩展了精神分裂症的传统概念，将"患者"的关系系统（现在和过去的几代）也包含在内。虽然精神分裂症的诊断是基于个体存在的一种特殊的复杂症状和体征，但家庭系统理论并不认为这些症状和体征是由个体自身的"疾病"引起的。家庭系统理论认为个体的"疾病"是关系过程的症状，它超越了单个"患者"的范围。这种关系过程固定在家庭情绪系统中，所以精神分裂症是一种家庭情绪系统的障碍。⊖

在个体化与一体化的生命力的支配下，根据几代人的关系过程，一个家庭最终会产生一个在情绪上完全依附于父母的孩子，这个孩子完全"没有自我"。亲子间的相互作用就像一条三条腿的板凳，每一个人对另外两人的情绪支持都至关重要。哪怕这个孩子已经成年，亲子之间也几乎没有情绪分离。这个最终导致亲子间完全未分化的关系过程，"开始"于家庭第三代（跃迁）到第十代之间的某个地方。一个成长为"没有自我"的孩子不会突然出现在一个家庭中。他是一个 250 年（第十代）到 75 年（第三代）跨代过程的结果。第十代之前的母子做了更多去促进彼此情绪上的分离而不是削弱它。第十代之后的母子更多得去削弱彼此情绪上的分离而不是促

⊖ 这并不意味着精神分裂症仅仅是一种关系现象。"患者"的临床状态也受到内部自我强化的心身过程的影响，在某种程度上，这些心身过程似乎独立于"患者"的人际关系。但家庭系统理论认为，跨代情绪（关系）系统是影响临床精神分裂症发展的主要因素。系统理论还假设精神分裂症患者的功能波动与他情绪环境波动有很强的联系。精神病性思维反刍和社交退缩的强度与"病人"的人际关系密切相关。

进它。精神分裂症的"基础"是一种解决母子共生问题的能力的完全缺失。

一个"没有自我"的人，强烈需要关系带来的强化，对他人的愿望和期望（真实的和想象的）有明显情绪反应，并且具有相当高的慢性焦虑，以至于他几乎不可能在没有症状的情况下将生活保持在情绪平衡的状态中。[一]根据家庭系统理论，一个分化水平极低的人在适应性方面的显著缺陷，不是由这一代人的"缺陷"或"疾病"造成的，而是由于适应性的损耗造成的，这种损耗在跨越数代的时间里逐渐发生。在孩子的生命早期，就可能出现适应性损耗，但直到生命后期（青春期或成年早期），他才出现症状。功能障碍和相关的精神病症状的第一次出现，经常发生在孩子试图更独立于家庭的时候。在试图独立生活的过程中，他变得非常焦虑，家人也变得非常焦虑。一个分化水平在 0 ～ 10 区间内的人，可能永远无法从他的第一次功能障碍中康复，即使真的康复了，他也很容易受到更多精神病发作和功能逐渐恶化的影响。病情恶化的程度和速度取决于"患者"和与"患者"密切相关的因素。

一个分化水平在 0 ～ 10 区间内的人，他与别人之间缺乏情绪边界，也缺乏一种使他的思维过程不被情绪过程压倒的"边界"。他自动地从别人那里吸收焦虑，自己身上也产生了相当大的焦虑。精神病性的思维反刍是一种内在的退缩，这可能有两种功能：它减少了精神分裂症患者的社会接触，这为他们提供了一些保护，使他们免受与他人打交道时的焦虑；它在一定程度上隔绝了他们对自己的感受。因此，精神分裂症的症状是一种试图在个体内部以及个体与环境之间维持情绪平衡的努力，至少在一定程度上是这样的。症状易感性与精神分裂症患者及其中枢关系网络的适应性受损有关。当一个家庭系统中的焦虑增加时，它会不成比例地落在情绪边界最弱的家庭成员身上。由于这种焦虑的划分，精神分裂症家庭成员的功

　　　[一]　所有人身上都有这些特征，但这些特征在易患精神分裂症的人（几乎没有"自我"的人）身上却被过分夸大了。

能障碍可以帮助维持整个家庭的情绪平衡。

分化水平在 0 ～ 10 区间内的人，他的父母可能没有罹患精神分裂症，但他们的基础分化水平不太可能高于 20（功能水平可能高于 20）。他们的情绪边界几乎和其患有精神分裂症的后代一样不稳定。最极端精神分裂症的基础就是基础分化水平为 0 ～ 10，这种精神分裂症与最明显的生命功能障碍有关。如果家庭产生了一个基础分化水平如此之低的成员，那么通常还存在分化水平相当低的其他成员。精神分裂症患者的某些兄弟姐妹、叔叔阿姨、堂兄妹和祖父母的适应性可能也有相当大的缺陷。他们的损伤可能反映在一些症状上，尽管这些症状可能不是精神上的，但会令人相当虚弱。如果严重的精神分裂症是在几代人功能发生"跃迁"之后才出现的，那么近亲的适应性缺陷要小于更为渐进的跨代过程所导致的严重精神分裂症。

在同一个核心家庭中，可能会有几个孩子均被诊断为精神分裂症。当这种情况发生时，某个孩子通常比其他孩子受损更严重（"自我"更少）。在一个家庭中，如果出现多个精神分裂症病例，这表明遗传倾向可能与一个或多个特定基因有关，它在增加家庭成员对精神病症状的易感性方面发挥了作用。虽然，遗传"缺陷"可能对精神分裂症很重要，至少在一些情况下如此，但根据家庭系统理论，这些"缺陷"并不能完全解释与"顽固型"精神分裂症相关的严重适应性损伤。[⊖]

自我分化水平较高的人（25 ～ 35），可能在一生中会有几次精神病

⊖ 每个人都有患上精神病的潜在可能。也许，每个人都有精神分裂症的"基因"。在一些情况下，明显的适应性损伤和日常生活压力的结合可能导致精神病发作。在另一些情况下，合理的适应能力和极端生活压力的结合可能会导致精神病发作。但我们很难确定是不是每个人都有患精神病的可能，因为人们还有很多其他的方法来控制焦虑。例如，后天习得的或基于遗传的心理和生物学倾向，这些倾向决定了一个人在压力下会出现严重的躯体症状或社交问题，而不是情绪症状。这并不意味着这个人没有精神病发作的可能，这只是意味着，他会用不同的方式控制自己的焦虑，即使是在极度紧张的情况下。

发作和一些其他方面的功能障碍。当精神病发作时，这类人通常被诊断为患有"精神分裂症"，但他们的整体功能比分化水平较低的人更稳定。在精神病发作的间歇期，他们可能可以正常（功能良好）地生活。通常，他们已经结婚，生儿育女，并能够协调好他们的工作。把这些人诊断为患有精神分裂症突出强调了他们的弱点而不是优点。在压力和其他因素超过了个体适应性时，分化水平在35以上的人也会有精神病发作，但他一生中可能只有一次这样的经历。一些因素（如，除发病外的制约焦虑的机制、有利的生活事件以及良好的支持系统）可以减少人们（甚至是一个适应性很差的人）的功能崩溃，甚至减短精神病的发病时期，但是对特定人士来说，基础分化水平可能仍是临床病程最重要的预测指标。家庭系统理论将精神分裂症一词保留给那些长期或经常患有精神疾病的人，他们在生活的大部分方面的功能都非常不稳定（处于自我分化的最低层次）。

所有被诊断为双相情感障碍（"躁郁症"）的人在情绪上都不完全相同。躁郁症的症状可能有遗传倾向（基因或其他），但所有有这些症状的人的适应性并不相同。那些分化水平低的人在生活的大多数方面通常是不稳定的。他们有频繁和长期的精神病住院治疗经历、混乱和不稳定的关系、古怪的学习工作表现。那些分化水平较高的人在一生中可能只有一两次躁狂或抑郁发作。他们恢复得很快，在生活的大部分方面都表现得相当良好。[⊖]同样地，所有被诊断为"酗酒"的人，他们的基础分化水平也各不相同。事实上，所有的精神病诊断都可以在这个适应性或差异性的连续体中被概念化。与所有精神疾病诊断相关的发病年龄、严重程度和生活功能损害都可以在跨代情绪过程的背景下被理解。例如，躁郁症、酗酒、强迫

⊖　生活非常不稳定的双相情感障碍患者，经常被诊断为"分裂情感性障碍"，是精神分裂症和躁郁症的结合。或许，人们最终会抛弃大多数诊断类别上的区别，取而代之的是一个从轻度的、偶尔出现的抑郁到慢性精神病的连续体。个体在连续体中的位置受控于他试图管理的慢性焦虑的总量，以及与之相关的情绪退缩的程度。

症，都至少要经过几代人的发展才会形成。[⊖]

有时，不知何故，一个跨代家庭会频繁出现双相情感障碍、酗酒和其他精神疾病。当这种情况出现时，所有被诊断为具有"世代相传"家庭特征的家庭成员，他们的临床病程通常不同，有些人会比其他人更稳定。基于跨代情绪过程，家庭成员的适应性可能会有一些变化。一般说来，适应性更强的人（基础分化水平为 35 ～ 40）具有更稳定的临床病程，整体生活功能的损伤比适应性弱的人（基础分化水平在 25 以下）要少。下面的临床案例对此进行了说明。一名男子，在他一生的大部分时间里，其功能在大多数领域都相当稳定，但他在 60 多岁时出现了"躁狂发作"。这次发作出现在一个有极端压力的时期，那时他刚刚退休，而且他的一个儿子曾在一次事故中丧生。相比之下，他的曾孙在二十出头的时候就被诊断为躁郁症，多次住院治疗，两度离婚，并且频频面临经济上的困难。祖孙二人的基础分化水平差异显著。[⊖]

"世代相传的"精神病诊断可能会"跳过"几代人。这样的"跳过"使得研究人员很难找到精神疾病的遗传模式。虽然症状可能会跳过一代或多代，但跨代情绪过程永远不会"跳过"。一代人的基础分化水平总会限制下一代基础分化水平的可能性范围。即使基础分化水平代代相似（通常，

⊖　这些症状的极端形式是"至少经历了几代人的发展才形成的"，这种说法并不意味着它们在前几代人的每个家庭成员中都存在。一个基础分化水平在 30 左右的人，他可能以一种明显的同性恋生活方式来处理他的焦虑和未分化，但他的父母可能没有明显的同性恋倾向。不过，他父母肯定会和他有类似的基础分化水平，可能为 25 ～ 35。一个基础分化水平在 45 的人，当他处于高压状态时，可能有一段或两段短暂的同性恋经历，他可能会有一对基础分化水平为 40 ～ 50 的父母。所以，"症状的强度是世代相传的"这种说法并不一定意味着真正的症状在前几代就已经出现了，而是意味着基础分化水平是世代相传的。

⊖　同一家族成员之间的功能差异并不仅仅是由基础分化水平的差异造成的，互补功能的差异也是非常重要的。例如，一位母亲倾向于产生类似她孩子的临床问题（酗酒和吸毒），通过把她的焦虑集中在孩子身上，她可能提高了自己的功能分化水平并减少了症状，但孩子的功能分化水平相应降低。他在青春期大量吸毒和酗酒，母亲已经不屑于任何的毒品和酒精，而是决心要改造她的孩子。

两代间差异小于5），一组世代相传的特定症状（诊断）可能跳过一代，这是多种因素的结果：首先，制约焦虑的情绪功能可能一代一代地改变；其次，某一代必须适应的生活事件的特征可能会有所不同；最后，情绪支持系统的性质可能一代一代地改变。因此，尽管某种症状的"趋势"会代代相传，但这种症状的实际"表现"及其强度，在一定程度上取决于若干情绪变量的汇集。[⊖]

个体和核心家庭经历数代显著适应性损伤的另一个后果是重大的躯体疾病。在适应性差的个体和家庭中，人们更容易在生命早期（比如在30岁或40岁之前）患上严重的躯体疾病，或出现重大的功能障碍，但这种情况并不只出现在适应性差的个体和家庭之中。一般来说，适应性强的个体和家庭很少有躯体疾病，出现的疾病往往是轻中度的，不会造成功能上的重大损伤。适应性很强的人和家庭的确也会出现严重的躯体疾病，但往往是在晚年（比如70岁或80岁之后）。由于躯体疾病发展的一个重要变量是个体的适应程度，且这种适应程度是由跨代情绪过程决定的，所以，与情绪障碍一样，躯体疾病也是一种关系过程的症状，它超越了单个"患者"的范围。换句话说，躯体疾病是家庭情绪系统（现在和过去几代人）的障碍。

癌症、心血管疾病、类风湿性关节炎、骨质疏松、肥胖、厌食、子宫内膜异位症、结肠炎、痴呆、结核病、麻风病、肺气肿、血吸虫病、癫痫、肝硬化、牛皮癣、糖尿病和大多数其他躯体疾病的发病年龄和临床病程是迥然不同的。例如，子宫内膜异位症可能既不会引发症状，也不会被诊断出来，除非是这位女性60多岁进行子宫切除手术时偶然被发现。相比之下，子宫内膜异位症也可能会产生严重的症状，并导致25岁左右的女性做子宫切除手术。未经治疗的肺结核患者可能会在经历一段轻微的症状后进

⊖ 某些生理疾病与特定基因明确相关，比如血友病，这些疾病在每一代都被表达（如果一个人同时遗传了这两种隐性基因），但血友病的临床病程会有一定的变化，这种变化可能与情绪因素有关。最明显的因素是，一个分化水平高的人可能比一个分化水平低的人更有可能管理自己的疾病。

入缓解期，患者也可能会遭遇一段暴发性的导致死亡的临床过程。虽然，有许多致病因素影响一个人生病的时间以及他是如何生病的，但在大多数情况下，一个人的慢性焦虑水平（与自发的压力水平有关）和他对外部压力的适应性，与致病因素同样重要。[⊖]

在大多数情况下，一个家庭偶尔会出现一种特殊的躯体疾病。在一个三世同堂或四世同堂的家庭中，出现的临床功能障碍往往是多样的。但在特定情况下，在同一家庭中出现某种类型的临床功能障碍的现象极为普遍，也就是几代人中存在多个同种病例。事实上，对于许多躯体疾病，可以确定存在高发病率的家庭。发病率从两三代中出现三四例到四五代中出现十几例不等。当某种疾病在一个家庭中聚集时，就可以持续观察这种疾病的某些跨代模式（即目前公认的遗传概念无法解释的模式）。在躯体疾病发病率高的家庭中观察到的跨代模式与这种理论建构"一致"[⊜]，即个人家庭成员的适应性偶尔会在连续两代间明显改变（跃迁），同一疾病在不同个体的不同临床进程（发病年龄、严重程度和功能障碍）中可以反映出这种适应性的变化。

在最早对高发病率家庭进行的研究中，有个研究是由密歇根大学的病理学家吴爱哲（Aldred Scott Warthin，1913）执行的，他研究的是癌症高发的家庭。在 20 世纪初，关于癌症的遗传并不是一个流行概念，但吴爱哲发现，在他所研究的 1 600 例癌症病例中，大约 15% 有家族病史。300 个

⊖ 人们主要通过个体焦虑的表现来评估其慢性焦虑水平。主观意识到的焦虑往往与其客观表现不一致。尽管有些人比其他人更能"读出"他们的情绪状态，但人们可能察觉不到影响他们躯体功能的焦虑水平的变化。许多疾病可能在一定程度上反映了数年慢性焦虑累积的作用，其他疾病可能反映了短时间内焦虑所发生的变化。每个人都依赖各种各样的关系和活动来维持情绪平衡，分化水平越低，这种平衡就越不稳定。因此，在一个人的生活环境中，可能并不总是需要巨大的变化（真实的或受到威胁的）来充分地扰动一个人的内在平衡，从而将先前在一段关系或一项活动中约束的焦虑转化为一种症状。

⊜ "一致"一词加了引号，是因为在躯体疾病高发的家庭中，疾病的跨代模式和跨代情绪过程之间的明确联系尚未得到证实。

左右的家庭提供了相当详细的病史，其中 4 个家庭有关于癌症祖父母后代的完整记录。由于一些家庭的癌症发病率高得惊人，吴爱哲认为这些数据表明了一种对癌症遗传的易感性。除了对癌症的易感性增加外，癌症高发的家庭往往有更高的结核发病率和更低的整体生育率。⊖吴爱哲对这些家庭的另一个特征描述如下：

> 在一个数代患癌的家庭中，最年轻的几代的家庭成员身上出现了明显的肿瘤早发的趋势。在这种情况下，肿瘤常表现出恶性程度的增加。⊜

吴爱哲还描述了"癌症兄弟会"。在这些两三代人的小家庭中，大多数成员死于癌症，一些死于肺结核，这些多代同堂家庭中的兄弟或分支通常会灭亡。家庭中最后的成员在 20 岁、30 岁或 40 岁出头时死于癌症，并且没有留下后代。吴爱哲的结论是：

> 癌症与肺结核的频繁联系可能是家庭整体抵抗力减弱的证据，由于生育能力下降而灭亡的家庭支持了这一结论。⊜

吴爱哲并不认为，孟德尔遗传学的原理可以解释癌症家庭的遗传模式。也就是说，一种增加癌症易感性的基因并不一定会代代相传。他提出了"一种渐进式退行性遗传"的概念，来替代一种特定基因。这种退行性遗传是指，通过逐渐发展一支易感体质血统，特别是对结核病和癌症的抵抗力而言，从而使跨代家庭中的这支逐渐消失。⊗最后，他强调了理解这种易感性的重要性：

⊖ 在 20 世纪初，结核病远比今天流行。
⊜ Alfred S. Warthin, "Heredity with Reference to Carcinoma," Archives of bit. Med., 12:554, 1913.
⊜ Alfred S. Warthin, "Heredity with Reference to Carcinoma," Archives of bit. Med., 12:554, 1913, p.553.
⊗ Alfred S. Warthin, "Heredity with Reference to Carcinoma," Archives of bit. Med., 12:554, 1913, p.554-555.

……我的观察很重要，因为它们表明某些家庭对癌症有遗传易感性。如果大多数人类没有表现出这种易感性，那么对癌症的抵抗力就是这个物种的正常特征。因此，增加的易感性成为异常重要的特征，我们的研究应该沿着试图确定这种易感性背后的原因的路线进行。 [⊖]

自吴爱哲时期以来，"易感体质血统"的概念在医学文献中已基本消失，但他所描述的现象仍然存在。临床问题在多代同堂家庭中的分布是不均匀的，某些分支或部分的总体发病率和症状严重程度较高，这些症状往往在较年轻的人中出现（例如，50 岁或 60 岁以下）。虽然，某一两种临床问题可能占主导地位（家庭高发），但混合问题更为常见。"易感体质血统"是一个过时的概念，但它试图解释一种现象。家庭系统理论使用了自我分化的概念，其中一个方面就是对压力的适应性。低分化家庭不是"低等"家庭，每位成员都参与创造了这个适应性较差的家庭。吴爱哲的"癌症兄弟会"似乎就是这种适应性严重受损的家庭分支。由于情绪过程的加强，某些家庭分支逐渐灭亡。 [⊖]

亨利·林奇（Henry Lynch）和他的同事（1976）对吴爱哲最初描述的几个家庭进行了广泛的后续研究，并对许多其他癌症高发家庭进行了新的研究。他们的数据表明，癌症高发家庭代表了家庭癌症发病率连续体的一端，而连续体的另一端是四五代都没有患癌成员的家庭。在这两个极端之间似乎还有许多不同程度的发病率。在病例多发的家庭中，某些（但不是所有）家庭出现了发病年龄提前、病情加重、家庭某一分支灭绝的世代趋

⊖ Alfred S. Warthin, " Heredity with Reference to Carcinoma, "Archives of bit. Med., 12:554, 1913, p.555.

⊖ 这并不意味着，没有后代就表明分化水平低。情绪因素可能经常在没有孩子的人身上发挥作用，但这并不意味着没有孩子的人分化水平低。当然，人们不能或不生育的原因有些是与情绪过程无关的。因此，虽然分化水平低的表现之一可能是无法生育，但无法生育并不一定意味着分化水平低。分化水平低也可以表现为不受控制的生孩子，即当人们明显无法有效地应对已有的孩子时，他们仍会继续要孩子。

势。在一些情况下，一个人可能在六七十岁的时候被诊断为癌症，但是他后面的两三代都没有癌症。在另一些情况下，他的一两个后代可能会患上癌症，但不一定是在更年轻的时期有更为恶性的表现。在另外的案例中，一个没有癌症家庭史的年轻人可能罹患癌症。根据林奇的数据，"癌症兄弟会"只代表整个癌症图谱的一小部分。

吴爱哲、林奇等人在癌症高发家庭所观察到的代际模式，并不是癌症独有的。伍迪亚特（Woodyatt）和斯佩茨（Spetz）（1942）在糖尿病家庭中定义了同样的模式。他们研究了 100 个糖尿病家庭，这些家庭均有两代或两代以上的人患糖尿病，并且均可确定发病年龄。在大多数家庭中，他们发现了相同模式，即在特定的家庭分支中，连续几代人的发病年龄都相同，这种趋势通常被称为预测，它往往以一个家庭的灭亡而告终。在某些情况下，这种疾病会跳过一代人。正如癌症家庭一样，并不总是按预测发展。有时，后代患糖尿病的年龄比第一代更大。根据他们的观察，伍迪亚特和斯佩茨提出了一种完全不同的方式来看待疾病：

> 这给我们勾勒出了糖尿病在一个家庭中的表现（据我们所知，在此之前还没有出现过）和一个可定义的临床病程，这是基于家庭的病程，它与基于个体病例的病程不同……整个病程可以在两代人内运行，但通常是在三四代人内完成，极少数会在更多代之中完成。也就是说，我们很少发现有超过四代的家族糖尿病史。
>
> 在这幅图谱中，那些在后半生患上这种疾病的人似乎是首代或二代病人。对于一个年轻的糖尿病家庭来说，它们只是一个在有限时间内受到疾病影响的藤蔓上的一个分支。此外，青少年糖尿病患者以后代病例的形式出现。在很快出现预期病例的家庭中，他们可能是第二代的代表，但平均患病比率更高的是第三代或第四代。它们是长期患病的藤蔓上的嫩枝，表现为一种古老的

家族糖尿病。因此，糖尿病的平均病程在老年患者和年轻患者之间存在差异。[一]

在癌症或糖尿病高发家庭中发现的代际模式，也存在于其他躯体疾病高发的家庭中。医学文献中一些报告，发现有关许多疾病偶尔聚集在某个家庭中。例如，肺结核（Downes，1937）、小儿麻痹症（Aycock，1942）、麻风病（Aycock，1941）、系统性红斑狼疮（Brunjes，Zike，& Julian，1961）、溃疡性结肠炎（Morris，1965）、甲状腺疾病（Zeisler & Bluefarb，1944）、肌萎缩型脊髓侧索硬化症（Metcalf & Hirano，1971）和肾脏疾病（Kenya et al.，1977）。在大多数情况下，家庭中聚集某种特定疾病的原因是未知的。在少数情况下，例如在血友病家庭中，与疾病相关的特定生理缺陷已被证实有遗传基础。随着时间的推移，由基因决定的生理系统的紊乱可能会被认定为许多聚集在家庭中的其他疾病。[二]虽然这一研究领域不在家庭系统理论的范围之内，但预计该领域内最终确定的事实和概念，将与家庭系统的事实和概念一起，合并为一个全面的系统理论。这一理论对疾病过程的解释应该比现有理论更加充分。

虽然，家庭中某一特定疾病的聚集往往更多地与遗传有关，而不是与家庭情绪过程有关，但这个疾病在不同家庭成员中的临床病程与家庭情绪过程显著相关。当一个家庭中出现多例同种疾病时，家庭中的跨代情绪过

　㊀　Woodyatt, R. T. and Spetz, M.: Anticipation in the inheritance of diabetes, JAMA, 120: 604, 1942.

　㊀　基因是影响症状类型发展的一个重要因素，但基于童年经历的学习似乎对形成临床功能障碍的类别（躯体、情绪、社会功能）产生了最重要影响。家庭关系特征导致了某种功能障碍，而不是另一种功能障碍，这些特征还没有得到很好地定义，但明显存在差异，这些差异根植于跨代情绪的过程当中。学习也影响特定类型的症状，使其在某个范畴内发展。例如，歇斯底里与强迫（情绪上的），或酗酒与赌博（社会功能上的）。基因可以影响特定的症状，但它们似乎对功能障碍类的症状影响较小。例如，如果一个有癌症遗传易感性（症状）的人在童年时被"编程"为表现出他的焦虑（社会功能障碍），而不是将其内化，他可能永远不会患上癌症，但疾病的遗传易感性也可能强大到足以推翻人际关系模式的程度。

程可能会异常突出。家庭成员患相同疾病的年龄不同，可以从童年到老年；临床进程的严重程度也不同，包括从急性轻度到慢性重度，它们都"表明"或"标记"着跨代情绪过程。换句话说，由于许多人都患有相同的疾病，临床病程的差异可能在一定程度上反映了家庭成员不同程度的适应性或基础分化水平。当然，对某些特定疾病高发的家庭来说，"被标记"的跨代过程并不是唯一的，只是这个过程在这样的家庭中很不寻常。[⊖]

在一些疾病高发家庭中，总会在连续的几代人中出现发病年龄提前和症状严重程度加重的趋势，这与在基础分化水平上出现代际"跃迁"下降是一致的。越早的发病年龄与越严重的症状，都可能"表明"或"标记"着某一家庭分支中个体适应性的逐渐减弱。在受损严重的情况下，这一分支可能会消失。根据某代人制约焦虑的程度，家庭遗传的躯体疾病可能会跳过一代。尽管疾病本身可能会跳过一代，但与上一代人相比，这一代人的分化或适应性可能会更弱。他们的未分化可能会通过某种方式被吸收，比如，夫妻中对"家庭疾病"有基因易感性的一方出现的功能障碍就会吸收这种未分化。

下面的临床案例说明，家庭中出现的躯体疾病是如何"表明"或表现出这个家庭中的跨代情绪过程的。一名21岁的女性，她与父母的情绪分离没有她姐姐与父母的情绪分离多。由于多年来都有严重且顽固的子宫内膜异位症的症状，她接受了子宫切除术，并且没有孩子。姐姐也有子宫内膜异位症，但功能更加稳定。姐姐在27岁时被诊断为不孕不育，但她的症状

⊖　将疾病与情绪适应性障碍联系起来，并不等于说个体或家庭的疾病是由于"错误态度"或"坏习惯"导致的。情绪化不是一个人们"应该"能够控制的过程。破坏适应性的过程根植于人类的本能天性，并自动进行。每人都继承了一种由祖先标定的情绪系统，他必须尽其所能控制这种情绪。如果这种情绪超越了他的控制力，他最易感的症状就会表现出来。如果他是幸运的，症状不会危及生命。症状并不表明人们"应该"能够更好适应，它们只是表明人们无法更好地适应。任何可以认识到情绪力量的人，都会尊重控制情绪的难度。人们确实会做出影响自身问题发展的决策，但即便是这些决策，也受到情绪过程的严重影响。

较少，最终还生了孩子。这对姊妹的母亲在很大程度上通过对孩子的高度关注来制约焦虑，母亲以前从来没有生育问题。但在她四十多岁时，因子宫肌瘤进行了子宫切除术，手术中偶然发现她有轻度子宫内膜异位症。当综合考虑这个家庭的所有情况和这三个妇女的功能（不仅仅是关于子宫内膜异位症）时，她们一致认为小女儿的基础分化水平明显低于她的姐姐和母亲，她患焦虑症的时间最长，在许多方面的功能也最不稳定。[⊖]

　　与精神分裂症的跨代情绪过程一样，在躯体疾病相关的跨代情绪过程中，这些躯体疾病可能会发展为严重的功能损伤和家系的灭亡。生物、心理和社会变量影响特定结果的性质，但不管结果的类型如何，跨代情绪过程的基本要素是相同的。当精神异常（历经数代）发展到与缺陷型功能障碍（精神分裂症）有关的慢性且严重的程度时，这个人就不太可能再生育了。有时候，精神分裂症患者的兄弟姐妹也不能生育，整个家庭就会灭亡。换句话说，吴爱哲所描述的"癌症兄弟会"只是与家庭灭亡相关的众多"兄弟会"中的一种，严重的顽固性肥胖也可能是一个家庭中几个成员丧生的主要症状，混合的临床问题也可能与一个家庭的灭亡有关。这种功能障碍对家系灭亡所起的作用似乎没有功能障碍背后的情绪过程强度的作用大。[⊖]

　　当躯体疾病被概念化为超越了单个"患者"的范围而进入跨代家庭系统时，该"疾病"就被视为联系家庭成员情绪功能的过程性症状。如果将

　　⊖　由于适应性水平仅仅是影响个体发病时间和严重程度的变量之一，所以，50多岁才患上糖尿病的父亲，和在30出头就患上糖尿病的儿子相比，不一定意味着这位父亲的基础分化水平高于儿子。我们的假设是，如果一种疾病在家族中代代相传，那么平均而言，自我分化水平较低的家庭成员更容易在更年轻的时候发病，经历更严重的临床病程，并在生活功能上受到最大的损害。然而，发病年龄和临床病程的严重程度本身不足以准确评估分化水平。

　　⊖　"最终，跨代情绪过程会以诸如癌症或精神分裂症等严重疾病告终"，这种说法并不意味着癌症和精神分裂症是等同的。并非所有的精神病都是精神分裂症，也并非所有的癌症都发生在适应性有明显损害的人身上。当癌症确实发生在适应性有明显损害的人和家庭中时，它们往往与不稳定功能的其他方面有关。一个儿童期癌症不一定表明该儿童或其家庭的适应性受到明显损害，它可能反映了一种较低水平的适应性，但也可能反映了一种非常高水平的生物负荷，如对癌症强烈的遗传易感性。

躯体和情绪障碍准确地定义为一个更为基本的过程性症状，那么所有"疾病"都源于同一个基本过程——某种单一疾病。这种单一疾病可能根植于控制个体和家庭适应性的情绪过程之中。在许多情况下，评估适应性程度对临床结果的预测作用可能大于评估任何致病因素的毒性对临床结果的预测作用。即使是毒性极强的生物学过程，如胰腺癌或获得性免疫缺陷综合征（AIDS），也可能在一定程度上受到宿主情绪适应性的影响。单一疾病的概念得到这样一种观察的支持，即疾病的跨代模式似乎是相同的，并且与疾病高发家庭中出现的具体病种无关。换句话说，疾病不仅是功能受损的原因，也是功能受损的症状。

个体和核心家庭在几代人的时间里出现明显适应性下降的第三个结果是严重的社会功能障碍。虽然只要压力充足，任何分化水平的人或家庭都可能出现社会症状，但最严重、最慢性的症状表现往往发生在分化水平较低的家庭中。一个产生"顽固不化的"罪犯（如连环强奸犯或连环杀人犯）的核心家庭，与一个导致躯体和情绪极端功能障碍的核心家庭一样，是同一种跨代功能下降的产物。在社会功能障碍中，未分化在关系系统中表现为各种形式的社会责任缺失。在适应性差的家庭中，往往会出现最极端的家庭暴力，当家庭焦虑失控时，有人可能会被刺伤或中枪。反复做出极端反社会行为的人不太可能改变（分化水平低于25），他们常常觉得在监狱里比在外面更平静。在分化水平更高的人身上发生的严重反社会行为，通常是对一系列压力生活事件的反应，一生中可能只会发生一两次。这些是来自更稳定家庭的更稳定的人，他们有改变的潜力。⊖

⊖ 社会条件影响一个特定群体反社会行为的发生率。然而，无论在什么情况下，并不是每位群体成员都会见诸行动。根据外部条件或其他因素，一个群体的焦虑和情绪反应水平越高，群体成员付诸行动的比例越大。人们彼此的态度和不负责任会相互"传染"。但是，分化水平高的个体和家庭能够更好地避免坠入责备他人的陷阱，并且更少受到一个有问题群体压力的影响。整个社会都可以被概念化为情绪系统，当焦虑在社会中上升时，平均的功能分化水平下降，社会经历一个退行阶段。在这一阶段，一体化压力更加强烈，表现为：更多自私、更多损害其他小团体功能的行为，以及更多各种各样的症状。

理论意义和治疗意义

跨代情绪过程是人类与生俱来的组成部分，我们将所有类型的临床障碍都视为跨代情绪过程的结果，这样的概念化使家庭系统理论成为一种关于人类行为的特殊理论。也就是说，这是一个以"人类是大自然的一部分"为基本假设的理论，而大多数理论以"人类是一种非常独特的生物"为基本假设，这些理论理所当然地以这种独特性为基础。把人类行为当作特例的论据一般如下：因为人类的推理、反思和抽象概括等思维能力远远超过其他动物，并且人类比非人类动物更精心地发展了心理和文化，所以人类行为主要是由自身的独特过程支配的。换句话说，人类的解剖学和生理学是进化而来的，但控制人类行为的力量在很大程度上超越了我们的生物起源。这意味着人类已经超越了生物或本能属性，而且所有的人类行为都是可变的。人掌握着自己的命运。

以人类独特性为基础的行为理论，通常将临床功能障碍概念化为个体缺陷的产物。精神分析理论认为，缺陷的本质是心理缺陷（精神病理学）；现代生物精神病学认为，缺陷的本质是生物缺陷（大脑病理学）。那些用来解释精神病理的模型并不适用于非人类世界[⊖]，这些缺陷是人类特有的过程所产生的一种"无意识的冲突"：人类的文明本性（文化的产物）和人类的动物本性（系统发生史的产物）之间的冲突。大脑病理学的模式可以概括为：进化为人类提供了生物和心理装备，使人类能够创造和塑造自己的文化。患有精神疾病的人，其缺陷型的生物装备，会妨碍正常的心理功能。因此，"病人"很容易偏离社会对正常行为的定义和教导，"病人"的刻板行为是由他们的"缺陷"引起的。精神卫生专业人员在试图了解人类的所有问题时，通常会结合精神病理学和大脑病理学的要素。

家庭系统理论将临床功能障碍与自然发生的关系过程联系起来。我们

⊖　大多数的精神分析概念不能延伸到非人类世界，但是许多由精神分析理论定义的关于心理和关系过程的事实可以被合并到行为相关的自然系统理论之中。

认为自我分化、慢性焦虑、核心家庭情绪过程和跨代情绪过程，都存在于进化成为智人的漫长历史当中。它们不仅仅是在人类的进化史之中，更是在深远的生命史之中。这些过程包括人与非人类形态之间的共同元素，以及人类所特有的元素，如自我分化的广泛心理成分。如果这些自然发生的过程最终会导致躯体、情绪和社会功能的严重障碍，那么就没有必要对"正常人"和"病人"做出区分，每个人都是同一个基本过程的一部分。疾病反映的是量上的变化（过程的结果），而不是质上的变化（缺陷的结果）。

与生物缺陷（biological defects）中用到的"生物学"一词相比，在家庭系统理论中使用的"生物学"（biological）一词有更广泛的含义。家庭系统理论中的生物学包括控制进化和自然系统的所有力量。这并不是说，进化提供了必要的生物学和心理学装备，然后文化接管并塑造了我们的命运。生物、心理和人际关系的过程已经被进化塑造，它们继续控制着我们的许多行为，并且影响着我们高度复杂的大脑所产生的东西。因此，虽然导致临床功能障碍的许多因素是人类独有的，但这些因素建立在人类出现之前，并且不是独立运作的，而是基于人类出现前大自然的规律。假定自然发生的过程已经形成并将继续塑造人类行为，这并不意味着人类对自己的命运缺乏控制。不管怎样，并不是所有人都有相同程度的控制力。自我分化的基础水平越低，人类的行为就越自动化（不受意识控制），人类就越容易受到其进化系统史的影响（无论好坏）。分化的基础水平越高，人们对自己行为的控制力就越强。

"人类的行为根植于自然发生的过程之中"，该观点暗示了对人类行为的研究可以成为一门自然科学。发展一个能够将人类所有功能概念化为一个连续体的理论，是发展人类行为科学的重要一步。通过将人类功能概念化为一个连续体，并将精神分裂症概念化为该连续体的一端，就有可能把精神分裂症当作所有人类参与的关系过程的产物。对人类来说，精神分裂症并不陌生，它只是对人类境况的放大。相反，当一个理论认为精神分裂症是"缺陷"的结果时，这个理论并没有将精神分裂症概念化为功能连续体的一端。那些赞成将"正常"和"有缺陷"的人一分为二的人，是在否认他们参与并且受制于导致人"有缺陷"的普遍关系过程。如果人们不否认他们在这些导致精神分裂症的关系过程中所扮演的角色，他们就会有更多的选择——例如，没有必要通过控制别人来控制自己。否认自己在一段关系中的角色，减少了一个人的可选项。

跨代情绪过程的概念化对治疗也有重要意义。如果每一代的情绪功能都与前一代的情绪功能有关，并且临床功能障碍反映了这个跨代过程的结果，那么，心理治疗过程的重点是个体进行必要的研究和思考来说服自己：这个理论是否与事实（特别是他自己家庭中的事实）相符。大多数人都是因自己或他人的问题自责或指责他人，进而被困住，这在涉及人们自己的家庭时达到了顶峰。分化水平越低，这种情况就越严重。越多的人这样做，他们就越觉得别人也会这样做。对于那些分化水平很低的人来说，这种困境是没有出路的，他们太过深陷于这个过程。虽然，这个程度随着焦虑程度的波动而有所波动，但它从未真正改变。

分化水平较高的人可以改变这种自责或指责他人的过程，而努力这样做是大多数心理疗法的主要组成部分。改变一个人的态度和相关的感受，不仅仅取决于意志行为。人们可以试着让自己对自己和他人有不同的感觉，但改变感觉和态度最有效、最持久的方法似乎需要改变人们的思维方式。如果人们深信，自责和指责他人是基于对人际关系运作方式的一种不准确的认识，那么许多关于自我和他人的感觉就会自动消除。这是一个不同于"宽恕"自己或他人的过程。宽恕通常是基于感觉：有关什么是"对的""好的"或"应该的"的感觉。而改变一种思维方式需要人们尽可能地从因果模型转移到系统模型。在这种转变中，人们可以对人类的过程获得更多的情绪中立，因为它既在自己身上起作用，也在他人身上起作用。

对影响一个人情绪的人和事完全保持情绪中立或许是不可能的，因为完全中立意味着彻底的自我分化。不过，通过研究自己和他人的跨代家庭，人们可以发展出更多的情绪中立，这足以使他们相信，人类的情绪自主性是有限的。如果人类通过一个由自动反应推动、由主观性强化的过程在情绪上世代相连，那么该指责谁呢？摆脱指责并不意味着免除人们在制造问题中所扮演的角色。它意味着看到全局，获得一个平衡的观点，而不是被迫去认同或不认同自己和他人家庭的本质。每个人都有一个"研究实验室"——他的家庭。在这个实验室里，不论精神分裂症及其他临床功能障碍是不是跨代情绪过程的结果，人们都可以尽其所能为自己做出必要的决定。每一个人都有可能成为精神分裂症，每一个家庭也都有可能成为一个装备齐全的实验室。

仅仅收集几代人家庭的信息不足以改变某种思维方式。人们可以在不挑战他们对人类过程基本假设的情况下收集信息。有时，人们收集到的信息刚好能证实先前对他人的看法。如果要改变一种思维方式，一个人必须决定他的信息是更符合个体理论的模型（即功能的跨代趋势和缺少趋势都是虚假的），还是符合系统理论的模型（即功能的跨代趋势及缺少趋势都反映了一个可知的和可预测的根本过程）。当一个人自己回答了这个问题，并在这个答案的基础上采取行动，他就具备了更多的自我。一个人越能在学习和思考中保持中立，就越能在行动中发展自我，就越能化解有关自己和他人的有问题的情感，这种变化会持续数年。如果一个人能看到自己家四五代人的家庭关系图，并真正把它看作一个活的有机体，一个按照精确的原则随着时间推移而逐渐变化的跨代情绪单元，他就不会自责或指责他人了。

第 9 章

症 状 发 展

家庭系统理论将所有临床症状与情绪系统联系在一起。无论是在个人内部还是在他的关系系统中，只要情绪系统的平衡被打破，就会引发症状。急性症状与系统平衡的短期紊乱有关，慢性症状与系统平衡的长期紊乱有关。症状植根于人类功能的未分化或一体化之中，换句话说，一个关系系统中的成员对彼此的反应越多，其中某位成员就越有可能在情绪上处于一种被损害功能的位置。一个关系系统中的成员，在保持情绪自主的状态下与他人联系越多，他就越不可能陷入被损害功能的位置。当人们对彼此做出反应时，这种功能的基础是人类与非人类共同的自动情绪反应。如果人们在与他人接触的时候仍能保持情绪自主，那么理智系统便能在很大程度上影响他们的想法和行为的特征。

症状可以由焦虑驱动的一体化过程引发，这一过程的特征是人们相互施压，迫使对方以特定的方式思考、感受和行动。症状也可以由一体化过程的中断引发——这一过程维持了一个人的功能，例如，一段重要的关系因死亡或离异而中断。症状也可以通过一体化过程得以缓解，因为感到"与另一个人在一起"可以令人极其平静。例如，如果一个感到孤独和失落且有症状的人，发展了一段令人舒服的关系，他的症状可能会消失。另一种可以通过一体化过程缓解症状的方法是情绪距离，这是一种管理一体化过程的方法。例如，一个有症状的人在与他人的互动中感到不知所措，如果他和别人保持更远的距离、与难以相处的人情绪隔离，他的症状就可能会消失。基于一体化过程的症状减少与功能分化水平的增加有关。

基础分化水平的提高也可以减轻症状。这种提高不只针对有症状的人，与他关系密切的人（例如，配偶或父母）提高基础分化水平也可以减轻他的症状。如果是关系密切的人提高了基础分化水平，他就会减少对有症状之人功能的损害。这通常意味着这个人能更好地与有症状的人保持情绪联结，也能更好地允许他为自己的问题承担责任。[⊖]如果一个有症状的人可以提高基础分化水平，他将能够更好地与周边的情绪环境保持联结并且不被其影响，不用依赖于中断一段会损害个体功能的关系，或者发展一段维持个体功能的关系。提高基础分化水平可以减轻症状。当症状使人非常虚弱或危及生命时，个体很难有时间和精力去改变基础分化水平，但功能分化水平的改变能够缓解危及生命的症状。[⊖]

⊖　在某个团体的支持下，人们可以约束自己的行为，少做一些功能过度的事情，少替他人承担一些责任。然而，尽管他们的一些行为发生了变化，但他们仍然对有症状的人感到愤怒并因他的症状而责怪他。有症状的人继续被诊断为"有病的"或"虚弱的"。愤怒和责备表明，虽然一个功能过度者表现得有点不同，但他的基础分化水平没有改变，他仍然与功能不足者融合在一起，仍然在情绪上"黏"在一起。功能过度者的基础分化水平不会改变。约束自己的行为，减少过度反应，这样可能会给失控的互动带来一些稳定性，但一个人对问题本质的思考可能不会在这个过程中发生显著的变化。人们仍然互相诊断，而不是将自己视为导致症状的相互作用系统的一部分。

⊖　功能分化水平描述的是：与情绪驱动的关系过程相关的功能。一个人可以在高于或低于他基础分化的水平上执行功能，这取决于他的情绪环境是强化还是削弱了他的功能。基础分化水平描述的是：不依赖于情绪驱动的关系过程的功能。

疾病的系统模型

　　系统模型和有关系统失衡的症状概念，可能不仅是概念化家庭关系过程的最准确的方法，也是概念化个体的躯体、情绪和社会症状发展内部过程的最准确的方法。与系统模型相比，因果模型假设：疾病是由一种致病过程的破坏性影响造成的。个体的"抵抗力"被外部攻击或内部缺陷击溃。

　　人们可能会因一种致病性过程的突然侵袭而生病，例如，辐射或先天性缺陷。但人们现在普遍认为，大多数疾病通常由多种原因"造成的"，是多种因素或过程相互作用的结果。有关疾病的系统模型假设，特定的临床综合征是由多种因素或过程的相互作用造成的，每个因素对其他因素都有影响。因此，任何一个因素的行为或活动都不能脱离其关系背景来理解。疾病不是任何一个或所有因素存在的结果，而是由于这些因素之间的关系系统的平衡受到扰动而产生的。人们可以在体内存在癌细胞和结核杆菌的情况下不表现出临床症状。表现出的临床症状表明，一种尚未被很好理解的平衡被打破了。

　　系统模型并不排除特定缺陷或病原体在特定疾病发展中的必要性。很明显，如果一个人没有感染艾滋病病毒，他就不会得艾滋病。但系统模型提出的主要问题并不是"是什么导致了这种疾病"，而是"'病人'和他的核心关系网络之间的和谐平衡是如何被打破的"。关系平衡的紊乱使得任何致病过程都变得更加活跃。它假设，发生在个体内部的关系过程和发生在个体之间的关系过程是相互关联的。

　　家庭系统理论还假设，最初扰动系统平衡并最终导致个体出现症状的一个或多个因素，可能存在于个体或与个体相关的关系系统的生物或心理因素之中。如果个体或家庭不能有效地适应最初的扰动，这种扰动可能会自我发展，并为各种病原体或缺陷的充分表达提供动力或"能量"。因此，如果一个静止的结核性肉芽肿变得活跃，要理解这种转变，我们就需要检查一些因素或过程。这些因素或过程超越了肉芽肿，进入患者的身体和精神；并且超越患者的身体和精神，进入他的关系系统。病原体的毒性或缺陷的严重性无疑会使系统的平衡在某些情况下变得异常不稳定。例如，某些先天性新陈代谢缺陷使得个体和家庭特别容易出现严重的症状。

系统模型包含了基于多层面研究而定义的关于疾病的事实，并假设所有这些事实都是充分解释疾病所必需的。相反，因果模型假设，疾病在很大程度上是基于单一层面研究所定义的事实。一个因果推理的例子是：如果一个患者没有感染这种病毒，他就不会得这种病。但是，并不是所有感染病毒的人都会"患"上这种疾病。因果模型在医学上非常有用，特别是在治疗传染病方面，但是，当人们携带病原体却不生病时，当人们患有类风湿关节炎等慢性疾病却尚未找到具体病因时，因果模型就没什么用了。乔治·恩格尔（George Engel，1977）是一位心身医学的研究者，为了帮助他的学生超越因果思维，他提出，当一个人生病时，应该问的相关问题是："为什么这个人现在会得这种病？"要回答恩格尔的问题，我们需要对来自多个层面的研究数据进行评估。

关于从因果模型向更综合的临床功能障碍模型的转变，阿尔伯特·舍夫兰（Albert Scheflen，1981）做出了重要贡献。他对从多个领域的研究中发现的有关精神分裂症的事实进行了广泛的研究，得出的结论是，精神分裂症不是由单一因素造成的，而是一种由从分子到社会多达八个层面的运作过程所造成和强化的混乱。一个层面是精神病院，医院可以治愈精神分裂症的"症状"，但在这个过程中"疾病"被永久保留了下来。他们"控制住了精神错乱，但他们没有治愈精神分裂症"。舍夫兰的模型并不是建议放弃任何处理措施，只是想要说明事情没那么简单。许多治疗精神病的措施往往使患者永远依赖他的家人、工作人员和精神病院。依赖性和精神症状一样，是精神分裂症的重要组成部分。有一个常见的争论：是精神病导致了依赖性，还是依赖性导致了精神病？这就像是先有鸡还是先有蛋的争论。精神分裂症患者的依赖性和对人际关系的敏感性使他倾向于退回到精神病状态，而这种状态妨碍了他形成独立生活的能力。

家庭过程是"精神分裂症的另一个层面"。相当多的研究已经证明，家庭关系能在创造和维持精神分裂症的许多功能方面起作用，但家庭动力学并不能充分解释完整的临床情况。心理过程是精神分裂症的另一个层面。精神病患者的异常思维，在其症状学和功能本质中起着重要的作用。在过去的十年里，关于精神分裂症的许多事实已经从大脑生理学和化学层面的研究中得到了界定。如果在精神分裂症的阐述中，忽略了任何层面的事实，那么这个阐述就不是以系统模型为基础的。如果认为各个层面的研究所得出的事实都是精神分裂症的原因，那么这样的阐述也不是以系统模型为基础的。精神分裂症不是一种局限于个人范围的"疾病"，多个层面的所有过程都会造成和加强一个人的功能受损。

因果思维总是那么诱人。这种思维带来的解释因其简单性而具有吸引力，它将多个层面的扰动归因于某一层面的主要扰动。当针对某一水平的治疗方法有效（如用抗生素治疗细菌性肺炎有效）时，这种解释往往会具体化。单纯针对生物层面的治疗方法可以挽救生命，但针对躯体、情绪和社会功能障碍的治疗方法往往是无效的。这些症状要么没有消失，要么只是暂时消失。

当一种治疗方法在某个层面上失败时，在另一个或多个层面上的方法可能会成功。劳伦斯·莱香（Lawrence LeShan，1977）开发了一种针对癌症患者的心理治疗方法，这些患者对标准的医学治疗没有反应。他的研究结果值得关注。对于医学治疗均失败的患者——"医学上没救的人"，莱香方案的治愈率为50%。莱香的治疗方法主要针对个体，强调在多个层面治疗的重要性：生物、心理和精神层面。他将精神层面定义为"对实现存在价值的深层且基本的需求"（LeShan，1982）。莱香认为，癌症患者很容易"迷失方向"，认为自己无望"唱响自己的生命之歌"。莱香的治疗目标不是治愈癌症，而是帮助患者"唱出自己的生命之歌"。莱香试图帮助人们变得"比问题更强大"，他不希望"问题大到超出人们的承受范围"。他与患者的关系，似乎是患者能否找到（回）生活方向的一个非常重要的组成部分。

如果仅在一个层面上治疗临床功能障碍，而忽略多个层面的运作过程，这种治疗的潜在"副作用"是强化了那些被忽略的过程。例如，当治疗师在个体心理治疗中治疗孩子时，他可能会减轻孩子的症状，但会强化家庭的投射过程。当孩子接受治疗时，家庭通常会放松下来。当家庭焦虑减轻时，孩子的功能通常会得到改善，但人们会更坚定地认为孩子是有问题的人。如果儿科医生专注于用药物治疗儿童的慢性哮喘，症状可能也会得到缓解，但会强化儿童作为家庭焦虑的"储藏室"的位置。当一个患有系统性红斑狼疮的人接受类固醇治疗，而丈夫告诉她应该"回避压力"时，这可能会鼓励丈夫比以前更加过度地执行功能。现在，以"帮助患者"回避压力之名过度执行的功能，可能会削弱患者重新控制自身情绪和身体功能的能力。这个建议鼓励了一个"沉溺"在一体化中的家庭，使其以更多的一体化来"解决"问题。

因果模型的一种替代模型假设是，认为所有层面都是同等重要并相互强化的，某一层面的扰动不能归咎于另一层面的扰动。"患者"不是家庭痛苦的原因，正如家庭不是"患者"痛苦的原因一样。不能责怪相关机构助长了患者的依赖，正如不能责怪患者使相关机构把他们当作儿童对待的需要一样。不能指责精神分裂症患者的心理状态导致了精神分裂症患者的生理特征，正如不能指责精神分裂症患者的生理特征导致了精神分裂症患者的心理状态一样。系统模型并不意味着，精神病患者不应该服用精神类药物，或者类风湿关节炎患者不应该服用消炎药。[⊖]系统模型不是一组要遵循的"规则"，而是一个在头脑中保持整体画面的框架。其目标是让卫生专业人员不要在无意中强化他们试图治疗的问题，而是要在方法上具有极大的灵活性。

家庭系统理论在研究的一个层面上定义了影响人类适应的过程，即家庭关系系统。然而，家庭理论的发展是为了与其他层面的研究定义的人类功能相一致。如果发现精神分裂症患者的边缘系统的多巴胺水平升高（Carlsson，1976）与家庭系统理论不一致（事实并非如此），那么该理论就必须改变。[⊖]家庭系统理论中的概念是从对人类家庭的研究中发展而来的。尽管有些概念可能适用于其他角度的科学研究，但人们假定每个层面的研究都有其独特的系统功能，都需要一些特定的概念。人类家庭是一个情绪系统，人体也是一个情绪系统，每个系统可能都需要一些独特的概念和一些通用概念来解释其各部分之间的关系。例如，细胞分化和人类分化之间可能没有关系，但由于自然系统理论是在多个层面上发展起来的，也许在一个世纪之内，它们的共同特征有可能被整合成一个有用的综合理论。

由于家庭系统理论主要是从单一层面的研究中发展来的（尽管它得到了生命科学背景人士的支持），对于导致症状出现的家庭系统变量的讨论，

⊖ 在某些方面，精神类药物是一种关系的替代品，两者都可以减少焦虑。一位精神分裂症患者可能会服用药物并进行个体治疗，因为他知道他的家庭成员的反应过于强烈，以至于无法倾听他自己的想法。家庭推动"患者"接受治疗，以减轻其焦虑和"患者"的焦虑。"患者"愿意这样做，使家人平静下来，在这个过程中，"患者"的情况也会好一点，但它确实使得"患者"没有自我的状态永久保持了下去。这是一种取舍。另一方面，精神分裂症患者有明显的慢性焦虑（这种焦虑与"患者"和家人无法舒服地进行情绪联结有显著的关系），药物可以帮助"患者"平静一点。因此，药物可以减少"患者"和家人的焦虑，但让"患者"服药的做法支持家庭的投射过程。

⊖ 家庭情绪系统具有生物学基础。一个人越接近人类情绪功能谱系中完全未分化的那一端，他的身体构造就越偏离"规范"。在精神分裂症患者的边缘系统中发现多巴胺水平的增加，可能与在类风湿关节炎患者的关节中发现白细胞数量的增加相同。这两项发现都很重要，但都不能解释所观察到的现象。

并不意味家庭过程引发了某个特定问题。通常，家庭情绪过程对所有临床功能障碍的发展，以及人类适应性最高水平的发展都具有极其重要的影响，而且以家庭过程知识为指导的治疗方法有可能影响其他层面的过程，但这并不意味着家庭是问题的根源。某一层面的干预可以影响其他层面的过程，但这并不意味着症状是由干预的那个层面造成的。即使将所有临床功能障碍与家庭情绪系统联系起来，也并不意味着人们的交往方式是临床问题的根源。情绪系统由基因、线粒体、细胞膜、细胞间连接、细胞外液、器官、组织、生理系统和所有由这些成分支持的情绪反应组成。人们对待彼此的方式可能是某种临床问题的根源，但这些情绪系统的所有组成部分都会影响问题的出现。

症状发展中的家庭系统变量

前几章已经讨论了涉及症状发展的大多数过程，本章将对此做出总结，并对讨论较少的领域进行详细说明。在理解症状发展的方面，要考虑的主要过程是自我分化的基础水平和慢性焦虑水平。分化描述了人们对情绪环境扰动的不同适应程度，焦虑量化了这种扰动的程度。在轻度焦虑的情绪场中，基础分化水平不同的个体，其情绪功能水平可能是相似的。在高度焦虑的情绪场中，基础分化水平不同的个体，其情绪功能水平可能也不同。由于前几章聚焦于自我分化，本章将聚焦于影响情绪场⊖中慢性焦虑水平的过程。

⊖　一个家庭的"情绪场"类似于化学上的"结构"。当结构组件的任何移动自动触发该结构将组件恢复到以前的位置时，便称该结构存在。这是通过使结构保持平衡的各种物理作用力来实现的。情绪场之中的成员以类似的方式对彼此的情绪运动做出反应。当有人靠得"太近"时，他就会被推开；当一个人走得"太远"时，他就会被拉回来，这是通过使家庭保持平衡的各种情绪作用力来实现的。情绪场包括一个群体中所有在情绪上相互影响的成员，它可以包括家庭成员，也可以包括非家庭成员。它通常从核心家庭延伸到扩大家庭。

　　根据未分化的总量，每个个体和每个家庭的情绪场都有一个"遗传的"平均水平的慢性焦虑。"遗传的"焦虑越多，个体和人际关系就越容易受到自动化情绪反应的控制。"遗传的"焦虑越少，个体对其情绪功能的控制力越强，他们的人际关系受自动化情绪反应的控制就越少。自动化情绪反应是个体"情绪引导系统"的重要组成部分。在平静的关系系统中，这种"引导系统"对自己和他人的影响是良性的。在焦虑的关系系统中，它会导致人们以牺牲彼此为代价来维持功能。在增强某些个体的功能和削弱其他个体的功能时，情绪系统可以维持整个关系系统的稳定。与自动化情绪反应相反，情绪自控力使人们能够处在焦虑和高度反应性的环境中，并且既不受其影响，又不损害他人的功能。情绪自控力和个体"遗传的"慢性焦虑是相互关联的过程。

　　每个人都有一个情绪指导系统，一个"情绪自我"，它是被进化过程创造和塑造的。人类的情绪系统包括情绪、情感以及主观的态度、价值观和信仰。尽管每个人的情绪系统都是进化过程的产物，早已嵌入基因，但个体情绪系统的特定"标准"（个体化与一体化的特定平衡以及身心平衡）是由世代祖先决定的。这个标准主要是由一个关系过程控制的，不是由某一个体设计的。

　　每个人都有责任尽其所能管理好自己的"情绪自我"。根据情绪系统的特定标准，一些人比其他人有更多的慢性焦虑、情绪反应和主观性需要处理。人们主要通过人际关系和各种活动（包括过量的饮食和工作）来控制焦虑和反应。当大部分的焦虑被制约在一个稳定的关系和活动中时，情绪系统就会处于"平衡状态"。如果平衡与临床症状相关，那么症状就会相当稳定。如果平衡被打破，那么慢性症状就可能会恶化，或者出现新的症状。

　　人们带着一定程度的自我分化和对家庭未解决的情绪依恋离开了自己

的家庭。与特定分化水平相关的是遗传的慢性焦虑和情绪反应总量。具有相同标准的情绪指导系统（同等分化水平）的人会相互吸引，建立关系。一段关系能增进双方的情绪健康。由于彼此之间的联系，每个人都更为平静，也更有安全感。然而，对情绪依恋的需要伴随着一种过敏，对"太过强烈的"情绪环境的过敏，这样的关系难免会产生某种程度的情绪距离。距离是一种妥协。这种关系不太可能制约焦虑，但它也不是焦虑的来源。在一段关系中不受制约的焦虑会在其他关系和活动中受到制约。例如，夫妻中的一方可能从工作中获得情绪强化，而另一方可能通过社会关系获得情绪强化。这可能是一个不伴随临床症状的平衡系统（尽管过于简化了）。

某个事件，或者更有可能是一系列事件，会扰乱关系系统的平衡并引发症状。这种事件可能是增加了一些必须处理的新事物，也可能是失去了一些曾经依赖的旧事物。这两种情况都会增加系统中的焦虑：第一种情况给系统带来了更多需要处理的焦虑，第二种情况使系统失去了处理内在焦虑的旧方法。孩子的出生是件新鲜事，它可以改变关系系统中情绪力量的平衡，这些（真实的或令人担忧的）力量的重组调和了一个人或一段关系的情绪功能。例如，在妻子怀孕前的七八年中，夫妻双方的关系可能是舒适和谐的。怀孕可能会增加一个人对情绪亲密和"共同"责任的需求，而另一个人对"太多的"亲密、期望和责任过敏。怀孕还可能导致妻子把精力集中在未出生的孩子身上，而丈夫感到更多的情绪阻断。当然，还有其他的可能性，根据家庭情绪功能的模式，母亲、父亲或孩子的功能最可能会受到系统力量变化的影响。

自我分化水平越低，怀孕等事件就越有可能扰乱一个系统，从而发展出严重的症状。一个系统可能成功适应一两个孩子的出生，但第三个孩子的出生会超出系统的负荷。分娩本身几乎不可能是症状发展过程中唯一重要的事件。通常还需要考虑其他因素，如父母生活中的其他事件以及核心家庭能得到社会和大家庭系统等外部关系多大程度的支持。如果孩子成为储藏家庭未分化的仓库，那么他的出生也可以减少一个家庭的症状。当这个孩子后来试图离开家庭时，这个家庭的症状可能会复发。

一个预期的或真实的事件，如怀孕，可能是引发焦虑的"压力源"。然而，在期待一件事情发生时或是在这件事情发生之后，人们体验到的主要压力通常并不是事件本身，而是一种由焦虑引发的扰动，它打破了一个家庭的情绪力量平衡系统。一个事件会威胁到人们的"情绪寄托"，即他们对他人的依赖。"情绪寄托"可能会变得"太紧"或"太松"，人们会看到并且感到变化。人们对真实的或预期的变化的反应可能导致人们尝试恢复平衡，这种尝试实际上加重了系统中的扰动。换句话说，人们通常不会因事件本身而变得孤独或被压垮，而是被事件引发的关系进程所左右。当家庭成员变得更加焦虑时，他们会更多地相互依赖或彼此疏远。在相互依赖、相互退让、相互坚持的过程中，有人往往更多地吸收了系统的焦虑。在这个过程中，那个人就变得更容易出现症状。如果家庭焦虑很快恢复到"事前"的水平，那么症状通常是暂时的。不过，如果家庭焦虑长期集中在有症状的人身上，这种功能障碍就会变成慢性的。

一个核心家庭可能多年来都处于平衡状态，但当第一个孩子离开家时，就会有人出现症状。例如，在一个家庭中，连锁三角关系运行了多年，家庭问题就在这种没有伴随症状的情况下被制约了。婚姻中存在适度的距离，但通常是和谐的。母亲对两个女儿过分关心，尤其是对小女儿。与大女儿的关系对父亲来说非常重要，在他难以应付"过度挑剔的、专横的"妻子时，大女儿一般都会同情他。在大女儿上大学的同时，小女儿也进入了青春期。这一系列事件引发了一波持续数年的家庭焦虑。母亲和小女儿之间的冲突明显升级。这位婚姻关系中习惯性让步的丈夫，在这对母女和他自己构成的三角关系中，变得"在情绪上摇摆不定"。他试图既支持妻子又支持小女儿，但这对双方都没有好处。在很大程度上，他在情绪上退

缩了。在小女儿上大学两年后，这位吸烟多年的父亲被确诊为肺癌。[一]

核心家庭可以通过一些外部关系（特别是与扩大家庭有关的关系）来获得稳定。当扩大家庭对核心家庭的稳定有重要作用时，这个扩大家庭中的一个真实的或预期的变化就可以成为核心家庭症状发展的催化剂。接下来的临床案例说明了核心家庭和扩大家庭之间的相互关系。一对年龄均在35 岁左右的夫妇和两个孩子一起住在华盛顿特区，住址离丈夫家很近，丈夫是家里三个孩子中的老大。妻子来自俄亥俄州的克利夫兰，她是家里两个孩子中的老大。这段婚姻被双方描述为"和谐"但"疏远"。妻子认为，丈夫对她的生活起了重要的稳定作用，但他们很难对彼此谈论自己的想法和情感。妻子觉得她的想法和情感经常被丈夫忽视，他总是教训她。丈夫的确常常给她出主意，"指点迷津"。他们 10 岁的女儿和 12 岁的儿子看起来还不错。丈夫是一位非常成功的商人，妻子在家庭、学校和市政工程上都非常活跃。两人都很健康。

这位妻子在与她父亲的关系中最能够"敞开心扉"，这也是一段她"释放情绪"最多的关系。对她来说，与父亲聊天是最重要的事，他们经常通电话，父亲也经常来华盛顿出差。她的父母仍住在克利夫兰，与已经离婚的 32 岁的弟弟住在一起。在弟弟 7 年的婚姻生活中，他曾两次因"偏执型精神分裂症"住院治疗。离婚后，他搬去和父母同住。与她和父亲间的关系不同，她和母亲的关系"紧张且疏远"。她认为她的母亲是"无能的"，并且过分依赖于她的父亲。她常常为母亲的优柔寡断感到沮丧，对母亲的需求感到"窒息"，父亲是她和母亲之间的"情绪缓冲器"。此外，每当母亲和弟弟之间的关系变得紧张时（这种紧张关系有时会在弟弟精神科住院治疗期间达到顶点），父亲就会"处理"这种情况，他是一个"典型的"功能过度者。她曾和一位追求她的男士保持了长期友谊，但一直拒绝谈恋爱，直到她父亲去世。

　　[一]　这种癌症不宜动手术。他接受了放射治疗，但在确诊后的第 16 个月去世了。

　　在家庭长期的高度焦虑下，父亲突然死于心脏病发作。父亲死后，她稳定的关系系统瓦解了。她自诉：不仅仅是失去与父亲间的支持性关系削弱了她的力量。虽然这种关系对她来说非常重要，但她认为她可以逐渐适应父亲的去世。她最大的困难是去适应与母亲和弟弟关系中的情绪角色，这是父亲去世后她"继承的"。她的"情绪缓冲器"消失了，现在她是克利夫兰三角关系中的第三个角。她所经历的这种新情况，持续不断地带给她焦虑，是一个沉重的负担。她一方面想"忘掉"她的母亲和弟弟，阻断联结，但那又不是她的本性。在她父亲去世六个月后，她和那个一直在追求她的男人恋爱了。父亲去世 8 个月后，她的一位铁闺蜜死于癌症，这对她的情绪健康是一个额外的打击。

　　父亲去世后，这位女士经历了近一年的"抑郁"。父亲是二月份去世的，而她在当年的圣诞节后走出了抑郁。她走出抑郁后处于一种"高能量状态"，并以传教士般的热情投身于各种项目。她开始攻读硕士，继续她的社区活动，并起到维护家庭的责任。对母亲和弟弟的心思和担忧几乎从未离开过她，她接到有无数来自克利夫兰的电话。母亲靠她来"指点迷津"，她觉得自己"陷入"了母亲的依赖之中，对母亲现实的和不现实的要求做出过度地反应。尽管她对此深感内疚，但这样的事情仍在持续。她觉得她需要这种关系，尽管她并不喜欢这种关系。对于她的焦虑和越来越多的缺位，丈夫的反应是要求她给予解释并更多地投入到夫妻关系之中。对于所有这些，这位女士感到自己有些"失控"。但她别无选择，只能继续努力把事情做好。父亲去世 18 个月后，这位 37 岁的女士被诊断为乳腺癌。⊖

　　许多种真实或预期的事件会扰动一个平衡的情绪系统，并引发一个不断升级的慢性焦虑循环。在结婚之前，两个人的关系可能处于平衡状态，

⊖　她做了乳房切除手术和化疗。在我写这本书时，已经是确诊后两年，她的乳腺癌没有复发。

但结婚增加了他们对彼此的情绪反应，焦虑升级。在结婚之前，人们对彼此性格的某些方面还能很好地容忍，但结婚后，这些方面就成了刺激的源泉，并被放大。如果焦虑显著增加，并表现为冲突或明显的情绪距离，那么这样的婚姻可能在几年内以离婚告终。这种焦虑也可能表现为，夫妻中的一方在婚后一两年内出现严重的躯体、情绪或社会功能障碍。例如，一名47岁的女性在她二婚后被诊断为广泛转移性乳腺癌。她34岁时结过一次婚，那段婚姻充满了矛盾，丈夫在结婚三年后提出了离婚。离婚一年后，这位女性在38岁时被诊断为乳腺癌并进行了乳房切除术。九年后，她的癌症复发。

这个病例特别有意思，对癌症的初诊是在重要关系被破坏之后，而复发是在重要关系被启动之后。当她最初被确诊时，这是一种刺激，让她把失败的婚姻抛在脑后，继续生活。在接下来的七年里，她过得非常好，也没怎么想过要再婚。后来，她遇到了一个"非常"爱慕她、"热烈"追求她的男人。他们相识一年后就结婚了。她的癌症症状可能在复发被确诊前至少4个月就已经存在。再次确诊后，她又活了三年。

对于出生于分化较好的关系中的孩子来说，出生时间会成为症状发展的一个因素，这通常会涉及一系列事件。例如，一个家庭可能搬到了一个新的地区，丈夫可能开始了一个新的、要求很高的工作，妻子的母亲最近可能因为抑郁症住院治疗了，妻子可能刚刚生了他们的第二个孩子。虽然，一个适度分化的家庭可以在短时间内成功地适应其中的两三个事件，但所有这些事件的结合可能会在许多家庭中触发某种程度的症状。⊖

⊖ 一些家庭（包括各种分化水平）似乎在面临大量危机时表现得最好，当危机解决后，他们似乎陷入了更大的困境。也有类似的人，当局势变得更加不确定时，他们会变得更加平静。当局势变得更加可预测时，他们变得更加焦虑。这些人通过迎接挑战来管理他们内心的焦虑，但这并不意味着所有喜欢挑战的人都仅仅是在管理他们的焦虑。"某项活动可以承担某种功能"，这样的说法并不意味着该活动对每个从事该活动的人都具有相同的功能。

　　症状发展本身可能就是一个增加家庭焦虑的事件。如果一个孩子出现了慢性疾病或情绪问题，它可能不仅是家庭焦虑的储存库，也是焦虑的来源。母亲可能会因孩子的问题而感到焦虑和不知所措，进而向丈夫寻求更多的物质支持和情绪支持。这可能使婚姻中的紧张关系加速升级，并且促成家中的第二个症状，例如，在父母（父亲或母亲）或另一个孩子身上出现症状。

　　婚前阶段可能与这对夫妇各自的家庭症状有关。例如，一直作为母亲重要情绪支柱的小儿子宣布订婚，数月之后，他患有精神分裂症的哥哥便因高度激动的精神状态而住院。母亲把小儿子的订婚视作是对母子关系的威胁。她把焦虑集中在了患有精神分裂症的大儿子身上，大儿子对此的反应是变得更加焦虑、孤僻和精神错乱。事实上，小儿子订婚就是对他和母亲一体化的威胁。他的未婚妻给他施加压力，要他多花些精力在她身上，少花些精力在他的家庭上，他像曾经适应母亲一样适应了未婚妻。再次强调，分化水平越高，在关系系统中发生这些循环和反应的可能性就越小，高分化水平之人的情绪功能并不是那么相互依赖。

　　夫妻双方扩大家庭中发生的真实或预期的事件，都会扰动先前平衡的核心家庭系统。扩大家庭中发生的事件，如丈夫的父亲被诊断为阿尔茨海默病，所带来的扰动可能会表现为妻子的抑郁症。母亲的姐姐离婚，所带来的扰动可能会表现为母亲最小孩子尿床的明显加重。孩子并不是对姨妈的离婚做出反应，而是对母亲的焦虑做出反应。母亲的焦虑可能不是由她姐姐的离婚"引起"的，而是更多地与丈夫疏忽了她对更多情绪安慰的需求有关。扩大家庭中重要成员（对家庭稳定起重要作用的人）的死亡，可能是发生在核心家庭之外却最有可能在核心家庭中产生焦虑的事件。即使一对夫妻与各自的父母住得很远，很少见到他们，父母一方或双方的死亡也会对这对夫妻和他们组成的核心家庭的焦虑水平产生重大影响。㊀

㊀　一个家庭在经历丧失后也可能更为平静。当一种疾病长期存在并使人心力交瘁时，这个家庭可能会在患者去世时感到如释重负。

核心家庭的慢性焦虑水平，除了受到广泛的生活事件和家庭对这些事件适应性的影响以外，还受到核心家庭与扩大家庭系统关系特征的显著影响。个体与核心家庭切断了与他们家庭的情绪联结，从次要的、无关紧要的到主要的、相当重要的。人们切断与原生家庭的联系，以减少与他们的情绪联结所带来的不适。切断联系可以减少焦虑，不应该被视为或"好"或"坏"。虽然，人们与核心家庭可以通过切断联系减少焦虑，但也可以通过切断联系增加焦虑。对于不好打交道的人和有困难的情境，切断联系是更为"容易"的，但这样也会失去潜在的稳定情绪联结。对大多数人来说，原生家庭可能是他们所能拥有的最可靠的支持系统。因此，虽然远离家人可以减少焦虑，尤其是在个体没有太多压力的时候，但失去与家人的情绪联结也会增加焦虑，特别是在个体承受压力的时候。

情绪阻断⊖是系统理论中的一个概念，它描述了人们如何处理代际间存在的未分化（以及与之相关的情绪强度）。两代人之间的未分化或融合程度越高，相互阻断的可能性就越大。父母经常切断与成年子女们的联系，就像成年子女们切断与父母的联系一样。根据不同的基础分化水平，父母与某个孩子之间的情绪阻断可能大于他们与其他孩子之间的情绪阻断。物理距离和各种形式的情绪退缩可能会强化情绪阻断。一个常见的情况是：人们偶尔探亲，草草看望并且交往不深。人们与原生家庭之间的物理距离，并不等于他们之间的情绪距离。与住在同一城镇、同一街道或同一栋房子里的人相比，住在离家几千英里⊜以外的人与家人的情绪联结可能更好。此外，人们与家人接触的次数并不一定反映情绪阻断的程度。人们可能会频繁接触，但高度仪式化。

⊖ 情绪阻断并不是家庭系统理论最初的六个概念之一。它是 20 世纪 70 年代随着社会情绪过程的发展而新增的。最初，"情绪距离"这个概念被用来描述"代际阻断"，距离和阻断指的是同一件事。在家庭系统理论中，阻断是一个单独的概念，强调了它在解释核心家庭中情绪过程强度的重要性和在家庭心理治疗中的重要性。减少与过去的情绪阻断是治疗中最重要的因素之一。

⊜ 1 英里 = 1.609 3 公里。

许多人"逃离"他们的原生家庭，因为他们断定自己与家人不同，这些人往往是与原生家庭阻断最多的那一类。他们结婚后，对"新"家庭投入了很多，他们"知道"（或希望）情况会比原来的家庭"更好"。他们经常通过朋友或组织建立"替代性家人"，并在情绪上投入更多。其他人结婚后可能并不想与原生家庭切断联系，但如果一个或两个扩大家庭中的事件所产生的焦虑和压力引发了新家庭中的焦虑，夫妻中的一方可能会开始给对方施压，使其更多地关注他们的"新家庭"而不是他的"旧家庭"。当夫妻为了获得更多的"忠诚"而给彼此施加压力时，他们对彼此做的事情和他们批评扩大家庭的事情是一样的。如果夫妻一方或双方迫于压力，更多地切断了与原生家庭的联系，他们就解决了一半的问题。切断联系可能会即刻减轻压力、降低焦虑，但人在亲密关系中的基本弱点保持不变。与过去的联系切断得越彻底，越可能在当下复现加强版的既往关系（或其镜像关系）。

宣告一个人从家庭中"独立"出来，这并不是自我分化，它不能解决一个人与过去的情绪融合。大多数声称"独立"于家庭的人，是与家庭"决裂"，而不是"长大后离开"家庭。后者（当长大之后，不止一人会自动这样做）取决于获得更多的情绪客观性。更客观意味着，一个人能更好地看到他是这个系统的一部分——他对别人情绪功能的影响以及别人对他情绪功能的影响。更客观也意味着，一个人能更好地看到他在别人身上出现问题的过程中所扮演的角色，以及后续他用这些问题来为自己拒绝别人所做的辩护。如果一个人不把自己视为系统的一部分，他唯一的选择就是，要么让别人改变，要么退出。如果一个人认为自己是这个系统的一部分，他就有了一个新的选项：与他人保持联结，并且改变自己。这并不是指在一体化的压力下改变自我，而是根据一个人的内在过程来改变自我。

如果一个人能在情绪上更客观地看待自己的家庭，并与家庭保持联结而不是切断联系，那么他与配偶、孩子和其他无关紧要的人之间的焦虑和情绪距离就会减少。把自己看作是原生家庭的一部分，可以使他更能够把自己看作是核心家庭的一部分。与核心家庭相同的困难，也存在于原生家庭之中：如果一个人不把自己看作是核心家庭系统的一部分（一个人在自责或指责他人），当问题出现时，唯一的选择就是试图改变他人或退出。相反，如果一个人可以把自己看作是核心家庭系统（以及其中出现的问题）的一部分，那么他就有可能在不破坏任何关系的情况下变得更加独立。其结果是一个更为平静的系统，在这个系统中，人们能够更好地保持舒适的情绪联结，即使是在困难时期。

在个人分化达到理论上的 100 时，婚姻关系中的情绪距离会消失，代际间的情绪阻断也会消失。因此，并不是说有些人与他们原生家庭切断联系，而另一些人没有，这是一个与程度有关的问题。每个人对他们的父母和更大的家庭都有某种程度的未解决的情绪依恋，都要处理一定程度的情绪依恋。因此，每个人都可以从减少阻断中受益（成为一个界限更清晰的、反应性更低的人）。对一些人来说，更少阻断需要更多对自己负责的能力（在家里不再像个孩子）。对另一些人来说，更少阻断需要更多不对他人的情绪功能负责的能力（在家里不再像一个"全知全能者"）。许多人在与原生家庭的关系中，可能都存在以上两种情况（还有其他的情况）。人们很少会通过对家人"更诚实"或"直面"他们的方式来减少阻断。当人们想要"把一切都拿到台面上说"的时候，他们通常关注的是他们在别人身上看到的缺陷，关注的是家庭出了什么"问题"，而不是关注他们自己的问题。

在某些情况下，夫妻双方都彻底切断了与他们各自的原生家庭的联系。他们可能搬到离每家都很远的地方，并且和各自的原生家庭几乎没有联系。在其他情况下，一方"加入"另一方的家庭。例如，一个丈夫可能会离开他的家庭，与家庭保持很少的情绪联结，并生活在妻子家中。当他"加入"妻子的家庭时，他的情绪功能通常更多地受到妻子家事的影响，而不是受到他自己家事的影响。一个人如果脱离了自己的原生家庭而"加入"配偶的家庭，他往往会成为配偶家庭的"情绪附属物"。他通常是一个追随者（对所发生的事件做出反应的人），而不是一个领导者（发起事件的人）。

评估人们与家庭的阻断程度很有难度，因为家庭以不同的方式管理着他们的未分化。某些扩大家庭系统是"爆炸式的"，它们往往散布在全国各地或全球各地，彼此相距甚远。这样的家庭可能分化良好，也可能分化不良。在分化良好的家庭中，人们在追求生活目标的过程中彼此分离，虽然身在异乡，但他们保持着良好的情绪联结。在分化不良的家庭中，人们彼此疏远，他们不仅身在异乡，而且也断绝了情绪联结。其他的扩大家庭在本质上是"有凝聚力的"，他们往往几代人都生活在同一个地方。这样的家庭同样可能分化良好，也可能分化不良。其中，在分化良好的家庭中，人们对彼此的生活相当投入，而且在很大程度上，彼此保持着舒适的情绪联结。在分化不良的家庭中，人们可能会定期联络，但情绪反应水平往往很高，人们在情绪上是相互隔离的，即使他们有身体上的接触。

在家庭治疗中，认识到夫妻双方与各自原生家庭的情绪阻断程度是非常重要的。当夫妻双方与他们的父母、兄弟姐妹和扩大家庭明显阻断时，他们通常会过度关注对方和／或孩子，这使得他们很难对核心家庭关系有多视角的理解。核心家庭问题具备自我强化的性质，这导致夫妻一遍又一遍地重复同样的模式。夫妻双方可能都想要更独立，但又对严重扰动的一体化感到不安，仿佛他们之间的关系就是他们所拥有的一切。从一个危机到另一个危机，这样的生活比改变更容易。当这样的家庭进入家庭治疗时，它倾向于使治疗师成为情绪支持系统的重要组成部分。在很多情况下，夫妻双方或其中一个孩子会有一个单独的治疗师，治疗师们会成为家庭支持系统的一部分。在这个过程中，家庭焦虑往往会减少，但基本模式不会改变。这种"治疗"可能会持续很多年，它是一个一体化的问题"解决方案"，是建立在维持特定关系基础上的"解决方案"。

如果夫妻中至少有一方努力解决对其原生家庭的情绪依恋，以"重建"与过去的情绪阻断，那么就可以提供一条走出核心家庭自我强化循环的道路。这种努力有可能改变基础分化水平，否则基础分化水平是不可能改变的。这种努力也可以增加家庭的变化的速度和数量，因为即使不把重点放在原生家庭上，这种变化也有可能发生。如果一个人能与他的原生家庭有更好一点的联结，哪怕不试图改变基础分化水平，这种联结也可以帮助他提升功能分化水平，减少核心家庭的焦虑，伴随这种努力而来的症状减轻有时可能是很戏剧性的。如果与原生家庭明显阻断的人出现严重症状，在与原生家庭恢复联结的基础之上，这些症状可能完全缓解或至少部分缓解。恢复联结不是给父母打几通电话或者回几趟家就可以了，而要建立在长期不懈努力的基础之上。一个人对自己的家庭了解得越多，就越容易减少导致家庭破裂的反应性和主观性。⊖

一个人的原生家庭既可以是一种资源，也可以是一种支持系统。但当人们与扩大家庭完全阻断时，这两种情况都不会发生。原生家庭是一个资源，从中可以更多地了解自己。一个人在童年和青少年时期与父母、兄弟姐妹和其他亲戚的关系，是影响他在婚姻中和在与子女、生活中其他重要人物的关系中的自我管理方式的主要因素。成年人通常不像小时候那样依赖父母，这使得成年人有可能在他们的原生家庭中变得更为不同（更加分化）。在这个过程中，成年人有可能与父母、兄弟姐妹和扩大家庭中的其

⊖ 有些人干脆回到家人的"怀抱"，并且很受欢迎。这些人可能因为恢复联结而明显地提升了功能，而且几乎不需要理解理论。另一些人试图回到家人的"怀抱"，却不受欢迎，或者，即使他们受到欢迎，他们的功能也较差。在某位成员试图回心转意时，家庭拒绝他的理由可能和当初拒绝他的理由一样。在某些情况下，当人们面对"紧锁的大门"时，或者当他们因为重新参与家庭而看起来表现得更糟时，某种程度的理论理解可以区分有益的努力和适得其反的努力。如果一个人更多地了解了自己的情绪弱点，任何努力都不会适得其反。我们的目标总是为自己努力，而不是试图改变一个家庭。目标不是让家人"接受"你、"爱"你。我们的目标是更接近自我，而不是依赖于别人的认可。

他成员建立起联结，并重新激活可能沉睡多年的"旧的"互动模式和"老的"感觉。当一个人这样做的时候，他可能会觉得自己又像个孩子了，但他早已不再是孩子了。当一个人拥有一定的理论知识并且具备观察和倾听的意愿时，他就能更多地了解家庭中的情绪过程及其所扮演的角色。如果他能根据这些知识采取行动，并且理解三角关系对于这些行动的至关重要的作用，那么他就能在原生家庭中实现更多的自我，不必一辈子做个孩子。

成年人在与父母、兄弟姐妹和其他亲戚的关系中呈现出的孩童姿态，从无助、顺从，到愤怒、反叛，再到专横、独裁等其他的可能性。分化水平越低，这些孩童姿态的表现就越夸张。人们不想进入这些角色，并以此为由远离家人。但是，如果人们仍然很容易在与父母和其他家庭成员一起时陷入这样的境地，那么他们就很容易在当前的关系中做出同样的事情。如果人们用情绪阻断来应对过去，那么他们就会用情绪距离来应对现在。在重新激活原生家庭中处于休眠状态的三角关系时，你可以非常清楚地看到自己和他人的孩子气。在过去的关系中改变自己，是增加基础分化水平的一条"捷径"。父母是"最原始的"移情关系。此外，与一个人现在的核心家庭相比，与那些不再生活在一起的人或不再有经济依赖的人相处，更容易获得情绪上的客观性。

这种更具自我的能力，使人们与最持久、最可靠的支持系统建立了更好的情绪联结。原生家庭（不仅包括父母和兄弟姐妹），很少与能够提供情绪健康关系的外部关系网络结合。改善与扩大家庭的情绪联结有可能显著减少自身和核心家庭中严重的躯体、情绪和社会功能症状。减少通过切断联系来保持自身平衡的需求似乎可以降低个体的慢性焦虑水平。⊖

⊖ 如果一个人努力改善他在原生家庭中的功能，那么这最初会扰乱核心家庭中情绪力量的平衡，可能导致自身或他人症状的短期恶化，但会使症状得到长期缓解。

临床案例

　　在临床障碍的发展中，所有的家庭情绪过程的相互关系（适应性水平、慢性焦虑水平、制约焦虑的关系机制、核心家庭与扩大家庭中实际或预期的事件以及与扩大家庭的情绪阻断程度）都很重要，这可以在一个简短的临床案例中得到说明。由于史密斯先生严重的"惊恐发作"，史密斯夫妇开始了家庭治疗。史密斯先生已有两年半的焦虑症状，但是在近八个月中，症状加重，并且在近八周中，症状进一步加重。焦虑症状涉及令人高度衰弱的焦虑发作和对能够再次有效执行功能的绝望，这些严重影响了他的工作表现，并导致他的婚姻关系变得十分紧张。史密斯先生是一家大公司的高级经理。史密斯太太担心她的丈夫最终无法正常工作，还担心他的绝望可能会导致他自杀（史密斯太太的父亲就是自杀身亡的）。她意识到自己对这种情况非常担忧，也意识到除了她丈夫的症状外，还有其他问题需要解决，于是她希望他们接受家庭治疗。

　　史密斯先生 41 岁，太太 32 岁。他们结婚三年了，双方都是初婚，没有孩子。夫妻双方都表示想要孩子，但都怀疑他们的关系是否足够稳定，能否在孩子出生后继续"维持"下去。史密斯太太是全职护士。她在弗吉尼亚州一个完整的家庭中长大（距史密斯一家的现居地——华盛顿特区，约 75 英里），她有一个 29 岁的弟弟。她的父亲在她结婚八个月后自杀了，母亲和弟弟仍然住在家里。弟弟有工作，但他在情绪上一直相当依赖父母。史密斯太太父母的老家都在弗吉尼亚州，所以那边有很多她的叔叔阿姨和堂兄弟姐妹。这是一个很有凝聚力的家庭。

　　史密斯先生在艾奥瓦州一个完整的家庭中长大。他有一个 43 岁的哥哥和一个 36 岁的妹妹。十年前，当他的父亲退休时，他的父母从艾奥瓦州搬到了弗吉尼亚州的一个度假胜地。他的哥哥已婚，没有孩子，住在南卡罗来纳州。妹妹也已婚，有三个孩子，住在特拉华州。在史密斯一家开始家庭治疗的前一年，史密斯先生的父亲被诊断出患有癌症。在家庭治疗开始前 9 个月，他就去世了。尽管史密斯先生的母亲在艾奥瓦州有一些亲戚，但她仍然住在弗吉尼亚州，并打算一直住下去。史密斯先生母亲的住处离他妻子长大的地方很近。

史密斯夫妇相识于华盛顿，不久便发现各自父母的现居地离得很近。他们经过了一年半的约会，然后结婚了。史密斯先生称自己在婚前是"无忧无虑的"，不会让对工作或"未来"的担忧过度影响他的决定。如果私人或工作关系出现问题，他总是可以换一段关系或换一份工作。他经常见到他的父母，他们似乎过得很好。他在结婚前没有焦虑或其他任何严重症状。史密斯太太婚前身体也同样健康，她喜欢自己的工作，也渴望结婚生子。她经常去弗吉尼亚州和家人待在一起，这是她支持系统的重要组成部分。

史密斯先生自诉，几乎就是从结婚那天起，他的情绪就判若两人了。他发现与妻子的沟通变得非常困难，当他们意见不同时，她总是固执地站在自己的立场上，逼他为自己辩护，他不"习惯"这种对抗。对重要问题的讨论常常升级为旷日持久的争论。经过几个月的"斗争"，史密斯先生开始试图避免争论。他很少谈及充满情绪的话题，在许多问题上倾向于与妻子保持一致，在其他问题上则被动地抵制。史密斯太太觉得她永远也不能确定她丈夫到底在想什么，到底想要什么，在和他打交道时，她变得越来越沮丧。她觉得如果他能更"直接"、更"果断"一些，她就能更好地与他相处。她迫切要求改变。史密斯先生认为，"直接"一些只会引起更多的争论。他觉得婚后他失去了一些对自己生活的控制。与其说他是事件的发起者，不如说他是事件的反应者。无论是在家里还是在工作中，他都感觉自己好像没有"出路"了。他第一次出现焦虑症状是在婚后的四五个月左右，与此同时，他对妻子的情绪态度也发生了变化，从争斗到适应，以维持一些和谐。

在史密斯夫人结婚八个月后，她的父亲自杀了，这对她和她的家庭产生了巨大的影响。史密斯太太"预见到了它的到来"，却无力阻止。她的父母和哥哥之间的关系非常紧张，父亲在生命的最后几年中变得越来越孤僻。事实上，她与父亲的关系最为"开放"，尤其是最近几年。有趣的是，在他自杀逝世后的几个月里，史密斯先生的焦虑症状明显减轻了。史密斯太太全神贯注于她的娘家人，与丈夫的婚姻关系实际上没那么紧张了。在她父亲去世后，她想要更加依靠丈夫，有时她想要的比丈夫允许的更多，但这并没有造成大问题。史密斯太太有一个大家庭，她与大家庭的关系帮助她度过了一段非常困难的时期。

对史密斯先生的症状影响最大的是他父亲的离世。他的父亲起着稳定家庭的作用，尤其是稳定他的母亲。史密斯先生的母亲退休后搬到了一个远离扩大家庭和老朋友的地方（从艾奥瓦州到弗吉尼亚州）。丈夫死后，她一度非常孤单。在弗吉尼亚州的十年里，她结交了许多新朋友，但她的丈夫和已成年的孩子仍是她的主要关注对象。史密斯先生的母亲在汽车、财务、住房和其他实际问题的决策上都很依靠丈夫。丈夫死后，她转向依靠她的二儿子——史密斯先生。他不仅比其他孩子住得离他母亲更近，而且一直对母亲有重要的情绪支持。

在史密斯先生的父亲去世后的半年中，史密斯先生、他的妻子和他的母亲之间的三角关系变得更加紧张。母亲表现得很无助，感到不知所措。她频繁地给儿子打电话，几乎每件事都要征求儿子的建议，并且给儿子很大的压力让他来看望自己。史密斯先生的妻子感到被丈夫忽视，并且很生婆婆的气。她认为丈夫"屈服"于他母亲的压力，他的热心既没有帮助到他的母亲，又损害了自己的婚姻。史密斯先生感到"进退两难"。对于母亲和妻子，他会选择性地告诉或隐瞒一些事情，以避免与她们之间的冲突和紧张。在试图接受来自两个女人的压力时，他对她俩都不满意。而他对双方含糊不清或相互矛盾的承诺使这两个女人都很沮丧，她们都指责对方给了史密斯先生"太多压力"。还有一个附加因素是史密斯先生的哥哥。父亲去世后，哥哥频繁地从南卡罗来纳赶来看望母亲，他相当固执地坚持让他母亲做某些财务决策。"母亲的关注"给予他的压力，激活了史密斯先生、他的母亲和他的哥哥之间的旧三角关系。正是在这种情况下，史密斯先生的症状恶化了。

一旦史密斯先生的症状开始对他的功能造成更严重的损害，或是有造成更严重损害的风险，史密斯太太就会更加疯狂地关注他。她对他的抑郁症状反应强烈，担心他会自杀。她越担心他，他似乎就越会发出暗示："我不确定我能不能战胜它。"至少，她是这样解读他的声调和面部表情的。这种情况会平静几天，但接下来，他母亲的一个电话、他哥哥的一次意料之中的拜访甚至是他工作上的一次挫折，都会再次启动这个焦虑驱动的循环。史密斯太太可能比史密斯先生更担心"接下来会出什么问题"。很难说谁是"感染"了最多焦虑的人，但这对夫妻都倾向于认为，史密斯先生才是那个需要控制自己的人。这些基本关系中相同的紧张在整个婚姻过程中都存在，但由于最近发生的事件，它们变得更糟了。

史密斯一家的家庭心理治疗异常简单。尽管史密斯先生和史密斯太太都曾把注意力放在先生的"问题上"，但他们也都很愿意把注意力从症状转移到关系问题上。在治疗过程中，双方都能倾听对方，并且"听到"丈夫不断妥协的立场对双方都造成了同样的问题。很快，两个人都认为这种情况使他们都在情绪上"陷入"了困境。指责似乎既不恰当，也没有效果。史密斯先生、他母亲和史密斯太太之间的三角关系对他们两人来说都是显而易见的。当他们中至少有一个人把这个三角关系看作是一个由焦虑驱动的过程（史密斯夫人是第一个看到它的人），而不是一个"不应该"发生的事情时，焦虑便开始消退了。史密斯太太不再坚持自己"有权"得到丈夫更多的关注，史密斯先生对他的决策能力也重拾回一些信心，而他之前一心想着自己一定是个"病人"。他开始对妻子和母亲说"不"（和"是"）。

史密斯太太也确信必须由她的丈夫来处理他自己家的事，因此她大大让步了。史密斯先生的症状在几个月内就消失了。

这是一个在焦虑驱动下退行的家庭，它对没有陷入焦虑的治疗师的回应很迅速。症状的迅速改善主要与焦虑的减轻和功能分化水平的改善有关，基础分化水平可能也有一点变化。例如，妻子利用三角关系的知识来降低她基于自身情感而产生的反应。但是，基础分化水平的显著变化通常需要几个月以上的治疗。经过 6 ～ 7 个月的治疗，婚姻和与扩大家庭的关系变得更加融洽，夫妻双方都不太愿意为更多的分化努力。下一个压力时期可能会为他们中的一个或两个提供重新开始治疗的动力。

史密斯家通过夫妻中一方的情绪障碍来表达家庭的焦虑。这种家庭情绪过程间的相互关系，与用其他方式表达家庭焦虑的家庭情绪过程间的相互关系是一样的。在所有类别或类型症状的发展方面，共同点远远大于不同点。当一系列情绪变量（适应性、慢性焦虑水平、核心家庭制约焦虑的机制类型、核心和 / 或扩大家庭系统中的压力事件以及与扩大家庭的情绪阻断程度）孕育了某种症状的"成熟"时，各种类别或类型的症状可能会发展，也可能不发展。导致婚外情的基本情绪过程，可能与导致肥胖或酗酒的情绪过程相同。导致急性躯体疾病的情绪变量与导致急性精神疾病的情绪变量是相同的。在每个例子中，"'患者'与他核心关系网络间关系的和谐平衡是如何被打破的？"我们通过评估相同类别的变量来回答这个问题。

第 10 章

家 庭 评 估

从第一次与家庭成员接触开始，对这个有症状的家庭的评估就开始了。一开始，通过微妙的或不那么微妙的方式，一个家庭会自动地试图将治疗师卷入问题之中。这是一个自动发生的过程，家庭成员通常意识不到。一位新手治疗师会在完全不知道发生了什么的情况下，卷入到家庭的情绪问题之中，比如在电话安排第一次见面的时候，或者在候诊室第一次见到家庭并感觉过于同情某个家庭成员的无助感和压迫感时。他可能会被某位家庭成员在第一次治疗中强有力的、有吸引力的或夸张的观点影响，或者在治疗的后期逐渐对某位家庭成员生气。一位成熟的治疗师也会被卷入家庭问题之中，但他更有可能意识到这一点，并知道如何回到家庭问题"之外"。当治疗师在情绪上与家庭"融合"或"被卡住"时，他可以成为家庭情感支持系统的一部分，但他无法促进家庭内部的分化。一位融入家庭情绪问题之中的治疗师还会对家庭产生分裂性的影响。

一个焦虑且有症状的家庭，向治疗师呈现的是其"最主观的一面"。对于家庭中问题的性质以及"需要"做些什么来改善这种情况，每位家庭成员都有许多主观的想法，最突出的是责备和自责。每位家庭成员要么希望治疗师成为自己的盟友，要么担心治疗师会成为别人的盟友。因此，每位家庭成员都用言语和非言语的方式来说服治疗师同意他们的观点。在这方面，一些家庭成员比其他人更有说服力。除了想要影响治疗师的想法外，焦虑的家庭也可能试图通过向治疗师施压，让他提供能够把问题从家庭肩上卸下的"答案"。这种压力可能来自家庭明显的无助感，也可能来自家庭对治疗师要解决问题的公开要求。当治疗师在与一个人、一对夫妇或整个核心家庭会面时，家庭的隐蔽和直观的反应都可能会在情绪上对治疗师产生影响。移情和反移情的概念描述了患者和治疗师在个体治疗中的情绪互动。三角关系和连锁三角关系的概念描述了一个两人以上系统中的情绪互动。

在接受治疗时，焦虑的个体或家庭也有"更客观的一面"。分化水平越高，情绪客观性的能力就越强，即使在压力很大的时期也是如此。治疗师不被家庭的焦虑和主观性吞没的能力，可以避免他被卷入临床家庭的情绪过程之中。治疗师必须能够倾听一个家庭的感受和主观性，使家庭成员相信治疗师知道他们的家庭正在发生什么，他还必须能够将他的提问指向家中更全面深入或较少反应的"方面"。通过这样做，他既可以在身体上"进入"系统，也可以在情绪上"离开"系统，治疗师的这种能力可以使一个家庭平静下来。家庭成员可能会自然而然地试图在情绪上把治疗师卷入进来，但能够保持自己情绪自主性的治疗师，比对他们做出反应的治疗师，更容易让他们平静下来。如果治疗师（在想法、言语或行动上）偏袒某一方，这会使某些家庭成员更加平静，但会令其他家庭成员更为焦虑。治疗师不是非得彻底达到情绪自主才能提供帮助，他只需要比这个家庭多一些自主性或少一些反应性就可以了。

如果治疗师在与家庭打交道时保持了适当的情绪自主性或分化水平，他的功能就可以刺激家庭成员更少地关注他人，更多地对自己负责。大多数家庭成员对他们所做的事情会造成和加剧家庭问题有自己的看法，但是，关注其他家庭成员在做什么或没有做什么，或者关注治疗师在做什么或没有做什么，比关注自己更容易。如果治疗师对家庭焦虑的反应是告诉人们应该去做什么，家庭的资源就会很快被淹没。如果治疗师没有反应，只是帮助一个家庭定义它所面临的问题的性质（特别是创建和加强它的关系过程），家庭的资源将重新出现。

为了更好地定义家庭问题的性质，人们通常需要问题来激发他们的思考。焦虑的家庭深陷在一种强烈的情绪过程之中，对这种情绪过程做出反应要比去思考它容易得多。治疗的目标是让一个或多个家庭成员更客观地思考激烈的情绪过程，也就是说，让家庭成员进行反思和感受。对临床家庭情绪过程较客观的治疗师可以分辨出仍然深陷问题之中的家庭，和已经摆脱了一些问题的家庭之间的不同。对相关过程进行提问的治疗师，可以帮助家庭成员提高对自身在家庭过程中所扮演角色的意识并且克服否认。[⊖]克服否认，可以让一个人对自己的行为更加负责。一些人会强烈地否认，以至于治疗师的客观性和对过程的提问几乎不起任何作用。然而，在大多数家庭中，有些人能够克服他的一些否认，变得更加独立。如果有人朝着更加独立的方向迈出了第一步，最终，其他家庭成员也会尾随其后。如果等待别的家庭成员先改变，人们就会止步不前。

在焦虑的环境中，系统式思考和保持理论视角的能力，使得治疗师

⊖　通常，治疗师很难确定家庭成员是从哪里开始不那么缺乏意识了，又是从哪里开始出现了否认。缺乏意识意味着，一个人真的看不到自己在问题中的角色。否认意味着，这个人在某种程度上意识到了他的部分，但是他花费了大量的精力来说服自己和他人：他是无辜的。一位丈夫可能会唠叨或忽视他的妻子，直到她爆发。当她爆发时，他会指责她"歇斯底里"或"失去控制"。他坚持说他一直在控制自己，她的烦躁与他所做的事情无关。这个丈夫是真的不知道自己在做什么吗？还是习惯性地对自己和别人假装自己是无辜的？在大多数受情绪控制的行为中，可能存在缺乏意识和否认的因素。

有可能与家庭建立情绪联结而不受家庭情绪问题的影响。如果家庭成员谈及对他们的情绪有重要影响的事情，并且感觉治疗师已经听到了，被吸引了，并且理解了他们各自的观点，那么治疗师就和他们有了充分的情绪联结。家庭可能会把这解释为治疗师的一种"关心"态度，但这与治疗师试图向家庭表示对其不适的关心或同情是完全不同的。同情在很多地方都是有用的，但它最终会逐渐消失。而情绪客观性建立在一种坚固的理论取向之上，它不太常见，但家庭永远不会厌倦它。客观性和中立性对焦虑的家庭总是有吸引力的，它们既可以通过言语也可以通过非言语的方式传达给家庭。语调、面部表情和其他非语言暗示（以及治疗师所说的话）都传达出治疗师的态度和反应性水平。治疗师可以假装中立一段时间，但无法永远假装。治疗师要么中立，要么不中立，家庭终究会意识到这一点。

在一些家庭中，投射过程的强度非常大，因此，"健康"的家庭成员坚决地坚持为"生病"的家庭成员寻求"帮助"。这样的家庭不会对一个坚持系统取向的治疗师生气（只要他不强迫家庭），但是这样的家庭（至少是家庭中占主导地位的人）对专注于关系的治疗形式不感兴趣。这个家庭将把"病人"带到另一个会给予"他所需要的帮助"的治疗师那里。一位有经验、成熟的治疗师，可以让大多数家庭成员充分地超越他们的预测和否认，从而继续接受治疗，但总有一些家庭只会接受与他们观点一致的治疗师。^㊀

㊀　这样的家庭可能会与一位令人愉快的治疗师建立一种令人舒适的关系，并使症状得到缓解。例如，治疗师可以把治疗的重点放在孩子的"精神疾病"上，并定期向孩子的父母建议如何处理孩子的问题。这是一种一体化式的问题"解决方案"，它与家庭投射过程如影随形。治疗师与家庭达成一致或融合，可以帮家庭度过一个有压力的时期。当压力消退时，家庭可能就不再需要治疗师的支持了。所有的治疗可能都有某种程度的一体化，但系统方法的目标是将其保持在最低限度。如果将一体化保持在最低水平，每位家庭成员都更有可能意识到他的潜力，从而更多地分化出自我。

从一开始，治疗师与家庭关系的特征就很重要。治疗师在自己家庭中的分化水平越高，他就越能够在与一个临床家庭保持紧密联结的同时，仍置身于系统之"外"。当一个治疗师在家庭情绪系统之"外"，他就可以自主思考。他既没有被家庭的主体性吞没，也没有把家庭吞没在自己的主体性之中。家庭的焦虑和主观性会对治疗师进行"洗脑"，治疗师的焦虑和主观性也会对家庭进行"洗脑"，这些过程非常微妙，大多数治疗师需要多年的临床经验才能充分认识这些过程，但经验本身并不能保证什么。治疗师可能从业多年，却从来没有意识到他常常满足他所治疗的家庭的需要，或者他所治疗的家庭满足了他的需要，即家庭需要做些什么能让治疗师感到舒服。精神分析训练通过要求分析师进行个人分析来解决这个问题，家庭系统训练要求受训者通过提高自我分化水平，从而与自己的原生家庭建立联系来解决这个问题。[⊖]精神分析中的个人分析和家庭系统中的提高自我分化训练，两者都能增强治疗师的能力，使他们能够监控自身的情绪功能对临床工作的影响。

家庭评估访谈

家庭评估和治疗的对象可能包含一位家庭成员、一对夫妻、整个核心家庭，或来自核心家庭和扩大家庭的其他成员。不论参与评估和治疗的家庭成员数量有多少，分化的基本原则都是适用的。以系统论为基础的治疗总是以治疗师的假设为指导，即个体化和一体化这两种生命力量之间的相互作用是家庭过程的基本组成部分。家庭治疗之所以是家庭治

⊖ 受训者的动机不同，成功与过去联结的程度也不同。即使一个受训者在几年内相当成功，这项任务也永远不会完成。对于那些认为自我分化足够重要并投入时间和精力的人来说，自我分化可以是一辈子的努力。每个人都是一体化过程的一部分，没有人拥有完全的情绪自主性，但人们总是可以争取更多的自主权。治疗师有一个独特的责任，就是不断地在分化上努力，因为治疗师在自己家庭中的进步会反映在其临床家庭的进步上。

疗，不是因为来治疗的人数，而是因为治疗师概念化这些问题的方式。如果治疗师的概念包含一个家庭关系过程，还包含该过程与个体功能之间的联系，那么，就算是只有一位家庭成员的完整心理治疗过程也是家庭治疗。

30年来，基于家庭系统理论的临床治疗经验非常强烈地表明，对于有动机与原生家庭重建情绪联结的患者来说，提高基础分化水平最有效的方法就是家庭治疗。即使一个人已经结婚生子，原生家庭的情绪场往往仍对提高基础分化水平影响最大。这并不意味着一个人要忽视他的核心家庭关系，只关注扩大家庭，而是意味着，扩大家庭是他改善自己功能的一个极其重要的组成部分。提升一个人在原生家庭中自我分化的能力，可以提高一个人在核心家庭和其他重要的关系系统（例如，商业和社区组织）中更为分化地执行功能的能力。⊖在核心家庭与扩大家庭中，提高个体分化的能力都同样重要；在家庭系统与非家庭系统中，提高个体分化的能力也同样重要。然而，提高一个人的自我分化水平，对于一个人的家庭，特别是对一个人的原生家庭而言，影响最大。

通常，对那些专注于原生家庭的人来说，个体治疗是最有帮助的。对专注于原生家庭的人来说，治疗性的因素往往发生在治疗室之外的地方。这是因为一个努力在家庭中有更多自我的人通常需要增加与家人的联结，也需要增加与其保持联结的人数。这些联结的主要目的是，尽可能多地重新激活原始依恋的各个方面。对父母的依恋是最重要的，因为父母通常对一个人的价值观、态度和情绪构成的发展影响最大。如果父母去世了，那

⊖　如果一个人能够提高他的基础分化水平，他的社会关系也会受到影响。亲密的友谊往往取决于人们的信仰、态度和价值观的相容性。这并不意味着他们在所有事情上都意见一致，但他们对生活的基本取向是相当和谐的。如果一个人减少了主观性对他重要信仰和价值观的影响，这可能会使他与过去曾经相处的人之间的关系变得不那么融洽。这并不意味着这种关系必然会被一个人的基础分化水平的微小变化破坏，但它确实表明这种关系的性质将有所不同。

些在情绪上与父母最亲近的人会成为最重要的人。一旦关系变得更加活跃，一个人就可以尝试在这些关系中表现出更多的自我。实现更多的自我，依赖于对三角关系和去三角关系过程的理解。与家庭有更多联结的另一个目的是更多地了解家庭。几乎每个人都有一些没有意识到的、关于家庭的重要事实。除了从家庭，或与家庭密切相关的其他方面了解这些事实外，别无他法。增加对家庭的实际了解，是实现更多自我的一个重要组成部分。[⊖]

有时，只有一位家庭成员有动力接受治疗。在这种情况下，单独的治疗显然是唯一的选择。整个治疗过程都可以和这个有动力的人一起进行。只有一位家庭成员参与的家庭治疗可以产生良好的效果。这位家庭成员的进步不必受到其他家庭成员的态度和行动的限制。与家庭保持情绪联结的人，其基础分化水平的提高会导致其他家庭成员功能的提高。家庭治疗的成功取决于一个人的态度，即他的努力是为了他自己，而不是为了家庭。这个人最初可能是被家庭中的某个问题刺激，但他必须放弃修复或改变家庭的想法，并且在与家庭的关系中改变自己。

如果夫妻双方都有治疗的动机，就可以让夫妻双方一起进行治疗，或者分别会见同一位治疗师，或者把这两种方法结合在一起。在治疗初期，通常是夫妻双方一起治疗。数周或数月之后，通常是在其中一方或双方都很清楚地意识到，需要的努力是针对自己而不是针对别人之后，大多数的治疗会单独进行，但家人一起治疗并不妨碍他们为自己努力。联合治疗是一种有用、有效的治疗方法，但有时，家人一起治疗会阻碍他们其中一两

⊖　尽管临床经验表明，一个人在原生家庭中努力自我分化对其自我分化水平的提升最具成效，但许多基于系统理论的治疗并不涉及对原生家庭的关注。许多临床家庭对当前的问题过于执着，或是对引入与扩大家庭未解决的依恋关系过于敏感。治疗师可以给出自己的观点，说明试图与最初的依恋对象建立联结的价值，但这样做的动机必须来自家庭成员，而不是来自治疗师。在一些情况下，人们起初并没有动机去弥补情绪上与原生家庭的阻断，但后来他们对治疗产生了兴趣。这种情况经常发生在紧张局势过后，例如，在核心家庭的紧张局势消失之后。

个人的进步。人们往往会一遍又一遍地重复相同的内容。当家人一起治疗的时候，有时会很难摆脱一个概念——"我们"正在努力改变，也很难接受一个概念——"我"正在努力改变。当"我们"努力的时候，每个人都会专注于另一个人是否在做他的部分。再者，两人一起治疗时还可能会出现的另一个问题是，人们对对方的反应都非常强烈甚至双方都无法在谈话中思考，人们在治疗结束时可能比开始时更加紧张。

当人们因为孩子的问题而寻求治疗时，孩子和父母可能会一起接受最初的评估。但随着治疗的进展，大部分时间是父母单独或一起进行治疗。孩子可能会有一些单独的治疗，但他不是治疗的主要焦点。在大多数情况下，即使症状出现在儿童身上，也没有必要直接治疗孩子。○在一些情况下，父母不接受任何治疗，唯一有动力的家庭成员是一个还没有独立的孩子，通常是青少年。在这种情况下，孩子要接受个体治疗。重要的是，一个人为了自己而接受治疗。而儿童和青少年可能是被其他人，通常是父母，逼着去接受治疗的。儿童或青少年可能会遵从父母的意愿接受治疗，但这并不是他自己接受治疗的理由。一个人也可以被伴侣强迫接受治疗。没有任何"规则"不让治疗师会见这个被迫来接受治疗的伴侣或孩子，但如果这个过程没有被看到和处理，治疗师就支持了这种家庭投射过程。治疗师必须表明立场，除非其他家庭成员参与，否则不会见单个的家庭成员。

有时，涉及整个核心家庭或者核心家庭加扩大家庭成员的治疗，是一个家庭的诉求。这种治疗通常被称为家庭团体治疗。由专业治疗师进行的家庭团体治疗，对减轻焦虑和缓解症状非常有用。然而，对于提升基础自我分化水平来说，这是一个烦琐的方法。因为家庭团体疗法很容易培养出一个一体化的解决方案，而不是个体化的解决方案。在一个有经验的治疗

○   这个观点是以系统论为基础的。如果父母中的任何一方能够提高他的基础分化水平，那么另一方和孩子的功能就会自动提高。

师带领的团体中，家庭成员经常通过公开讨论和达成共识平静下来。[○]一般来说，人们都赞同多多交流，彼此更好地相处。这样的解决方案可能在一段时间内有效，但一旦有人不合作，它就会失效。本质上，家庭的共识是"人人为我，我为人人"。如果一个人食言，共识就会破裂。一体化的解决方案使团体的完整依赖于其中"最薄弱的一环"，也就是第一个食言的人。相比之下，个体化解决方案更为持久。如果一个群体的完整性依赖于提升自己的那些个体，那么其中"最薄弱的一环"只会引起轻微的干扰。

大多数家庭评估访谈要么是一个人参与，要么是一对夫妻一起参与。还有可能是双亲和孩子，父母一方和孩子，整个核心家庭，或两个配偶和他们的扩大家庭成员等其他的组合参与访谈。在评估过程中，治疗师会提出十个基本问题：

- 谁提出要治疗？
- 有什么症状？哪位家庭成员或哪段家庭关系出现了症状？
- 有症状者的直接关系系统（通常指核心家庭）是什么？
- 核心家庭的情绪功能模式是什么？
- 核心家庭的情绪过程有多强烈？
- 是什么影响了这种强度——超负荷的压力事件或低水平的适应性？
- 扩大家庭系统的基本特征是什么，特别是就其稳定性和有效性而言？
- 每个人与自己扩大家庭的情绪阻断程度如何？

○ 如果一个新手治疗师会谈了一个高度焦虑、不稳定的家庭的所有成员，那么这个家庭在会谈期间可能会出现退行，并在会谈后几天或几周内持续退行。一个成熟的治疗师不会同时会谈一个焦虑的、不稳定的家庭的所有成员。当一个精神病患者和他的家人同处一个房间时，治疗师会极其小心。治疗师必须尊重其强烈的反应，因为人们很少通过谈话来摆脱强烈的反应，他们通常需要远离那些容易让他们起反应的人。当人们能够更好地控制自己时，就可以有建设性地谈论事情了。

    ○ 预后如何？

    ○ 治疗的重要方向是什么？

所有这些问题的答案都来自一次家庭评估面谈中收集的信息。

家庭评估访谈的程式

当前问题的历史

家庭评估访谈首先要了解当前问题的历史，这部分访谈主要集中在症状及有症状的人或关系上。在此，重要的是让家庭成员讲述他们的故事，并仔细倾听每位家庭成员对问题的看法。症状出现或复发的确切日期非常重要，这些日期可能与稍后收集的信息有关。例如，一位患有类风湿性关节炎的妻子，她的首次诊断发生在婆婆去世后三个月。这种相关性并不能建立一种关系，但却暗示着一种关系。这些求助家庭的现有症状，其强度是逐渐增加的？还是突然出现的？后者暗示了家庭内外最近发生事件之间的联系。人们可能与问题如此"接近"，以至于他们不认为这些事件与症状有关。当治疗师简单地问一些有关事件的问题时，人们可能会突然产生联想。这些联想可以提供一些视角，这些视角通常有一些使人平静的作用。

对于"是什么造成并维持了当前的问题"，每位家庭成员的看法都很重要。这些观点可以是完全主观、被动的，也可以是经过深思熟虑的。例如，一个完全主观的观点是："问题在于我妻子疯了，她需要医生把她治好。"说这种话的人是在否认自己与妻子症状的产生有关。一个更客观的观点的例子是："我女儿很叛逆，但我相信她是在对我们家发生的事情做出反应。"治疗就始于这样的观点，它们是家庭成员对问题本质的看法。即使是那些声称"不知道"问题是什么的人，通常也有一些他们没有表达的观点。有些人认为医生或治疗师是专家并且应该在一开始就告诉他们造成问题的原因，对这种想法的坚持应该最先被解决。如果一个治疗师掉进了这个陷阱，他可能永远不会走出这个陷阱，他可能永远都在为改变开出处方。家庭成员总是对他们的问题的"原因"做出一些假设，而成功的治疗依赖于将这些假设公开，以便对其进行审视。

一个家庭可能有不止一种症状。妻子可能有慢性精神病，丈夫可能有躯体疾病史。获得家庭中所有症状的准确细节是很重要的。妻子因精神病住院的确切日期是什么时候？她每次住院多长时间？她是如何被治疗的？有些人的功能障碍是持久的，有些人有两种精神病性反应，但每一种反应都能在三周内恢复，而且在住院期间有非常有效的功能，这两者之间有很大的区别。丈夫既往疾病的本质是什么？它们是什么时候形成的？他的疾病对婚姻和家庭有什么影响？这些问题对丈夫的功能有影响吗？

在这对夫妻前来参与家庭治疗时，重要的是去了解妻子是否仍然在接受某种形式的精神疾病治疗。可能有的妻子会说，她一直觉得他们的婚姻关系严重影响了她的精神状况，但她可能永远无法让她的丈夫来接受治疗。当丈夫最终同意接受治疗时，她便想要停止个体治疗。另一位丈夫可能会说他想要家庭治疗，因为他认为妻子太依赖她的个体治疗师了。他认为治疗师对她的影响太大，以至于自己成了局外人。有时，个体治疗师可能会将进行单独治疗的患者转介"家庭治疗"，此举可能是出于个体治疗师的深思熟虑或被动反应。一个反应性的转介是指治疗师陷入了与患者的僵局之中，并且想要寻求帮助。他想继续进行个体治疗，并且让他的患者及其配偶接受"家庭治疗"。⊖如果家庭治疗师接受这样的转介，对他来说，将个

⊖　此处的"家庭治疗"加了引号，意在表明，当治疗师希望他的病人同时接受"个体治疗"和"家庭治疗"时，治疗师没有把家庭治疗看作一种新的理论，而是一种治疗方法。治疗师把问题分成个人问题和家庭问题。一种治疗方法治疗个人问题，另一种方法治疗家庭问题。系统理论并没有这样划分。但在心理治疗领域，把问题划分为个人问题和家庭问题是一个合理的观点。这一观点得到了以下事实的支持：通常很难看出个人问题和关系过程之间的联系；人们可以把一个问题当作个人问题来处理，并取得进展。

体治疗师视作家庭的一员是比较明智的。然而，多重治疗师的安排可能会严重干扰个体对自我分化的努力。

当治疗师开始治疗一个家庭时，他最具建设性的态度之一，就是把家庭视为可供自己学习的巨大资源。治疗师了解家庭过程的一些内容，但总是有更多的东西是他不知道的。如果治疗师愿意提问并倾听接受治疗的家庭，那么家庭就可以提供给治疗师一些信息。治疗师提出的许多问题实际上是伪装成问题的建议。如果治疗师可以不带建议或假设答案地提问，那么他就可以了解家庭，在这个过程中，家庭也可以了解自身。当治疗师对"解决"家庭问题感到焦虑时，他通常会停止对家庭的了解。他会全神贯注于他"应该"做的事情甚至无法仔细调查家庭的实际情况。如果治疗师的焦虑让他倾向于远离家庭，并且表现出他没有责任帮助家庭看到它的选项，那么这个家庭可能会去其他地方寻求帮助——而且它应该这样做。[○]

在这部分家庭访谈结束时，治疗师应该知道是哪位家庭成员推动了这次治疗，以及他在这个特定的时间求助的原因；治疗师也应该知道哪位家庭成员有症状，以及症状是躯体的、情绪的还是社会功能方面的；该症状的首发时间，完整的临床过程，以及与症状相关的功能障碍的程度；治疗师还应该知道每位家庭成员在访谈中是如何看待问题的本质的，以及每位成员参加访谈的具体原因。倘若一位妻子说，"我在这里是要尽我所能去帮助我的丈夫解决他酗酒的问题"，或一个青少年说，"我在这里是因为我的

　○　强调治疗师是在提出问题而不是做出解释，这并不意味着治疗师从不表达建议，治疗师的确有责任清楚地表达他的观点。传统的精神病学解释的基础是：医生诊断病人的问题，然后进行治疗。病人必须努力去克服疾病，但他的进步很大程度上取决于医生的解释。系统理论的治疗基于这样一种假设，即治疗师没有必要诊断家庭的问题。如果治疗师能够相当成功地维持系统取向，那么家庭将开始诊断自己的问题，并发展出自我改变的方向。对治疗师来说，对家庭问题的性质做出自己的评估是很重要的，但他这样做主要是为了维持他在家庭中的地位，并谋划富有成效的提问。

父母坚持要我来",或者一位父亲说,"我们来这里是为了得到一些建议,关于如何帮助儿子和他的情绪问题",另一位妻子说,"我想改变我自己,让其他人见鬼去吧",治疗师便立刻知道对待每个人的最初方案应该是怎样的。[⊖]

核心家庭的历史

收集核心家庭的历史要从夫妻双方第一次相遇开始。收集的信息包括他们相遇之前在做什么,以及他们刚刚遇见时在做什么。他们各自是何时何地出生的?受过多少教育?工作经历如何?相遇之前他们是否有明显的躯体、情绪或社会功能障碍?如果他们之中有人以前结过婚,是什么时候结的婚?有孩子吗?如果有以前的配偶和孩子,他们现在在哪里?目前与他们的关系如何?就目前的婚姻而言,当他们相遇时,双方各自的生活状况如何?是什么吸引了他们?他们关系的早期阶段是怎样的?他们是怎样求婚的?又是什么时候订婚的?在此期间有什么严重的问题吗?他们是在何时何地结婚的?有人拒绝参加婚礼吗?有人被排斥在婚礼之外吗?这段婚姻在早期阶段是什么样的?有严重的问题或症状吗?对治疗师来说,了解夫妻双方的观点总是很重要的,因为他们中的一方可能很痛苦,而另一方可能很满足。

第一个孩子是什么时候出生的,夫妻双方是如何适应这个新情况的?期间有什么严重的问题或症状吗?之后的孩子是什么时候出生的,这个家庭是如何适应这些变化的?期间有什么严重的问题或症状吗?核心家庭住在哪里?搬家的日期是什么时候?这些举动的原因是什么?自这对夫妻相遇后,有没有哪一方继续上学或重回学校?他们获得或未获得什么学位?

⊖ 对于家庭成员对家庭问题本质的各种假设,治疗师所采取的方法或姿态均是基于理论原则。治疗师试图尽自己所能,从家庭中分化出自我。显然,这并不意味着说话的方式会疏远家庭成员。一个人以不引起他人情绪反应的方式表达自己的能力,是他作为一个分化之人的主要因素。

自他们相识以来，双方的职业经历如何？如果失业了，是什么情况？每位孩子在学校和社会中都做了哪些调整？除了目前的问题外，是否有哪个孩子曾有或目前有明显的躯体、情绪或社会功能障碍？是否有人从家里搬了出去（比如孩子），或者从外面搬进家里（比如配偶的父母）？这些变动是什么时候发生的？如果一个或多个孩子不住在家里，他们现在在哪里，他们在做什么？这些孩子中有结婚生子的吗？或者他们有结婚的计划吗？与独自生活的孩子联系的本质是什么？

除了前面提到的症状，夫妻中的任何一位是否有其他躯体、情绪或社会功能障碍？有没有什么重要的医学治疗或心理治疗尚未提及？夫妻是否有过强制或自愿分居的时期？那些时期是怎样调整的？家庭还有其他压力大的时期吗？当时是什么情况？有什么经济上的剧变吗？目前是否有家庭成员因其工作环境而受到情绪上的影响？配偶是否已退休或计划在不久的将来退休？家庭周围的环境是否会影响他们的情绪？在其他社交网络中是否存在影响家庭的情况？

根据核心家庭历史中提到的具体问题，可能还需要追问一些其他问题。从所有这些问题中收集到的信息为以下几个重要方面提供了线索：①核心家庭情绪功能模式的本质；②这个家庭过去和现在所经历的焦虑程度；这个家庭所经历的和正在经历的压力。有证据表明，在夫妻关系发展过程中，一方的功能显著改善，而另一方的功能显著下降，这表明，功能下降的一方在婚姻中是适应更多或"更失去自我的"另一方。当一些人谈论他们早期的关系时，他们非常明确是什么吸引了彼此。一位妻子会说："我需要感到被人需要，我丈夫正需要人帮助，我们是天造地设的一对。"她补充说："我不像以前那样需要他了，这给我们的婚姻带来了很多矛盾。"另一位丈夫会说："我娶她是因为我想要照顾她。她似乎很无助，很迷茫，但我从没想过她会如此依赖我。"从他早年的吸引力中可以明显看出，这位丈夫助长了他妻子的功能障碍。

对之前的婚姻（特别是有孩子的）保持觉察是很重要的。与前夫或前妻的持续斗争，对监护权的争夺，以及在当前家庭中生活的前一段婚姻的孩子，都对家庭产生了重要的影响。如果前夫或前妻死亡，配偶余留的反应也可能影响他现在的家庭。许多离异人士都有一种坚定的决心，要保持下段婚姻的完整，对这一点保持觉察也是很重要的，因为这可能会增加向孩子而不是婚姻表达焦虑的倾向。一位继父可能会对妻子过度关心前一段婚姻的孩子产生负性反应。一位继母可能在会试图成为丈夫前一段婚姻的孩子的"母亲"时，遇到许多障碍。一个孩子可能对父母的再婚反应强烈。也可能出现相反的反应，即父母再婚后，家长和孩子都有更好的表现。

分化水平高的夫妻的年龄差异明显小于分化水平低的夫妻的年龄差异。分化水平高的人群出现极短求爱期或极长求爱期的频率明显低于分化水平低的人群。在一起生活时关系很好，但婚后不久关系就明显恶化的人，通常是用不婚来处理关系中的未分化的人。与分化水平高的人群相比，分化水平低的人群非婚生孩子的频率更高。如果有人私奔，这通常是一个被动反应的决定，而不是一个深思熟虑的决定。如果某一方的扩大家庭被排除在婚礼之外或拒绝参加婚礼，这就为了解配偶及其扩大家庭之间的情绪强度提供了线索。如果夫妻中的任何一方在婚姻早期有明显的躯体、情绪或社会功能障碍，而这种功能障碍在妻子怀孕时消失，这就是核心家庭情绪功能基本模式的线索。之后，这种模式可能会被儿童的症状所掩盖。只有通过询问早年的情况，才能揭示婚姻中情绪功能的基本模式。

当第一次怀孕严重扰动婚姻中的情绪平衡时，这种扰动可能会产生重要的长期影响。例如，一位丈夫可能会在第一个孩子出生后出现精神病性的反应，这可能会威胁到他的妻子。之后，妻子做了很多调整，希望避免再次的崩溃。妻子可能还想要第二个孩子，但她并没有不顾丈夫无法应付的恐惧而坚持要第二个孩子，丈夫也没有一再要求。如果一个家庭的历史中出现过某种问题，而这个家庭因为其他原因来寻求治疗，那么第一个问题可能会比这个家庭实际寻求治疗的问题更重要。多年来，对可能发生之事的恐惧一直控制着这个家庭，但这个家庭可能有能力克服这种恐惧。

　　每位家庭成员的症状史，都为系统中各种表达压力的途径提供了线索。在一些家庭中，紧张情绪的表达方式经常变化。对治疗师而言，意识到这些变化是很重要的。家庭评估的目的是让治疗师清晰地认识到他所面对的家庭中情绪过程的本质。一段历史，如果只包含家中最近发生的事件和关于过去的模糊记忆，它就不足以提供这种视角。这也是为什么会收集这么多关于过去症状和事件信息的一部分原因。搬家是另一个需要询问的重要领域，因为它可能与核心家庭或扩大家庭成员的症状发展相关。⊖人们搬家的理由有很多，他们可能会说搬家是因为"有一份好工作"，但通常还有其他激励因素。对丈夫来说，搬家最有吸引力的特征可能是让妻子远离娘家的需求，或者让自己远离自家的需求。搬家之后，家人的情绪可能会大不相同。⊜

　　下面的临床案例说明了搬家对核心家庭情绪过程的影响。一个患有精神分裂症的男孩，今年 24 岁，他从高中起就开始出现明显的功能障碍。他和父母曾一起住在马里兰州的巴尔的摩，母亲对他非常关注、过度卷入。在巴尔的摩地区，母亲还有一群亲戚朋友，她对他们也多有关注。父亲忙于工作，在对待妻子和儿子时很顺从。后来，父亲成功地说服母亲搬到距巴尔的摩三小时车程的一个地方，父亲打算最终在那里退休。母亲并不想搬家，但她屈服于父亲的压力。搬家后不久，母亲就陷入了抑郁和酗酒的状态。面对母亲的崩溃，父亲变得无能为力，他也喝得酩酊大醉。患有精

　　⊖　有关扩大家庭中的事件信息，将在后续评估中收集。表明搬家与扩大家庭中的症状相关的一个例子是，丈夫的母亲在儿子搬到离她一千英里的地方后不久，就出现了严重的疾病。在家庭访谈中，丈夫可能对离开母亲感到内疚，但他可能不会太重视母亲的问题，如果治疗师问起关于他母亲的问题，可能妻子会表示她认为这非常重要。她本想谈这件事，但她丈夫似乎并不愿意。

　　⊜　这是重要的信息，不仅对治疗师来说如此，对那些试图了解自己的人来说也是如此。

神分裂症的儿子的功能倒是有了明显的改善，他得到了一份工作，可以跟人社交，前去购物，还能开车送母亲去看医生。对母亲来说，孤独是使她崩溃的一个重要因素。

当夫妻某一方重回学校或工作岗位时，这可能预示着婚姻中情绪功能模式的转变。它可能会在一个家庭中引发很多焦虑，并最终在某些家庭成员中表现出症状。问题不在于重返校园，问题在于家人无法适应这件事。出于同样的原因，一个无法完成学业的人往往是在对他的核心家庭或扩大家庭的关系过程做出反应。就业经历是情绪过程的另一个重要指标，当某位家庭成员失去了一份工作，并且无法激励自己去找另一份工作时，这几乎总是一种由家庭关系过程强化的症状。家庭成员工作环境中的情绪波动可能会威胁或"感染"核心家庭系统。邻里或其他社交网络的混乱也可能是一个重要的影响因素。即使是由国家或国际事件引起的焦虑，例如肯尼迪总统遇刺，也会极大地影响核心家庭的情绪功能。分化不良的家庭最容易对社会环境中的焦虑做出反应。

家中每个孩子做出的调整和表现出的症状，都提供了有关家庭投射过程的信息，也提供了关于哪个孩子与父母的情绪分离最少的信息。如果长女的症状在她的弟弟出生时就完全消失了，而弟弟长大后也出现了严重的情绪问题，这是一个强有力的迹象，表明在第二个孩子出生后，家庭的情绪过程发生了转变。不管出于什么原因，家庭的投射过程从第一个孩子转移到了第二个孩子。如果家中的孩子在大多数方面功能都相当稳定的话，这表明父母自己或者在他们的关系中处理了自己的情绪问题。

人们暂时或永久迁入或迁出核心家庭也会产生重大影响。如果一个青少年的行为问题在他年迈的祖母搬进他们家后不久就消失了，并且祖母的"健忘"很快成为家庭的焦点，这可能意味着家庭的情绪过程发生了转变。祖母代替青少年成为家庭的焦虑储藏室。很多症状的出现可能与一个成年孩子离家有关。如果一个孩子搬了出去，但他与父母的关系依然有很多问题或者出现情绪阻断，这都会影响到家庭。如果孩子们搬出去，分散在四方，这与他们搬出去，但和父母待在同一地理区域是不同的情况。如果一个成年的儿子或女儿搬回家，这可能会在家庭中引发焦虑，甚至会出现各种症状。如果其中一个孩子正打算结婚，或者已经结婚，现在又怀孕了，都可能对家庭产生重要的影响。同样地，这些事件和症状之间的关联可能是家庭成员没有考虑到的。[⊖]

如果治疗师没有了解一个核心家庭的详细历史，就可能会忽视一些关联，而它们能够帮助人们增加对问题的理解。除非治疗师提出要求，家人可能不会提及一些重要的事情（比如丈夫两年前的癌症手术），至少一开始不会。夫妻某一方可能已经看了很多年的心理医生，却不认为有必要提及。一位父亲可能会问："对于我儿子的问题，治疗师要做些什么？"父亲把他的焦虑投入到与治疗师的关系中，这可能与他儿子的问题有很大关系。例如，在重要的情绪问题上，父亲可能更容易与支持他的治疗师交谈，而不是与妻子谈。

在这部分评估的结尾，治疗师应该知道核心家庭自成立以来所发生的重要变化，了解了核心家庭（过去和现在）所承受的压力，以及这个家庭对压力的适应性程度。治疗师也应该知道有症状者的直接关系系统和该系统中情绪功能的主要模式，以及这些模式可能会随时间发生怎样的变化。治疗师还应该对核心家庭情绪过程的强度或慢性焦虑水平有一个印象，无

⊖ 这些关联并不能证明事件和症状之间的联系。但当人们意识到这种关联时，就有可能逐渐收集到支持或反驳某种实际联系的信息。例如，一位母亲和儿子的核心家庭住在一起，他从来没有想过，每当岳母来访时，母亲的"衰老状态"会变得更糟。这种关联可以被认为是一种实际的联系，因为在岳母连续四次探视他母亲后，母亲的功能有所恶化。这种联系的本质似乎是通过连锁三角关系来实现的。当岳母来访时，他往往不愿露面，他对妻子和岳母之间的紧张关系感到畏缩。当他退缩时，他和自己母亲的交流也减少了。这使母亲在情绪上更加孤独，这种孤独似乎使她更加健忘。

论是过去还是现在。他应该意识到，这种强度是与生活中过多的困难事件
有关，还是与家庭中较低的适应能力有关。所以，在评估这一点时，重点
已经从症状和有症状的人扩展到了与这个人直接相关的关系网络。评估的
最后一部分是收集关于每个扩大家庭系统的资料，并进一步拓展对目前问
题的看法。[⊖]

扩大家庭系统的历史

家庭评估的最后一部分目标，是将核心家庭放置到母亲和父亲的扩大
家庭系统的背景之下进行理解。核心家庭的情绪过程特征受到夫妻双方各
自家庭情绪过程特征的极大影响。此外，夫妻双方与扩大家庭成员之间当
前关系的性质，以及两个扩大家庭最近发生的事件，也会影响核心家庭的
慢性焦虑水平。一个包含扩大家庭的核心家庭可以被概念化为相互关联的
情绪场。从某些方面来说，每个核心家庭都是一个独立的情绪单元，但每
个核心家庭也会对发生在其他核心家庭中的问题做出反应。[⊖]这种反应的
范围可以从被动反应到深思熟虑，被动反应会导致焦虑的升级，并扩散到
大部分扩大系统之中，而深思熟虑的反应可以减少焦虑，并将其合理地控
制在最初产生焦虑的核心家庭中。

从每个扩大家庭收集的基本信息与从核心家庭收集的信息相似。通常
情况下，治疗师收集的关于扩大家庭系统的详细信息要比从核心家庭系统
收集的信息少一点，但如果一个家庭成员有动力在他的原生家庭中界定更
多的自我，他将会收集大量关于他跨代家族的资料。除非治疗师对一个临

⊖ 在一个家庭评估中，可能需要几次访谈来收集所有的基本资料。没有必要按任何
　　特定的次序收集资料，只要最终资料齐全就可以了。在第一次访谈中，呈现的问题
　　可能非常令人迷惑，以至于除了回顾这些问题的历史之外，几乎没有时间去做更
　　多的事情。家庭评估访谈为治疗师提供了有关家庭过程的一般印象。随着治疗的进
　　展，许多细节被填入。

⊖ 核心家庭根本不是完全独立的，因为其情绪过程的基本特征是由家庭几代人的过
　　去塑造的。家庭成员对家庭内部事件和关系过程的反应比对外部事件和过程的反应
　　更大，从这种程度上来说，核心家庭是独立的。

床家庭有特定的研究兴趣，否则他没有必要知道所有信息。治疗师为扩大家庭提供一般的原则和指导方针，并帮助家庭成员在情绪上认识到他是什么时候"陷入"了这个系统的，但家庭成员在很多方面都要靠自己。家庭成员收集的信息对他自己更重要（与治疗师相比）。更多地了解一个多代同堂的家庭，并且更好地了解家庭中的人，可以改变一个人对家庭和自己的看法。这种改变并不是源于治疗师说了什么，而是源于家庭成员对他所了解的家庭情况的看法。

在扩大家庭中，收集的资料包括出生日期、死亡日期、死因、教育背景、就业经历、既往史（包括躯体、情绪和社会功能障碍）、婚姻史（包括结婚和离婚日期）和地理位置（过去和现在）。收集的这些资料来自配偶双方的父母、兄弟姐妹以及兄弟姐妹的孩子。如果有继父母、继兄弟、继姐妹、同父异母或同母异父的兄弟姐妹，也会收集他们的信息。在收集了配偶双方直系亲属的资料之后，还要收集上一代的类似资料。这包括配偶的祖父母、叔叔婶婶、舅舅姨母和堂表亲的资料。通常不可能（甚至没有必要）对扩大家庭的每个人收集相同数量的资料。对于正在评估的核心家庭来说，家庭中最为重要的部分往往显而易见，而且往往可以得到关于这些部分更为详细的资料。获得每对夫妻的曾祖父母以及其他出生在那一代的重要他人（对每对夫妻而言）的一些资料，这点很重要，比如姑姥姥或舅姥爷可能是家中特别重要的人物。

夫妻对扩大家庭的了解程度和态度，可以用来初步了解核心家庭与大家庭的关系。人们的态度多种多样，从"我不知道没有家人我该怎么办"，到"我的家人有病，我离他们越远越好"。在最初的评估访谈中，有一些人承认他们对与家人的关系不满，并希望能改善这种关系。他们不确定如何与家庭接触，乐于接受治疗师的任何主意。人们对扩大家庭的了解程度千差万别。当一个人对他的祖父母或祖父母家庭知之甚少时，这通常意味着这个人的父母与那些家庭是完全阻断的。一般来说，那些弱化过去对现在的影响的人，最不愿意与原生家庭产生情绪联结。那些相信过去对现在有重大影响的人，通常更有动力去弥补情绪上与过去的阻断。

评估夫妻双方情绪阻断程度有时很简单，有时很困难。如果一个人说，"我不经常见到我的家人，我也不经常告诉他们我的生活"，那么可以肯定地说：这个人与其家庭存在很大程度的情绪阻断。如果一个人说，"我的父母极好，我希望能花比实际更多的时间和他们在一起"。这并不意味着这个人没有情绪阻断。这样的人可能对父母有一种理想化的看法，并且对自己不是一个"更好的儿子"而感到内疚。当他和父母在一起时，他可能会试图向他们呈现一种他认为会让父母感到舒适的形象，进而也让自己感到舒适。为了避免关系中出现紧张而伪装自己，是造成情绪阻断的部分原因。如果一个人说："我和妈妈很亲，但和爸爸没什么关系。"这句话必须要放在三角关系的背景下去理解。与母亲的明显"亲密"和与父亲的明显阻断，可能反映了父亲处于妻子和孩子之间的局外位置。与母亲的"亲密"建立在和谐的情绪融合的基础之上，而与父亲的阻断则被这种融合夸大了。因此，对阻断的评估并不是简单询问一段关系是否和谐，或者人们是否经常见面。

在收集了每个扩大家庭的基本信息后，可以讨论最近的事件对妻子或丈夫家庭的影响。最近的疾病、事故、死亡、离婚、结婚、搬家或家中关键成员的财政问题都值得探究。有时，核心家庭对这些事件的反应是家庭内部的一种潜在的（情绪）倾向，尽管他们没有公开讨论。家庭评估访谈可能是一个契机，让人们可以说出一些他们在家里没有说过的话。在扩大家庭里，偶尔会发生"情绪冲击波"。在一个非常重要的家庭成员去世后，扩大家庭系统包含的许多核心家庭都出现了明显的症状。"情绪冲击波"似乎反映了焦虑在整个系统中的扩散。当然，每一个新症状或问题的出现都会增加焦虑，它可以持续几个月到一年多。除了死亡之外，其他事件也会引发"情绪冲击波"。例如，一个家族企业的破产可能会波及几个核心家庭。

在收集有关扩大家庭的资料时，治疗师需要了解扩大家庭中哪些成员与正在评估的核心家庭的关系最为密切。在核心家庭中，妻子和她母亲之间的关系可能是她痛苦的一个常见来源。妻子和她姨母（母亲的姐妹）之间的关系可能是非常有支持性的。如果这位姨母最近得了严重的疾病，或者退休搬走了，这可能会对她产生重大影响。在核心家庭中，丈夫和他兄弟之间的商业关系，可能会给核心家庭带来相当大的焦虑。妻子可能认为丈夫的兄弟在生意上占了她丈夫的便宜，所以她可能经常迫使丈夫"起来"反对他的兄弟。这可能会导致婚姻中出现一段时间的紧张距离，这种紧张可能会影响到孩子的尿床。如果父母因孩子尿床而寻求帮助，他们可能不会提及这个丈夫 - 丈夫兄弟 - 妻子之间的三角关系。治疗师必须系统地研究扩大家庭的关系，以确保他对影响核心家庭的所有情绪推动力有一个合理且完整的了解。

除了认识到哪些扩大家庭成员与核心家庭有关之外，认识到哪些扩大家庭成员与核心家庭无关也很重要。如果一个人想要在自己的家庭中获得更多的自我，与下面这些扩大家庭成员的联系可能非常重要。比如，一个家中人人排斥的"害群之马"，一个多年住院的"被遗忘的"叔叔，一个"抛弃"妻子与另一个女人结婚并因此被指责造成了许多家庭问题的"酒鬼"祖父，一个大家都确信她"骗"走了祖母财产的姑妈，和一个"消失了的"兄弟。如果一个人想要在原生家庭中获得更多的自我，与以上这些家庭成员的联系是非常重要的。对一个核心家庭来说，与扩大家庭成员失去情绪联结更容易引起焦虑（和与之保持联结的核心家庭相比）。如果一个人可以与住在州立医院的患精神分裂症的亲属建立起情绪联结，那么，这对他们双方都有好处。有时，人们害怕，如果他们与那些高度功能障碍的家庭成员联系，对方会变得依赖他们。如果把重点放在一个人自身的功能上，而不是放在另一个人的功能上，那么这些问题便是可以处理的。

收集扩大家庭的资料，可以用来了解过去和现在在原生家庭中主导情感功能的基本模式。[⊖]原生家庭中的未分化主要是通过婚姻冲突、夫妻中一方的功能障碍和某个孩子的功能障碍来解决的吗？每一方在其原生家庭中的功能位置是怎样的？这位丈夫是一个已经逃脱家庭期望的长子吗？在丈夫的父亲去世后，他是否变成了母亲的替代性丈夫？妻子的兄弟姐妹们希望她来照顾父母吗？妻子是那个经常因为问题而接到电话的人吗？妻子或丈夫是总被这个家庭当成"孩子"的人吗？这种观念在多大程度上影响了核心家庭？

研究夫妻双方各自成长中的主要三角关系特征是很重要的。在对这些过程的早期探索中，只能明显看到一个大致的模式，三角关系有许多微妙的方面可能是人们意识不到的，这些微妙的方面要随着时间而被了解。在治疗过程中，尽早讨论那些大致的模式，可以激发家庭自我探索的兴趣。母亲与有症状的儿子的关系，与母亲与兄弟的关系有相似之处吗？这位母亲成长于由她母亲、她兄弟和她自己构成的三角关系之中。她可能体验到了自己母亲对儿子的担忧，并将那些未解决的感觉转移到与自己儿子的关系之中。在她被问到这个问题之前，她可能只是有这样的担心。通常，将它概念化为一个三角关系对人们很有帮助。一位丈夫和妻子的关系与他父母之间的关系有什么相似之处吗？在成长过程中，他可能对母亲感到愤怒，同情父亲。他现在可能会对他的妻子感到愤怒，并确信这种愤怒是合理的。当然，他的妻子在这段关系中扮演了相反的角色。

有关扩大家庭的综合信息，让人形成了关于这些系统稳定性和完整性的印象。家庭关系系统的稳定性和完整性大致相当于该系统的平均基础分化水平。这个类比并不精确，因为基础分化水平和功能分化水平之间存在

⊖　在收集有关扩大家庭成员的信息时，重要的是要记住大部分数据是主观的。家庭情绪过程把祖父母、曾祖父母等人变成了夸张的漫画人物。基于家庭的情绪需求，人们被贬低和理想化。他们的性格和行为经常被夸大。通常需要不同来源的信息来形成一个合理客观的人物形象。

差别。例如，基于某种根深蒂固的信仰体系，一个家庭可以在几代人之间保持相当地稳定和完整，信仰体系或许可以帮助家庭功能超越其基础分化水平。这一信仰体系可以主要来自家庭内部，也可以从外部整合。无论它起源于家庭内部还是外部，它通常是由一个或几个关键的家庭成员建立起来的。在这些人去世后，系统的功能可能会下降。在另一个极端，一系列灾难性的生活事件破坏了一个家庭的稳定性和完整性。在这样的家庭中，几代人的功能水平可能都在基础分化水平以下。但一般而言，对一个扩大家庭系统稳定性和完整性的印象，可以作为衡量该家庭系统中平均基础分化水平的粗略指标。

用来评估一个家庭的稳定性的信息被认为（至少在一定程度上）与情绪功能有关。寿命、既往史、工作表现及受教育程度、婚姻和生育史都与情绪功能有关。这些信息与特定个体和特定核心家庭的生活情况结合在一起，可用来评估一个跨代家庭的分化水平。[○]这个核心家庭分化水平的评估，是否反映了跨代家庭分化水平的骤减？在扩大家庭系统中，这个核心家庭是一个极不稳定的家庭单元吗？这个核心家庭是否比扩大家庭中的大多数家庭更稳定？对于治疗计划来说，重要的是治疗师要对核心家庭及其扩大家庭中情绪过程的稳定性形成一种印象。

对一个家庭的完整性的评估，源于对扩大家庭中健在并能为核心家庭提供合理帮助的人数的估测。扩大家庭系统完整性的一个极端是支离破碎。其中许多家庭成员已经去世，那些仍然活着的人彼此失去了联结。这种系

　　○　对个体基础分化水平评估的第一个组成部分是对跨代家庭基础分化水平的评估。第二个组成部分是一种印象，即个体意识到他的理智功能与情绪功能之间的区别，以及他有能力在必要的情况下根据理智原则采取行动。第三个组成部分是对个人生活过程稳定性的印象。对个体基础分化水平的估计是基于对上述三部分的综合考虑。鉴于许多变量都是必须考虑的，没有一种精确的"工具"可以衡量基础分化水平。分化量尺主要是具备理论重要性。这是一个理论上的假设，分化水平37的人与分化水平为35的人，他们的功能是不同的，但目前还不可能给个体指定一个具体的量尺水平，只能估计其基础分化水平。

统通常以非常不稳定的关系为特征。在扩大家庭系统完整性的另一个极端，家庭成员仍然健在，他们彼此之间有着良好的情绪联结，这种系统通常以非常稳定的关系为特征。然而，重要的是要记住，高度不稳定的系统中也有较稳定的成员，高度分散的家庭中也有能够彼此保持联结的人。一个扩大家庭系统越完整，它提供给核心家庭的潜在资源就越多。动力很强的人有时可以在一个看起来支离破碎的家庭中重建情绪联结。

关于核心家庭系统和扩大家庭系统的许多资料可以用家庭关系图的形式呈现出来。

家庭关系图

家庭关系图是家庭系统理论的产物。如果没有透彻理解支配情绪系统的原则，家庭关系图上的信息就毫无意义。家庭关系图反映了几代人情绪过程的起起伏伏，呈现了一个活跃的有机体，一个跨代家庭的兴衰变迁。

之所以在家庭评估访谈中收集这些资料，是因为我们认为它们受到家庭情绪过程的影响。不同家庭的信息各不相同，这种差异是家庭情绪强度差异和家庭的焦虑管理方式差异导致的结果。当这些信息呈现在家庭关系图上时，它们展现了这个家庭潜在的情绪过程。有一个非常简单的案例可以说明家庭信息与家庭情绪过程之间的联系。

在这个案例中，丈夫的直系亲属们主要通过配偶的功能障碍来处理未分化所产生的焦虑。无论是在丈夫成长中还是离家后，这都是他的原生家庭主要的焦虑管理机制，婚姻冲突和孩子的功能障碍并不是突出的焦虑管理机制。妻子的直系亲属们主要通过婚姻冲突来处理未分化所产生的焦虑。无论是在妻子成长中还是离家后，这都是她的原生家庭主要的焦虑管理机制，配偶和孩子的功能障碍并不是突出的焦虑管理机制。在这对夫妻的核心家庭中，对于未分化所产生的焦虑，其主要管理方式是孩子的功能障碍，配偶的功能障碍和婚姻冲突并不是主要的焦虑管理机制。这三个家庭情绪场（丈夫的原生家庭、妻子的原生家庭、核心家庭）的情绪过程如图 10-1 所示。

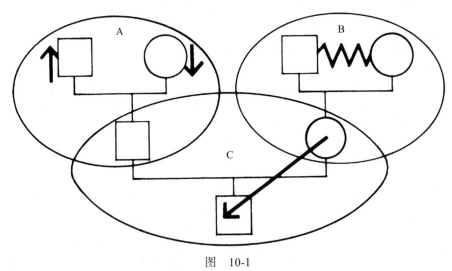

图　10-1

注：A 家庭是丈夫的原生家庭，其中情绪功能的主要模式是：母亲功能不足（箭头所指向下），父亲功能过度（箭头所指向上）。B 家庭是妻子的原生家庭，其中情绪功能的主要模式是父母之间的冲突（由父母之间的锯齿线表示）。C 家庭是这对夫妻的核心家庭，家庭情绪功能的主要模式是家庭投射过程（由母亲指向儿子的箭头表示）。这些都是高度简化的方法，用来描绘各种情绪功能模式，但它们是一种有用的速记法。

这个家庭关系图上的信息反映了每个家庭情绪场的情绪功能模式。信息显示：在丈夫的原生家庭中，他母亲有一定程度的临床功能障碍，而他自己和父亲没有功能障碍，父母的婚姻也是和谐的。在妻子的原生家庭中，没有任何家庭成员有明显的临床功能障碍，但父母的婚姻关系是冲突的，并且可能会以离婚告终。在这对夫妻的核心家庭中，儿子出现了症状，但夫妻功能没有受到损害，他们的婚姻关系可以称得上和谐。功能障碍的程度受基础分化水平、每个家庭情绪场所经历的以及正在经历的压力水平的影响。这些资料也反映了特定家庭功能障碍或冲突程度的差异。如果 A 家庭的妻子在儿子出生后一直住在精神病院，而不是短暂住院并断断续续地接受个体心理治疗，那么前者反映的是一个更为紧张的过程。

通常，家庭关系图总是比这个图更为复杂，它包含更多人、更多代。此外，在核心家庭的情绪场中，可能有不止一种情绪功能模式会导致临床症状。但无论家庭关系图有多么复杂，这些资料仍然是在反映一个跨代家庭情绪功能的基本模式和情绪过程的基本强度。这使得重建四五代以前核心家庭情绪功能的基本模式和情绪过程的强度成为可能。通常，100 年或125 年前去世之人的功能信息比近几代人的要少，但要形成对过去的一些印象并不需要大量的信息。诸如在精神病院或监狱中度过大半辈子的高祖父，他的信息并不难获得。[⊖]除了家庭成员的回忆外，各种记录也可以提供信息。当把高祖父的功能和与他同代的亲戚的功能进行比较时，我们可以得出一些关于他的核心家庭情绪功能模式的结论。

对自己的家庭进行充分的研究，从而形成对多代情绪过程的印象，这就有可能看到一个跨代家庭中的情绪"脚本"，从而更少关注某一个家庭成员的作为和不作为。对跨代情绪过程的了解使人们不再关注过去的某个人，尤其是父母，这为人们看待一个人的家庭和生活提供了一个独特的视角。

有些人认为，父母是有过错的，因为他们没有成为"更好的"父母，他们应该"更关爱""不那么死板""更靠谱"，或者"不那么挑剔"。这些人的基本观点是，"我的家庭导致了我生活中的问题"。另一种观点是，每位家庭成员（包括父母）都深陷于跨代情绪过程之中，并且每个人（包括

⊖　有时，一个亲戚"肮脏的"过去或"精神病"史会成为家庭的秘密，而家庭情绪过程创造了家庭秘密。如果某位家庭成员意识到并尊重这一过程的作用，他就能够将事实与包含大多数秘密的神话区分开，他的努力对家庭可能是极具建设性的。然而，对一个家庭来说，如果认识不到这种产生秘密的情绪过程强度，那么揭露家庭秘密的破坏性可能与保守秘密一样大。揭露秘密的目的是为了处理这种创造和延续秘密的关系过程。不小心泄露秘密可能会引发相当大的情绪反应，而且无法有效地处理这些关系过程。在创造秘密的过程中，关系过程比秘密的内容更重要，大多数家庭秘密没有那么有趣或惊天动地，这正支持了上述论点。

自己）都有责任在这个过程中尽可能地成长。如果人们认为，父母或其他人要对他们的成长负责，他们可能会用一生的时间来批评父母，并寻找一个最终能一直满足他们"需求"的人。如果人们不再认为父母"理应"把事情做得"正确"，他们就有很多"自我成长"的选择。了解一个人跨代家庭情绪的历史，从而改变一个人对家庭和自己的看法，这可能比一个人能做的任何事情都更有助于"成长"。一个人如何看待自己，以及如何看待他人，这种观念的改变是影响一个人觉得自己以及其他人"应该"如何的想法的关键，也是影响一个人情绪反应功能的关键。[○]

对于治疗师所收集到的有关临床家庭或者自己家庭的信息，其记录应该遵循一个基本的格式并且要使用标准的符号。用于记录跨代家庭系统中每位核心家庭信息的基本格式和标准符号如图 10-2 所示。

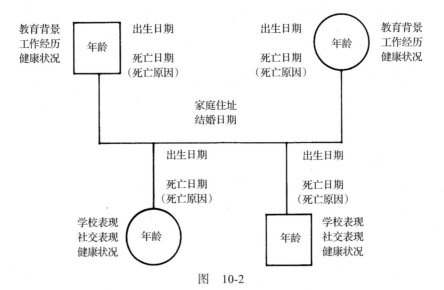

图　10-2

注：丈夫和妻子（在表示一段婚姻时，男性在左边）在上面，两个孩子在下面。孩子们的出生顺序是从左到右排列的。关于婚姻的资料可能还包括夫妻相识和订婚的日期。图中关于孩子们的资料是针对未独立的孩子。地理信息包括核心家庭居住过的所有地方以及他们曾居住于此的日期。

───────────

○ 为了更清楚地思考人际关系，是否有必要减少情绪上的反应，或者，为了减少情绪上的反应，是否有必要更清楚地思考人际关系，这点值得商榷。

由于死亡、离婚和再婚，核心家庭随着时间而改变。用于记录这些事件的格式和符号如图 10-3 所示。当一个人的孩子不止来源于一次婚姻时，如图 10-4 所示。收养、流产（自然流产）、人工流产和死产如图 10-5 所示。

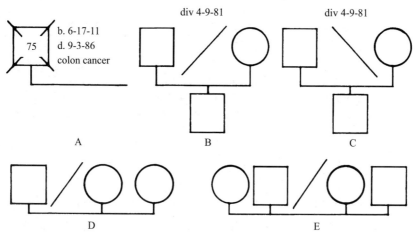

图 10-3

注：图 A 显示了死亡的记录方式，死亡年龄为 75 岁。图 B 显示这对夫妻在 1981 年 4 月 9 日离婚，孩子的监护权被判给了母亲。图 C 显示这对夫妻在 1981 年 4 月 9 日离婚，孩子的监护权被判给了父亲。图 D 显示了一位男子的离婚和再婚。图 E 显示了前配偶双方的离婚和再婚。为了简化这些关系图，这些关系图中省略了其他数据。

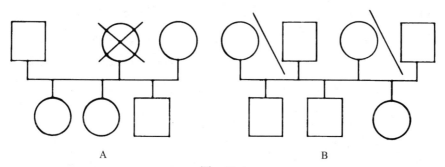

图 10-4

注：图 A 显示的是，一名男子的妻子在生了两个女儿后去世。该男子再婚，第二任妻子生了一个儿子。图 B 显示的是，一对男女曾经都结过婚。男子离婚时，儿子的抚养权归了前妻。女子离婚时，女儿的抚养权归她。这两个人结婚后，在目前这段婚姻中又生了一个儿子。多次婚姻可能使孩子不能按出生的正确顺序排列。当家庭关系图包含了日期和其他信息时，它将提供一个更为清晰的画面。

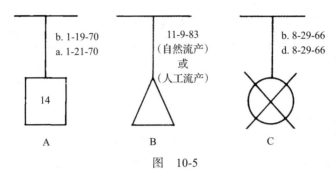

图　10-5

注：图 A 代表 14 岁的男孩，他在出生两天的时候被收养。通常，使用的日期是孩子前来与家人住在一起的日期，而不是法律程序完成的日期。图 B 代表自然流产或人工流产。这些在一个家庭的情绪生活中是极其重要的。图 C 代表一个死产的孩子及其性别。如果知道死因的话，也可以写上去。

当家庭关系图包含了在家庭评估访谈中所收集到的大部分资料时，它就会变得非常复杂。如果目标是做研究的话，那么必须包括所有的资料。然而，在做家庭治疗的时候，治疗师通常没有必要在他的图表上放这么多信息。图 10-6 展示了与临床家庭进行了一两次访谈后，家庭图谱可能呈现的样貌。

这是在家庭评估期间（假设时间是 1983 年 9 月）收集到的基本信息：该核心家庭住在华盛顿特区，夫妻寻求治疗的原因是他们 12 岁的小女儿在学校和社交方面出现了一些问题。这个核心家庭的丈夫是原生家庭中三个孩子里最小的一个，在纽约长大。他有一个哥哥和一个姐姐，哥哥似乎是三个兄弟姐妹中最不稳定的，姐姐和她的家人住在长岛，过得很好。1956年，他的父亲死于心脏病（急性心肌梗死），年仅 46 岁。他的母亲现年 70岁，身体健康。父亲去世四年后，母亲又嫁给了一位鳏夫。这位鳏夫在前一段婚姻中有一个大儿子和一个小女儿。1974 年，母亲和继父搬到了佛罗里达州。在他的祖父母家，至少在祖母家，有几个亲戚还活着。外祖母现年 95 岁，目前住在佛罗里达州的一家养老院，离她的大儿子和唯一的女儿（也就是这位核心家庭中的丈夫的母亲）很近。

这个接受治疗的家庭的妻子也在纽约长大，她是两个孩子中的老大。在她 19 岁时，父母分居，两年后离婚。父亲在离婚一年后再婚，现居纽约，母亲从未再婚。母亲于 1980 年退休，目前仍住在纽约，1981 年被诊断出患有乳腺癌，1982 年发现转移性病变。妻子的弟弟住在长岛，最近家里有些困难。两年前，弟弟的妻子被诊断出患有系统性红斑狼疮，她对治疗有反应，目前病情正在缓解。妻子还有一对住在纽约的姨夫姨母，他们是她母亲一方的家庭成员，还有一些堂兄妹。这位妻子在第二个孩子出生后经历了"抑郁症"，并接受了两年的心理治疗。她的丈夫没有症状，15 岁的大儿子也没有症状。

经过对这对夫妻的两次访谈，家庭关系图见图 10-6。

根据家庭评估面谈中收集到的信息，将其呈现在家庭关系图上，可以形成对这个家庭的情绪过程的印象。现有资料表明，妻子往往是婚姻中适应更多的一方。产生这种印象是因为，妻子是在第二个孩子出生后产生的症状，但她近年来没有症状。这表明，核心家庭中情绪功能的主要模式是父母对女儿的过度情绪卷入。在这种情况下，家庭所承受的外部压力已将这一进程推到出现症状的程度，最明显的压力是妻子母亲的转移性癌。治疗的重点可能是：妻子目前在原生家庭关系中的情绪位置，尤其是在母亲和弟弟关系中的位置，以及丈夫对妻子这种位置的反应。如果这对夫妻停止关注小女儿的"需求"，转而开始专注于更广泛的问题，那将会对女儿有利。

当完成了一个家庭评估访谈，并且建立起家庭关系图表时，对这些资料进行一个系统式的解释是很有用的，可以认为这样的解释就是一种"家庭诊断"。

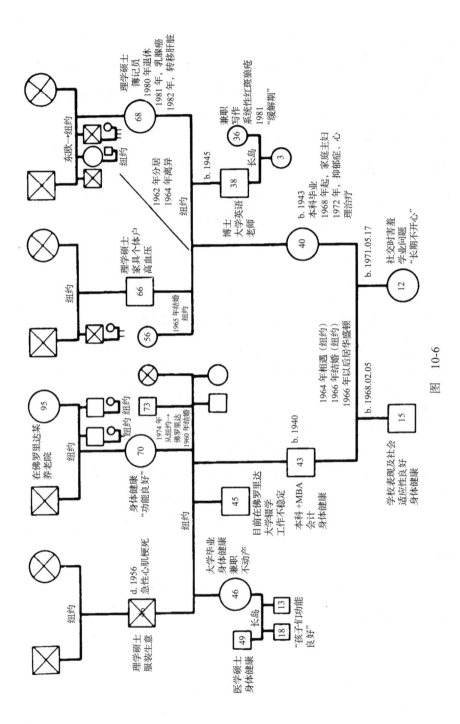

图 10-6

家庭诊断

对家庭评估访谈和家庭关系图中收集到的信息，可以从以下十个方面来解释：

- 有症状的人；
- 同胞位置；
- 核心家庭情绪过程；
- 压力源；
- 情绪反应；
- 核心家庭适应性；
- 扩大家庭的稳定性和完整性；
- 情绪阻断；
- 治疗的焦点；
- 预后。

有症状的人

有症状的人是传统医学和精神病学诊断的主要焦点。家庭诊断的第一步就是确定哪位家庭成员是功能障碍者及其临床功能障碍的性质。可以这样定义有症状的家庭成员："37 岁的已经当妈妈的妻子""16 岁的儿子"或"84 岁的祖母（丈夫的母亲）"。然后，描述症状的类型，包括躯体功能障碍、情绪功能障碍和社会功能障碍。接下来，描述某一个类型具体的临床诊断，例如，心脏病，肾结石，广场恐怖症，急性精神病，强迫性赌博或入店行窃。最后，描述症状的严重程度，这点可以通过量表实现，比如"从 0 到 4""从 1 到 10"或"从轻微到严重"。这项评估的基础是评估访谈中所获得的有关症状的详细历史。严重程度是指一个人功能受损的程度。如果出现的问题是婚姻冲突，那就要评估婚姻冲突的严重程度。

如果这个功能障碍的人，除了他或家人寻求治疗的这些症状以外，还有其他类型的临床功能障碍，那么也要描述和评估这种次要症状。一个人可能同时患有躯体障碍和情绪障碍。如果一个核心家庭的几个成员都有症状，那么要对他们的症状进行描述并评估其严重程度。

同胞位置

在 20 世纪 60 年代初，沃尔特·托曼（Walter Toman，1961）对同胞位置的研究被纳入家庭系统理论。托曼理论的前提是：孩子成长的原生家庭结构决定了某些固定的人格特征。例如，有弟弟的哥哥往往是一个工作努力、吃苦耐劳的领导，他会很自然地承担责任，并且认为，除非他自己去做，或者看着别人去做，否则任务就无法完成。有哥哥的弟弟在有人照顾他的时候表现最好。对他来说，领导他人和承担责任并不像哥哥那般自然。他可能会认为任务总会完成的，因为有其他人会去做。有魅力常常是他的长处之一。有妹妹的姐姐希望独立生活，照顾别人，她可能表现得比实际上更自信。她往往担任领导职务，但会控制别人。有姐姐的妹妹会选择冒险和丰富多彩的生活，她往往不是母性的或专横的，而是女性化的、变幻莫测和任性的。她基本不会是一个好领导。

托曼还定义了与其他同胞位置相关的可预测的人格特征，如有妹妹的哥哥、有姐姐的弟弟、有弟弟的姐姐、有哥哥的妹妹、独生子和双胞胎。排在中间的孩子可能反映了夹在"两个"同胞中成长的经历：不大不小。同胞之间的间隔很重要，间隔五年及以上的同胞，他们之间的差异通常会降低与位置相关特征的可预测性。托曼的个人资料是如此详细和精确，应该仔细参看他的著作，以领会其全部贡献。

同胞位置可以预测婚姻伴侣的性格匹配程度。如果一个和妹妹一起长大的哥哥与一个和哥哥一起长大的妹妹结婚，他们的性格中就会有镜像的一面，这有助于他们在情绪上互补。相反，如果一个和哥哥一起长大的弟弟与一个和姐姐一起长大的妹妹结婚，他们之间的互补性就会减弱。两人都是最小的孩子，而且都不习惯和异性同住。

在家庭系统理论中，功能位置这一概念预示着每个家庭情绪系统都会产生一定的功能，这些功能是由系统中特定之人执行的。当一个人执行某些功能时，其他的人就不会执行这些功能。一个人生于某个特定的位置，便要承担与之相关的功能。在某种程度上，个体在家庭中所处的某种功能位置决定了他的性格。例如，长子会以某种可以预见的方式，在与父母和弟弟妹妹的关系中发挥作用。这些功能的本质塑造了其人格的发展，而人格的发展，也塑造了其功能的本质。虽然，人们成长于不同的家庭（不同的社会经济阶层，不同的文化背景，不同的分化水平），但他们可以在各自的家庭中处于相同的功能位置。因此，根据系统论的预测，所有的长子长女都有共同的重要性格特征。托曼的研究证明，人格发展和功能位置之间存在可预测的相关关系。[⊖]

家庭系统理论为托曼"标准的"同胞特征增加了一个重要的参数——自我分化。托曼的研究描述了功能特征，但没有描述功能水平。例如，所有大哥的功能水平都是不一样的。一个成熟的大哥很容易成为领导者并承担责任，但他不会试图控制或侵犯他人，能够让别人自我负责。相比之下，一个不成熟的大哥可能是一个独断专横的领导者，不尊重他人的权利。一个受到强烈关注的大哥可能会变得相当混乱。在这种情况下，他的弟弟可能会成为一个"功能性的大哥"。这个"功能性的大孩子"比年龄上的老大更具老大的特征。一个成熟的弟弟，虽然不一定是一个强有力的领导者，

⊖ 孩子在家庭中获得的功能远远超越了同胞位置赋予的功能。一个孩子可能会学到父母性格的一方面，另一个孩子可能会学到父母性格的另一方面。在一个有两个女儿的家庭中，一个女儿可能获得了"男性化的"特征和功能，另一个女儿可能获得了"女性化的"特征和功能。人类如此强烈地趋近于与彼此，以至于习得了大量的特征、态度和思维方式。这种代代相传的现象可能有遗传基础，但大多数似乎与人类相互模仿的有关。许多世代遗传似乎只是简单地建立在长期联系的基础之上。在同一个家庭里，人们说话、走路、思考和行动的特征通常都是一样的。

但他对自己负责，而且能够具备大哥可能缺乏的有价值的品质和态度。一个不成熟的弟弟，其性格通常比托曼对弟弟形象的描述更为夸张。一个不成熟的弟弟可能一生都不承担任何责任，只是索取和反抗权威。

　　并不存在一个最好的同胞位置，每个位置都有其积极和消极的一面。大儿子和小儿子可以组成一个优秀的团队，每个人都能对一项任务贡献出独特的态度和方法。但在压力之下，他们可能很难合作。年龄最大的孩子可能会觉得所有的工作都是自己在做，自己被"过度使用"却"没有得到赏识"。年龄最小的孩子可能会感到被排挤，觉得自己"被支配"或"被否定"。当然，还有许多其他的可能性。任何一个同胞位置所定义的个性特征都不局限于那个位置，只是那些特征在特定位置上更为常见。例如，一个有姐姐的弟弟可能是一个优秀的领导者；一个有妹妹的姐姐也可能很有魅力。同样地，重要的是要记住，同胞位置只能解释一个人性格的一部分。

　　在家庭诊断中，核心家庭的整个结构非常重要。夫妻双方的同胞位置为婚姻的某些方面提供了直接的线索。一对均为家中老小的夫妻和一对均为家中老大的夫妻，这两个家庭的家庭治疗通常有不同的特征。两个老小结婚，可能会导致（尤其是在压力下）夫妻双方都不想承担做决策的责任。相比之下，两个老大结婚，可能会引发（尤其是在压力下）谁来负责的争斗。自我分化水平越低，人们越容易陷入这种类型的僵局。当双方都是最小的孩子时，他们的长子或长女可能很容易在父母关系中发展出育儿品质（parenting quality）。夫妻各自父母的同胞位置也很重要。如果妻子及其母亲都是作为姊妹中的妹妹长大的，那么这样的妻子往往会有一些明显的妹妹惯有的特征。同样地，这也不一定非好即坏。认识到一个人是家中老小所生的最小的孩子，这提供了看待这个人的态度和行为的不同视角。

　　有好几种方法可以记录同胞位置的信息。在家庭关系图上，同胞位置一目了然，因为在通常情况下，兄弟姐妹的出生顺序是从左到右排列的。托曼有一个不同的系统：有弟弟的哥哥被标记为 b（b），有哥哥的弟弟被标记为（b）b，有姐姐的弟弟被标记为（s）b。一群兄弟姐妹可以表示为（b）s（b）（s），它代表一位在四个孩子中排行第二的女孩，她有一个哥哥，一个弟弟和一个妹妹。这些符号对家庭诊断中的速记十分有益。

核心家庭情绪过程

核心家庭情绪过程定义了核心家庭中情绪过程的流动或情绪功能模式，将症状的范围从个体扩展到了核心家庭关系系统。核心家庭中情绪功能的主要模式，是在详细的历史基础上诊断出来的。多年来，如果夫妻一方的功能一直受损，另一方及孩子们的功能基本上没有损伤，并且婚姻和谐，那么，这些证据表明，核心家庭的未分化已经主要被一方的功能障碍制约。

在一个家庭中，制约焦虑的重要机制可能不止一种。通常，最容易定义的是导致临床功能障碍爆发的情绪功能模式，家庭正是由于这种临床功能障碍才寻求治疗的。[⊖]过去那些造成严重症状的机制和现在那些造成不那么严重症状的机制，两者可能很难界定。例如，一位父亲可能不会主动提供自己长期大量饮酒的信息，但如果问及他是如何控制焦虑的，他可能会很乐意描述自己的饮酒习惯。这位父亲可能多年来一直酗酒，但他可能在生活中的许多方面都维持着相当不错的功能水平。几年前，他的儿子被诊断出患有精神分裂症，这可能是这个家庭中最严重的问题，也是父母寻求治疗的原因。在这种情况下，制约家庭未分化的主要机制是对孩子的过度关注，次要机制是丈夫的功能障碍。

在核心家庭中，可以用几种方式来记录情绪过程的流动。例如，可以

⊖ 当一个家庭成员有症状时，很难看出家庭情绪过程是如何影响他的功能的。夫妻双方通常会做出许多妥协来缓解焦虑，因此，做出更多妥协或放弃更多"自我"的一方，其方式可能不会立即显现出来。

写成"夫妻一方的功能障碍",也可以用箭头或锯齿线来表示,如图 10-1 所示。以儿子的精神分裂症为主要症状,父亲的酗酒为次要症状的家庭情绪过程,如图 10-7 所示。

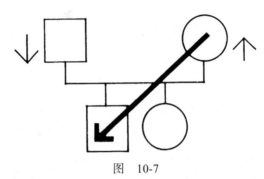

图　10-7

注:从母亲到儿子的粗箭头表明:家庭情绪功能的主要模式是家庭投射过程。这些父亲旁向下的细箭头和母亲旁向上的细箭头表明:家庭情绪功能的次要模式是丈夫的功能障碍。

家庭情绪过程的所有图表和符号都有过分简化的风险。哪怕是在传达静态信息而不是动态过程的时候,用示意图解释也存在上述风险。从母亲指向儿子的箭头并不能公正地描述所有过程,这些过程造成并强化了家庭与孩子对彼此的过度关注。父亲旁向下的箭头和母亲旁向上的箭头可能只意味着,父亲的症状与婚姻中的关系过程有关。然而,对症状发展有贡献的关系过程总是涉及多段关系。正方形、圆形和箭头都不能很好地表现情绪过程的变化和波动。除了这些不足之处,家庭情绪过程图提醒我们:个体的症状在一定程度上反映了家庭的情绪过程。传统医学或精神病学诊断视症状为"病人"个体范围内的"疾病",家庭诊断视症状为超越"病人"个体范围且包含家庭关系系统的情绪过程,这是二者之间的主要区别。

压力源

家庭诊断的第四个组成部分,是对扰乱家庭情绪平衡的事件或压力源的界定。在界定具体事件之后,要对家庭的整体压力水平进行评估。压力源，指的是一件事情，而不是一个家庭对这件事情的反应。家庭关系系统会启动情绪驱动的连锁反应来应对某个事件，这些连锁反应对家庭产生的压力往往比事件本身更大。不过，家庭诊断的第四个组成部分仅限于描述事件本身。

压力源包括核心家庭和扩大家庭系统中的事件。在核心家庭中，诸如结婚、怀孕、孩子的出生、夫妻分居、离婚、孩子离家、配偶的父母或其他亲戚搬来与家庭同住、退休、严重的疾病或伤害、重大的工作变动、财务不稳定和搬家等事件是常见的压力源。在扩大家庭中，诸如父母一方去世、同胞离异、重大疾病或伤害以及重要亲属的搬家等事件，都是核心家庭的潜在压力源。事件的大小、数量，以及事件与事件的时间间隔，被用来确定一个家庭所承受的压力水平。可以用"从 0 到 4""从 1 到 10"或"从轻到重"来描述压力水平。

如果一个家庭在几个月内经历了数个重大的压力源，就会被评估为处于"中度到重度的"压力之下。例如，一个家庭经历了下列事件：由于丈夫新工作的原因，他们从加利福尼亚举家搬到了纽约，此举导致妻子又回到了她一直难以应付的扩大家庭之中。在这次搬迁前不久，妻子怀孕。搬迁两个月之后，丈夫的父母分居，妻子离开了加州那份她喜爱的工作。在纽约，家庭面临着与房子和其他花销相关的新债务。一个核心家庭如果经历了一到两个重要的压力源，并且中间有足够的时间进行调整，就会被评估为处于"轻度的"压力之下。

情绪反应

在评估一个核心家庭的慢性焦虑程度或情绪反应水平时，先要了解以下几点：家中症状的数量、症状相关功能障碍的程度、关系中的距离、关系中冲突的总量以及家庭成员表现的焦虑和反应性的总量。在很多方面，焦虑和反应性都有联系，以至于很难评估它们在个体中的水平。夫妻中的一方可能因为坚信是对方的过错而显得冷静，但他的信念是反应性的一种形式。家长可能因为不允许自己相信儿子或女儿有问题，从而看起来平静，这种否认也是反应性的一种形式。相反，夫妻中的一方可能会表现得相当有反应，这是基于他发出了许多关于他有多焦虑的信号。发出这样的信号可能是他保持内心平静的方式。由于没有测量焦虑或反应性的"工具"，临床医生通常通过与许多家庭的比较来评估一个家庭。⊖一般的量表，如"从1到10"的评分，可以用来"量化"一个家庭的焦虑程度或情绪反应水平。⊖

核心家庭适应性

对核心家庭适应性的评估，要比较一个家庭的情绪反应水平和它所经历的压力水平。面对低压时，高水平的情绪反应对应低水平的适应性。面对高压时，低水平的情绪反应对应高水平的适应性。因此，家庭诊断的第六部分主要是基于对第四、第五部分评估的比较。适应性水平与分化水平是相似的。

通过考察整个核心家庭的历史，而不仅仅是考察最近的事件和家庭对这些事件的反应，这样对核心家庭适应性的评估才最为准确。在一个家庭

⊖　通过学习，将特定的想法、幻想、梦想、感觉、躯体反应和行为与焦虑水平的增加或减少联系起来，个体可以发展出自己测量焦虑的"仪器"。生物反馈等技术可以帮助一个人更清楚地意识到自身焦虑程度的身体表现。一个人可以对自己有足够的了解，从而对自身焦虑程度做出相当准确的判断，但不同个体处理或表现焦虑的方式存在如此之多的差异，以至于一个人的经验很难推广到其他人。即使人们了解了自己焦虑的身心表现，他们仍然很容易在关键时刻忽视或误读信号。

⊖　"焦虑"和"情绪反应"这两个词经常互换使用，因为它们在强度上是平行的。一个人越焦虑，他的反应越强烈，但是，焦虑和反应描述了不同的过程。一个人可能会经历一段非常容易发怒或流泪的时期，发怒和流泪都是情绪的反应。事实上，一个人可能在一段时间比在另一段时间更容易产生这种反应，这反映了他在一段时间比另一段时间更容易产生习惯性焦虑。当他的焦虑水平提升时，他的情绪反应更容易被触发，程度也更为强烈。然而，情绪反应并不总是与焦虑相关。例如，饥饿和性吸引力也是情绪反应，它们既可以受到焦虑的影响，也可以独立于焦虑单独出现。一个平静的人，如果不吃东西，会感到饥饿；一个焦虑的人，如果不吃东西，可能就不会觉得饿。

的历史中，可能会有一系列压力事件接连发生或症状突出的时期。对一个家庭在高压时期的功能的评估或对其在异常症状时期的压力水平的评估，使治疗师形成了对这个家庭整体适应性的印象。从对一个家庭历史中几段时期的评估中形成的印象，比从近期形成的印象更为可靠。

　　在评估适应性时，治疗师除了要评估焦虑程度（或情绪反应水平）和压力水平以外，还必须考虑家庭处理焦虑的方式。某些控制焦虑的方法可以使一个家庭多年来免于临床症状。这种家庭可能看起来有很强的适应性，但外表可能具有欺骗性。这种家庭可能在很长一段时间都没有症状，但一旦症状出现，就会很严重。下列临床案例可以说明这一点：

　　一个 18 岁的小伙在离家去上大学的两个月后出现了急性精神病反应。这个年轻人在精神病院住了很长时间，再也没能返回校园。他患上了慢性功能障碍，日常生活需要完全依赖父母。父母报告说，在此之前，家里几乎没有什么问题或症状，父母和大一点的孩子也都很好（功能良好）。理论上来说，可以这样理解这个家庭：在这个儿子的成长过程中，家庭处于情绪平衡状态。家庭中的未分化大多是通过父母对这个小儿子过度卷入来制约的。这个儿子的分化水平很低，但当他和父母住在一起时，他的功能在父母的情绪支持下保持稳定。因此，他并没有出现严重症状，但当三角关系被一些事件（通常是常规事件，例如，孩子离家）极大地扰动时，他就会出现严重的症状。如果将症状的严重程度及相关功能损害的程度与相当温和的压力相比较，便可以得出结论：这个家庭的适应水平相当低下。过去没有出现严重的症状，这与家庭的适应性无关，而是与系统管理焦虑的方式有关。

　　在另一个家庭中，适应性水平与刚才提到的家庭相似，但是这个系统管理焦虑的方式大不相同。这个家庭在过去多个时期都出现过许多症状，但没有任何一种症状像上一个案例那样严重。家中的两个儿子在青少年时期有比较严重的行为问题和药物滥用的问题。他俩在离家后，功能都有所改善。他们的父亲以前患有慢性背部疾病，动过两次大手术，这些症状严重影响了他的职业生涯。母亲常有抑郁倾向，每当家庭出现症状的时候，她的功能都受到了中度损害，她接受了三次心理治疗和抗抑郁药物治疗。这个家庭中没有一个成员患有相当于慢性精神分裂症水平的症状以及相关功能障碍，但是多个家庭成员都有中度到相对重度的症状。该家庭所经历的平均压力水平与上一个家庭的平均压力水平并无差异。[⊖]因此，虽然一个是 20 年没有明显症状的家庭，另一个多年伴随症状的家庭，但它们的适应性水平差不多。

适应性可以用一般的量表来进行描述。通常来说，尝试给核心家庭分配一个特定的分化水平（例如"38"或"46"）并没有什么用，有太多的变数使临床医生无法做到如此精确。[⊖]在"1 到 10"级的量表上进行评估较为容易。一个临床医生在家庭评估方面的经验越多，他越能够区分家庭适应性的不同。在评估一个家庭的适应性时，总是需要经验来考虑压力水平、情绪反应程度和家庭系统管理焦虑的方式。忽略这三个变量或过程中的任何一个，都可能会导致对家庭产生错误印象。

扩大家庭的稳定性与完整性

家庭诊断的第七个组成部分，是对夫妻双方扩大家庭系统稳定性和完整性的评估。稳定性涉及扩大家庭成员的平均功能水平。完整性涉及家庭系统中健在的、可联系的人。这些影响因素相似，但它们并不等同于基础

⊖ 当一个家庭有多种症状时，症状本身的存在就是压力的来源。这常常给人一种家庭处于非常多的压力之下的感觉。然而，仔细观察一下，家庭的基本压力可能与大多数家庭所面临的压力没有太大的不同，例如，生孩子、经济困难、青春期、配偶的父母去世。许多人认为自己处于"巨大的"压力之下，但他们的感觉更多是与他们对压力的反应有关，而不是与实际的压力水平有关。

⊖ 根据更多的研究，最终可能有精确的特征能够区分一个平均基础分化水平为 45 的家庭和平均基础分化水平为 48 的家庭。可是，无论我们对分化量尺上各点的功能性特征了解多少，区分功能分化水平和基础分化水平的难题始终存在。

分化水平。

夫妻双方扩大家庭的稳定性和完整性是分开进行评估的。可以用一个"从 1 到 5"的量尺来"量化"这些信息。在一个稳定性被评定为"5"的扩大家庭中，祖父母、姑姑、姨母、叔叔、舅舅、堂表兄弟姐妹、父母和兄弟姐妹的平均功能水平在大多数方面都是稳定的。家里可能有些问题，但都不是大问题。此外，扩大家庭中有一定数目的家庭成员仍然在世，而且正在接受评估的核心家庭能够与他们保持联结。如果一个扩大家庭的祖父母、姑姑、姨母、叔叔、舅舅、堂表兄弟姐妹、父母和兄弟姐妹的平均功能水平在大多数方面都不稳定，那么这个扩大家庭的稳定性可以被评定为"1"。其中，有症状的人发病率高，症状往往很严重。扩大家庭中可能有一些人的功能比较稳定，但他们只是少数。此外，在完整性被评定为"1"的扩大家庭中，许多重要成员已经逝世，或者正在接受评估的核心家庭无法与他们保持联结。这是一个高度分散的系统。

在以家庭系统理论为基础的家庭诊断发展到这一步时，用数字来代表扩大家庭的稳定性和完整性的主要价值，可能仅仅是引导临床医生关注扩大家庭在核心家庭情感生活中的重要性。一个核心家庭不能被完全理解为一个封闭系统，它是一个更大的多世代情绪矩阵的一部分，如果没有考虑到这个矩阵的本质，就会使临床医生对家庭问题的看法变得狭隘。一个拥有相当不稳定且分散的扩大家庭的核心家庭，与一个拥有相当稳定且可联结的扩大家庭的核心家庭，它们的处境可能相差甚远。

情绪阻断

所有人对父母和扩大家庭都有一定程度未解决的情绪依恋。自我分化水平越低，未解决的依恋程度越高。人们通过不同程度的情绪阻断来处理未解决的依恋关系，通过物理距离和情绪距离来实现情绪阻断。如果一个人在物理距离上与家人疏远，常常会通过"这是脱离父母而获得独立的必要条件"来证明其合理性。他通常会否认自己对他人的情绪依赖，当情绪环境变得难以控制时，他很容易更换关系。在物理距离上与家人保持亲密的人，往往会感到太依赖家人而不愿离开，但他可能会从心理上阻断，以控制依恋的强度，一个长期与父母同住的精神病患者就会这样。情绪阻断具有各种各样的层次。

虽然，阻断与他人的联结在某种程度上是一种无意识的情绪过程，但也存在有意识的选择。对于慢性精神病患者，阻断的过程大多是无意识的。在高功能人群中，他们更有意识地选择是否与他人保持联结。回避那些难打交道的人要比应付他们更容易，人们很容易为这种逃避找到理由，因为待在这个家里是"难以忍受的"。自我分化水平相同的人可能会在如何处理家庭问题上做出不同的决策。[⊖]一个人可能会决定减少与家人的联系，专注于新的关系；另一个人可能决定与家人保持联系，并努力应对任何可能发生的混乱。他们有着相同的分化水平，但其中一个比另一个与家庭的阻断更明显。与阻断程度高的人相比，阻断程度低的人拥有更稳定的情绪支持系统。因此，在压力大的时候，阻断程度高的人更容易出现症状，或者更容易进入另一段关系。

对情绪阻断程度的评估常常很困难。原因在于，在物理距离上靠得很近的家庭成员，他们与家庭的情绪联结程度不一样；在物理距离上离得很远的家庭成员，他们与家庭的情绪联结程度也不一样。因此，物理距离上的亲近或疏远并不能作为情绪阻断的可靠指标。要根据人们之间情绪联结的质量来评估情绪阻断程度。在一段关系中，一个高质量的情绪联结并不等于人们彼此"完全诚实"或"和谐"，也不等于人们能够"面对"彼此的不足之处。坚持"完全诚实"或"面对"往往是处理人与人之间情绪融合的一种方式。当人们始终在相互尊重的基础上互动，并且能够在不

⊖　通常，阻断联结的决策是在没有经过深思熟虑的情况下做出的。如果一个人的父
　　母阻断了与他们父母之间的联结，这样的选择就成了家庭情绪氛围的一部分。

受情绪反应干扰的情况下"倾听"对方的想法和感受时，情绪阻断就会减少。此外，当人们不需要用三角关系来维持舒适的关系时，情绪阻断是最少的。

对每一个配偶情绪阻断程度的评估，可以用"从 0 到 5"的评级来量化。如果一个人的情绪阻断被评定为"5"，那么，他要么无法在没有严重症状的情况下与家人生活在一起，要么无法想象再次见到家人或与他们交谈的情形。一个完全远离家人的人，如果他的"替代性"关系破裂，就会很容易出现严重的症状。一个贫民窟里的酒鬼，与他原生家庭的情绪阻断被评定为"5"，他与其他情绪上的重要他人也阻断了联结。如果一个人的情绪阻断被评定为"4"，那么他至少与部分家人有一些接触，但他参与家庭事务的机会很少、很表面也很难以预测。他参与得太少了，以至于家里人认为他没有参与。他是家里偶尔的"访客"，而不是一个可以信赖、能承担很多责任的人。一个情绪阻断被评定为"4"的人，也可能与家人生活在一起，但他会因为酗酒、吸毒、躯体问题或社交退缩而情绪隔离，不过他不像慢性精神病患者那样孤僻或与世隔绝。

在情绪阻断另一端的人被评定为"0"。这样的人是存在的，并对他原生家庭的所有重要事项负责。不管他是住在附近还是很远的地方，对家庭核心成员（尤其是父母）具有情绪意义的事情，他都能听到并且做出回应；对他自身具有情绪意义的事情，他也能听到并且做出回应。家人知道可以依靠他，他也知道可以依靠家人。他不会回避困难的或令人讨厌的任务。与情绪阻断为"0"的人相比，情绪阻断为"1"的人在与家人情绪联结上的一致性更少。在家庭中，有一些人和一些问题是他很不愿意处理的，所以他只在必要的时候处理它们而不会作为他参与家庭活动的常规部分。例如，一个人可能会与他父亲的兄弟保持一定的距离，因为父亲和他的兄弟之间存在冲突。与情绪阻断为"0"的人相比，这个人与不同家庭成员的情绪联结更不均衡，受情绪反应的控制也更多。可以用数字"2""3"来描述情绪阻断的中间范围。

令人遗憾的是，这些或多或少与家庭阻断联结的人的"半身像"（semi-profile）是不完整的。有很多关于人的特征和关系的定义，反映了情绪阻断的不同程度。这里给出的描述只是为了提供一个评估情绪阻断的大致思路。

治疗的焦点

在家庭评估访谈中收集的资料，以及在家庭诊断前八部分中进行的评估，共同构成家庭诊断第九部分（治疗焦点）的基础。无论临床问题的性质如何，基于家庭系统理论的治疗始终遵循两个基本原则：①减轻焦虑可缓解症状；②提高基础分化水平可提高适应性。大多数治疗的早期阶段都与减轻焦虑有关。随着焦虑的减少和治疗的推进，基本的治疗工作是促进自我分化。大部分接受治疗的家庭都会经历焦虑和症状的减轻，少部分家庭会在基础分化水平方面做出一些改变。根据评估，治疗师认为那些关于问题和关系的治疗性焦点，将是系统中减少焦虑和增加基础分化水平的最具建设性的焦点。在治疗过程中，这一焦点可能会发生变化。

焦虑的家庭往往极度关注令人高度紧张的情绪议题。临床医生通过一个系统视角来审视所有可能导致问题的原因，不仅可以帮助自己避开家庭的混乱，也可以帮助家庭成员远离问题，不那么容易起反应。在了解核心家庭和扩大家庭系统近期和早期的历史之后，治疗师应该对增加家庭焦虑的影响因素有了一些想法。如果在一个或两个扩大系统中，近期事件和关系过程正在发挥作用，那么，这些可能就是最初的治疗焦点。如果扩大家庭在核心家庭的焦虑中没有直接作用，那么，核心家庭的关系过程就是早期的治疗焦点。如果发现核心家庭和扩大家庭之外的事件和过程非常重要，那么，这些因素当然就是早期的治疗焦点。

对核心家庭情绪过程的评估影响了对治疗焦点和治疗方法的决策。如果制约焦虑的主要机制是父母对某个孩子过度卷入，那么对父母来说，解决他们对自己家庭未解决的依恋关系可能尤为重要。父母对孩子的情绪卷入往往太过强烈、太复杂，从而无法通过聚焦夫妻关系和亲子关系来获得对这种情绪卷入的影响的了解。在父母和孩子的三角关系中，有许多无意识的过程使情况难以改变。无论父母多么想要改变他或她在三角关系中的功能，都很困难。如果把注意力从这个核心三角转移到扩大家庭系统，父母可以了解自身态度和功能的各个方面，这将最终帮助他改变与配偶和孩子的关系。在一个极度以孩子为中心的家庭中，当至少有一位家长有动力去处理他或她对原生家庭未解决的依恋时，情绪的灵活性往往会极大增加。如果父母双方都这样做，结果会更好。

如果核心家庭中制约焦虑的主要机制是夫妻一方习惯性地适应来自另一方的情绪压力，那么，治疗师就不太适合同时会见这对夫妻。在他们的关系中，一方可能会轻易地"失去自我"，以至于他或她从这种共同治疗中一无所获。"失去自我"的那一方甚至可能因共同治疗而变得更糟。另外，有时共同治疗可能只是帮助更加"失去自我"的、症状更严重的一方获得一些力量。与没有症状的配偶在一起治疗，可能会帮助其发展或者强化一种观点，即他或她并不是唯一有问题的人。治疗师必须始终认识到这样一个事实：他为治疗所创造的安排可能会削弱家庭成员为改变付出的努力。

临床医生对其所治疗家庭的情绪过程强度的觉察是极其重要的。情绪强度并不可怕，它值得被尊重。适应性差的个体或家庭在一定的高压之下处于不稳定状态。在这种情况下，治疗师不得不为家庭提供比通常情况下更多的帮助。人们试图控制自己的反应，但有时很难。当治疗师尊重自己反应性的强度时，他就能容忍家庭控制其反应性的困难。另外，治疗师必须小心，不要陷入"人们无法控制自己"这种假设的陷阱。父母有时会把他们的焦虑推给孩子，以为应该改变的是孩子。基于类似的假设，夫妻中的一方可能会把自身焦虑一直推给另一方。这些人在等待别人的改变，如果一个治疗师认同了这种态度，他就变成了问题的一部分。有时，家庭成员会看不到他们一直努力应对的压力的量。对已经发生的事情进行系统回顾，这可能会让人们对感到不知所措的程度有个实质性的了解。把感受和事实连接起来是有帮助的。

通常，当人们与原生家庭的阻断程度较小时，治疗进展更快。如果人们仍与原生家庭保持阻断，那么治疗就会停滞不前。如果患者中的一方或双方都有动力打破阻断，那么治疗就可以开始推进了。如果丈夫与他的原生家庭阻断严重，并依附于他妻子的家庭，那么他对妻子及对她家庭的一系列反应就可能会控制他的情绪生活。在丈夫与自己的家人建立联结之前，他可能一直是这种情绪反应的囚徒。将夫妻二人分开治疗也许是个好主意，因为这样可以强化一个观念：对于夫妻中与扩大家庭阻断更多的一方来说，他越想要改变现在，就越需要参与过去。如果治疗师这样做了，并不意味着那个阻断更多的配偶会对他的家庭做很多事情，至少不是马上做，但他已经根据治疗师认为有建设性的内容确定了一个计划。虽说人是自由的行动者，但治疗师有责任把自己的想法说出来、做出来。通常，接受治疗的家庭会认为这很有帮助。

如果治疗师所面对的两个人，都与各自的扩大家庭有情绪阻断，而且他们也没有动力去打破阻断，那么治疗师对这一点有所觉察就非常重要了。通常，与家庭阻断的人认为，当前的问题可以在不解决与原生家庭之间问题的情况下而得以“解决”。家庭对此的信念可能会转换成对治疗师的期望，即治疗师应该能够帮助他们在目前的情况下解决眼前的问题。如果这是家庭的期望，治疗师必须对此有所觉察并进行处理。这并不意味着治疗师必须坚持要求家庭成员专注于与扩大家庭的关系。有些人缺乏处理原生家庭事务的能力，即使是有能力的人有时也不愿意这样做。人们不会因为

不想处理阻断的关系而受到责备，但治疗师和临床家庭必须意识到不处理
这些关系的潜在成本。通常，那些不愿打破与过去的阻断的人，也可以在
目前得到一些改善，但比较少，并且改善的速度较慢，效果较不持久。⊖
有时，只要配偶有一方不关注原生家庭，就可能会阻碍两个人的成长。

　　对扩大家庭稳定性和完整性的评估，从多个方面指导着治疗的焦点。
扩大家庭几乎总是核心家庭的潜在资源，尽管在核心家庭看来并非如此。
对治疗师来说，了解一个扩大家庭中健在的成员有哪些，他们住在哪里，
以及他们与核心家庭关系的本质在过去如何，现在又如何，这些都很重要。
在一个临床家庭中，夫妻某方或双方可能会给人一种他们"没有"或"几
乎没有"扩大家庭的印象。夫妻双方都不认为扩大家庭是一种资源。如果
治疗师接受了家庭这种表面上的观点，那么扩大家庭可能永远都无法成为
一种资源。因此，治疗师要收集事实而不只是接受一个家庭的假设，这点
很重要。当一个人回到原生家庭时，原生家庭就变成了一种资源，并不是
为了从家庭中得到支持、认可或接纳，而是为了在这种背景下更多地了解
自己。当人们不再希望他们的原生家庭改变时，他们的原生家庭就变成了
资源。⊜

　　对扩大家庭的稳定性和完整性的认识，也让治疗师对他所治疗的核心

⊖ 如果一个人努力使自己在核心家庭和扩大家庭之间来回切换，他可能会比一个只
关注核心家庭的人更了解自己和自己的人际关系。当一个人对不同的家庭成员以及
与他们之间的关系有了更多的了解，这会导致他对自己，尤其是对整个家庭关系的
看法逐渐改变，这种思维的变化就是从因果模型切换到系统模型的结果。一个人学
习得越多，他就越坚信家庭中发生的事情更符合一个系统模型，而不是因果模型。
信念是一个人的"自我"在承受焦虑关系系统中的情绪压力时的重要支撑。因此，
如果一个人把努力的范围从核心家庭拓展到他的原生家庭，他就更有可能发展出足
够多的"自我"，以确保现在所做的改变会让他在未来的情绪动荡中幸存下来。

⊜ 一种人际关系中普遍存在的僵局是，"要么你改变，要么我改变。"分化水平越低，
这种僵局就越严重。这种"改变"是指在关系系统的压力下发生的变化。自我分化
提供了一种灵活性，它不需要改变他人，也不需要改变自己来回应他人，这可以在
不破坏关系的情况下发生。大多数人都或多或少经历过与家人的僵局。他们要么是
觉得家庭对他们不满意，他们必须做出改变来满足家庭，要么是对家庭不满意，家
庭必须做出改变来满足他们，这样的态度和反应会加剧阻断。

家庭情绪强度的基本水平有了更多了解。有时，人们比他们表现出来的更焦虑，反应性更强烈。扩大家庭中成员的功能可以帮助治疗师看穿平静的表象，更真切地看待家庭问题的严重程度。对扩大家庭情绪系统中的事件持续觉察也很重要。扩大家庭的变化可能会在核心家庭的情绪生活中反映出来。有时，仅仅是与扩大家庭来往就会引发核心家庭的症状。如果治疗师要为一个人在原生家庭中获得更多的自我指明努力方向的话，对扩大家庭的了解就是必不可少的。最终，当一位家庭成员陷入或迷失在家庭情绪困境中的时候，他可以为自己指明一些方向，而治疗师主要是被当作顾问。

预后

在传统的医学和精神病学诊断中，对预后的判断很大程度上是基于对个人"疾病"本质的评估。如胰腺癌、充血性心力衰竭、肝硬化、精神分裂症、双相情感障碍、焦虑症、酗酒、品行障碍、反社会人格等，这些诊断都与预后相关。可是，对于大多数的诊断，预后不是很明确。临床上存在太多变化，使得临床医生无法精确预测。一个多发性硬化的"标准"病程并不存在。有些人在无严重功能障碍的情况下比其他人长寿得多。双相情感障碍、酗酒或广场恐怖症也不存在"标准"病程。

每个临床诊断都有潜在的生物学基础。正如癌症、类风湿关节炎和肾炎有其生物学基础一样，精神分裂症、广场恐怖症和酗酒也有其生物学基础。在估计预后时，必须考虑这些生物学过程。以癌症为例，所有癌症的生物学原理都不完全相同。精神分裂症、广场恐怖症和酗酒也有一种心理学基础，癌症、类风湿关节炎和肾炎可能也有一种心理学基础。在估计预后时，也必须考虑这些心理过程。同样以癌症为例，所有癌症患者的心理构成并不相同。这些生理和心理过程属于个体。家庭系统理论增加了关系变量，这些变量与潜在的情绪系统有关，而情绪系统会影响所有临床功能障碍的过程。在估计预后时，也必须考虑这些关系变量。

　　下面这个例子可以说明关系变量对预后判断的重要性，有两个 50 岁的男性，他们都患有同样严重的急性心肌梗死，各种医学检测的结果也都很相似。根据生物学参数的评估，他们的预后相似。然而，众所周知，他们的实际预后不同：其中一人可能会有数次心脏病发作，并在五年内死亡；另一人可能不会再犯心脏病并且很长寿。人们普遍认为，患者"自我照料"的意愿在临床结果中起着一定的作用。如果病人能更好地应对"压力"，比如戒烟、控制饮食，他可能会比不这样做的人要活得更好。然而，仍然有许多卫生习惯"良好"的人死去，许多卫生习惯"不良"的人活着。显然，还有许多未解之谜。对家庭系统变量的了解也不可能准确地估计预后，但是，增加这些关系变量似乎提高了预后的准确性。

　　同胞位置可能也会影响预后，对此还需要进一步了解。托曼（1962）指出，离婚率与同胞位置的契合度相关。如果一个有妹妹的哥哥娶了一个有哥哥的妹妹，那么他们离婚的概率明显低于一个有弟弟的哥哥娶了一个有妹妹的姐姐。在预测躯体、情绪或社会功能障碍的结果方面，这类资料的有效性还不得而知。

　　了解核心家庭情绪过程的变化也有助于对特定临床功能障碍的预后做出更准确的估计。如果在一个核心家庭存在的大部分时间中，某种情绪功能模式一直是管理焦虑的主要方法，那么这种模式发生重大转变的概率，就会低于一个多年来运用好几种模式来管理焦虑的家庭转变模式的概率。如果一种模式占主导地位，而症状是该模式的结果，那么当前症状顽固存在的概率就相当高。相反，如果多年来家庭的特征就是症状在人与人之间转移，那么当前的症状就更有可能消失。

　　评估压力源、情绪反应和核心家庭适应性对预后的判断极为重要。一个适应性较强的家庭在面对高压时出现的主要症状，其预后要好于一个适应性较弱的家庭在面对低压时出现的主要症状。在这个连续体的一端，症状是一系列急性事件和发展过程的综合结果，这些事件和过程极大地改变了原本平稳的家庭状况，这些症状与系统的基本适应水平并不相称，假以时日，系统通常会恢复，症状也不会变得慢性化、使人衰弱或危及生命。在这个连续体的另一端，症状是一系列事件和过程逐渐积累的结果，这些事件和过程改变了向来都不怎么令人舒服的家庭环境。多年来，这家人"坚持着"没有出现重大症状，但也只是勉强度日。这些症状与系统的基本适应水平相称，系统不太可能好转，这些症状可能会变得慢性化、使人衰弱或危及生命。在这两个极端之间还有各种不同的层级。

夫妻双方扩大家庭稳定性和完整性对临床结果的预测也有一定的影响。稳定性和完整性与分化水平相似。分化水平越低，出现慢性或严重症状的可能性越大。因此，通过评估家庭的稳定性和完整性，可以对出现临床功能障碍的根本情绪过程形成一个总体印象。此外，与核心家庭有紧密联系的扩大家庭系统越稳定、越完整，对核心家庭的支持性影响就越大。一个家庭与周围的人际关系网络越稳定，这个家庭的情绪过程就越弱。无论是何种功能障碍，一个较弱的情绪过程似乎都有助于形成一个更为良性的临床病程。

情绪阻断的程度可能是最影响预后的家庭变量。当一个重大症状出现在一个高度阻断的核心家庭情绪系统中时，其预后不如与扩大家庭有良好情绪联结的核心家庭的预后。如果核心家庭中至少有一方能够打破与过去的情绪阻断，那么一个重大症状有时就可以得到改善。对于那些与不稳定且支离破碎的家庭系统切断联系的严重功能障碍患者来说，其预后不如那些在一定程度上切断联系但是有更多情绪联结的患者。

一些与不稳定且支离破碎的系统断绝联系的低分化人群，可以从严重的临床功能障碍中恢复；一些高侵袭性胰腺癌患者也可以从这些癌症中康复。没有一组变量可以绝对准确地预测结果。即使考虑到所有的已知变量，临床医生的预测也常常是错误的。这正是医学和精神病学如此有趣的原因。无论我们对人类的适应性了解多少，我们仍然对具有高度影响力的生物学、心理学、社会学因素及其相互关系一无所知。继续观察和倾听人类的过程和自然界的其他部分非常重要，希望不要丢弃与理论相冲突的事实，而是丢弃与事实相冲突的理论。

结论

家庭系统理论由以下八个概念组成：分化量尺、三角关系、核心家庭情绪过程、家庭投射过程、跨代传递过程、同胞位置、情绪阻断和社会情绪过程。当单独研究每一个概念的时候，有时很难理解概念之间的相互关系。鲍文把它们称为"连锁"概念。本书试图强调家庭系统理论基本概念的"连锁"性。例如，在第 3 章中，导致夫妻一方的功能障碍、婚姻冲突和某个孩子的功能障碍的情绪过程被认为是更为相似，而非更加不同。临床功能障碍的这三种类型都有一个共同的主题：人们用适应性来应对关系系统所产生的情绪压力，这种适应性"制约"或分解了某段关系或某个人身上的压力。在所有的家庭中，共同主题或过程都会产生某种程度的情绪压力，这种压力在很大程度上来自家庭成员对依恋和安慰的需求与他们对依赖和期望的过敏之间的冲突。

社会情绪过程是八个概念中本书唯一没有讨论到的一个，因为它与家庭评估没有直接关系。社会情绪过程的确影响家庭情绪过程，但它是影响所有家庭的一种文化背景。分化水平越低，家庭情绪过程越受社会情绪过程的影响。简单地说，社会情绪过程这一概念，描述了社会焦虑的长期增加如何导致这个社会功能分化水平的逐渐降低。一个社会的功能水平越低，社会功能障碍的发生率越高，比如，高犯罪率、高离婚率、权利诉求不断、责任意识淡薄等。在历史的进程中，社会情绪功能经历了多次兴衰。大约从 20 世纪 60 年代中期开始，社会就处在一种情绪退行之中。预计这种退行还将持续，直到这种为了缓解即时焦虑的短期解决方案所带来的不适感，超过了容忍即时焦虑并包含长远目标的解决方案所带来的不适感。

对于家庭系统理论中的第九个概念，人们已经有了一些初步研究，将主观性这个概念纳入了系统理论，定义了其在个体、家庭和社会情绪过程中的作用。由于这个概念还没有被发表，相关学者仍然认为家庭系统理论是由八个概念组成的。

家庭系统理论的基础假设是：有可能发展一门有关人类行为的科学。人类，尽管有其独特的品质，却也是所有生命的一部分。人类的情绪系统是进化的产物，受到所有生命系统基本原则的协调。人们的许多言行和感受都植根于人类本性。情绪系统的概念描述了这些人类功能更为无意识的方面。情感和主观性可以反映和强化这些自动化的过程。情绪、情感和主观性没有"好坏之分"，它们只是人类功能和行为的基本要素。没必要"驯服"人类的无意识或更本能的天性，以免给人类文明带来浩劫。人类的进化遗产和更无意识的天性，在一定程度上要对我们所敬畏的人类行为的许多方面负责。

创作一部交响乐要求创作者的情感系统和理智系统高度协调，写诗和作画也是如此。照顾婴儿通常也需要理智系统帮助实现情感系统的冲动。在许多情况下，情感是一个可靠的行动指南，理智系统与情感冲动协调运作。虽然，分化良好的人的情感系统相当平静，但每个人的情感系统在一定程度上总是活跃的。人们对彼此的基本吸引力或亲和力，其主要来源就是情感系统（以及隐藏在它下面的情绪系统）。家庭理论中关于理智和情感系统相互作用的一个核心观点是，如果理智系统可以支持或平衡情感系统，那么个体在他的想法、情感和行动中就有相当大的灵活性。相反，如果理智系统与情感系统融合在一起，从这个意义上看，它就缺乏与之抗衡的可能，那么个体的这种灵活性就丧失了。理智系统只能执行情感系统的指令，无论喜欢与否。

通常，如果一个分化水平低的人相当冷静，他无法平衡情感系统这一点就不会给自己或他人带来问题。如果他变得更加焦虑，情绪反应强烈且持久，他就很容易变得自私，这可能会削弱他人的功能，或者减少他人的无私，进而破坏他自身的功能。当理智系统可以独立于情感系统运作时，一个人就有可能在不自私的情况下为自己做些什么，也可能在不考虑自己的情况下为他人做些什么。当一个人的行为更多是基于原则而不是情感系统的强制性压力时，这就可能实现。

人类在许多重要方面都是独一无二的，他们似乎比任何其他物种都有更多的情绪自控力。这种能力之所以存在，似乎是因为大脑皮层的进化发展。人类推理、抽象和反思的能力都是"新脑"的功能。在家庭理论中，理智系统概念描述了这些大脑功能。它似乎赋予了人类一种潜力，即在与他人亲密联结的同时，保持一定程度的情绪自主性。尽管这种同时作为个体和群体一员的能力依赖于更高层次的大脑功能，但其最基本的组成部分早在物种进化史上产生智人的时期就已经固定下来了。要成为一个独立、独特的个体的生命力，其根源要远比人的理智或心理功能的更深。

家庭系统理论认为躯体、情绪和社会功能障碍都是情绪系统的产物，情绪系统正是人类和非人类动物都有的系统。在情绪系统中自然发生的过程和行为，如果被高度的慢性焦虑过度放大或抑制，可能会导致临床功能障碍的发展。在群体焦虑水平较低时，一些行为可以促进群体中的协调与合作，在群体焦虑水平较高时，这些行为对某些群体成员可能就是致命的。情绪驱动的群体过程，受到了主观性的强化，该过程可以把个体推到群体中的某些位置，而这会损害个人的功能。这种个体与群体之间关系平衡的紊乱会反映为个人生理和心理功能的严重改变。这种改变在症状发展中起着至关重要的作用。一个人会生病，但发病原因超越了其情绪界限。这种疾病是核心家庭内部运作过程的结果，也是跨代家庭内部运作过程的结果。

临床功能障碍与关系系统中的未分化有关。未分化是情绪、情感和主观性的产物。在一段关系中，一体化的影响力越大，人类功能中未分化的方面就越明显。可以平衡一体化的力量是个体化。在一个关系系统中，个体化力量的影响力越大，人类功能的分化就越明显。并不是所有人和所有家庭都倾向于对他们内外的情绪过程做出自动反应。基础分化水平越高，个体的情绪自控力越强。分化取决于区分理智功能和情绪功能的能力，和根据理智功能采取行动的能力。如果一个群体中较有影响力的成员，在群体焦虑程度很高的情况下，也能保持一定程度的情绪自主性，那么就不太可能放大或抑制那些可能损害一个或多个群体成员功能的行为。

认识到慢性焦虑对个体功能和人际关系系统的影响至关重要，人们会突然发现自己处在一个高度焦虑的系统中。一系列令人不快的事件以迅雷不及掩耳之势发生着，体贴的人变成了被动反应的人，情绪系统凌驾于理智系统之上。焦虑的狡猾之处在于它的重要性很容易被忽视。人们认为焦虑次于"问题"，而不是"问题"次于"焦虑"。提高一个人的基础分化水平，最艰巨的任务之一是认识到焦虑和情绪反应如何深刻地影响一个人自己的想法、情感和行动，以及他人的想法、情感和行动。许多人认为他们知道自己何时处于"焦虑"或"被动反应的"状态，但很少有人达到完全理解这种状态的程度。克服这种否认或缺乏意识需要时间，也需要一个信念，即一个人总是有更多的东西要学。每个人都太过情绪化，以至于无法完整地看到一切，也无法快速地看到其中的任何一个。仅仅是告知"某人是被动反应的"，这样似乎没有帮助。人们要逐渐了解自己的焦虑，并试图控制焦虑所涉及的内容。

精神分裂症包含了本书讨论的所有重要变量和过程，并将每个变量和过程发挥到了极致。如果一个人能看见并且听见一个精神分裂症患者，并在所有人身上看到他的影子，那么这个人就对家庭系统理论有了相当充分的理解。人类的情绪过程会引发精神分裂症。过去如此，现在如此，将来也会如此。家庭不会导致精神分裂症，特定家庭仅仅体现了作为一个整体存在于物种中的一段过程。一个精神分裂症患者完全"抹杀"了自我，他的生命并没有伴随自我而发展，他的自我已经被抹杀了并且永远不会发展。精神分裂症患者的自我从未得到发展，是因为他们父母的自我也几乎没有发展。他们父母的自我几乎没有发展，是因为父母的父母只是稍微发展了一点点自我。对自我的"抹杀"，在一个家庭中代代相传，在生命的历史中代代相传。

"抹杀"意味着什么？这个隐喻象征了一种怎样的过程？一个患有精神分裂症的女儿，她的母亲在描述自己与丈夫和女儿的互动时，用以下方式界定了导致"抹杀"的过程：他们一家三口住在一起，女儿时而极度孤僻，时而精神失常。有一次，父亲离开了四天。在他不在家的这段时间里，母女俩相处得异常融洽，她们开诚布公地谈论彼此的关系。不管怎样，就在父亲回来之前的几个小时里，母亲自己经历了一个明显的变化，她也看到了女儿的明显变化。母亲对自己的评价是，她很容易按照丈夫的意愿去行动，很容易去消除他的任何不安的迹象。因此，当他在场时，她自己的想法和情感就会"关闭"。如果别人不开心，她就必须"解决"这个问题。"我会这样做，但我不会极端到我女儿那个程度，"母亲喊道，"她相信，如果不去做她认为应该做的事情，来减轻我、我丈夫乃至整个世界的痛苦，上帝或魔鬼就会惩罚她。她为别人牺牲了自己。"

在这个临床案例中，母亲花了几年时间观察、倾听和思考她的家庭发生了什么。她没有很快得出结论。她逐渐相信，女儿的许多特点和态度，现在被夸大到了严重精神扭曲的程度，它们实际上是对这位母亲的特点和态度的放大。此外，母亲认为母女间的情绪过程和夫妻间的情绪过程是一样的。她认为自己在婚姻关系中被周期性地"抹杀"了，而她的女儿在亲子三角关系中被永久地"抹杀"了。在"抹杀自我"的过程中，父母扮演他们的角色，女儿扮演她的角色。每位家庭成员都不断地做出调整以避免惹恼其他成员（丈夫也是如此），在这个过程中，调整最多的那个人，成为了这个系统中彻头彻尾的情绪附件。当人们感到自己被逼得走投无路，或者当他们想表现得不遵守规定时，就会爆发愤怒。这个家庭并没有把情况设计成这个样子，事情自己就这样发生了。这种过程描绘了许多人和家庭的特征。如果强度足够大，一个人就会被牺牲到无法独立执行功能的地步。

　　如果一个人提升了自我分化的基础水平，那么在症状出现时，极其凸显的关系过程与个体内部过程的相互作用也会特别明显。症状减少或消失是由于基础分化水平的提高，症状的出现或加重则是由于功能分化水平的下降。然而，与基础分化水平提高有关的变化，比症状的消失更为普遍。其中一些变化与精神分析导致的"内在"变化相似。例如，重大的变化经常发生在梦境和幻想生活之中，躯体功能也伴随着基础分化水平的提高而发生变化。这样的变化很难衡量，但始终有这样的报告。也许，主观经验、行为和躯体功能的大部分变化与慢性焦虑的减少有关。无论这些变化的基础是什么，重要的是要认识到，当一个人处在最具情绪意义的关系系统之中，如果他更有能力做"自己"，那么其身心功能就会发生显著变化。换句话说，没有必要对"个体的"问题采用一种治疗方法，对"家庭的"问题采用另一种治疗方法。

后记

一场朝向科学的奥德赛[○]之旅

——默里·鲍文

这篇后记给了我一个难得的机会，来讨论一个不同的理论，包括该理论如何决定一个治疗师思考家庭问题的方式，以及该理论如何支配治疗进程中的每个行动。科尔博士（Dr. Kerr）撰写了本书的大部分内容，而我对其中的内容一无所知，这是有意为之的。科尔博士在乔治敦大学的家庭项目中工作了近 20 年，他可能比任何人都更了解我的理论取向、治疗取向和组织取向。可以说该理论的基本论点是：如果一个人懂得理论，那么家庭治疗就会自动到来。

本章分为四个部分。第一部分是关于科尔博士的，包括他的理论知

㊀ 《奥德赛》是古希腊最重要的两部史诗之一，相传为盲诗人荷马所作。诗人把奥德修斯 10 年中的海上历险，用倒叙的手法放在他临到家前 40 多天的时间里来描述。这 10 年惊心动魄的经历，包含了许多远古的神话，反映出经幻想加工过的自然现象以及古希腊人同自然的斗争和胜利。"奥德赛"一词用来形容奥德修斯历险中的特点，比如形容"艰苦的跋涉""漫长而充满危险的历程"等。——译者注

识，他所发展的自我定义（与我对自我的定义不同），他为扩展理论和治疗的边界做出的努力，以及他为自己撰写的部分承担责任的意愿。第二部分更理论化，这部分处理我在发展家庭系统理论和治疗 40 年来的奥德赛之旅，也称为鲍文理论。这一理论与治疗联系太过紧密，以至于无法将两者分开。之所以把它称为"奥德赛之旅"，是因为在追求一个通常被认为无法实现的目标的过程中会涉及很多步骤。第三部分是关于各种概念的整合，更详细地介绍该理论的一些独到之处，并将该理论扩展到社会和社会过程之中。第四部分涉及一些关于这个专业领域未来的有根据的推测，以及一个更科学的理论最终成为一门被接受的科学所需的时间。

迈科尔·E. 科尔医学博士

科尔博士是乔治敦大学一位充满热情的医学生，大多数教过他的教授把他视为最喜爱的学生。当科尔选择以精神病学为专业时，其他想要他的科室都很沮丧。大约 20 年前，在科尔当精神病学住院医师的时候，我和他就已经十分熟识了，之后他又获得了儿童精神病学研究员的职位。除了接受传统精神病学理论的培训外，他还抽时间参加了我有关家庭系统理论和治疗的大部分会议。其中包括在里士满的弗吉尼亚医学院（Medical College of Virginia）对家庭进行的全天候常规临床示范访谈。在培训期间，他是少数几个对个体理论和家庭系统理论都有深刻理解的人之一。在长时间的训练之后，他在芝加哥海军服了两年兵役。退伍后，他立即回到了乔治敦大学的家庭项目之中。

当科尔博士回到乔治敦大学医学中心时，这个家庭项目正处于一个快速发展的阶段。除了大型研究生培训项目的专业管理需求外，还有许多理论和治疗问题需要关注。对于一个正在寻找专业未来的年轻医生和精神病学家而言，选择扎根于这个领域是一个挑战。作为家庭项目的创始人和负责人，有这样一位天赋异禀的年轻医生愿意承担更多的责任来完成需要完成的工作，我感到十分欣慰。后来，这个家庭项目的发展超出了医院的可用空间。1975 年，该项目搬到了"校外"的几个街区，大家肩负的责任更重了。科尔的出现，使家庭项目更容易与医学院保持联系。在医学院发展家庭概念的一个重要原则，是使其与医学界的所有领域保持紧密联系。这点说起来容易做起来难。关于"家庭"的概念是新鲜的，医学界的变革是缓慢的，在独立的机构中培养家庭思维要比在医学界中容易得多。我们早期做出的原则性决策是把家庭概念放在医学界中，这是因为医学界的缓慢变化比医学之外的瞬息万变更有益处。

科尔博士以前在医学专业的地位使这一过程容易多了。他成了家庭中心的培训主任，总是既能够自由地与其他教员讨论问题，也能够对部门的所有决策负责。他积极关注医学和家庭理论的重要领域。在没有告诉其他人的情况下，科尔开始参加隆巴尔迪综合癌症中心的员工会议。这使越来越多的患者被转介来参与他的研究，这些研究是科尔基于自己对家庭理论、家庭对疾病的产生及影响的可能作用的了解开展的。因此，科尔成了癌症患者及其家庭方面的专家。在对癌症患者进行了长期的研究之后，他又对残疾的慢性病患者进行了一项简短的研究。所有残疾人都有一些共同特点，但这些特点不是一下子可以解释清楚的。有一些证据表明，许多身体疾病在某种程度上影响了整体的生活。科尔博士从他对疾病过程的研究中，获得了许多有关人类的知识。

科尔博士对 E. O. 威尔逊博士 1975 年出版的教科书——《社会生物学》（*Sociobiology*）进行了长时间的研究。将传统心理学与进化论进行整合，是一项复杂的任务，它涉及许多小步骤。弗洛伊德理论基于这样一种观念，即人类与其他所有的生命形态是不一样的。直到一个半世纪前，达尔文首次提出他的观点，人类的观念才有所改变。现在，越来越多的证据表明，人类是地球上所有生命形态的进化延伸。对进化论的反对已经慢慢减弱了，但仍然存在。这场大争论不是一篇论文甚至一本书能够解决的，需要时间。与此同时，存在两个独立的阵营，人们可以自由地选择任何一方。支持进化论的证据越多，神创论者的反对就越强烈。进化论者认为，人类的身体和大脑与非人类生命形态相似。神创论者认为人类不同于其他的生命形态。双方在各自的参照系中都是"正确的"。进化论者认为，人类已经进化出了大脑，能够推理和反思。神创论者认为，人类正是这样才被创造出来的，他"不同"于其他哺乳动物，也不同于所有生命本身。威尔逊博士通过简单地展示事实数据，来支持进化论并且避免这场大争论。在没有提及人类的情况下，他把重点放在了所有低等生命的社会行为上，利用基因、性别、繁殖和所有低等生命形态（包括昆虫和其他无脊椎动物）的生命历程，对不同物种的社会行为的复杂性进行了比较研究。

"自我分化"和与之相伴的"情绪系统"，是家庭系统理论中必不可少的两个概念。"个体化与一体化"的平衡是情绪系统的一部分。这些概念都是从我们多年来对家庭的观察中发展起来的，每一个概念都要与其他概念相辅相成。"自我"这一概念是由体质、躯体、生理、生物、遗传和细胞反应性因素组成的，它们的变化与心理因素一致。简单地说，自我是由许多固定的人格因素和快速变化的心理状态共同组成的，每个因素都相互影响。其中，心理因素最容易受到个体的影响。当最初的"自我分化量尺"发表时，许多人认为"自我分化"只不过是一种心理现象。其实，这种心理现象包括了从过去到现在影响个体的所有人际关系因素。与其他因素一样，这种心理现象影响的范围广泛，从完全未分化的状态开始。"分化量尺"与许多其他类似的量尺一致，尺度值不会达到极值。"个体化与一体化的平衡"适用于关系系统。分化水平高的个体，即使在群体压力下也能保持个体化。分化水平低的个体，在他们周围的关系中逐渐失去个体化，整个场域都受到否认和假装的影响。对人类来说，"假装"一种尚未达到的状态是普遍现象。在某些情况下，每个人都很容易假装自己比实际更成熟或更幼稚。而假装的程度会迷惑整个场域。各个因素都需要时间才能适应整体。这不是一个论坛，用来讨论"自我分化"的无数细节。许多人在一生中完全依赖进化来提高或降低"分化"水平。家庭系统理论包含了可以调节心理状态的几个概念，比如，"情绪系统""三角关系"和"跨代传递过程"。

从操作层面上来说，当一个家庭能找到一个有勇气来定义自我的领导者时，理想的家庭治疗就开始了。这个领导者有勇气明确自我的边界；既为家庭的福祉付出，也为自我付出；既不愤怒，也不武断教条；有能量改变自我，而不是告诉别人他们应该做什么；能够知道并尊重他人的多种意见；能够调整自我，顺应群体；不会受到别人不负责任的意见的影响。当一个家庭成员走向"分化"时，家庭症状就消失了。家庭领导者超越了普遍意义上的权力概念。一个负责任的家庭领导者会自然而然地引发其他追随成员出现成熟的领导品质。

在 20 世纪 50 年代，家庭研究详细定义了"自我分化"的原始方案，它也适用于各种管理情境，并成功地管理了几个住在研究室的不和谐家庭。当分化实现时，病房内的纷争急剧减少。这些家庭通常听不到那些推动分化的话语，但当行动紧随这些话语时，他们就会"听到并尊重"这些情况了。人们也用同样的方法来管理一个小病房，以及该研究机构的许多其他病房。1959 年，当家庭研究转移到乔治敦大学时，所有管理活动都使用了这个方案。

"如果没有伴随'自我分化'而来的详细信息，我就不可能探索自己的原生家庭"，这是后来在乔治敦出版的《组织系统》（*Organizational Systems*）一书的核心内容。其中，有两大原则非常突出。第一，假设在员工出现的任何问题或症状中，我都扮演了一个角色，那么每当我调整了自己在创造问题中的角色时，问题就会自动得到纠正，这个效果非常好。第二，当工作人员把一个随意的评论听成一个教训或批评，是在告诉他们该做什么时，一种定义自我的努力就很容易被认为是对他人的批评。

在 1967 年 3 月以前，无论我多么努力地在全国会议上提出这些想法，这个行业能听到的也只不过是另一种家庭治疗的方法。我已经花了 10 年的时间，试图在我自己的原生家庭中定义一个自我。在 1967 年 2 月，我在家里进行了另一次尝试，这次尝试取得了惊人的成功。我突然发现了克服情绪障碍的方法，那就是家庭。仅仅一个月后，我计划在一个会议上做另一个重要的报告，这个会议邀请了所有家庭治疗领域成员参加。我想知道，在我自己的家庭中效果甚好的事，是否有可能在"家庭治疗师的家庭"中也同样见效。家庭在防护情绪障碍方面很有独创性，能创造出足够的防御，来未雨绸缪，见招拆招。

我花了一个月的时间，默默猜测家庭治疗师们可能会做何反应，与此同时，我为自己准备了一份做报告通常要用的常规演示文稿，并把每个要讨论的案例提前复印了几份。在报告的那一刻，我做出了一个突然的、令人惊讶的改变，我把注意力转向了我的家庭。结果令人震惊。我克服了情绪障碍，就仿佛它并不存在。在我的专业领域里，没有一个家庭治疗师意识到治疗的最初目标是去"界定自我"。相反，治疗师们猜测，我是在倡导将研究自己的家庭作为所有良好家庭治疗的一部分。不过那天的确启动了一项国际行动，将扩大家庭的概念纳入对家庭的理解之中。随着时间的流逝，越来越多的家庭治疗师对自己的家族史进行了探索，希望能从单纯的历史调查中发现某种"自我分化"的神奇形式。在 1967 年 3 月的会议之后，发生了一些有益的事情，但应对情绪因素需要的不仅仅是纸上谈兵。

这篇关于"自我分化"的序言将提供一些有关情绪过程的概念，这些概念涵盖了科尔博士和我持续 20 多年来对该过程的认识。"自我分化"是一个完全处在个体层面的概念，存在于个体内部，永远不被别人的意见削弱。不过，情绪过程不仅仅处在理智层面。我已经尽我所能尝试了所有我所知道的成为独立个体的方法，远远超越了理论中的学术内容。科尔博士也已经在这个理论上花了大约 20 年的时间，同时他也试图成为一个独立的个体。通过日常接触，他对理论有了更多的了解，但实现情绪分离却困难得多。几年前，他问我是否愿意和他一起写一本书。事实上，合著是一种对一体化的升华。如果是一个不及科尔博士的人问我，我肯定会立刻拒绝。经过数日的思考，我认为这将会是一本有价值的书，而且我的参与将会把他和我的关系变成实景真人，让大家亲眼看到。

在我不知情的情况下，科尔博士自己已经写完了这本书的大部分内容。我有意避免与他的部分有任何接触。我也在他不知情的情况下完成了我的部分。对我来说，这个过程比开始时预想的更令人疲惫，也更有价值。这是一个浓缩了 40 年的奥德赛之旅，它朝着一门有关人类行为和适应性的科学而努力。我可能比任何人都更急于想知道这本书里写了什么。对于这场奥德赛之旅的前 10 年，我很难重新捕捉到理论中的细微差别了。

这场奥德赛之旅：综述

1946～1954 年，堪萨斯州托皮卡，门宁格基金会

一份报告重新点燃了人们对科学的早期兴趣，该报告称，弗洛伊德理论并不像所报道的那样科学。在培训期间，科学始终处在次要位置，培训的内容包括个人体验、精神分析研究所的课程、无休止的会议和研讨、各种人类问题的临床经验、日益重要的行政职位以及在一个绝佳的图书馆里广泛阅读。渐渐地，一种不同的理论出现了。其宽广的理论基础优于个体心理治疗，但机构不赞成以多人为患者的研究。于是，我开始寻找一个研究中心，把新理论应用于临床实践。

1954～1959 年，马里兰州贝塞斯达，美国国立精神卫生研究所

这个理论从堪萨斯州传到了马里兰州，在新的环境中，它很快就有了成效。让所有家庭成员都住在研究室而产生的观察结果，是传统弗洛伊德理论永远无法实现的。这一领域充满了大量的新思想，其数量比从事研究的人一辈子所能研究的多得多。一年不到，它就产生了一种合乎逻辑的家庭治疗方法，远比家庭治疗的职业化早得多。这个结合了家庭的新理论被称为家庭系统理论。多年来，人们一直在努力用可验证的科学"事实"取代弗洛伊德理论中"情感"的概念，并创造出一种仅以事实为基础的新理论。到 1956 年，有证据表明，这个新理论最终可能会把精神病学提升到公认的科学地位。为了精神病学研究的长期未来，要把主要精力集中在保存核心理论和新思想上面，而不是追求家庭治疗或其他新理论的副产品。一个科学理论可能与两个世纪之前的科学理论差不多，只是研究者们努力用生物学的术语来表述新思想，以使将来从事研究的人更容易接受。很快这些理论就会转向症状的副产品，并产出足够的文字作品来满足研究机构的要求。

家庭系统理论产生了许多新思想，包括：

○ 一种仅以事实为基础的理论；

○ 用家庭关系图来处理大量的资料；

○ 情绪系统，包括生物学事实和有关情感的旧思想；

○ 自我分化，标志着每个人在根本上与其他人不同的方式；

○ 三角关系，是指情绪系统的所有基本结构，要仔细地与二元和三元的旧概念分开；

○ 融合，表示人们向他人借贷自我的方式；

○ 阻断，是指人们彼此间不成熟的分离；

○ 核心家庭情绪系统，描述了某一代父母处理情绪过程的复杂方式；

○ 核心家庭投射过程，描述了问题向未来几代人的自动传递；

○ 扩大家庭情绪系统，描述了扩大家庭无形的参与；

○ 跨代传递过程，描述了跨越几代的情绪过程模式；

○ 治疗师的自我卷入，描述了治疗师卷入家庭情绪过程的过程和与家庭单元分离的方式；

○ 特定事实，即这些大型情绪系统的所有系统组件就是家庭；

○ 家庭系统与环境的匹配，描述家庭如何成为社会整体的一部分。

该研究所面向的是短期的应用研究，而不是长期的基础研究。这为将新理论应用于临床实践提供了难得的机会。

1959 年至今[⊖]，华盛顿特区，乔治敦大学医学中心，精神科

搬到乔治敦后，我们就开始了一项长期努力，去整合、拓展和传授家庭系统理论。该理论足够广泛，可以在一个单一概念框架内概念化所有的"病理现象"和"正常现象"，并开发出与该理论一致的"治疗"方法。当时，家庭治疗才刚刚兴起，这个理论与基于弗洛伊德思想的"家庭治疗"的发展趋势有些不同。这种取向暗示着，专业人士的思维决定了理论，而理论决定了治疗过程中的每个步骤。托曼对正常兄弟姐妹的研究，很容易整合到有障碍的兄弟姐妹家中。这一理论自动地决定了研究"自己的家庭"和研究实践中遇到的所有扩大家庭的每个步骤。一项主要的工作是发展一种走向科学的理论，而不是发展那些迎合媒体和大众的"疗法"。事实原则大于主观和情感原则。20 世纪 60 年代的一系列论文对这些理论的细节进行了阐述。

家庭项目逐步发展。1964 年起，学界开始举办一年一度的研讨会。1969 年起，研究生培训项目启动。20 世纪 70 年代初，学界定义了"社会

⊖　指本书英文版出版之时，即 1988 年。后记中提到的"至今"，都是指到 1988 年。——译者注

退行"的概念。1975 年，整个家庭研究的教职员工搬到了离学校几个街区远的出租房里，那里被称为家庭中心。影响迁移的因素有：大学医院的空间不足，自筹资金支付的能力以及扩展空间的需求。除了把重点放在理论方面以外，自 1975 年以来的这几年，我们在训练研究生方面也做出了相当大的努力。一个有趣的现象是，受训者在接受培训的过程中可以对家庭系统理论有一个良好的认识，但当他们在家庭环境中受到来自社会的普遍压力时，这种良好的认识很快就消失了。我们一直在努力挑选学员，让他们能够不顾一切细微的压力，坚持自己的信念，并帮助那些在家庭环境中迷失"自我"的人恢复过来。我们都有某种弱点去相信别人期望我们相信的，而不是我们自己相信的。

本章的下一节会讨论更多的理论细节。除了理论亮点之外，还包括了"滞后时间"的概念。

理论原则上的奥德赛之旅

1946 ～ 1954 年，堪萨斯州托皮卡，门宁格基金会

对发展一个新的理论来说，这是最重要的时期。它始于那份指出"弗洛伊德的理论并不像人们所报道的那样是一门科学"的报告。从早期对科学和医学的艺术的定位，以及"人类心理可以像人类的其他部分一样尽可能科学"的信念开始，这场奥德赛之旅在精神病学和精神分析的培训中持续发展，在临床工作和无尽的阅读中提升职责。最初的目标很简单，只是为我自己澄清一些原则。随着它变得越来越复杂，人们希望它最终能给精神分析的谜题提供一些线索。如果一个人坚持做一件不可能完成的任务，那么我们对其这样做的原因的推测将是徒劳无功的。事实是，背景能量总是集中在寻找一些可能有助于解决更大谜题的新要点上面。在这个过程中，我们有可能比别人更多地了解精神分析理论的基本结构。我们的基本准则

是，尽可能多地了解精神分析理论和主导其他专业学科的理论，并利用临床实践寻找线索，将弗洛伊德理论与公认的科学学科联系起来。本章这一节专门讨论了激发这场"奥德赛之旅"的背景问题、模糊了"理论－科学"界限的重要因素，回顾弗洛伊德理论中的重要概念，以及一些为发展更科学的理论奠定基础的重要理论思想。

以往对理论和科学的兴趣。这种兴趣可以追溯到我的小学时代，它引领了我选择医学为业。据说医学是科学与艺术的结合。科学涉及知识的增长，艺术涉及知识的应用。我个人的兴趣更多在于科学而不是艺术，这引领我接受了长期的轮岗实习，尽可能多地学习所有的医学专业。每个专业在科学和艺术之间都有某种不平衡，内科医学涉及科学上的未知因素，但研究人员似乎都很习惯于解开科学之谜。神经学领域的未知领域众多，但它们只涉及一小部分人。精神病学很有趣，但它不属于医学的主流，而且主要局限在孤立的机构中。外科手术以前是一门手艺，但它正在变成一门科学。

早期，我尝试制造出一颗粗糙的机械心脏的努力和灵巧的手工操作能力使得我在 1941 年 7 月实习结束后，立即开始了外科住院医生的工作。第二次世界大战期间，外科住院医生的实习期被推迟到服兵役之后。美国和欧洲的军区医院近五年来对人的定位发生了变化。精神疾病引起的伤亡几乎与外科手术问题一样多，外科医生似乎对自己很有信心，但精神病医生却不那么肯定。基于弗洛伊德的发现，精神科医生对一种"新精神病学"充满希望，这种精神病学将改变精神病学的实践。在战争期间，我决定从外科转向精神病学，取消了外科住院医生的安排，把精力都花在了门宁格基金会，该基金会以其对弗洛伊德学说的关注而闻名。第二次世界大战一结束，我便立即开始了精神病学的研究之旅。

早期对科学的兴趣，以及对医学的热爱，可能有助于解释我在门宁格基金会期间对科学的兴趣。我相信这种对科学的兴趣是在孩子与成人的早期关系中习得的，而不是天生的。不管它是怎么来的，我从小开始就对科学感兴趣，门宁格基金会只是激发了一种毕生的兴趣。门宁格领导者的态度起了至关重要的作用，他们更感兴趣的是帮助年轻人发展自己的能力，而不是传授固定的知识体系。在其他环境中，我可能不会生发这种发展理论和科学的早期动力。

对术语的使用。这场奥德赛之旅为术语的广泛使用提供了一种新的理解。在术语问题上与他人产生分歧是人类的共性。这种现象在所有术语中都会出现，无论是频繁使用的还是不经常使用的。即使作者对术语的使用提供了具体说明，读者也是通过一个个体内在的固定屏幕"来接收信息的"。人们"接收信息"的能力更多是基于儿童早期关系的质量，而不是数量。除非先天缺陷，大多数人在"接收信息"的能力上都能变得灵活，只有更为僵化的人需要更长的时间。"接收信息"的能力似乎不受社会阶层或正规教育的显著影响。它与"自我分化"和"社会退行"的概念相协调。在所有听众中，不管是专业还是非专业人士，都有一小部分人"听到"了演讲者的话，或者问了相关的问题。半数左右的人"听到"了部分陈述，并有动力去听更多。这些人最擅长通过别人的想法而不是自己的想法来倾听。他们可以慢慢地学会独立思考，而不是依赖别人。另一部分人是最僵化的，他们是情绪系统的囚徒，既难教导又费工夫。他们听到的很少，通常喜欢批评演讲者，打瞌睡，或者缺席。

如果演讲者认为所有人都是一样的，那么他的假设就是错误的。演讲者和老师很相似。如果他把注意力放在高水平的受众身上，就会忽略低水平的受众。如果他把注意力放在低水平的受众身上，其他听众就会觉得无聊和不感兴趣。我坚信，没有能力"听到"更多源于婴儿和照料者之间的关系，而不是某种不明确的化学或基因失衡。在社会退行中，得分最低的人对术语的理解最弥散，也最不确定。他们倾向于用情绪反应来代替"听到”的信息，情绪反应包括情感和对习语、隐喻和口语表达的过度使用。整个社会通常会在定义的使用中削弱其准确性。本段描述了术语模糊化的一个总体趋势。

对研究术语的曲解比对常用词的曲解更为形象具体。常被曲解的术语有“理论”和“科学”。起初，我认为大多数专业人士对术语的理解是相当一致的，但“理论”一词实际上已经泛化到人们希望有一个更具体的术语来代替它的程度了。由于缺少这样的术语，我便不得不阐述一种具体的意义。当专业人士坚持“听到”某种一般含义时，就给整个行业带来了问题。大多数词典列出了“理论”一词的六种不同定义。这些定义从一般定义开始，然后迅速发展出具体定义。最为一般化的是单一定义，它是基于对两组感觉的比较创造的第三种定义，但这不过是一种轻率的猜测。然后，通过一个更精确的层级结构进行定义。这个层级包括对抽象原则和事实数据的仔细分析，使该定义朝向一个合理的解释发展。最终定义是对一个科学事实与另一个科学事实的比较。根据词典，任何定义都是准确的。在“社会退行”阶段，有一种趋向于最宽松定义的趋势。这一趋势在心理健康的人群中很常见。即使作者的定义是具体明确的，听众或读者也会“听从”这个术语的泛化版本。这个过程会持续下去，直到大部分的专业人士也意识不到“理论”一词的具体定义。在这个过程中，社会大众和新闻媒体处在最主要的地位。我们经常听到将“理论”一词与各种无关紧要的猜测（关于某种情况存在的原因）一起使用。在心理健康领域，关于个体主观差异就有几十种不同的理论。

和其他术语一样，“科学”一词也被歪曲了。我一直相信，科学事实是精确的东西，它被科研规则小心守护着。在一个精确的层面上，这可能是事实，但是这个术语已经被扭曲得无法理解了。每个人在早年都学过一些科学知识。几个世纪以来，人类一直允许自己的想象力自由地围绕着科学概念翱翔。在曾经的炼金术时代，有人假定用普通物质可以制造出黄金。小说、电影、漫画书、电视和大众传媒已经虚构出各种科学故事。时至今日，科幻小说仍然很受欢迎。每个人都知道疯狂的科学家在实验室里为了起死回生创造神奇的化学药剂、改变人类或创造新怪物的故事，这些故事是通过给潜在的科学新发现增添疯狂的想象力而实现的。难以想象的是，某些非科学领域的有序研究也使用了科学一词，比如基督教科学和艺术科学或舞蹈科学。几乎每个人对科学这个宽泛的概念都有一个大致的理解，但是这个术语的具体含义已经在这种社会退行中丢失了。其他术语，如"哲学"，几乎和"理论和科学"一样被曲解了。在当代社会不断消除特定含义的情况下，认真的研究人员很难给出明确的定义。

对于一场奥德赛之旅来说，明确术语的定义是必不可少的。有关奥德赛之旅的最好例子来自天文学。最初，人类认为地球是平的。后来出现了一个未经证实的理论，认为地球是一个在太阳系中不断旋转的球体。在有足够的数据证明这个理论的准确性之前，它只是一个理论，或者一个有根据的猜测。在天文学的这场变革中，理论变成了科学事实，理论本身就不再必要了。这种转变的影响因素很多，需要的时间也很长。一个局部的理论，特别是一个关于无生命物体的理论，可能在不到一个世纪的时间里从理论发展为科学事实，但大多数理论都是不成功的。由于缺乏支持这些理论的数据，它们便不复存在了，取而代之的是更综合的理论，它引领着科学的发展。

我们的这场奥德赛之旅需要一个综合理论来为后面的所有变量负责。它以最早的与宇宙形成相关的知识为基础，那时生命还没有从无生命的物质中进化出来。它遵循所有生命进化到人类的复杂性。生命按预定时间重现，每个周期都有一点变化，这种缓慢的变化最终被称为进化。在进化的过程中，人类发展出了大脑，使其能将周遭环境的事件概念化，并最终发展出文明。一种不成熟的思维方式似乎是进化中的一场灾难，或者是未能认识到其他生命力量进化的一种失败。

追踪千年来错综复杂的进化过程是一项非常复杂的任务。我在门宁格基金会的理论，旨在帮助弗洛伊德理论成为一门公认的科学。这个理论被视作一个背景蓝图，建立在天文学和进化论知识的基础之上，人脑利用其感觉、想象和幻想的能力，发展了一系列无止境的非科学理论，基于大脑的功能去构建主观感觉状态。人们认为，一个主张走向科学的理论必须在某种程度上与太阳和地球、潮汐和季节一致。

有必要明确几个研究人员通常用来定义理论或应用理论的术语。诸如"有根据的猜测""假设"和"概念"等术语，它们描述的是初步估计。"假设"一词是指对整个谜题中的一小部分所做的有根据的猜测。"概念"一词描述了整个谜题中更大的部分。最终，许多不同的概念在逻辑上符合整个理论。在这场奥德赛之旅中，我们费了相当大的力气才把情感与事实分开，并且只是通过验证和可证明的事实来形成理论。

"滞后时间"一词是指从提出一个成功的理论到最终被接受为科学事实之间的时间。根据记载，历史上最长的滞后时间可能与系统思维有关。卡尔·萨根在他的著作《宇宙》（Cosmos）中指出，早在公元前 500 年，人类就在建筑工程中运用了相当复杂的系统思维。直到中世纪，人们才放弃了系统思维。一些学者指出，这些思维蕴含的思想与当时的宗教思想相冲突。不管发生了什么，系统思维最终帮助世界在大约 15 世纪的时候进入了文艺复兴。天文学、化学、物理学和其他与生活本身相距甚远的学科飞速发展。伽利略因思想与宗教相异而被逐出教会。

医学和人体解剖学的研究进展比其他学科要慢。19 世纪中期，人们将系统思维引入生命的进化，达尔文就是其中之一。一个世纪之后，他的思想仍备受争议。19 世纪晚期，弗洛伊德发展了他的理论。到 20 世纪中期，他的思想被广泛接受。在 20 世纪早期，爱因斯坦发展了他的理论，处理的是近几十年才被普遍接受的非人类因素。为什么我们要等到 20 世纪中期才将系统思维用于人类行为，这是一个值得推敲的问题。人们在接受一个新理念之前，总会有一段滞后时间。如果这个想法与公认的信念相冲突，或者涉及人的主观性，那么滞后时间通常较长。如果处理的是无生命因素，不涉及人的主观性，滞后时间则通常较短。快速的现代通信加快了公众对二分法的认识，并可能减少总体滞后时间。

弗洛伊德的理论。弗洛伊德是一名天才，他最先提出了关于神经症起源的心理学理论。19世纪后半叶，他在奥地利接受教育。那时，医学正通过细菌学不断进步，细菌学的黄金时代可能影响了弗洛伊德的医学思维。弗洛伊德是一位神经学家，那些慢性病患者会被转诊给神经科医生进行长期治疗。弗洛伊德尝试了一种治疗神经症患者的独特方法，让患者们详细地谈论他们的生活情况。弗洛伊德的求知欲使他能够保持冷静，不卷入患者的生活，因此患者们可以自由地联想到任何事情。于是，患者好转了。当他听患者们讲述他们早期的生活经历时，他创造出一个理论，关于患者、患者和他之间的关系以及整体情况的过程。这一理论是由他自己丰富的文学知识、人类经验的历史，以及他自己对动力和生命力的知识发展而来的。可以预见的是，其他患者同样出现了好转。

弗洛伊德的发现是具有革命意义的。他具备相对独立于患者情绪过程的能力，这使他能够观察和定义整个过程。他发现了一种新的人类疾病，并发展了一种治疗方法。弗洛伊德主要的努力之一在于将心理疾病定义为医学中不可或缺的一部分。他用"精神病理学"这个术语来表示它与医学的生理病理学的相似性。在一位不带任何偏见的精神分析学家面前，患者回顾了他早年那些有丰富的情绪体验的经历，慢慢地，他能以一种成人的态度看待自己的生活。

患者与精神分析师的关系是患者童年与父母关系的自动复制，这被称作移情。此外，患者在往后与所有重要他人的关系中，都在复制相同的童年模式。一个稚嫩的精神分析学家会将自己的童年模式带入移情关系，这被称作反移情。不知不觉地允许反移情进入治疗过程的新手分析师，无法看到或分析这种移情的变形。这种治疗就会变成另一种无法分析的没完没了的关系，并且这两个人只是把自己的关系模式"见诸行动"。在自由联想的过程中，患者通常会记起那些被遗忘的童年经历。这些不成熟的记忆被隐藏在意识之外，但仍然影响着成年人的生活，这被称作无意识。弗洛伊德理论的一个重要部分是"防御机制"，由此得名"动力"精神病学。它们源于同一种思维模式。

弗洛伊德最不寻常的特征之一是，在患者自由联想并详细谈论他们的个人问题时，仍能够保持客观中立。大多数治疗师在不知不觉中卷入了患者的情绪冲突。为了帮助治疗师克服固有缺陷，弗洛伊德开始为前往维也纳学习和体验精神分析理论和治疗的治疗师进行个人分析。随着精神分析运动在国际上的传播，弗洛伊德的后继者们开始分析和培训新的分析师，这些分析师转而又分析和训练下一代的分析师。随着这一运动在世界各地的传播，一个精神分析机构的网络形成了。他们挑选、分析、培训候选人，并让顺利毕业的候选人成为国家精神分析组织的成员。弗洛伊德的原始理论和治疗是针对神经症问题设计的。这些研究所的毕业生可能会改变他们的做法，以应对更严重的问题，但对精神分析学家的传统培训仍倾向于遵循弗洛伊德提出的理论和疗法。到20世纪30年代和40年代，弗洛伊德理论已经成为这个行业毋庸置疑的标准。

随着一些新的精神分析研究所的建立，有必要训练分析师为新的候选人做分析和培训。弗洛伊德创造了一种流行的新运动，这可以追溯到他在维也纳著名的精神分析躺椅。著名的分析学家通常把他们的分析血统追溯到弗洛伊德在维也纳分析和培训过的某个人身上。弗洛伊德在纳粹动乱期间逃到了英国，对此也有详细记载。在20世纪30年代的一段时间里，人们私下里议论说，对于建立在无法被科学证明的概念之上的研究结果，研究人员不能准确地做出评估。弗洛伊德根本不知道自己做了什么，他只是尝试发展一种与医学科学相一致的理论。在他 1939 年去世前夕，他曾说自己创造了一门"心灵科学"。"科学方法"这一术语的引入，暗示着，如果以科学严谨的态度处理治疗结果，最终该理论有可能成为一门科学。这个词有助于减少当前的焦虑，但它使未来的情况变得复杂。它允许临床医生在错误的假设下继续前进，即他可以做"他自己的事情"，如果他只是声称效忠于一种叫作弗洛伊德理论的东西，他就会以某种方式进入科学领域。这刺激了学校的研究人员，他们设计了更加科学的新"Q 分类技术"和"罗马方格"。

几十年来，关于理论和科学的问题不时地出现。和 20 世纪 30 年代一样，这个领域现在仍然没有梳理出清晰的发展方向。每一方都有一些证据支持。著名的科学家曾说过，我们曾经往返月球，其基础是纯粹的科学，但我们永远都不会拥有关于人类行为的科学。这种说法是基于这样一种观念，即人是一种有情感的存在，人们永远不会有一种不带情感色彩的人类理论。我一生的工作都建立在一个相反的观点之上，我认为只有人类的身体结构是科学的，人类的大脑具备创造感觉和主观状态的功能，并且大脑能够把结构和功能区分开。我的前提只是说，人类是地球上的一个过客，在未来的某个时候，人类可以澄清人类与人类的感受、想象、言语之间的区别。也许要过一两个世纪，我们才能掌握人类行为的科学，但这种可能性是存在的。

弗洛伊德之后的理论与治疗变化。在弗洛伊德之后，专业人士纷纷涌入"心理治疗"领域。一些研究教授持有这样的观点：理论是一个重要的基线，治疗方法要与理论相结合，治疗技术取决于治疗师自己的技能。他们的思考渐渐消失在背景中。精神分析学院的教师具备理论的背景知识，但是他们忙于训练新的精神分析师，几乎不怎么谈及理论。他们的重点在于挑选候选人，进行长期的培训，从而培养一个精神分析师。

除了精神分析运动之外，还有一种总体的态度，即弗洛伊德理论加上"科学方法"，这二者已经确保了"理论与治疗相结合"的理论目标。弗洛伊德的思想已经成为这个行业的新标准。相关信息通过文学、演讲、研讨会、报纸、流行杂志和广播节目进行传播。父母总是急于利用新思想来培养理想中的孩子。几乎每个人都知道弗洛伊德的理论，但关于那些对自我更为重要的方面，每个人都各执己见。

在精神病治疗中心，这些知识更加复杂。在单纯的神经症中，弗洛伊德分析的效果很好，这些患者可以自由联想或自由交谈，与此同时，分析师保持倾听、偶尔参与，在很大程度上身处情绪问题之外。更多的患者是不能自由联想的，包括那些精神疾病患者，精神状态边缘状态的人，和可能会"见诸行动"的人格问题。这些患者要么变得沉默，漫无目的地唠叨，要么假装成熟。心理学研究者开发了一些复杂的测试，把可"分析的"患者与其他患者分开。治疗师发展了一种被称作"精神分析取向心理治疗"的方法，他们积极地参与到患者的情绪生活之中。最初，教导精神分析候选人去做被动的倾听者是很困难的，缺乏训练的治疗师会很自然地对患者的生活产生情绪卷入。几乎没有足够训练有素的分析师能够处理简单的神经质问题。

那些"情绪卷入"的治疗师，他们的模型成为随后大量新疗法的基本模型。大多数现代心理治疗都是由这些情绪卷入的心理治疗师发展而来的，他们的基本思想来自自己对弗洛伊德思想的理解，对任何看起来相关的东西做出诠释。很多儿童精神病学都来自这个模型。孩子无法负责任地讲话，当孩子在"游戏治疗"中表现出他的冲突时，作为"好父母"的治疗师会根据其对弗洛伊德理论的了解来行动、解释。这个模型在团体治疗中贡献突出。患者以小组形式见面，共同参与，治疗师通过自己对弗洛伊德理论的理解进行诠释。"精神病学团队"的概念将模型扩展到了其他专业领域。一个普通的"团队"包括精神病医生、心理学家和社会工作者，但一个住院部的团队也可以包括护士、实习护士，以及受过娱乐、职业和职业活动训练的各种人。在门宁格医院，"治疗环境"的概念得到了高度发展。每个与患者接触过的人都接受过培训，对患者生活中的每一个事件都要执行精神科医生的具体治疗处方。在整个项目中，治疗环境是一个重要的补充。"矫正性情感体验"的概念是指，患者仅仅通过持续接触具有弗洛伊德概念基础教育的人而得到改善。不同的治疗方法实在是太多了，甚至无法一一列举。有一些涉及与弗洛伊德理论的细微差异，这些不同的"思想流派"被增补到基本的弗洛伊德理论之中。

每种治疗方法在特定的参考框架中都是有效的。只有那些在精神分析研究所受过训练的人才对理论保持着相当地关注。在其他方面，有一个巨大的转变，从相对客观的理论到个人情绪卷入的治疗，这种转变仍在蓬勃发展。心理治疗的爆炸式增长使人们对弗洛伊德理论的忠诚度有所减弱。在这个职业将走向未来的过程中，这也许是一个进化阶段。作为一种现象，它已经经历了"如其所是"的 50 年治疗期。

这场奥德赛之旅的各个阶段。这场奥德赛之旅有三个主要阶段：第一个阶段是"理论在哪里失掉了科学"，它的前提是人类可以是一种科学的存在。从公认的科学提出各种反对意见开始，研究者的许多工作都花在阅读这方面的文献上面。第二个阶段是"临床经验"。这部分很耗时，它充满了治疗概念，涉及将每个文学概念与实际的临床操作进行核对。第三个阶段是"迈向科学的步伐"。这是三个阶段的融合，大部分的文献研究都涉及对所有与人类有关的专业学科的比较研究。

理论在哪里失掉了科学？弗洛伊德是一位伟大的理论家。他提出了第一个关于"疾病"的综合理论，从婴儿早期的家庭生活开始对疾病进行解释。这一理论已经存在了一个世纪，它仍然是该领域的主导理论。他在判断中无意间犯了一些错误，导致他的理论未能成为公认的科学。精神分析的基本理论概念来自人类文学史，也就是在人类学会读写之后。弗洛伊德对所有有记载的文学作品都有不同寻常的理解。早期文学的作者，是那些在写作中使用情感状态的人。这个理论在治疗中非常有用，但它把理论和科学分开了。弗洛伊德受过医学方面的训练，他终其一生都在努力创造一门"心灵科学"，它最终将成为"医学科学"的延伸。医学不是纯科学，它是科学和艺术的混合体。对文学概念的运用使他的理论脱离了可以被科学证明和确认的事实。弗洛伊德把他的原始文学思想发展成一个庞大的上层建筑，这就是著名的弗洛伊德理论。

这个问题似乎与对术语的使用有关。他认为，精神病理学与医学的生理病理学相似。这种相似在他的追随者"心中"是起作用的，但这种比较更多的是想象而不是现实。一个世纪过去了，研究人员还没有发现与精神病理学一致的可证实的病理学。就算医学是一门纯粹的科学，一个简单的类比也不会使精神分析成为一门科学。例如：弗洛伊德用"恋父情结"和"恋母情结"来描述复杂的性别认同模式。这个词来源于希腊神话和文学，是由前人的想象力创造出来的。这些术语被纳入理论，好像它们就是科学事实似的。科学家们无法证明本我、自我或超我的存在。本我和自我都来自文学，这两个词都是前人在头脑中创造出来的，都不符合科学的标准。在文献中，本我具有多种含义。弗洛伊德重新定义了它，使之与生命力相一致。"自我"一词曾被用来表示身体和灵魂的结合。弗洛伊德创造了"超我"这个术语，因为它在与其他力量的联系中发挥作用。弗洛伊德是一个逻辑严密、严谨而有条理的思想者。他的每一个术语都来自文学，这些术语已经在其他人类的头脑中存在了数百年。弗洛伊德用自己的逻辑思维来解释这些力量共同运作的方式，从而形成了一种新的动力精神病学。

"无意识"一词指的是一种被遗忘的婴儿印象，这种印象在成年后会产生强大的生命力。弗洛伊德从自己的思想出发，对移情和反移情进行了界定，成为第一个对分析师在情绪功能中的情绪卷入提出清晰认识的人。

弗洛伊德对各种生命力的思考被编入他著名的"防御机制"理论之中，它描述了患者身上所有的可能性。人类与地球上任何一种生命形态一样，都是一种科学的存在。人类还是一种有情感的存在，这些情感把人类从科学领域中排除。弗洛伊德有一种不寻常的能力，能将事实与情感区分开，但当他的理论是基于人类文明史而非科学本身时，这些理论却不知不觉地带上了情感色彩。当基本概念进入情感领域时，人们就不再认为它们是科学的了。

临床经验。我们的新理论是在多年的传统背景下发展起来的。有太多细小的步骤，无法一一列举。人们与环境的冲突总是潜在的。我们面临的形势是：既要为自己着想，又要认真尊重制度原则，同时在尊重差异的患者那里尝试新想法。当弗洛伊德学说还处于统治地位时，人们很难理解另一种学说的思想。这些想法从来都不是秘密，只是从来没有被宣传过。这是一个"足尖舞"，同样涉及情感和事实之间的差异。大约在1950年，我的内心一直有一种强烈的感觉，那就是，"如果我确切地知道我对精神病学的看法，并且有勇气在公开论坛上分享出来，我将被踢出这个行业"。我能够意识到这种感觉并不是事实，但它说明了这个改变过程需要到达的深度。一个人怎样才能在不反对体制、政党或家庭的情况下变得与众不同呢？

最终，这场奥德赛之旅提供了一些答案。关于"有病的"患者和"健康的"工作人员的临床经验不胜枚举。在医院的"患者管理"时代，那些只不过是工作人员的一种象征性的伪装。类似于孩子与不成熟的父母，父母要么专制，要么强迫孩子对父母负责。也类似于明智的医生会聚在封闭的群体中决定"患者"的最佳治疗方案。由于"有觉悟的患者"知道的越来越多，情况发生了一些变化，但医生仍然处在管理患者的优越地位。这种情况是社会的翻版，在这种情况下，声望盖过了知识，政府官员替选民做决策。医院里的患者在这种"封闭状态中"扮演了很自然的角色。

当精神科医生把注意力集中在患者成熟的一面时，整个治疗方案就改善了。在患者更成熟的情况下，很容易让家人参与到治疗决策当中。一旦这个家庭参与了治疗决策，整个治疗计划就会进行得越来越快。不断有迹象表明，一些所谓的"正常人"是现代的特权者，他们通过不断地命名、诊断和贬低那些出现缺陷的正常人来维持自己的地位。在慢性疾病中，这种情况更加严重。

在当时，这些观点只停留在想法层面。在门宁格基金会的临床研究中，这个项目是从一位精神科医生开始的。这位医生试图不让患者来补充医生自己的功能，把患者当成正常人那样去对待，避免使用诊断（贴疾病标签），避免直呼患者不带姓氏的名字，并且期望患者是负责任的成年人。这位医生的态度感染了医院里的其他人，一些人显著改善，对自己负责，很容易让家人参与到治疗计划之中，康复也很迅速。其他病程更长的患者努力维持着有病的标签。一位护士曾经说过："这一切都是文字游戏。不管你叫他什么，他都是精神分裂症患者！"

这种两难境地说明了情绪疾病中的一个共同点。当环境用"疾病"相关的话语对待患者时，患者往往表现得好像他"生病"了。如果环境能像对待成年人一样对待患者，患者就有康复的机会。随后的研究包含了这一现象。这是情绪系统和自我分化概念的一部分。

走向科学。这是前几个阶段的融合。有些人认为数学或物理可能是通往科学的钥匙，但几年之后就放弃了这种想法。数学似乎更多地来自文明人的头脑，而不是大自然本身。这场奥德赛之旅中最有成效的部分来自对人类学科的比较研究。它包括精神病学、精神分析、心理学、医学、社会学、人类学、动物行为学、生理学、生物学、哲学、社会工作、宗教、数学、物理学、植物学、化学、进化论、系统论、天文学、古生物学等方面的书籍。人们通过这样的努力，试图发现其他学科处理科学事实和情感状态的方法。天文学和古生物学似乎是科学的基础。从自然本身出发的科学，是没有情感状态的。情感状态来自人类心灵。进化论、化学和物理学与科学密切相关。大多数学科是事实和情感状态的混合。其中，哲学是最有趣的，它经常被那些谈论不同理论但不熟悉该领域的人提及，许多哲学几乎完全处理纯粹的情感状态。对于每一种哲学，都有另一种哲学站在它的对立面上。它接近于那些与科学分离的伟大宗教，被已经表达过的思想包裹，而且它的未来局限于对新的宗教派别或旧思想的某些两极分化的重述。

科学将在未来千年继续扩展知识。如果有关人类的知识成为一门公认的科学，它就可以与公认的科学共享新知识，并与其他科学一起走向未来。我支持的观点是：人类和地球上的其他生命形态一样是科学的，它终将有可能只通过科学事实来构建一个人类综合理论，人类将在与他人的关系中处理自己的情感元素。大脑是一个进化来的器官，在一百万年的大部分时间里，它都在缓慢演变。大脑是什么与大脑在想什么是两码事。

进化论中的一些科学事实已经被用来代替弗洛伊德理论中的许多观点了。进化论，是可以被证明和确认的大量事实。把这些事实纳入一个新的理论，需要某种系统理论来处理许多变量。在20世纪40年代，至少已经存在两种系统理论。其中之一是冯·贝塔朗菲（von Bertalanffy）的应用于人类的一般系统理论。它包含了来自数学的概念，但其目标是消除数学，因为数学是人类思考的产物。另一种系统理论是为了应对雷达和早期计算机的新技术进步而发展起来的。波士顿的数学教授诺伯特·维纳（Norbert Wiener）更多地研究技术。目前，还没有恰当的系统理论将人类放在进化进程中去理解。使用数学思想将进一步模糊科学的长期追求。为了超越数学和技术，我建立了一个自然系统理论，并且使其精确地符合进化原理和人类作为进化存在的原则。

作为一名精神科医生和心理治疗师，我的工作效率有了显著提高。回想起来，这得益于对人类的全面看待和情绪中立。门宁格基金会的研究方向是传统的个体精神病学，并没有一个简单的方法可以把新想法投入到计划的研究当中。因此，我们要寻找一所研究机构，以便将这些新想法应用于临床研究。

1954～1959年，马里兰州贝塞斯达，美国国立精神卫生研究所

在堪萨斯州发展起来的理论立即获得了成功，关注点从个体转移到了整个家庭。我们用对情绪系统和自我分化的初步设想来预测家庭的病程。这个研究型病房可以同时容纳五户家庭，这些家庭可以在这里住上一到三年。每个家庭包括父母双方，一个受损程度最重的精神分裂症孩子，和一两个正常孩子。研究设置使该研究处于理论的控制之下，防止工作人员基于愤怒的决策。

我们用情绪系统和自我分化的概念来预测可能发生的每一项异常行为，以及可能改变它的治疗行动。这部分概念被当作主要理论，并加以详述。如果预测不准确，这意味着理论是不完整的或者工作人员出了差错。工作人员或治疗师的错误相对容易改变。如果是理论有误，那么必须对理论进行修改或扩展。在一开始，理论的确出现了不少错误。随着时间的推移，错误越来越少。每隔一段时间，工作人员就会去图书馆，寻找符合人类行为的生物学或进化论模型。所有工作人员都把知识投入到主要理论的创建之中，形成了一本客观的"规则手册"，这本手册一直很流行，它"知道每件"有关不当行为、病房管理和心理治疗的事情，提前告知家属，防止员工基于愤怒情绪采取行动。

研究者从这项研究中获得了太多的新发现，因此不可能对所有发现都进行详细研究。在家庭治疗被业内了解之前的一年内。它还只是一个简单的推论，即"如果家庭是问题的原因，那么治疗就应该针对家庭"。这种疗法是理论研究的几个副产品之一。当通过新理论的视角来看待家庭时，

新概念就涌入了这个领域。用弗洛伊德的理论是无法得出这些新的观察结果的。自我情绪系统和自我分化的概念被扩展了。一些新概念包括家庭关系图（后来被一些人称为家谱图）、三角关系、核心家庭情绪系统、对孩子的投射、融合、阻断、功能过剩与功能不足的互相作用等。有证据表明，这一专业在这两年可能正朝着人类行为的科学方向发展。当时我说："如果进化论可以成为一门公认的科学，那么人类行为也将成为一门科学。"考虑到"滞后时间"和社会力量的敏感性，它可能需要一两个世纪才能发展为科学。

我们决定设法为未来的研究人员保存这些材料。这个决定是为了避免创造新术语，在可能的情况下使用简单的描述性词语，并且在适当的情况下进行生物学上的比较。"分化"一词类似于胚胎学和生物学中细胞的分化。"融合"和"阻断"这两个术语描述了细胞凝集和分裂的方式以及形成新细胞群落的方式。"家庭关系图"是一个简单的描述性术语，它避免了创造新词。有些术语比较复杂，比如"投射过程"一词就没有简单的词可以替代。这个术语在心理学上众所周知，但在生物学上并不准确。这个过程其实就是在各自描述对方的过程中，转移个性的过程。"三角关系"这个术语最复杂。文献中用二元和三元这两个术语来描述二人或三人的关系，但三角关系描述的是一个三人"情绪"系统。"三角关系"这一概念至少可以把它和我们熟悉的三元概念区分开。当三角关系与几何学关联在一起时，就失去了它的根本要义。

在研究的早期，就出现了一些基于"自我分化"概念的管理决策，这是为了在研究中践行这一理论而设计的。首先就是试图在所有与家庭打交道的人中间建立一个不同的"开放社会"。这一"决策"说明了问题的规模和调整问题的努力程度。在过去，家庭集中精力关注这些可怜的患者身上的问题，这些患者在以前的精神病院都属于"失败品"。家庭还把精力投入到医学术语和许多术语的使用之中，以发现患者问题的原因。母亲们多年来一直被告知，她们不应该感到内疚，但这种内疚仍然难以抑制。她们会周期性地坦白自己的内疚，并把这种内疚归咎于患者的过失。家长无法把注意力集中在自己身上，他们只是在提醒患者，为了弄清楚哪里出了问题，他们在研究中投入了多少精力。在这种情况下，每个人都把注意力放在别人身上，除了患者，患者的反应是非语言行为。这句话有一定的现实意义。这些患者多年来一直被称为精神分裂症患者。他们可能会冷静下来，但非语言的"宣泄"一直都在。

在研究最初的几个月里，护理人员、机构和精神病社区都同意父母的看法，认为自己是正常的、健康的，而患者是病态的、幼稚的。有时，比较成熟的兄弟姐妹会发现，这一切都始于童年时代，那时父母"关起门来谈论孩子"。精神分裂症远比一种语言现象要复杂得多，但它确实有助于理解父母和患者之间的差异。这是一个试验新思想的研究环境。传统的"开放系统"思想与"自我分化"过程相结合。人们无法阻止对家庭的诊断在工作人员和精神病社区中传播，但是如果研究人员能够创立一个更中立的术语，也许它可以同时传播给家庭和精神病社区。

后一种观点与自我分化是一致的。我们允许这些家庭查看自己的医疗记录，并邀请他们参加所有的专业员工会议。患者从来没有参加过，而家长们在来过几次后，就找理由避开了大多数会议。当新鲜感消退时，他们就不感兴趣了。护士们觉得很难允许家属查阅保密病历，但这个过程对双方都是健康的。事实上，态度才是最重要的。工作人员一直努力不去说任何他们不能直接对患者或家人说的话。这个更难，尤其是在书面的官方报告中。护理和研究人员努力开发一种中立的语言，不把任何人归类。这是所有任务中最困难的。这种情况持续了很多年。工作人员已经到了不得不三思而后言的地步。当他们忘记思考时，那些旧的、把人归类的术语就出现了。最后，工作人员发明了一种不同的语言。尽管用简单的描述性词语来代替诊断标签非常麻烦，但工作人员不这么想。

外行不懂这种新语言。当工作人员开始从事与这一专业有关的工作时，就有必要把新的术语和旧的术语混在一起。"患者"一词就是一个术语，仅仅在专业论文中使用。这种新的语言对护理和研究人员极其有用。它对所有的情绪疾病提供了一种不同的态度，不包含已知的生理病理学。这种新的语言对那些精神失常的家庭影响也很有用。常见的"宣泄"几乎完全消失了，病房变得和任何开放病房一样安静、有序。"精神分裂症"的基本症状并没有改变，但患者们都很安静，而且善于思考。自研究以来的30年间，外界专业人士的态度也有些许变化。

在该研究中，还有一个管理决策十分重要，它围绕的主题是：谁对患者的精神病行为负责。在最初的日子中，父母可能会使患者心烦意乱，并且向护士抱怨"你的患者怎么心烦意乱的"。父母似乎意识不到他们在这个问题上起到的作用。通常，需要一个缓慢的过程，才能最终使家人们意识到他们在其中的作用。这项研究始于一项有关"正常家庭成员自由离开"的政策。由于大多数家庭在长时间封闭的环境中会出现情绪危机，所以该政策允许家庭成员暂时离开，直到紧张局势有所缓和。如果情况需要，父母中的任何一方都可以暂时回家。父母善于放弃对病人的责任，护理人员同样善于承担照顾病人的责任。

渐渐地，研究制订了一个计划，要求父母负责照顾患者，如有需要，他们可以向护理人员求助。围绕着在医院院内或进城旅游的娱乐活动，有个问题成了突出的焦点。如果父母要求护理人员在他们不在的时候负责照顾患者，他们就可以一起离开病房。如果父母确信能够控制病房外不负责任的精神病行为，他们就可以把患者带走。如果患者的行为有问题，会有一名护理人员陪同。父母开始错估患者的心烦意乱。患者会在公共场合胡作非为，医院会接到来自商店、餐馆或市民的电话，说："患者病得太重，不能出医院。"家长们通常认为他们已经控制了局面，是来电话的人过度焦虑了。

父母们并没有从这些事件中吸取教训。随着社区不良行为数量的增加，不可能对每个事件的真实性进行评估。我花了大量的时间处理每一个电话。最后，我们告知家长们，如果这些电话不停止，那些能够在公共场所控制不当行为的研究家庭将取代他们。家长们知道只在有电话的情况下，他们才会被取代。结果，电话立刻停止了，没有一个家庭被取代。父母从不负责任变成超级负责。他们负责观察自己的行为，在家庭治疗会议上讨论细节，并帮助其他有潜在烦恼的家庭。家长的责任心是病房气氛变化过程的一部分，从爆发性的封闭病房变成了平静的普通开放式病房。对于研究工作和整个理论来说，经验是最重要的。研究表明，被称为精神分裂症的复杂症状是人类环境中"自我分化"水平有缺陷的表现，而不仅仅是一种局限于精神分裂症的缺陷。当研究人员只专注于自己的"自我分化"水平时，精神分裂症能够开始发生显著的改变。也许有一天我们会发现，精神分裂症仅仅是社会未分化的一种反映，它与所有人的情感取向相平行，永远都是人类状态的一部分，直到人类找到一种首先关注自我的方法。

一个重要的管理规则阐明了自我分化。简而言之，如果病房工作人员能够达到更高的自我分化水平，患者家庭将慢慢受到影响。该机构对同住家庭的研究很感兴趣，对病房管理的各种细节没有特别的兴趣。机构相信，如果这些家庭尊重有关医疗实践的既定规则，我就能管理这个病房。我接受了这种责任，确保这些家庭生活在医学界的规则之内。对我来说，这意味着两套规则。一套用于病房本身，另一套监护病房外的行为。一些家庭很快就试图利用两者的不同，但这很容易处理。这些家属会收到提醒：参与研究的家庭是该机构的客人，在病房外遵守医院规定是至关重要的。我是机构与家庭之间的联络人，如果对两套规则有异议，应该直接问我。在发现系统漏洞方面，患者比大多数人更具独创性。患者每周至少有一次发作，但医院没有改变它的职责，我也确信我的职责没有改变。这种情况对每个人来说都是幸运的。这绝不可能发生在一个允许两套规则的研究机构之外。有精神分裂症患者的家庭极其抗拒分化，但他们对规则的持续攻击提供了一种学习经验，而这种经验可能很难在其他地方复制。三个明确定义的原则在特定的时间和地点不期而遇，为了所有人的利益，自我分化的概念正在形成。

理论与治疗的结合。这是奥德赛之旅的一部分。有理论证据表明，该理论有一天会成为一门真正的科学。如果治疗师们能找到一种方法，将他们的思维控制在一个科学的方向上，他们的工作将有助于患者。过去几十年的趋势是治疗师根据自己的情感状态来解释理论，当该行业朝着这个方向发展时，治疗师的个人情感状态便取代了客观理论的重要性。人们很早就发明了一种方法来详细定义"开放式结局"的理论，同样的方法也被用于心理治疗。治疗师是那些已经具备心理治疗能力的人，他们也对理论感兴趣。在医患关系中，主要的理论总会忽略一些特定项目。这个理论总处在首位，它支配着所发生的一切。当治疗过程中发生了理论无法预测的事情时，要么是理论有问题，要么是治疗师有问题。如果是理论有问题，就要扩展或修改它。如果是治疗师有问题，则可以通过理论的精确性来纠正。在理论和治疗的结合上，人们付出了相当大的努力。它有助于确认这样一个背景概念，即治疗师会成为他认可的理论告诉他要成为的那种人。当治疗师把主要注意力放在理论上时，就会自动把注意力转移到治疗师自身的成熟水平上。理论和治疗同步进行，治疗师就能更有把握地开展治疗。

研究进程。家庭研究产生了意想不到的结果，它使人们能够看到弗洛伊德理论所不能看到的关系模式。人类很难创造一种纯粹客观的理论，使其指导每一个决策。德高望重之人的逻辑思维在任何时候都可以改变一个理论，但这种改变绝不是为了回应个体当下的情感。研究理论与"国家的法律"相似。法律在任何时候都有可能改变，但绝不是为了回应愤怒或任何个人情感状态。

在几起有争议的事件中，访问学者们发挥了一定作用。新的临床中心吸引了全世界的目光，我非常努力地解释理论，访问学者们参加家庭治疗。这是一个革命性转变，治疗超越了关门密谈。访问学者们往往贬损理论，但赞扬我的直观研究，并且相信新的研究结果只适用于与精神分裂症患者同住的家庭。在结束访问的时候，访问学者们要向高级行政办公室做例行报告。这正是我和这个机构之间滋生嫌隙的开始，而且主要是出于情感原因。一些访问学者带着残缺不全的理论知识回家，开始他们自己的同住家庭项目研究。当新鲜感消退时，大多数新项目都因太复杂而无法继续。

一场重大的冲突始于 1957 年，当时人们发现，同住家庭中的关系模式也存在于扰动较小的家庭之中，甚至存在于正常家庭之中。研究所曾经以为同住家庭研究针对的是精神分裂症，而不是理论本身。一位主任说："既然你的研究结果不单单适用于精神分裂症，你的研究就应该终止，代之以专门针对精神分裂症的研究。"但我相信这项研究已经产生了一些令人惊喜的发现，值得继续下去，至少值得再研究一段时间。这一发现是革命性的，因为在那个时代，每个诊断类别都应该有一个独立的病因。除了短暂的个人情感状态，人类从来没有解决过关于诊断的争论。这项研究提供的证据表明，当代的"精神分裂症"只是包含正常人在内的更广泛过程中的一个片段。如果研究能够以可证明的理论为基础，那么某一天它就可能有助于解决一个长期的困境。

理论延伸与临床探索。我们重新将精神分裂症概念化为一个广泛连续体的一部分。精神分裂症和轻度患者的唯一区别是自我分化过程的持续时间和固定性。我们有足够的机会去观察那些不太严重的状态，甚至是研究家庭中"正常的"兄弟姐妹。我们有一项对轻症患者家庭进行的研究，在门诊部进行了大约两年。其中的研究人员和护理人员在自己的原生家庭中发现了分化 - 未分化的模式。有大量的家庭提供了详细信息。

对于未分化－分化过程的说明，最好是从严重未分化的父母开始。父母可能在不知不觉中造就了自我分化水平不同的孩子，这是一个无声无息的生命过程。不成熟的分化是由父母决定的，而不是由婴儿的实际需求决定的。它有一个相当固定的总量，会体现在与父母情绪卷入最多的婴儿身上。父母双方都有参与，但常常通过母亲传递。这个婴儿可能是年龄最大的、父母偏好的性别中年龄最大的、由于情绪或身体原因而与众不同的或者一系列因素中的任何一个。婴儿也起到了一定的作用，他可以要求父母给予更多的关注，而不成熟的父母会顺从。这个孩子对父母的依赖性更强，分化水平比不成熟的父母更低。其他孩子的自我分化水平和父母差不多。如果父母的不成熟程度很高，可能还会牵涉到第二个孩子。第二个孩子在父母和大孩子的情绪过程之外成长。他通常是一种"额外的"，也许是意外怀孕的产物，他的基本情绪需求得到了满足，不必实现父母的不成熟所赋予的特殊角色。这类孩子在成长过程中自我分化的水平比父母稍高一些。这形象地描述了同一对父母可预见地拥有不同自我分化水平的孩子的基本方式。不管父母的分化水平或生活方式如何，这种现象在每一代人身上都会发生。这完全取决于父母在孩子身上创造不同自我分化水平的方式。

相同的过程世代相传。可以预见的是，每个孩子都会选择一个生活方式或分化水平相同的配偶。在同一对夫妻的孩子中，至少有一个孩子的分化水平略低，而另一个孩子的分化水平略高。在几代人的时间中，一部分分化水平较低者的后代在他们的人生道路上表现很差，易患躯体、情绪和社会功能障碍。同时，分化水平较高者的后代会产生成功的人生历程。这个过程在所有人身上都是恒定的，因为每一代新生儿身上都会上演同样的过程。同样的模式也在进化，一些生命形态更成功，而另一些则走向灭绝，其基础是人类处理情感状态和客观事实之间的差距的方法迥异。人是主观和客观的混合体，如果他有动力去了解的话，已经进化出的大脑使他能够知道这二者之间的区别。分化良好的人知道二者的区别，当彼此相对独立时，他们能更充分地欣赏彼此。当人类可以用自己的理智观察无意识情绪过程时，这是一种优势。分化不良的人永远不知道这二者的区别，他是个机会主义者，很容易为了一时的轻松情绪而牺牲长远的未来。

在 20 世纪 50 年代后期，自我分化扩展出了自我分化量尺（Bowen，1978）。它是一个"从最底端——完全缺乏自我（未分化），到顶端——完全拥有自我（分化）"的渐变量尺。这是一个非常准确的概念，它描述了关系系统中的个体差异。当与家庭治疗相结合时，它描述了一个家庭成员慢慢迈向稍高一些分化水平的具体方式。在一个描述性的层面上，它是一种自我与重要他人之间的关系现象。

一个处在未分化范围内的家庭可以说明这个过程。这是一个群龙无首的家庭，为了"与他人和睦相处"，成员接受了一些被动决策。潜在的差异以慢性的情绪和躯体疾病的形式出现。家庭成员开始不断地互相指责。最后，一个更为分化的领导者开始显露头角。他没有责备别人，而是专注于自己。他以身作则，不怨天尤人。在这个关系系统中，他变成了对每个人都很重要的人。于是家庭症状稳定下来了。几个星期后，领导者的妻子也慢慢开始变得更具自我。这个家族慢慢地向更高水平的分化发展。当一个家庭自发地出现一位领导者时，家庭就是一个不同于以往的有机体了。治疗师可能被视作榜样，他很小心地避免告诉别人该做什么，甚至不提建议。如果治疗师处于指导家庭成员的位置，家庭就会变得依赖治疗师，慢性循环将继续。这种分化模式是一种领导地位来回转换的模式，直到整个家庭都安全地走出未分化的危险地带。

在对受损程度较轻的家庭和健康家庭进行的临床研究中，每个家庭都表现出了与上述同住家庭相同的精确结果，这导致所有家庭都处在一个广泛的连续体中。得分最低的是那些从未出院生活的人。在他们之上的是位于连续体各处的精神分裂症患者，从慢性精神分裂症到简单的精神病。再向上是一大批边缘状态，包括躁狂抑郁、成瘾、盗窃、性相关问题和躯体疾病。边缘之上是神经症状态。神经症之上是那些没有症状，但有可能在未来出现症状的人。最上面是一种完全分化的假想状态，他们在情感和事实之间能够自由切换。

临床研究至少证实了一点。事实上，在所有诊断类别的家庭中，所有发现都与最先在严重精神分裂症家庭中的发现一样。本研究确立了一个事实，即目前这种根据症状表现对患者进行分类的方法是不可靠的。美国精神病学协会（American Psychiatric Association）和保险业仍在使用的各种诊断手册（1968 年、1980 年、1987 年）还有许多不足之处。

家庭对于治疗的反应方式各不相同。在每个实验中，我都试图找到一个在临床上可达到的自我分化水平。上文简述的临床案例是一个精神病患者家庭，属于精神分裂症的水平。它的反应几乎和一个单纯的神经症家庭的反应一样好。总的来说，在各种精神分裂症患者中，处于前三分之二范围内的人有可能找到并建立一个可达到的自我分化水平。在这个水平之下的家庭中，不可能找到任何一个有自我分化能力的人。在处于后三分之一范围的家庭中，这个疾病好像已经有两到三代人的历史了，治疗师只能改善目前的症状，其他问题则很难被改变。

多年来，我一直采用家庭团体治疗的方法对顽固型家庭进行治疗。让家庭成员聚在一起，就患者进行小组治疗讨论（患者很少出席）。其中一些成员一年中只出席一两次。有了这种方法，相当多的患者得以离开美国国立医院的长期监护，在家中和家人过着相当舒适的生活。

在所有的家庭研究和家庭治疗中，一个重要的部分就是让精神分裂症患者回归家庭，并让它永远留在家庭中，而我作为顾问，或教练型科学家，处于家庭情绪系统之外。早在门宁格时期，我就开始研究这个问题了，那时我正深深地沉浸在这种具有情绪意义的关系之中，结果往往是我成了患者的替代性家长。这并不是不舒服，但患者对我的长期情绪依恋束缚了我丰富多彩的生活。到 20 世纪 40 年代末，我在想如果我能把患者归还给家庭就好了，一切都是从这里开始的，我与家庭而不是病人建立了联系。

贝塞斯达的经历可能是我一生中最幸运的一次。门宁格时代那种宁静的理想主义使这一切成为可能。这两种力量只是碰巧集合在一起，就好像它们是为对方而生，我也只是碰巧在正确的时间赶到。这场奥德赛之旅始于一个不受欢迎的想法，它并不是反对弗洛伊德，单纯是为了支持这场奥德赛之旅。最终，它通向了一个更为科学的理论，该理论需要对多个相互之间有情绪联结的人进行研究。"研究"一词有一种魔力，如果这项工作被称为"研究"，那么各种不同的想法都有可能成真。在寻找研究型医院的过程中，乔治敦大学的临床中心开放了。这真是恰逢其时。

①一套精心设计的理论；②一家宽敞的新医院；③在家庭治疗发明之前就已经存在的家庭；④一个提前知道所有事情的临床方法，一应俱全，正所谓天时地利人和。一股强大的力量指导着整个行动。几乎每一个变量，包括关于"滞后时间"的总体概念，都已经提前讨论过了。对同住家庭研究产生的所有预测的结果，加上一些没有考虑到的"惊喜"，这才是好的研究。在下一次研究之前，总会有意外需要纠正，这没有任何问题。在我看来，最基本的问题在于传统和变化之间微妙的社会平衡，无论人们相聚何处，这种平衡始终存在。可以预见的是，"科学"和"理论"这两个立足于科学的概念，会把负面评论当作小道消息。否认负面内容是一种情感反应，可以有两种解释。不做回应是一种增加负面内容的信号。这种现象涉及所有的人，包括政治，因为政治是公众的延伸。它涉及临床中心的管理和住院部工作人员中的弱势成员。这些在很大程度上都是围绕着弗洛伊德的概念，而不是理论事实。

我努力让人们有机会用各种方式去看待它，并保持情绪联结，而不做循环辩论。这样做的前提是，不管研究本身发生了什么，世界都将更快地走向科学理论。研究型医院的管理者都太忙了，没有时间去研究他们所参与的关系系统。每个人都不像"自我"那样各抒己见。管理部门花了很长时间才将我作为个体来尊重。这是所有关系系统"事实"的一部分。研究我在国家、政治、专业和行政领域获得的积极和消极反应是很有趣的。如果我假装成小道消息想要的样子，我的"自我"就会减少，而全国知名度和公共关系部门的定期报告对这种情况没什么帮助。我知道这项研究不可能常常在公共场所进行。虽然那些周期性的辩论主要是关于不重要的细节，但频率增加了。就在研究结束前不久，一位政府官员说："我希望你们永远继续下去，永远不要失去坚定信念的勇气。"

1959 年至今，华盛顿特区，乔治敦大学医学中心，精神科

搬到乔治敦大学后，我们将迅速发展的新领域的各个方面结合起来，乔治敦大学为这个理论的继续研究提供了场所。该理论的理论潜力还处于萌芽阶段，它只需要最小数量的研究生和研究生教学。在 1957 年家庭治疗方法的发展中，这场奥德赛之旅起了重要作用。我提出了一种治疗方法，其中的每一步都有理论基础。这一声明掀起了一股建立在传统弗洛伊德理论基础上的经验性家庭治疗的热潮，也许一种不同疗法的发展至少能给这个行业一个选择的机会。乔治敦大学还提供了与全国所有专业组织保持密切联系的机会。我相信，该研究有改变人类未来的巨大潜力，从长远来看，对家庭治疗操之过急可能会适得其反。在 1959 年，有几十个机构和中心试图雇用有家庭研究经验的人。为了家庭研究和家庭治疗的未来，经过数月仔细地理论思考，我们才最终选择了乔治敦大学。

选择乔治敦大学。这项研究寻找的是一个长期优势最大、劣势最少的地方。在对众多机构进行考察时，考虑了若干因素。没有一个理想的解决方案。第一个因素是我们希望进入医学院校的师资队伍，这是基于一种长

期的理论前提，即精神疾病可能永远都在医学范畴之内。精神科长期以来一直与其他部门存在争议，双方互相影响、互为因果，只有当医学发生一点变化，精神病学才有可能发生变化。如果一个普通的研究机构可以与医学隔绝，就会更有效率。但这场奥德赛之旅相信，医学内部的缓慢变革比医学外部的瞬息万变更为持久。大多数新的家庭治疗师选择在独立的机构工作，远离医学界的争议。而我是第一个在医学院中从事家庭研究的人。

另一个因素是医学院行政领导的稳定性。一个研究项目依赖于它与校长、院长和大学之间的牢固关系。如果没有一定的持续性和资金，研究负责人就危险了。人们会在关系和政治委员会上花费大量时间，留给研究思考的时间所剩无几。在短短的几个月里，我学到了很多关于医学院的知识。校长们都对家庭研究充满热情，但他们很难给到持久的支持，比如即将退休、面临一份更好的工作，或者提供更多空间或资金等不切实际的承诺。有一所学校的校长因病退休，大家对寻找新校长的事情忧心忡忡。有一位校长在自己的部门内部矛盾重重。大多数校长没有考虑到自己的领导力，也没有考虑过自己的寿命。最引人注目的是一位可靠的校长，他将在大约5年后被迫退休。有一天，我花了大部分时间和他的一位助手在一起，他的助手从自己的视角为他做了一份正面报告。他说："这是我们见过的最不寻常的人。他对组织机构比对硬件设施本身更感兴趣。"另外，对于天主教大学的偏见程度，我持保留意见。乔治敦的耶稣会领导说："我们是天主教徒，这点毋庸置疑。但我们将努力听取每一个不同的观点。"多年来，乔治敦大学受到的偏见一直没有美国国立精神卫生研究所那么严重，后者对没有偏见的偏见颇深，甚至超过对乔治敦大学的偏见。

选择乔治敦大学的第二个因素是医学博士乔治·N. 雷恩斯（George N. Raines, M. D.）的存在。二战期间，在他接受精神分析训练之前，也就是在他成为乔治敦大学的校长之前，他一直是海军精神病学部门的负责人。1957年前后，那时美国国立精神卫生研究所的研究进展极其顺利，在一场精神病学会议上，他说："当你与政府的关系结束时，请不要不辞而别地离开华盛顿。"当我与政府的关系结束时，他正是我要寻找的校长之一。他说："这件事是注定要发生的，没有必要在细节上花费时间，这些细节我都知道。你以为你会了解一些关于精神分裂症的知识，我也一直都知道你找不到精神分裂症的答案，但你已经发现了很多关于家庭的东西，这些东西对精神病学来说是非常重要的。我想在乔治敦大学进行这项研究。"虽然雷恩斯博士的生命出人意料地因肺癌而终止，但乔治敦大学的领导层比其他医学院的领导层更稳定。

理论议题。乔治敦大学的项目仿照了美国国立精神卫生研究所的项目。它以每个家庭的模型为基础，扩展到原生家庭的扩大家庭，然后再扩展到工作和社交系统，除此之外，还有焦虑和更大的社会制度。这个理论知道该知道的一切，它可能会被来自情绪系统或自我分化的实际数据修改或扩展，但这绝不是治疗师或理论家的"一时冲动"。客观理论仅仅意味着，关注点总是自我而不是他人，这在所有管理系统中都经常被用到。当乔治敦大学的工作系统出现冲突或不和谐时，这仅仅意味着自我扮演了一个角色，如果自我修改了自身扮演的角色，其他人就会自动地改变他们的角色。多年来，这种模式运行良好。该模式最初是在处理同住家庭时发展起来的，它最终出现在一本名为《理解组织机构》（*Understanding Organizations*）的小书之中（Sagar & Wiseman，1983）。这种模式还适用于来自不同学科、持有不同观点的人。团队的领导者只是提前向其他人定义了自己，然后有人第一个按预期采取了行动。根据这种方法，不存在"对他人采取行动"这样的事情。"激励"或"惩罚"他人的问题并不适用于自我分化的概念。如果人们谈到家庭对成员的激励或惩罚，那么这只是意味着他们不理解自我分化。

还有一些早期的理论发展来自其他家庭治疗师。大约在 1959 年，人们开始怀疑，是否所有人都有相同的基本关系模式，即最早出现在精

神分裂症患者同住家庭中的关系模式。爱普斯坦和韦斯特利（Epstein &
Westley，1959）在对师范生的结构化研究中证实了这种模式的存在。在研
究中，相关分析可能是有帮助的，但也可能是有误导的。早期的家庭研究
大多是关于精神分裂症的。在 20 世纪 60 年代早期，人们自然而然地认为
家庭治疗是针对精神分裂症的。我尽我最大的努力去鼓励更广泛的观点，
但是这种趋势仍持续了好几年。1961 年，托曼的第一本关于同胞位置的书
出版了。他只与"正常的"家庭打交道，但他的描写很精准。他的思想很
快扩展到了功能障碍的兄弟姐妹中，1961 年后，每个家庭都采用了"同胞
位置"的概念。在定义家庭关系中的另一个变量时，他帮我节省了许多功
夫。我将他的思想作为一个单独的概念纳入理论。

　　在涉及"患者"家庭的所有事情中，治疗师的基本功能总是至关重要
的。从 1955 年起，家庭研究的每一个条目都被用于我自己的核心家庭和
扩大家庭，该研究用到了我的扩大家庭的资料。在那之前，我对我的扩大
家庭知之甚少。在 10 年左右的时间里，我收集了大约 16 个扩大家庭的基
本生活资料，可以追溯到 200 ～ 300 年前。我绘制了一个家庭关系图，有
关某代人的所有重要基本资料会集中在一页上，而包含所有代人的大型示
意图会体现在另一页上。家庭关系图通常代替了难读的、冗长的书面资料。
它远远超出了普通的家谱，包括了该理论认为必不可少的条目。后来，家
庭关系图被错误地理解为家谱的同义词，并被误称为家谱图。20 世纪 50
年代后期以后，家庭关系图被用于每个家庭。大约在 1961 年、1962 年，
医学博士威廉·W.迈斯纳（William W. Meissner）花了整整两个夏天对三
名不同"患者"的家庭进行微观研究。这项研究包括家庭关系图和对每一
代人的书面解释，可以追溯到 300 年前，那时这些家庭还没有从欧洲迁移
过来。所有的核心家庭都是从上一代人那里成长起来的，了解自己的过去
对于帮助自己在现实生活中客观地看待自己是很重要的。

　　家庭治疗的诞生。在 1957 年 3 月于芝加哥召开的美国精神矫正学会

的年会上，家庭治疗的思想诞生。虽然家庭的概念已经存在了几十年，但从来没有公开地与治疗联系起来。突然之间，在全国范围内开始施用家庭治疗的时机成熟了。关于那次会议的详细历史记载在其他论文中（Bowen，1978），以下是一个简短的总结。

精神病学研究促进小组的家庭委员会主席约翰·斯皮格尔（John Spiegel），一直在寻找积极参与家庭研究的专家。美国精神矫正学会包括精神卫生学科的所有成员，那次年会上，斯皮格尔组织了一个日间家庭研究小组讨论会，并且找了4个精神科医生来做报告。这是一次约有50名听众的秘密会议，斯皮格尔写了一篇涵盖全部家庭成员文化价值取向的论文。大卫·孟德尔（David Mendell）谈到了团体治疗，其中也包括了远方的家庭成员。西奥多·利兹（Theodore Lidz）对精神分裂症及其家庭进行了长期研究，并就此撰写了一篇论文。我专注于美国国立精神卫生研究所的研究，也提到了"家庭治疗"，并且告诉大家在这个研究的过程中，家庭成员逐渐从一个描述性的状态（之后被称作"未分化家庭的自我泥团"）中定义出了一个自我。

一传十，十传百。听众迅速增长，讨论也从研究转向了治疗。专业人士对治疗的思想感到兴奋。就在1957年3月的美国精神矫正学会年会之后两个月，另一场关于家庭研究的会议被安排在了1957年5月美国精神病学学会的年会的日程当中。这两次会议没有正式的联系。第二届会议由O. 司布真（O. Spurgeon）主持，内森·阿克曼（Nathan Ackerman）担任秘书。利兹和我出席了仪式。来自美国国立精神卫生研究所同住家庭项目的罗伯特·戴辛格（Robert Dysinger）写了一篇名为"一段紧张关系中的行动对话"的重要论文。人们对家庭治疗产生了新的兴趣，会议室里座无虚席。一些年轻的精神病医生在仅仅两个月的时间里就尝试了他们自己修订的家庭治疗。阿克曼在将家庭心理治疗更名为家庭治疗的过程中起到了重要作用。唐·杰克逊（Don Jackson）当时也出席了会议。

另一种职业化倾向开始出现。在相隔甚远的地方，有四五名临床医生多年来一直在默默地试验某种形式的家庭疗法。他们的工作从来没有在会议上或文献中公布过，原因可能是认为治疗师这种对患者移情的污染是不专业的。不管发生了什么，家庭疗法的出现似乎让临床试验人员在专业上有了谈论先前经历的正当理由。1957 年以后，每次会议都有很多新的治疗师，他们讲述以前的经历，并发展出几十种不同的方法来进行自己修订的家庭治疗。当家庭治疗从一个受欢迎的次要事件变成每次会议的主要活动时，家庭研究的概念完全消失了。新的专家从世界各地赶来，后人很难再去密切追踪这次爆炸式发展。

全国性的会议顺应着这种流行的发展而发展。带头人来自不同的亚专科，在这些亚专科中，同一个家庭的不同成员由不同的治疗师诊治。在一些带头人给出警示并且退出的同时，又有许多新的带头人声称在该领域拥有优先权。我曾希望，当带头人们发现技术与基本理论不符时，会减轻一时狂热。但家庭治疗技术的爆炸式发展持续了大约 20 年，理论的重要性才得以逐渐回归。与此同时，新学员需要学习的不同种类的技术也越来越多，大多数技术都聚焦于家庭中出现的症状，这代表了一种思考人类家庭的方式。

乔治敦大学和全国趋势之间的相互作用。这两者是密不可分的，乔治敦大学更关注理论方面，该领域发展比较缓慢；而数以百计的新治疗师更多投身于治疗的发展，而不是基础理论的发展，乔治敦大学见证了这一全国趋势。治疗师们很快就把乔治敦大学的发现融入自己的工作之中。没有一方是完全独立于另一方的。乔治敦大学有一个理论，或者说是一个罗盘，可以在没有自然地标的情况下自己行动。如果治疗师能从不必要的事情中抽出时间，他们就可以学习理论。

乔治敦大学有一项研究设计，它来自美国国立精神卫生研究所的经验，即如果治疗师知道这个理论，并且有时间和精力在追求知识的过程中观察研究的严谨性，那么就可以挑选治疗案例用于科研。乔治敦大学的基本理论受到了情绪系统和自我分化知识的指导，多年来，这个方案一直在延续，它指导了早期的会议。会议发展为一个组织，被称为家庭项目。迄今为止，一年一度的乔治敦家庭研讨会已经举办了 25 年。从 1964 年到 1978 年，里士满弗吉尼亚医学院对重要教学和治疗定期录像，并纳入了乔治敦计划的重要特征。从 1961 年到 1966 年，六个独立的概念被整合成一个统一的理论。从 1966 年至今，"自己的家庭"得到了重要发展。该项目负责人任命了一名作为家庭教员的志愿者，并于 1968 年开始了正式的研究生培训计划。1975 年，乔治敦大学的家庭中心搬到了空间足够的校外租赁点。自 1975 年以来，一系列理论和实践取得进展。由于这些进展彼此之间有好几年的重叠，因此不可能按确切的顺序列出它们。成熟家庭中的管理组织类似于商业世界中的成功组织。在所有临床工作中，人们都努力遵循理论指导，从每个家庭单元中最不分化的个体到最分化的个体，再到每个医学院的行政结构甚至国际水平的行政组织。

乔治敦大学的最初时光。 第一次家庭会议是一个为住院医生、工作人员和有兴趣的精神病学毕业生举行的每周例会。人们听说过家庭治疗，但没有直接的经验。会议地点是在精神科的会议室，时间从 1959 年持续到大约 1974 年。很快就有来自大都市的专业人士和乔治敦的耶稣会牧师参加，会议规模逐次扩大。另外还有一些个别会议，并很快发展为治疗的督导。它最开始关注理论，很快就变成了长时间的谈话，随后是持续的家庭治疗的演示。这群人是后来的核心成员。感兴趣的人来了几次就走了，但核心小组持续扩增。为华盛顿－巴尔的摩地区的人们举行的每月一次的专业会议始于 1962 年，至今仍在继续。

一些住院医生在接受督导的情况下，在家庭治疗方面做了极其出色的工作，但当他们在自己家乡进行实践时，很快就迷失了自己的理论方向。

他们新获得的理论逐渐变成了他们实践过的传统理论。多年来，这种现象一直存在。住院医生必须对自己相当有信心，才能忍受同事们在专业上的侵扰。

1964 年，一群即将毕业的住院医生发起了一年一度的家庭研讨会，目前已经进行到了第 25 届。这是一个互相交流论文的机会，当时在场的还有一位来自乔治敦大学外的客座专家。这是一个很受欢迎的全国家庭治疗热潮的副本。每年的观众人数都在成倍增加，直到每次参会的专业人士超过 1000。同时，它正失去与其他卫生领域的科学家进行理论联系的优势。20 世纪 70 年代初，我们决定邀请另一个健康科学领域的客座专家。观众逐渐减少到几百人，而后又开始增加。一年一度的研讨会仍然是乔治敦大学年度活动的核心。

1964 年，里士满的弗吉尼亚医学院开始了每月一次的定期咨询。它增加了一个设备齐全的视频工作室。这就是新技术在教学中的潜力。1965 年之前，"接受治疗的家庭每周都应该去看医生"这种观点一直被广泛接受。这些家庭每月见他们的固定治疗师三次，见我一次，他们的情况很糟糕。当我把这些家庭的治疗减少到一月一次之后，他们表现得比每周一次治疗时要好，这是一个全国趋向低频预约的开始。当治疗师可以避免移情关系的影响，并且家庭可以使用新知识来改变自己时，减少预约的频次就成为可能。这不是一个讨论所有移情行为细节的论坛，除非治疗师知道并实践了移情的细节，否则他就会自动成为家庭情绪系统的一部分。受传统训练的治疗师在不知道发生了什么的情况下就走进了移情之中。

里士满的经验使我们可以尝试进行较低频率的预约。多年来，预约已减少到每两周一次、每月一次、每年几次甚至更少。这种频率取决于家庭的多样性和家庭承担责任的个人能力。当家庭能够承担起自己的责任，治疗师能够主动避免移情时，不那么频繁的预约就很有价值。在里士满，把治疗过程录像的项目一直持续到 1978 年，该录像更多是为了作为教学工具的历史价值，而不是为了长期的治疗获益。

六个概念的整合。整合这些独立的概念花费了好几年的时间。我在其他论文（Bowen，1978）中详细介绍了各种概念。无论如何，必须有一种基本的力量能把这些概念联系在一起。"三角关系"的概念似乎就是那种力量，但它难以捉摸。我们对三角关系的定义还不够，不足以通过它将这些概念联系起来。最后的两年说明了建立一个理论要花费的时间。在 1964 年，一期著名的精神病学杂志想要收录几位家庭治疗师的论文，我答应作为其中之一。通常，省略细节的论文很容易写，但巧妇难为无米之炊。几个月后，我要求解除这个承诺。编辑并没有确切的出版日期，并且他想要我的论文，我同意再试一次。编辑对我的问题只有部分理解，对细节的理解也不恰当。1965 年底，我再次要求解除这一承诺。1966 年初，编辑想要任意一篇能在 8 月前出版的文章，我同意再试一次，并抓紧每一个空闲的时间努力撰写。到夏季结束时，几乎完成了最后的整合。1966 年 8 月中旬，我拿出部分家庭假期的时间完成了最后的草稿。有关三角关系的想法是将概念整合成一个单一的理论的黏合剂，但当我沉浸在有关三角关系的新事实中的时候，我好像无法撰写出一篇常规的论文。当这本杂志在 1966 年 10 月出版的时候，没有人知道我为整合理论所付出的努力。后来我得知，有一两份手稿比我的还晚。从 1966 年 8 月寄出手稿开始，我就变成了一个不同的人。这种变化是如此迅速和深刻，它影响了乔治敦大学项目的变化，并持续了多年。下一段将详细说明这一部分经历。

1966 年 8 月中旬以后的变化。我的核心家庭连夜开车经过邮局，经过 15 个小时的车程，去田纳西州看望我扩大家庭的成员。在行程的大部分时间中，我都在睡觉。当我在田纳西醒来时，我对三角关系有了一种新的认识。困难的三角关系突然变得简单明了，世界突然变得清晰而有条理。主要的家庭成员都不在，但我知道需要做些什么。下一次行程早已安排在 1967 年 2 月。我用了几个月的时间制订了一个精确的计划。为了触及要点，我反复修改信件。在每个重要的三角关系中，私人信件都是直接发给个人的。这样做的目的是让那些三角关系向我靠近，而不是让我去寻找那些不存在的三角关系。连我的核心家庭都不知道这个计划。那些处在关键三角关系中的家庭成员都知道我到达的确切时间。1967 年 2 月 11 日是这个家庭历史上的一个里程碑。家里所有重要三角关系的成员都在一个客厅里碰面。近 12 年来，我一直定期回家，每次都有一点进步。我期待在 1967 年 2 月时情况会再好一些。当这个新的会议开始 30 分钟的时候，我知道这次尝试完全成功了。我内心很兴奋，不是因为它对我或我的家人有帮助，而是因为我终于知道了一种穿越不可逾越荆棘之路的方法，那就是家庭情绪系统。

我早已计划在费城一个规模相对较小的全国会议上做一份常规专题报告。参会成员包括世界上大多数有影响力的家庭治疗师。我很想知道自己敢不敢对"家庭治疗师的家人"做我对自己家人做过的事情？我确实敢这么做！虽然我已经将常规专题报告的副本提前邮寄给了每个潜在的讨论者，并详细制订了相同的私人计划，但所有家庭治疗师都不怎么了解"自我分化"和"三角关系"。在最后一刻，我要了一块黑板，对我在自己家中进行的长期努力做了一番总结。结果令人震惊！竟没有人准确地猜出我做了什么。有些人猜测我向所有家人推荐了扩大家庭的治疗。事实上，大多数人在其专业工作中没有考虑到扩大家庭，这次会议确实开启了一个朝向扩大家庭的全国趋势。有些人猜测我曾"与自己的家人一起接受了家庭治疗"。在离开那次会议时，每个人都有所收获。有些人认为不事先告诉家人就和家人一起做某事是不道德的。那是因为，这些人对造成三角关系的知识知道得最少。对我来说，在家庭治疗师同行中，我已经完成了很多自我分化的工作。

1967 年，我亲身经历的成功在全国掀起了一股新潮流。核心集中在乔治敦大学和弗吉尼亚医学院，但也走向了国际。数十名教员、职员、受训者和患者家属开始公开介绍他们"自己的家庭"。观众喜欢在自己的家庭演讲中听到情绪性的内容。当一个新人有勇气在一群人面前谈论自己的家庭时，他就获得了某种"地位"。几年来，在乔治敦大学的研讨会上，有关"自己家庭"的论文一直是这个项目的主要内容。我自己的家庭就是一个典范，这篇论文最终在 1972 年发表（Anonymous，1972）。人们探索自己家庭的冲动是家庭治疗流行热潮的一部分原因。关于"如何去做"的流行手册取代了理论原理。许多治疗师认为，对自己的家庭进行粗略的家谱调查是了解自己的捷径。

在公众为亚历克斯·海利（Alex Haley）的《根》（Roots）一书欢呼雀跃的同时，也开始在自己的家中套用这一颇受欢迎的举措。亚历克斯·海利毕生开创性的工作已经取代了黑人后代记忆中口述的事实数据。许多白人家庭雇用家谱研究者来研究他们自己的家谱背景。家庭治疗师通常认为，他们仅仅通过在家谱中发现名字就"分化出了自我"。这种自认为的家庭剧变，绕过了几个关键概念，包括融合、阻断、反应性的情感状态、情绪系统、自我分化和三角关系的复杂性。

不同概念的整合，是新知识与传统界限斗争的一个很好的例子。纵观历史，这样的例子不胜枚举，有些已经耽误了几十年。我很幸运，因为一些外部情况迫使我花了几个月的时间尝试把它们整合在一起，所以才能够完成一篇常规的论文。同样的倾向也可能存在于那些没有精力克服逆境的人身上。在这场奥德赛之旅开启前不到一年，它就一直在我心中。每次当我感到太累而无法继续工作时，都需要一些人工装置来补充能量。对未来的坚定信念迫使我在 35 年前从堪萨斯州搬到了马里兰州，这样的奋斗非常值得。在整合这六个概念之前，我已经数次打算"放弃"。当我累得动不了时，有一些东西驱使我继续前进。这样的结果值了。家庭，仍充满未知的挑战。如果历史能够预测未来，也许我将再一次被迫去了解比我认为我知道的更多的东西。时间会给出答案。

家庭教员的形成。最重要的变化之一发生在 1968 年，当时成立了家庭教员来实施正式的研究生培训项目。我们从那些在家庭研究方面做得最好的人中，挑选出了志愿教员。这是一些"公文包"教员，他们在匆忙借来的办公室和教室里会见学员。医疗中心连一个中心会议室都没有。这种瞬息万变的局面，让所有人都陷入了困境。有些教员不得不搬到离校内医疗中心几个街区远的租用大楼中，他们已经筹集了足够的资金来支付租金。新改建的乔治敦大学家庭中心于 1975 年落成。它的优势在于有足够的空间容纳所有的教职员工和学员，也有足够的空间容纳低价诊所和工作人员。教员们继续履行其在医学院的常规职责。其主要的缺点就是大家不能再密切接触精神科的日常事件了。

在全国掀起家庭治疗热潮的时候，我们搬到了家庭治疗中心。乔治敦大学的名字吸引了受训人员，家庭"学院"激增。当时的国内形势是，任何拥有硕士同等学力的人，在通过结构化的培训习得各种不同的疗法后，都可以成为家庭治疗师。学院的教员质量下降，各学院竞相招收学员，彼此都对对方持有偏见。教员们认为他们是正确的，因为他们的老师是与乔治敦大学项目有关的人的徒弟。教员不可能改变其他人的固有的假设，但在选择未来的学员时，他们可以更负责任。乔治敦大学培养了一些在短期内离开的人，或者是那些从来没有理解过这些概念整合的人。即使是最优秀的学员，也总是很容易渐渐融入其家乡城市的职业环境之中。

通过精心挑选学员，减少学员总数，并对学员进行督导直到他们对自己有了信心，教员培训才重新焕发了活力。当受训者对自己的需求比对职业的长远未来更感兴趣时，就没有那么容易解决了。家庭治疗中心仍然保持着这样一种姿态，即"少数好的毕业生比大多数容易受舆论影响的人更有帮助"。教条的人很少相信自己。

在 20 世纪 70 年代初，为了应对扭曲的观点，出现了另一个变化。我在这方面的工作可以追溯到 20 世纪 40 年代，当时我正在发展一种更为科学的理论。某种"系统理论"对于将进化的变量与人类行为联系起来是至关重要的。我特别选择了自然系统理论（作为一种生命形态与人类和谐相处），而不是更流行的使用数学模型的系统概念。在美国国立精神卫生研究所的研究期间，我反对在任何概念上使用私人名字。在 20 世纪 50 年代，我提出了"家庭系统理论"，表明它作为一个自然的生活系统适用于所有家庭。那时，"系统"这一概念还没有被广泛使用。治疗师利用他们的联想来建立联结。在我意识到发生了什么之前，人们就普遍认为这个理论分别适用于：作为一个系统的夫妻，作为另一个系统的亲子，作为第三个系统的父母和祖父母等。去纠正这种曲解的努力，仅仅暗示治疗师是准确的，而我是不准确的。根据这个观点，家庭是由大量的系统和子系统组成的，而不是一个系统。常见的是大家都使用诸如系统理论、系统论等术语来暗示一般的系统理论。另一种曲解也是以同样的联想方式发生的。我从来没有反对过弗洛伊德理论这个术语，但我详细地说过这个理论与传统弗洛伊德理论存在很大不同。

1970 年后理论的延伸。那些急于发展家庭治疗方法的人对我早期的研究了解甚少，但他们非常认真地将我研究中的概念融入他们自己的理论概念之中。我对这些信息的了解来源于书籍、发表的论文、无数的询问信以及参加的各种会议。它们是①对弗洛伊德的贡献有不同的看法；②认为进化是不重要的或者多余的；以及③对我使用术语——"系统"一词的含义过度简化。他们要么是阅读了我的论文，要么是听一些阅读过我论文的人说了些什么，等等。很多人的理论都是基于弗洛伊德的想法，和我的想法完全不同。在我看来，大多数人认为他们知道弗洛伊德是什么。只有一个人偶尔提到进化论，这似乎更多是对乔治敦大学某篇文章的回应，而不是因为他对达尔文大量著作的直接了解。

对"系统"一词的使用脱离了我自 20 世纪 50 年代以来所写的所有文章。早在 20 世纪 40 年代，我就相信，如果没有进化论，弗洛伊德的理论就不可能走向科学，因为进化论能把生物与宇宙、太阳、地球和所有生物联系起来。如果要把生物和宇宙联系起来，就需要一个非常广阔的系统理论，并且这个系统理论不涉及数学和物理学的可疑领域。我不准备讨论那些用大脑的技术延伸来连接生命物质的各种议题。只要人们愿意，任何人都可以进入这个领域。为了避免这种复杂性，我开发了一个基于进化论中多种变量的自然系统理论。这些决策成形于美国国立精神卫生研究所的研究之前。当更科学的理论与人类家庭相结合时，家庭治疗的方法的广泛应用便是必然的结果。

在美国国立精神卫生研究所的研究中，我反对在简单的英文单词更有效的情况下创造新术语，也反对在任何术语中使用人名。当需要发展一个术语来描述我的理论和治疗时，我选择"家庭系统理论和治疗"来暗示它是弗洛伊德视角下的家庭观和进化论的结合，再通过自然系统理论加以整合。我曾经详细地写过并谈论过它。也许我当时应该更机敏一些，把它称为"系统家庭理论"，或者"进化家庭理论"，或者更复杂的东西。在 20 世纪 40 年代，我只知道一点有关"滞后时间"的内容，但我没想到它会有这么多形式。当然，我在后来的误读中也扮演了自己的角色。即使对弗洛伊德只是略知一二的治疗师也会说："你在门宁格诊所受过训练。众所周知，那是弗洛伊德学派。这就是说，不管你承认与否，你都是弗洛伊德学派的人！"

家庭治疗专家常常完全忽略进化论。他们对我的理论的大多数误解都围绕着"系统"一词。事实上，人类关系的某些方面可以用任何形式的系统思维进行描述，就像任何一台机械设备都可以是系统中的一套子系统一样。当每个家庭成员都可以控制其大脑在纷争中的反应，并且每个人都有思考、自主行动、繁殖和其他许多功能时，这种类比在人类身上就不成立了。

我不赞成人们对人类家庭理论的众多误解，我也从不赞成告诉别人他们应该相信什么。大约在 1970 年，我努力修改我在所有误解中的角色。尽管我一直反对使用个人姓名，但我还是公开使用了"鲍文理论"这个术语，只是为了表明我不同意所有关于家庭系统理论的误解。一开始使用我的名字可能会有一点帮助，尽管有很多反对使用个人姓名的声音。事实上，它也从未被广泛使用，但它可能有一个长期的影响，提醒人们注意准确性在理论上的关键作用。

社会理论的概念。1973 年，我提出了"社会理论"和"社会退行"的概念。为了描述人类的运作方式、社会整体运作的方式、社会阶层以及这些是如何影响国家的和国家是如何影响国民家庭的，需要数年细致入微的文献研读工作。在有限的篇幅内，描述一个宽泛的概念太过复杂，但这个总体概念是在 1973 年提出的（Bowen，1978）。一个国家可以像一个家庭一样走向退行，一个国家也可以以可预见的方式摆脱退行。唯一的问题是从退行的表现中得到好处，直到整个有机体崩溃。社会理论的概念是使乔治敦有别于其他大多数家庭组织的概念之一。从 15 年的经验来看，社会观念正如 15 年前预测的那样已经开始奏效。

精神病学和心理健康的未来

人类始终对他所生活的宇宙的本质感兴趣，也总会对超越这些以外的事物感兴趣。就在上一代之前，人类还受到望远镜、想象力以及（与人脑成熟度同步发展的技术的限制）。后来，人类发展出一项成功的技术，使人类得以探索宇宙的秘密。仅仅通过科学，人类就知道如何在地月之间精确地往返。理论预先知道将要遇到的一切。现在人类致力于创造一种技术，这种技术远远超出了人类的微观起点。人类大脑的发展不会允许他停止。也许地球上的生命将无法在宇宙中生存，但人类将从自己的努力中学到很多。

人类对自己的内在世界了解得很慢。到目前为止，我们还没有触及问题的表层。人类的情绪状态似乎阻碍了他去寻找一个探索内在空间的科学方法的努力。有人说，人们永远无法找到一种科学的方法来认识自己，我认为这和他自己的情绪性一样，都是目光短浅的。人类是一种自恋的生物，生活在当下，比起对生命本身跨代意义的探索，人类对自己的每一寸不动产更感兴趣，更致力于为自己的权利而奋斗。随着人类变得更加暴戾和不羁，会有一些人在这一切中生存下来。我认为自我分化很可能是一个存在于未来的一个概念。到目前为止，我们对其影响知之甚少。它只是开始定义一个人的生活如何不同于临近环境下的其他人。或许有一天，我们会发现如何将分化与人脑的结构和功能结合起来。也或许乔治敦大学的某个人会对即将出现的未来有一些想法。总之，未来无限。

到目前为止，这场奥德赛之旅比45年前人们所梦想的要成功得多。它终其一生都在努力发展一门关于人类行为的科学。对我来说，这是一次非常有趣的人生之旅。它致力于寻找情感和理智之间的界限。人是第一种能够用自身智慧来观察情感过程的生命形态。到目前为止，那些能轻易做到这一点的人和那些晚几年才能做到的人，都具有明确的特征。这个特征就是自我分化。当人们更有动力为自己行动而不是依赖别人时，每个人都可以实现自我分化。有证据表明，人类实际上可以通过控制自己的情绪状态来决定自己情绪系统的功能。这意味着人类可以通过控制自己的情绪系统来控制自己的进化。如果这点最终能够实现，那么人类在为自己的未来做决定的道路上又迈出了一小步。

到目前为止，我们还不能用理智来控制情感，但人类可能正在前进。

我相信我们最终会有一门真正关于人类行为的科学，而自我分化的一些细节将在其中发挥作用。在这场奥德赛之旅刚开始的时候，人们对家庭治疗理论还有几分尊敬。在家庭治疗热潮席卷之后，治疗师们纷纷转向治疗而不是理论。对新手治疗师来说，理论变成了一个不好的词。30年前，我猜想可能需要两个世纪的时间人类行为才能成为一门公认的科学，但过去30年的事件使我改变了最初的估计。近十年来，这一专业领域突然变得对理论更感兴趣了，理论不再是一个要被回避的词语了。认真的人们已经对理论产生兴趣。当一个人相信他能够做某事时，他就会去做。这让我相信，到下个世纪中叶，人类行为将成为一门科学。如果这种有利的趋势继续下去，人类的心理将会更加富足。

参 考 文 献

Alexander, F. G. & Selesnick, S. T.: *The History of Psychiatry*. Harper & Row, New York, 1966.

American Psychiatric Association: *Diagnostic and Statistical Manual of Mental Disorders*. (2nd ed.) Washington, 1968.

American Psychiatric Association: *Diagnostic and Statistical Manual of Mental Disorders*. (3rd ed.) Washington, 1980.

American Psychiatric Association: *Diagnostic and Statistical Manual of Mental Disorders*. (3rd ed., rev.) Washington, 1987.

Anonymous: On the differentiation of self. In *Family Interaction: A Dialogue Between Family Researchers and Family Therapists*, J. Framo (Ed.), Springer, New York, 1972

Aycock, W.: Familial aggregation in poliomyelitis. *Amer. J. Med. Sc.*, 203:452–465, 1942.

Aycock, W.: Familial susceptibility to leprosy. *Amer. J. Med. Sc.*, 201:450–466, 1941.

Bowen, M: The use of family theory in clinical practice. *Comprehensive Psychiatry*, 7:345–374, 1966.

Bowen, M.: Theory in the practice of psychotherapy. In Guerin, P. J. (ed.), *Family Therapy*. Gardner Press, New York, 1976.

Bowen, M.: *Family Therapy in Clinical Practice*. Jason Aronson, Inc., New York & London, 1978.

Brunjes, S., Zike, K., Julian, R.: Familial systemic lupus erythematosus. A review of the literature, with a report of ten additional cases in four families. *Amer. J. Med.*, 30:529–536, 1961.

Burian, Z., and Wolf, J.: *The Dawn of Man*. Harry N. Abrams, Inc., New York, 1978.

Calhoun, J. B.: *The Ecology and Sociology of the Norway Rat*. Public Health Service Publication No. 1008, Washington, D.C., 1963.

Carlsson, A.: Antipsychotic drugs, neurotransmitters, and schizophrenia. *Amer. J. Psychiat.* 135:164–173, 1978.

Downes, J.: The risk of mortality among offspring of tuberculous parents in a rural area in the nineteenth century. *American J. Hygiene*, 26: 557–569, 1937.

Engel, G. L.: The need for a new medical model: a challenge for biomedicine. *Science*, 196:129–136, 1977.

Epstein, N. B., and Westley, W. A.: Patterns of intra-familial communication. *Psychiatric Research Reports II*, American Psychiatric Association, 1959, 1–9.

Evans, L. T.: Field study of the social behavior of the black lizard. *American Museum Novitates*, 1493:1, 1951.

Framo, J.: *Family Interaction*. Springer Publishing, New York, 1972.

Greenberg, B.: The relation between territory and social hierarchy in the green sunfish. *Anatomical Record*, 94:395, 1946.

Haddad, R. K., Rabe, A., Laqueur, G. L.: Intellectual deficit associated with transplacentally induced microcephaly in the rat. *Science*, 163:88–90, 1969.

Hamilton, W. D.: The genetic theory of social behaviour, I, II. *Journal of Theoretical Biology*, 7:1–52, 1964.

Harlow, H. F., and Zimmerman, R. R.: Affectional responses in the infant monkey. *Science*, 130:421–432, 1959.

Howes, P. G.: *Insect Behavior*. Gorham Press, Boston, 1919.

Kandel, E. R.: From metapsychology to molecular biology: explorations into the nature of anxiety. *Amer. J. Psychiatry*, 140:1277–1293, 1983.

Kenya, P. R., Asal, N. R., Pederson, J. A., Lindeman, R. D.: Hereditary (familial) renal disease: Clinical and genetic studies. *Southern Med. J.*, 70:1049–1051, 1977.

Konner, M.: *The Tangled Wing*. Harper & Row, New York, 1982.

Lehrman, D. S.: The reproductive behavior of ring doves. In *Psychobiology*. W. H. Freeman and Company, San Francisco, 1967.

LeShan, L.: *You Can Fight for Your Life*. Lippincott, Philadelphia, 1977.

LeShan, L.: *The Mechanic and the Gardener*. Holt, Rinehart, and Winston; New York, 1982.

Locke, J.: *An Essay Concerning Human Understanding*. A. Fraser, Ed. Oxford Press, London, 1894.

Lynch, H. T., Krush, A. J., Thomas, R. T., Lynch, J.: Cancer family syndrome. In Lynch, H. T. (ed.), *Cancer Genetics*. Charles C. Thomas, Springfield, Illinois, 1976.

MacLean, P. D.: A mind of three minds: Educating the triune brain. In *Education and the Brain 1978*, The National Society for the Study of Education, University of Chicago Press, Chicago.

Metcalf, C. W., Hirano, A.: Amotrophic lateral sclerosis. *Arch. Neurol.*, 24:518–523, 1971.

Morris, P. J.: Familial ulcerative colitis. *Gut*, 6:176–178, 1965.

Parr, A. E.: A contribution to the theoretical analysis of the schooling behaviour of fishes. *Occasional Papers of the Bingham Oceanographic Collection*, 1:1–32, 1927.

Robertson, D. R.: Social control of sex reversal in a coral-reed fish. *Science*, 177:1007–1009, 1972.

Sagan, C.: *Cosmos*. Random House, New York, 1980.

Sagar, R. R., Wiseman, K. K.: *Understanding Organizations*, Georgetown University Family Center, Washington, DC, 1972.

Scheflen, A. E.: *Levels of Schizophrenia*. Brunner/Mazel, Inc., New York, 1981.

Schneirla, T. C.: *Army Ants: A Study in Social Organization*, H. R. Topoff, Ed. W. H. Freeman and Co., San Francisco, 1971.

Schneirla, T. C.: Theoretical consideration of cyclic processes in Doryline ants. *Proc. Am. Phil. Soc.* 101(1), 1957.

Skolnick, N. J., Ackerman, S. H., Hofer, M. A., Weiner, H.: Vertical transmission of acquired ulcer susceptibility in the rat. *Science*, 208:1161–1163, 1980.

Toman, W.: *Family Constellation*. Springer, New York, 1961.

Toman, W.: Family constellations of divorced and married couples. *J. Indiv. Psychol.*, 18:48–51, 1962.

Von Bertalanffy, L.: *General System Theory.* George Braziller, New York, 1968.

Warthin, A. S.: Heredity with reference to carcinoma. *Archives Int. Med.*, 12:546–555, 1913.

Wilson, E. O.: *Sociobiology: The New Synthesis.* The Belknap Press, Cambridge, Mass., 1975.

Wilson, E. O.: The sociogenesis of insect colonies. *Science*, 228:1489–1495, 1985.

Woodyatt, R. T., and Spetz, M.: Anticipation in the inheritance of diabetes. *JAMA*, 120:602–605, 1942.

Zeisler, E. P., and Bluefarb, S. M.: Association of lupus erythematosus and thyrotoxicosis in brother and sister. *Arch. Dermat.*, 49:111–112, 1944.

心理学大师经典作品

红书
原著：[瑞士] 荣格

寻找内在的自我：马斯洛谈幸福
作者：[美] 亚伯拉罕·马斯洛

抑郁症（原书第2版）
作者：[美] 阿伦·贝克

理性生活指南（原书第3版）
作者：[美] 阿尔伯特·埃利斯 罗伯特·A.哈珀

当尼采哭泣
作者：[美] 欧文·D.亚隆

多舛的生命：
正念疗愈帮你抚平压力、疼痛和创伤（原书第2版）
作者：[美] 乔恩·卡巴金

身体从未忘记：
心理创伤疗愈中的大脑、心智和身体
作者：[美] 巴塞尔·范德考克

部分心理学（原书第2版）
作者：[美] 理查德·C.施瓦茨 玛莎·斯威齐

风格感觉：21世纪写作指南
作者：[美] 史蒂芬·平克